河南经济蓝皮书
BLUE BOOK OF
HENAN'S ECONOMY

2017年
河南经济形势分析与预测

ECONOMY OF HENAN ANALYSIS AND FORECAST
(2017)

主　编／王世炎
副主编／赵德友　刘朝阳

社会科学文献出版社
SOCIAL SCIENCES ACADEMIC PRESS (CHINA)

图书在版编目(CIP)数据

2017年河南经济形势分析与预测 / 王世炎主编. -- 北京:社会科学文献出版社,2017.3(2024.10重印)
(河南经济蓝皮书)
ISBN 978-7-5201-0388-6

Ⅰ.①2… Ⅱ.①王… Ⅲ.①区域经济-经济分析-河南-2017 ②区域经济-经济预测-河南-2017 Ⅳ.①F127.61

中国版本图书馆CIP数据核字(2017)第033355号

河南经济蓝皮书
2017年河南经济形势分析与预测

主　　编 / 王世炎
副 主 编 / 赵德友　刘朝阳

出 版 人 / 冀祥德
项目统筹 / 任文武
责任编辑 / 高启　高振华
责任印制 / 王京美

出　　版 / 社会科学文献出版社·生态文明分社 (010) 59367143
　　　　　地址:北京市北三环中路甲29号院华龙大厦　邮编:100029
　　　　　网址:www.ssap.com.cn

发　　行 / 社会科学文献出版社 (010) 59367028

印　　装 / 北京盛通印刷股份有限公司

规　　格 / 开 本:787mm×1092mm　1/16
　　　　　印 张:23.75　字 数:394千字

版　　次 / 2017年3月第1版　2024年10月第2次印刷

书　　号 / ISBN 978-7-5201-0388-6

定　　价 / 79.00元

皮书序列号 / PSN B-2007-086-1/1

读者服务电话:4008918866

版权所有 翻印必究

《河南经济蓝皮书》编委会

主　编　王世炎

副主编　赵德友　刘朝阳

委　员（以姓氏笔画为序）

　　　　　　王予荷　田少勇　司曼珈　朱启明　乔西宏
　　　　　　孙斌育　孙　磊　杨冠军　李贵峰　宋才亮
　　　　　　罗勤礼　赵　杨　赵祖亮　顾俊龙　常冬梅

摘 要

2016年是"十三五"开局之年,也是推进供给侧结构性改革的攻坚之年。面对错综复杂的国内外经济环境,河南省委、省政府坚持以新发展理念为引领,主动适应经济发展新常态,坚持稳中求进工作总基调,着力打好"四张牌",扎实开展"三大攻坚战",全省经济社会保持平稳健康发展。

本年度河南经济蓝皮书继续秉持客观反映河南经济社会发展现状和发展趋势、充分发挥统计服务职能的宗旨,精心编撰,力争成为政府、研究机构和社会公众全面认识河南经济社会年度发展情况的重要参考资料。全书分为主报告、分析预测篇、专题研究篇三部分,共入选37篇文章,分别从宏观、中观、微观角度分析研究了河南经济社会发展情况。

本书主报告认为,2016年全省经济保持总体平稳、稳中有进的运行态势,结构调整持续推进,民生保障不断改善,实现了"十三五"良好开局。主报告在全面总结2016年全省经济社会发展情况的基础上,对2017年河南发展面临的内外部环境进行分析,认为虽然形势严峻、环境复杂,但随着重大战略叠加效应不断增强,改革开放红利加快释放,综合竞争优势不断扩大,全省经济仍有望保持平稳运行态势。本书分析预测篇入选文章真实反映了河南各领域年度发展状况,深刻总结了各领域在贯彻中央和全省各项政策,特别是推进供给侧结构性改革过程中采取的做法、取得的成绩,提出了有针对性的对策建议;专题研究篇入选文章紧紧围绕省委省政府关切的重大问题,结合"十三五"全省战略部署和推进供给侧结构性改革等热点问题进行深度研究。这些研究成果在2016年省委、省政府制定发展政策、检验政策实施效果方面发挥了重要的作用。本书把这些文章汇集起来,希望能给各领域读者全面深入了解和认识把握河南经济发展情况提供参考和帮助。

Abstract

2016 is the first year of the "13th Five-year Plan" and the crucial year to propel structural reformation of the supply side. Faced with complicated domestic and international economic environment, Henan Provincial Committee and provincial government stick to be directed by new development ideas, positively adapt to new normal economic development, adhere to the overall working fundamentals of making progress while maintaining stability and put forth efforts to make "four cards" work well, practice solid development of "three big battles" to maintain steady and healthy development of social and economic development in Henan.

In this year, Economic Blue Book of Henan continues to adhere to the editing tenet of objectively reflecting development situation and trend of Henan economy and society and allowing full play of statistical service, compile studiously and strive to make it an important reference collection for the government, research institutes and the public to make a comprehensive understanding on annual development situation of Henan economy and society. The entire book is divided into three parts: main report, analysis and prediction chapter and monographic study chapter, in which there are 37 articles selected, analyzing and studying development situation of Henan economy and society respectively from macro –, meso – and micro-level.

Main report of this book believes that the provincial economy maintained generally smooth running situation with steady progress, continuous improvement of structure adjustment and on protection of the people's livelihood in 2016, realizing a good start for "13th Five-year Plan". Based on a comprehensive summary on social and economic development situation of Henan Province, the main report conducts ananalysis on the internal and external environment faced by Henan Province for development in 2017, thinking that though the situation is grim and environment is complicated, the provincial economy is still expected to maintain stable running situation with continuous enhancement of superimposed effects of key strategies, accelerated release of bonus of reform and opening up and constant extension of

Abstract

comprehensive competitive advantages. Articles selected in Analysis and Prediction Chapter of this book truly reflected annual development situation in various fields of Henan Province, profoundly summed up means adopted and achievements made in process of implementing policies of the central government and Henan Province, especially promoting supply-side structural reform by all fields and proposed suggestions and countermeasures accordingly; the articles elected in Monographic Study Chapter focused on major issues deeply concerned by the provincial government and carried out in-depth researches combining provincial strategy deployment of "13th Five-year Plan" and promoting supply-side structure reform and other hot topics. These research results played an important role in making development policies and verifying policy implementation effects by the provincial government in 2016. This book gathered all these articles wishing to provide reference and help for readers in all field on comprehensive and deep knowledge, understanding and mastering of economical development situation of Henan Province.

目 录

Ⅰ 主报告

B.1 2016~2017年河南省经济形势分析与展望
　　………………………… 朱启明　李　鑫　张亚丽 / 001

Ⅱ 分析预测篇

B.2 2016~2017年河南省农业经济形势分析与展望
　　………………………… 王贵斌　乔西宏　李　丽 / 014

B.3 2016~2017年河南省工业形势分析与展望
　　……………………………………… 杨森山　张奕琳 / 023

B.4 2016~2017年河南省第三产业形势分析与展望
　　　　　　　　　赵德友　王予荷　孟　静　常伟杰
　　……………………………………………… 陈　哲　陈　琛 / 031

B.5 2016~2017年河南省产业集聚区发展形势分析与展望
　　………………………… 冯文元　司曼珈　司景贤 / 040

B.6 2016~2017年河南省固定资产投资形势分析与展望
　　……………………………………… 顾俊龙　邱　倩 / 053

B.7 2016~2017年河南省消费品市场形势分析与展望
　　………………… 赵　杨　赵清贤　董　军　周文瑞 / 062

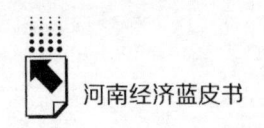

B.8 2016~2017年河南省外贸形势分析与展望 …………… 郭　谦 / 070
B.9 2016~2017年河南省财政形势分析与展望
　　…………………………………………… 胡兴旺　孙先富 / 080
B.10 2016~2017年河南省金融业形势分析与展望
　　……………………………………… 高玉成　高　鹏　徐红芬 / 089
B.11 2016~2017年河南省交通运输业形势分析与展望
　　……………………………………… 赵德友　王予荷　陈　琛 / 097
B.12 2016~2017年河南省房地产发展形势分析与展望
　　……………………………………… 顾俊龙　秦洪娟　朱丽玲 / 108
B.13 2016~2017年河南省承接产业转移形势分析与展望
　　…………………………………………………………… 任秀革 / 117
B.14 2016~2017年河南省能源形势分析与展望
　　………………………… 常冬梅　陈向真　张　旭　刘金娜 / 124
B.15 2016~2017年河南省煤炭行业形势分析与展望
　　……………………………………… 常冬梅　陈向真　刘金娜 / 132
B.16 2016~2017年河南省就业形势分析与展望
　　…………………………………………… 孙斌育　王玉珍 / 139
B.17 2016~2017年河南省居民消费价格走势分析
　　……………………………………… 田少勇　王建国　朱　娜 / 149

Ⅲ 专题研究篇

B.18 打好"四张牌"　再创新辉煌
　　——对未来五年河南经济发展的认识 …………… 王世炎 / 157
B.19 创新驱动发展推进供给侧结构性改革 …………… 方国根 / 163
B.20 河南在供给侧改革和需求侧管理中如何抉择
　　………………………… 赵德友　刘朝阳　叶皓瑜　宗　方 / 170
B.21 河南农业发展新阶段供给侧改革研究
　　……………………………… 王贵斌　乔西宏　郑宝卫　李　丽 / 183

目录

B.22 基于供给侧结构性改革的河南工业主导产业选择建议
　　………………………………………………… 王舒玲　张　静 / 193

B.23 战略性新兴产业成为河南工业经济发展新引擎
　　………………………………………………… 王舒玲　施　薇 / 203

B.24 2016年河南工业经济效益水平分析与提升方向
　　……………………………………………………………… 罗　迪 / 213

B.25 因城施策标本兼治促进房地产市场健康发展
　　………………………………………… 渠长振　张少勇　王亚钶 / 224

B.26 当前河南商品房库存分析及区域楼市均衡发展的思考
　　………………… 俞肖云　司曼珈　顾俊龙　秦洪娟　朱丽玲 / 236

B.27 发挥电商引领作用，农村消费品市场迎来新发展
　　……………………………… 赵　杨　赵清贤　董　军　张高峰 / 248

B.28 河南省农村电子商务发展现状研究
　　………………………………… 朱怀安　赵祖亮　刘文太　李　玉 / 259

B.29 河南科技研发在中部六省中的地位
　　………………………………… 赵德友　李贵峰　王梦轩　王习涛 / 267

B.30 供给侧结构性改革背景下的河南服务业发展研究
　　　　　　　　俞肖云　罗勤礼　张喜峥　徐　良　雷茜茜
　　………………………………………… 胡昶昶　赵国顺　张宏举 / 278

B.31 "双创"背景下河南小微企业融资问题研究
　　………………………………………………… 宗　方　范　璐 / 290

B.32 河南商务中心区和特色商业区引领带动全省服务业发展
　　………………………………………… 冯文元　司曼珈　刘秋香 / 300

B.33 文化产业提质增效　创新推动振兴发展
　　………………………………………… 李贵峰　孔令惠　徐委乔 / 307

B.34 供给侧改革对河南省就业结构的影响及对策
　　………………………………………………… 孙斌育　王玉珍 / 316

B.35 农民工返乡创业：热潮初起　难题待解
　　………………………………………… 韩联伟　陈占永　冯超锋 / 324

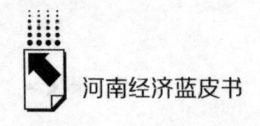

B.36 关于河南省贫困劳动力转移就业脱贫的调查与思考
　　………………… 黄东升　何建新　张治胜　赵　华　宁志轩 / 340
B.37 河南省酒业发展调研报告
　　………………………… 夏　峰　陈立喜　刘　博　刘小攀 / 348

后　记 …………………………………………………………… / 357

CONTENTS

Ⅰ General Report

B.1 Analysis and Outlook of the Economic Situation of Henan
Province in 2016 and 2017
Zhu Qiming, Li Xin and Zhang Yali / 001

Ⅱ The Analytical Prediction Section

B.2 Analysis and Outlook of Agricultural Economy Situation of
Henan Province in 2016 and 2017　　*Wang Guibin, Qiao Xihong and Li Li* / 014
B.3 Analysis and Outlook of Industry Situation of Henan
Province in 2016 and 2017　　　　　　　　　*Yang Senshan, Zhang Yilin* / 023
B.4 Analysis and Outlook of the Tertiary Industry Situation of
Henan Province in 2016 and 2017
Zhao Deyou, Wang Yuhe, Meng Jing, Chang Weijie, Chen Zhe and Chen Chen / 031
B.5 Analysis and Outlook of the Development Situation of Industry
Cluster District of Henan Province in 2016 and 2017
Feng Wenyuan, Si Manjia and Si Jingxian / 040

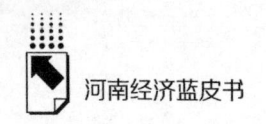

B.6　Analysis and Outlook of Investment Situation of Fixed Assets of
　　　Henan Province in 2016 and 2017　　　　*Gu Junlong, Qiu Qian* / 053

B.7　Analysis and Outlook of the Consumer Market Situation of
　　　Henan Province in 2016 and 2017
　　　　　　　　Zhao Yang, Zhao Qingxian, Dong Jun and Zhou Wenrui / 062

B.8　Analysis and Outlook of the Foreign Trade of Henan
　　　Province in 2016　　　　　　　　　　　　　　*Guo Qian* / 070

B.9　Analysis and Outlook of Fiscal Situation of Henan
　　　Province in 2016 and 2017　　　　*Hu Xingwang, Sun Xianfu* / 080

B.10　Analysis and Outlook of Financial Industry Situation of Henan
　　　　Province in 2016 and 2017　　*Gao Yucheng, Gao Peng and Xu Hongfen* / 089

B.11　Analysis and Outlook of the Transportation Industry Situation of
　　　　Henan Province in 2016 and 2017
　　　　　　　　　　Zhao Deyou, Wang Yuhe and Chen Chen / 097

B.12　Analysis and Outlook of the Real Estate Market of Henan
　　　　Province in 2016 and 2017　　*Gu Junlong, Qin Hongjuan and Zhu Liling* / 108

B.13　Analysis and Outlook of the Undertaking Industry Transfer
　　　　Situation of Henan Province in 2016 and 2017　　*Ren Xiuping* / 117

B.14　Analysis and Outlook of the Energy Situation of Henan
　　　　Province in 2016 and 2017
　　　　　　　Chang Dongmei, Chen Xiangzhen, Zhang Xu and Liu Jinna / 124

B.15　Analysis and Outlook of the Coal Industry Situation of Henan
　　　　Province in 2016 and 2017
　　　　　　　　　Chang Dongmei, Chen Xiangzhen and Liu Jinna / 132

B.16　Analysis and Outlook of the Employment Situation of Henan
　　　　Province in 2016 and 2017　　　　*Sun Binyu, Wang Yuzhen* / 139

B.17　Analysis on the Consumer Price Trend of Henan Province in
　　　　2016 and 2017　　　　*Tian Shaoyong, Wang Jianguo and Zhu Na* / 149

III Monographic Study Section

B.18 Well Playing "Four Cards", Recreating New Glory-Understanding on the Economy Development of Henan in Future 5 Years　　*Wang Shiyan* / 157

B.19 Innovation Drives Development Advancing the Structural Reformation on Supply Side　　*Fang Guogen* / 163

B.20 How to Make Decisions in Reformation on Supply Side and Management of Demand Side for Henan
　　Zhao Deyou, Liu Chaoyang, Ye Haoyu and Zong Fang / 170

B.21 Study on Reformation of Supply Side in the New Development Stage of Agriculture in Henan
　　Wang Guibin, Qiao Xihong, Zheng Baowei and Li Li / 183

B.22 Suggestions on Selection of Dominant Industry of Henan Industry Based on Structural Reformation of Supply Side
　　Wang Shuling, Zhang Jing / 193

B.23 Strategic Emerging Industry Becoming New Engine for Industrial Economic Development of Henan　　*Wang Shuling, Shi Wei* / 203

B.24 Analysis and Improving Direction of Industrial Economic Benefit of Henan in 2016　　*Luo Di* / 213

B.25 Facilitating the Healthy Development of Real Estate Market through Implementing Measures to Different Cities and Treating Both Symptoms and Root Causes　　*Qu Changzhen, Zhang Shaoyong and Wang Yake* / 224

B.26 Analysis on Commercial Housing Inventory in Henan Province and Reflection on Current Balanced Development of Regional Real Estate Market
　　Yu Xiaoyun, Si Manjia, Gu Junlong, Qin Hongjuan and Zhu Liling / 236

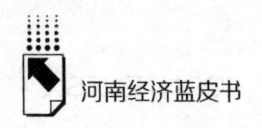

B.27 Exerting the Leading Function of E-commerce, the Consumer Goods Market Ushers in the New Development
Zhao Yang, Zhao Qingxian, Dong Jun and Zhang Gaofeng / 248

B.28 Study on the Present Situation of Development of Rural E-commerce in Henan Province
Zhu Huaian, Zhao Zuliang, Liu Wentai and Li Yu / 259

B.29 Status of Science and Technology Research and Development of Henan in the Six Provinces of Central China
Zhao Deyou, Li Guifeng, Wang Mengxuan and Wang Xitao / 267

B.30 Study on Service Development of Henan Province at the Background of Structural Reform of Supply Side
Yu Xiaoyun, Luo Qinli, Zhang Xizheng, Xu Liang, Lei Xixi, Hu Changchang, Zhao Guoshun and Zhang Hongju / 278

B.31 Study on Financing Problem of Small and Micro Enterprises in Henan Province at the Background of "Double Innovation"
Zong Fang, Fan Lu / 290

B.32 Central Business Districts and Featured Commercial Districts of Henan Leading and Promoting the Development of Service Industry of the Whole Province
Feng Wenyuan, Si Manjia and Liu Qiuxiang / 300

B.33 Quality Improvement and Efficiency Advancing of Cultural Industry Innovation Promoting and Revitalizing Development
Li Guifeng, Kong Linghui and Xu Weiqiao / 307

B.34 The Influence and Countermeasures on Employment Structure of Henan Province by Supply Side *Sun Binyu, Wang Yuzhen* / 316

B.35 Problem to Be Solved for Upsurge Initiation of Peasant-workers Returning Home to Start up Business
Han Lianwei, Chen Zhanyong and Feng Chaofeng / 324

CONTENTS

B.36 Investigation and Reflection on Employment and Overcoming Poverty through Transfer of Poor Labor Force of the Whole Province
    Huang Dongsheng, He Jianxin, Zhang Zhisheng, Zhao Hua and Ning Zhixuan / 340

B.37 Investigation Report on Development of Henan Liquor-making Industry   *Xia Feng, Chen Lixi, Liu Bo and Liu Xiaopan* / 348

Postscript   / 357

主报告

General Report

B.1 2016~2017年河南省经济形势分析与展望

朱启明 李鑫 张亚丽*

摘 要： 2016年，面对错综复杂的国内外经济环境，河南省委、省政府坚持以新的发展理念为引领，主动适应经济发展新常态，扎实推进供给侧结构性改革，统筹稳增长、促改革、调结构、强基础、惠民生、防风险，全省经济保持总体平稳、稳中有进的运行态势。经初步核算，2016年全省生产总值40160.01亿元，比上年增长8.1%；结构调整、转型升级取得积极进展，新发展动力加快孕育成长。社会大局总体稳定、人民生活持续改善，中原崛起、河南振兴、富民强省取得新进展，实现了"十三五"良好开局。2017年河南发展面临的宏观形势依然复杂严峻，稳增长、保态势仍会面临许多困难和挑战。

---

* 朱启明，硕士，高级统计师，河南省统计局综合处处长；李鑫，硕士，河南省统计局综合处副处长；张亚丽，硕士，河南省统计局综合处主任科员。

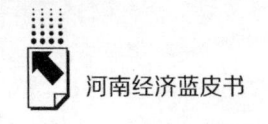

一方面河南处于结构调整的阵痛期，保持全省经济平稳较快发展困难依然较多；另一方面河南重大战略叠加效应不断增强，改革开放红利加快释放，新产业、新技术、新业态、新模式发展势头良好，综合竞争优势不断扩大，经济仍有望保持平稳运行态势。

关键词： 河南　经济形势

2016年，全省上下深入贯彻落实中央和省委、省政府各项决策部署，坚持以新发展理念为引领，主动适应经济发展新常态，扎实推进供给侧结构性改革，统筹稳增长、促改革、调结构、强基础、惠民生、防风险，全省经济保持总体平稳、稳中有进的运行态势，结构调整持续推进，民生保障不断改善，实现了"十三五"良好开局。2017年河南发展面临的宏观形势依然复杂严峻，稳增长保态势仍会面临许多困难和挑战。

一　2016年全省经济呈现总体平稳、稳中有进的运行态势

（一）经济运行总体平稳，主要指标位次前移

河南坚持把稳增长保态势作为全局工作的重中之重，抓住经济发展的关键环节，出台了一系列政策措施，有力促进了经济平稳健康发展。经初步核算，2016年全省生产总值40160.01亿元，比上年增长8.1%，一季度、上半年、前三季度全省生产总值分别增长8.2%、8.0%、8.1%，保持了平稳增长态势；增速高于全国平均水平1.4个百分点。

1. 农业生产总体平稳

粮食生产基本稳定。河南深入推进粮食生产核心区建设，实施耕地质量保护与提升行动，深入开展粮食绿色高产高效创建，抓好农田水利建设，农业的

基础地位不断得到巩固。2016年,全省粮食生产克服多重灾害,总产量达到1189.32亿斤,比上年减产24.1亿斤,属历史第二个高产年份。畜牧业生产总体稳定。2016年,全省猪、牛、羊、禽肉总产量682.5万吨,同比下降2.0%;禽蛋产量422.5万吨,同比增长3.0%。

2. 工业生产总体平稳

河南深入开展工业稳增长、调结构、增效益和"政策落实进万企"活动,加强工业经济运行协调服务,着力改善企业预期、增强企业信心,有效稳定了工业经济运行趋势。2016年,全省规模以上工业增加值同比增长8.0%,高于全国平均水平2.0个百分点,居全国第7位。从全年走势看,当月增速在7.5%~8.3%的范围小幅波动,总体平稳;累计增速从1~2月的7.5%稳步回升,自6月以来持续稳定在8.0%上下的增长水平(见图1)。

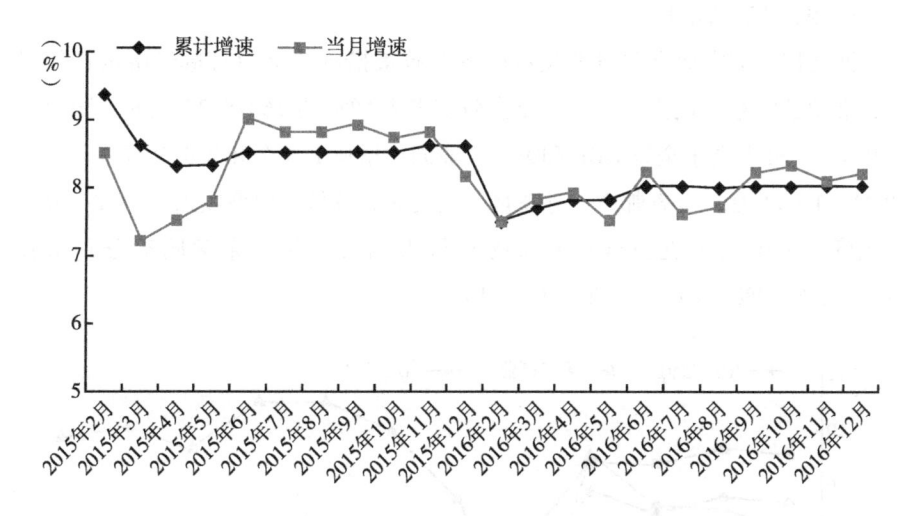

图1 2015年和2016年河南各月规模以上工业增加值增长情况

非金属矿物制品业,化学原料和化学制品制造业,农副食品加工业,通用设备制造业,计算机、通信和其他电子设备制造业,汽车制造业,电气机械和器材制造业,食品制造业,医药制造业,专用设备制造业10个行业是拉动全省工业增长的主要力量。2016年,这10个行业增加值占全省工业增加值比重的54.2%,对全省工业增长的贡献率达到79.8%,拉动全省工业增长6.4个百分点(见表1)。

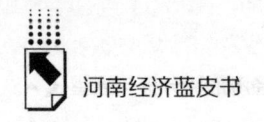

表1　2016年支撑和拉动河南工业增长的前十个行业

单位：%，个

行业名称	增速	占比	贡献率	拉动百分点
非金属矿物制品业	8.2	13.0	13.3	1.1
化学原料和化学制品制造业	16.0	5.3	11.4	0.9
农副食品加工业	10.4	7.5	9.0	0.7
通用设备制造业	13.6	4.6	7.5	0.6
计算机、通信和其他电子设备制造业	15.4	4.0	7.4	0.6
汽车制造业	14.7	4.1	7.0	0.6
电气机械和器材制造业	16.3	3.9	7.1	0.6
食品制造业	16.3	3.8	6.3	0.5
医药制造业	16.0	3.1	5.4	0.4
专用设备制造业	9.0	4.9	5.4	0.4

3.服务业较快增长

河南持续落实促进服务业发展的各项政策措施，努力打造经济增长新引擎，推动了服务业较快发展。全年全省服务业增加值16818.27亿元，同比增长9.9%，分别高于全省GDP和第二产业同比增速1.8个和2.4个百分点（见图2）。1～11月，全省邮政业务总量、电信业务总量、保费收入、财政一般公共预算支出中八项支出合计和金融机构人民币存贷款余额同比分别增长42.2%、55.0%、26.1%、23.4%和14.0%。

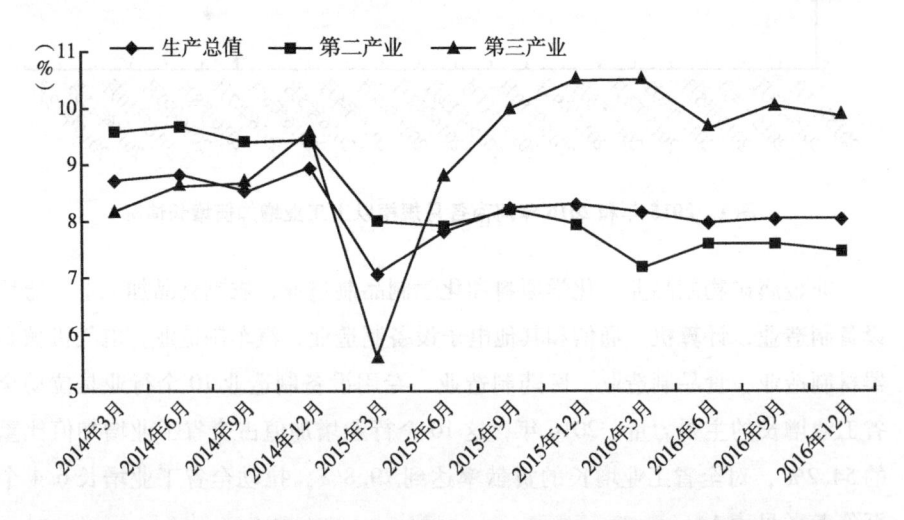

图2　2014～2016年河南各季度GDP及第二产业和第三产业增加值累计增长情况

4. 固定资产投资稳中趋升

河南围绕发挥投资关键作用，制订实施"1816"投资促进计划，深入开展重大项目建设服务督导活动，稳定了投资增长。2016年，全省固定资产投资39753.93亿元，同比增长13.7%，增速连续4个月加快；高于全国平均水平5.6个百分点，居全国第6位，同比前移2位。从全年走势看，全省固定资产投资增速小幅波动，自下半年以来逐渐加快。新开工项目投资快速增长。全省新开工项目17959个，比上年增加3898个；计划总投资35713.38亿元，同比增长33.5%；完成投资20838.10亿元，同比增长34.3%。民间投资趋稳回升。全省民间投资31414.73亿元，同比增长5.9%，增速连续4个月小幅回升。工业投资增速小幅回升。全省工业投资18536.63亿元，同比增长8.9%，增速回升至年内最高点（见图3）。

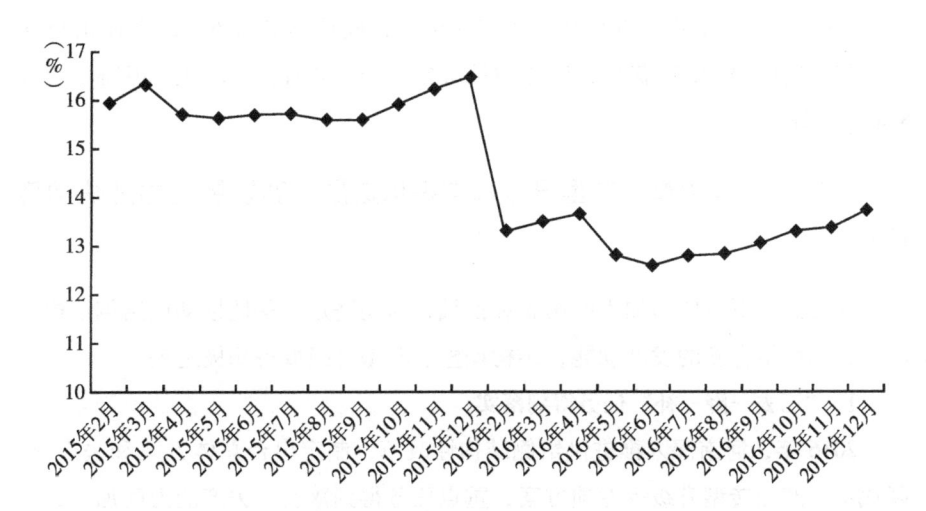

图3 2015年和2016年河南各月固定资产投资累计增速

房地产市场持续升温。河南抓好已出台的促进房地产市场平稳健康发展、农民进城购房扩大住房消费等若干政策措施的贯彻落实，努力扩大住房消费，化解商品房库存，降低房企负担，全省房地产市场保持较快发展势头。2016年，全省房地产开发投资6179.13亿元，同比增长28.2%，增速连续6个月加快，为2014年3月以来的最高点。全省商品房销售面积11306.27万平方米，同比增长32.1%；商品房销售额5612.90亿元，

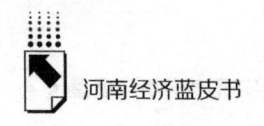

同比增长42.3%，保持快速增长。房地产开发企业当年土地购置面积1108.04万平方米，同比增长16.5%，增速自8月由负转正以来总体呈现加快态势。

5. 消费品市场平稳增长

随着一系列稳增长政策成效的显现，加之房地产去库存刺激房地产相关产业回暖、小排量汽车购置税减半等促进消费政策的带动，全省社会消费品零售总额保持平稳较快增长态势。2016年，全省社会消费品零售总额17618.35亿元，同比增长11.9%，增速自5月以来小幅提高，高于全国平均水平1.5个百分点。从全年走势看，全省社会消费品零售总额增速呈现总体平稳态势，下半年增速略有加快。

6. 进出口增速由负转正

2016年，全省进出口总额4714.70亿元，同比增长2.6%，增速由负转正；其中出口2834.77亿元，同比增长5.6%，在10月由负转正的基础上提高5.4个百分点。

（二）结构调整、转型升级取得积极进展，新发展动力加快孕育成长

面对经济下行压力加大的困难和挑战，河南坚定不移地推动供给侧结构性改革，加快培育新的发展动能，结构调整、转型升级取得积极进展。

1."三去一降一补"任务得到落实

2016年，河南深入推进供给侧结构性改革，制定出台总体方案和去产能、降成本、产业转型升级等专项方案，重点任务得到落实。去产能力度加大，产能过剩行业产品产量增速下降或低速增长。全年关闭煤炭矿井100对，减少产能2388万吨，超额完成预定目标；压减炼钢产能240万吨，"两年任务一年完成"；生铁、水泥、电解铝产量分别下降0.7%、4.5%、4.7%。去库存成效明显，商品房库存减少，至12月末全省商品房待售面积3395.26万平方米，比上年减少211.57万平方米；工业企业产成品库存已连续8个月下降，至11月末下降了2.6%。去杠杆成效显现。至11月末全省规模以上工业企业资产负债率为48.1%，分别比3月末、6月末、9月末降低了0.9个、0.4个和0.1个百分点，低于全国平均水平8.0个百分点。补短板力度较大。2016年，全

省基础设施投资6770.19亿元,同比增长29.0%,高于全省投资增速15.3个百分点,其中电力热力生产和供应业投资增长88.5%,公共设施管理业增长35.6%,生态保护和环境治理业增长31.8%。

随着供给侧结构性改革重点任务的落实,改革成效有所显现。一是市场供求矛盾有所缓解。全省工业生产者出厂价格指数同比降幅由2016年1月的5.4%逐月收窄至8月的0.1%,至9月实现了52个月以来的首次正增长,10~12月分别上涨1.8%、4.4%和6.3%,市场供求关系持续改善。二是工业企业效益略有改善。1~11月,全省工业企业利润增长6.0%,分别比一季度、上半年、前三季度加快3.6个、1.7个和1.0个百分点。受国企改革和产品价格回升影响,"三煤一钢"等国企效益好转。

2. 经济结构继续优化

2016年,河南围绕结构调整,制定实施工业稳增长、调结构、增效益活动工作方案,重点产业年度行动计划,支持煤矿关闭退出奖励政策实施方案,服务业重点领域发展专项方案,加快发展生活性服务业促进消费结构升级实施方案等,有力促进了经济稳定增长和转型升级。

从产业结构看,服务业占比和贡献得到提高。2016年全省服务业增加值占GDP比重达到41.9%,比上年提高了1.7个百分点;对GDP增长贡献率达到49.3%,比上年提高了11.4个百分点,是全省经济增长的主要拉动力量。装备制造业较快增长,占比提高,工业发展继续向中高端迈进。全省装备制造业同比增长12.7%,增速高于全省工业4.7个百分点;占全省工业比重的16.6%,比上年提高了0.6个百分点。传统产业产品结构向质量更优、技术含量更高的方向调整,转型升级成效继续显现。全省铝工业中铝型材、铝板材、铝带材和铝箔材产量分别增长31.3%、14.1%、23.8%和17.9%,而氧化铝和电解铝产量分别下降了6.2%和4.7%;玻璃工业中钢化玻璃和中空玻璃产量分别增长51.1%和12.5%,而平板玻璃产量下降5.0%。节能降耗形势良好。全年全省单位工业增加值能耗下降10.98%。预计全省万元生产总值能耗下降7.5%左右,提前超额完成下降3.5%的年度目标任务。

从需求结构看,投资结构持续优化。2016年全省服务业投资增长17.1%,分别高于全省固定资产投资和工业投资增速3.4个和8.2个百分点;占全省投资比重的48.5%，比上年提高1.4个百分点。工业投资中，装备制造业投资同比增长9.4%，高于制造业投资增速3.6个百分点；占制造业投资比重的25.5%，比上年提高0.8个百分点。消费升级类商品增长较快。全省限额以上单位商品零售额中计算机及其配套产品同比增长49.2%，体育娱乐用品类同比增长37.3%，电子出版物及音像制品类同比增长32.0%，均远高于限额以上企业（单位）消费品零售额增速。

3. 新动力加快孕育成长

"双创"氛围日趋浓厚。河南继续简化审批、放宽准入，切实以部门权力的"减法"换取企业和市场活力的"加法"，催生了大量市场主体，为经济发展注入了新活力。据工商部门统计，2016年全省新设立各类市场主体99.1万户，同比增长20.7%，其中新设立企业24.6万户，同比增长29.8%。在新设立的企业中，创业企业19.16万户，创业者26.59万人，均再创新高。据知识产权部门统计，全省国内发明专利授权量6811件，居全国第13位；同比增长26.5%，高于全国平均水平11.8个百分点。

新动能成长势头较快。面对市场环境的变化，不少企业致力于产品结构升级和技术创新，不断延伸产业链，增加产品附加值，同时根据市场需求开发适销对路的新产品，呈现出较强的抗风险能力和逆势而上的发展态势。2016年全省高技术产业增加值增长15.5%，高于全省工业增速7.5个百分点。太阳能电池产量同比增长38.0%，环境污染防治专用设备同比增长30.7%，卫星导航定位接收机同比增长30.0%，新能源汽车同比增长29.1%，风力发电同比增长26.7%，智能手机同比增长8.6%。

新业态蓬勃发展。以互联网、云计算、大数据为代表的新一代信息技术与现代制造业、生产性服务业等融合创新，打造出一批新的增长点，带动了相关行业增长。2016年全省信息传输、软件和信息技术服务业投资同比增长47.8%，高于全省投资34.1个百分点。1~11月互联网和相关服务、软件和信息技术服务业主营业务收入合计同比增长49.9%，营业利润合计同比增长74.0%，税收合计同比增长57.4%。互联网相关行业高速增长，全省快递业务量同比增长63.0%；菜鸟网络正式落户河南保税物流中心，"双11"期间全省快递企业进出及转口业务量同比增长77.7%。

（三）民生大局保持稳定

1. 就业形势总体稳定

河南实施积极的就业政策，大力推动创业创新，全省就业形势总体稳定。据人社部门统计，2016年全省城镇新增就业145.1万人，城镇失业人员再就业48.02万人，就业困难人员实现就业19.19万人。

2. 居民收入继续增长

全年全省居民人均可支配收入18443.08元，同比增长7.7%。城镇居民人均可支配收入27232.92元，同比增长6.5%；农村居民人均可支配收入11696.74元，同比增长7.8%。

3. 民生支出保障较好

全省民生支出合计5784.8亿元，占财政支出比重的77.6%，其中投入十项重点民生工程资金1319.9亿元，为人民群众办了一批实事好事，促进了社会和谐稳定。

4. 居民消费价格涨势温和

河南商品市场供需总体平衡，居民消费预期稳定，消费价格涨幅保持在较低水平。2016年，全省居民消费价格同比上涨1.9%，涨势温和。

总体来看，在国际经济复苏疲弱、国内经济持续存在较大下行压力的大环境下，河南省委、省政府坚持以发展为第一要务，统揽全局、把关定向、统筹运作、综合施策，把稳增长、保态势作为全局工作的重中之重，着力促进经济平稳健康发展；坚持长短结合、科学谋划，把厚植优势作为引领发展行动的着眼点和立足点，推动河南重大国家级战略规划格局更加完备，不断争创区域发展新优势；坚持把推进供给侧结构性改革作为经济工作的主线，扎实推进重点任务落实，加快产业结构转型升级，不断提升供给质量和效率；坚持改革、发展、稳定、统筹、平衡，着力防范化解风险维护社会稳定，全省经济运行总体平稳的态势没有改变，河南在全国经济格局中的地位没有改变。在经济下行压力持续加大、社会稳定形势比较复杂的情况下，全省经济保持良好发展态势、社会大局总体稳定、人民生活持续改善，中原崛起、河南振兴、富民强省取得新进展，实现了"十三五"良好开局，也为2017年的发展奠定了坚实的基础。

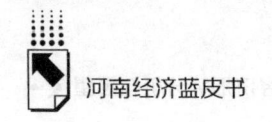

二 2017年河南经济发展面临的机遇与挑战

2017年，全省发展依然是机遇与挑战并存。一方面河南处于结构调整的阵痛期，保持全省经济平稳较快发展困难依然较多；另一方面河南重大战略叠加效应不断增强，改革开放红利加快释放，新产业、新技术、新业态、新模式发展势头良好，综合竞争优势不断扩大，经济仍有望保持平稳运行态势。

（一）经济发展面临许多突出矛盾和问题，下行压力较大

从外部环境看，世界经济复苏缓慢，全球贸易持续低迷，地缘政治冲突上升、贸易保护主义升温，外需难有明显改善。我国结构性矛盾突出，有效需求增长乏力，实体经济困难较多，区域和行业走势持续分化，风险隐患增加，经济下行压力依然较大。从河南自身看，仍处于爬坡过坎、攻坚转型的紧要关头，补齐短板、推动转型发展的任务繁重。

1. 稳增长面临较大压力

工业经济稳定增长的基础不牢。近年来，河南高技术产业较快增长，已成为全省工业增长的重要驱动力量，但2016年增速同比出现回落，回落幅度比全省工业回落幅度多出3.9个百分点，对全省工业的贡献率同比下降2.0个百分点；工业投资增速已连续49个月低于固定资产投资，工业增长后劲不足。民间投资持续低迷，制约投资发挥稳增长的关键性作用。2016年，全省民间投资增速快速回落至个位数，三季度以来虽略有回升，但仍低于全省投资增速7.8个百分点，已成为影响当前投资稳定增长的突出矛盾。

2. 经济运行质量和效益不高

财政收入稳定增长压力较大。受实体经济困难和营改增减税效应逐步显现等影响，财政收入稳增长基础不牢，限制了财政资金对稳增长、产业转型升级以及惠民生的支持力度。工业企业利润低速增长。2016年以来全省规模以上工业企业利润增速持续低于全国平均水平，工业利润年内虽有所好转，但主要靠有色金属冶炼、非金属矿物制品、煤炭开采等行业拉动，这些行业利润的回升主要受房地产市场持续升温带来的需求增加和去产能带来的供给减少影响，具有不可持续性。企业效益低迷可能对工业生产的平稳增长带来不利影响。居

民收入增速持续放缓。2016年全省居民人均可支配收入增长7.7%，分别比上半年、一季度和上年同期回落0.3个、0.6个和1.9个百分点，不利于促进消费增长和社会和谐稳定。

3. 金融、房地产领域存在风险隐患

实体经济资金短缺问题仍然突出。全省实体经济中能源原材料行业所占比重大，多数属产能过剩行业，企业续贷、新增贷款困难。至12月末全省非金融企业及机关团体短期贷款比年初减少385.5亿元，资金紧张矛盾加剧。部分地区房地产市场风险依然较大。至11月末，安阳、濮阳、南阳、周口和济源5个省辖市商品房待售面积比2015年末不降反升，去库存压力较大。此外，2017年河南供给侧结构性改革任务繁重，大气污染、水污染治理任务艰巨，都会给经济平稳增长带来较大压力。

（二）支撑条件依然较多，经济仍有望保持较快增长

经济发展进入新常态以来，河南经济增速虽然也出现了回落，但回落的幅度相对较小，主要指标增速高于全国平均水平，在全国的位次继续保持在前10位，河南作为发展中大省的地位没有改变；目前河南仍处于大有作为的重要战略机遇期，发展的基础日益夯实、优势日益积累、相对地位日益提高，总体向好的态势没有改变，全省经济持续平稳健康发展仍具备很多有利条件和积极因素。

1. 政策效应日益增强

国家出台新时期促进中部地区崛起规划，河南获批一系列国家战略规划和战略平台，战略叠加效应显著增强，有利于厚植发展新优势、拓展发展新空间。供给侧结构性改革的深化有利于河南优化供需结构、加快发展动能转换；"一带一路"战略有利于河南通过扩大开放、承接产业转移加快产业结构调整；脱贫攻坚战略有利于河南补齐短板、破解发展难题。

2. 经济发展潜力仍然巨大

河南是发展中大省，经济体量大，发展韧性强，回旋余地大，具有加快新型工业化、信息化、城镇化、农业现代化发展的巨大空间。尤其是黄淮一带传统农区的人口占全省30%以上，人均GDP不足全省平均水平70%、城镇化率低于全省平均水平近8个百分点，随着其工业化、城镇化进程加快，它们有条件对促进全省经济增长发挥更大作用。

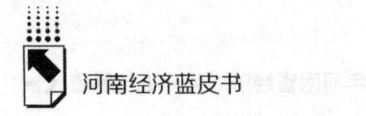

3. 综合竞争优势正在形成

从人力资源优势看，河南劳动力规模大且素质不断提升，城镇单位就业人员超过1100万人，居全国第4位，人力资源优势彰显。从市场规模优势看，河南总人口超过1亿人，居全国第1位，常住人口居全国第3位，市场潜力巨大，市场规模优势彰显。从交通优势看，"米"字形高速铁路网大格局基本形成，河南现代综合交通枢纽地位进一步巩固和增强，区位优势和交通优势更加彰显；从发展载体优势看，河南谋划建设的产业集聚区、商务中心区和特色商业区、城乡一体化示范区、高新技术开发区、经济技术开发区等载体建设水平不断提升，科学发展载体优势将更加彰显。

总体上看，2017年全省经济运行中面临着不少有利条件。但稳增长、调结构、促转型的任务依然艰巨，影响经济平稳运行的不利因素持续存在，宏观经济仍将呈现小幅波动、总体平稳、稳中有进的发展趋势。

三　2017年河南经济平稳健康发展对策建议

2017年是党的十九大召开之年，也是实施"十三五"规划的重要一年，又是落实省第十次党代会精神的第一年，做好经济工作意义重大。全省必须继续坚持稳中求进工作的总基调，确保经济社会实现持续平稳健康发展。

（一）继续把稳增长保态势作为事关全局的突出任务

经济稳定增长才能调结构、促转型、惠民生，增长速度一旦滑出底线，就会对脱贫攻坚、就业、稳定产生重大影响。因此要把中央及河南出台的一系列稳增长政策措施落到实处，强化政策效果，适时适度地进行必要的精准调控，促进经济平稳健康发展，确保完成全年经济社会发展目标。

（二）强化供给侧结构性改革

2017年是推进供给侧结构性改革的深化之年。要扎实推进河南已出台的供给侧结构性改革方案实施，推动"五大任务"有实质性进展。实施"中国制造2025河南行动"、工业"八大行业年度行动计划"，谋划和推进一批拉动作用大、带动能力强、科技含量高的重大项目；发展壮大装备制造、食品制造、材料制造、信息制造、汽车制造等主导产业，改造提升传统产业，积极培育新兴产业，推进产业结构从中低端向中高端跃升。

（三）着力扩大有效投资

持续扩大开放招商引资力度，大力承接产业转移，培育壮大新动能，在工业及服务业的主导产业、战略性新兴产业、现代农业、基础设施等领域多引进一批龙头型、创新型项目。加大对河南发展滞后的生产性服务业、前景较好的新兴产业、基础较为薄弱的能源、水利、生态、环保等基础设施等领域的投资力度，补足经济发展的短板。加大对民间投资相关政策落实力度，进一步优化投资环境，推动民间投资加快发展。

（四）强化资金保障

努力争取中央预算内资金和专项建设基金，开展重点项目银企对接活动；抓住国家对企业债券简化申报程序的机遇，支持推动更多优质企业发行债券。针对产能过剩行业，一方面对其中有竞争力、有市场、有效益的重点企业，继续予以支持，以确保企业正常生产经营；另一方面拆分产能过剩行业产业链，使符合产业政策、有市场前景的企业成为新的承贷主体，获得金融支持，提高产业发展活力和竞争力。

分析预测篇

The Analytical Prediction Section

B.2
2016~2017年河南省农业经济形势分析与展望

王贵斌　乔西宏　李丽*

摘　要： 2016年，河南农业生产形势保持基本稳定，全年农林牧渔业增加值4440.1亿元，同比增长4.4%。全年粮食总产量1189.32亿斤，同比下降2.0%，但仍属历史上第二个最高年份；种植业结构持续调整，畜牧业生产保持稳定，原粮及主要农资市场平稳运行，新产业、新业态、新模式发展势头良好，农民种粮收益下降、环境、成本对农业生产的约束趋紧需要引起关注。

关键词： 农业　供给侧　结构调整

---

* 王贵斌，河南省统计局总统计师；乔西宏，高级统计师，河南省统计局农业统计处处长；李丽，高级统计师，河南省统计局农业统计处。

2016年，在省委、省政府正确领导下，全省上下积极贯彻落实中央及省委农村工作会议精神，用发展新理念破解"三农"新难题，加大创新驱动力度，积极推进农业供给侧结构性改革，加快转变农业发展方式，全省农业生产向产量与效益并重、生产与生态并举的发展模式转变。全省粮食总产下降但仍保持高位，种植业结构持续调整，畜牧业生产保持稳定，新产业、新业态、新模式发展势头良好。2016年，全省农业经济保持平稳增长，实现农林牧渔业增加值4440.1亿元，同比增长4.4%。

一 加强供给侧结构性改革，种植业结构持续调整

（一）粮食总产下降，但仍属于历史第二个最高年份

2016年，全省粮食总产量1189.32亿斤，比上年减产24.1亿斤，同比减少2.0%；全年粮食播种面积15429.3万亩，比上年增加28.57万亩，同比略增0.2%。

1. 夏粮秋粮双减产

（1）夏粮单产降、总产减。2016年，全省夏粮播种面积8238.5万亩，比上年增加60.0万亩，增长0.7%；平均亩产量422.02公斤，比上年减产7.4公斤，减幅为1.7%；夏粮产量为695.36亿斤，比上年减产7.0亿斤，减幅为1.0%。其中，小麦播种面积8198.5万亩，比上年增加60.0万亩，增长0.7%；总产量为693.2亿斤，比上年减产7亿斤，减幅为1.0%；平均亩产量422.8公斤，比上年减产7.4公斤，减幅为1.7%。

另外，由于在麦收期间遭遇连续降雨，部分地区小麦出现萌动、不完善粒超标，特别是生芽粒、赤霉病粒较多，造成多年来少有的小麦品质下降，符合商品粮标准的小麦减少。

（2）秋粮产量、面积、单产同降。全省秋粮产量493.96亿斤，比上年减少17.10亿斤，减幅为3.3%；秋粮播种面积7190.73万亩，比上年减少31.5万亩，减幅为4.4%；平均亩产343.47公斤，同比减幅为2.9%。其中，玉米播种面积为15年来首次下降，2016年玉米播种面积为4975.29万亩，比上年减少40.5万亩，下降0.8%。

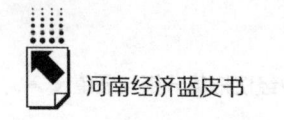

2. 粮食减产的原因

2016年，粮食减产的主要原因在于，一是夏粮生长期先后遭遇冬季冻害、赤霉病偏重，灌浆及收获期全省大部分地区遭遇连续阴雨、暴雨、冰雹等多重灾害，导致亩穗数、千粒重下降，单产下降；二是秋粮生产中，局部地区遭遇洪涝灾害、持续高温等不利天气影响导致减产；三是因玉米价格大幅下跌，农民种粮意愿下降，全省玉米播种面积减少40.5万亩，若按2015年玉米平均亩产369.6公斤计算，2016年因玉米面积下降而减少的产量约为3亿斤。

尽管2016年全省粮食总产量有所下降，但仍保持高位，主要得益于"藏粮于地、藏粮于技"战略的实施。藏粮于地，高标准粮田建设近八成。高标准粮田建设自2012年启动以来，全省统筹安排，连片开发，集中建设高标准粮田，着力提高粮食生产能力。截至8月底，全省已累计建成高标准粮田5075万亩，累计投入资金525亿元，已完成规划面积的79.7%。在高标准粮田建成区内，农业抗灾减灾能力明显增强，粮食综合生产能力显著提高。藏粮于技，加快农业科技推广，助力粮食生产。全省小麦、玉米等粮食作物良种覆盖率达到98%，深耕深松、秸秆还田、测土配方施肥、病虫害综合防治等技术措施得到普遍推广应用，农机农艺融合、良种良法配套水平不断提高，粮食生产科技含量持续提高。通过实施"藏粮于地、藏粮于技"战略，尽管粮食单产受气候等因素影响出现波动，但全省农业生产抵御自然灾害的能力不断提高、粮食综合生产能力提升的基本面没有改变。

（二）经济作物种植有增有减

2016年，省政府印发《河南省推进种养业供给侧结构性改革专项行动方案（2016~2018年）》，提出要大力发展优质小麦、优质花生、优质草畜、优质林果，促进种植业结构优化。

1. 油料播种增加

初步统计，2016年全省油料播种面积2437.05万亩，同比增长1.5%；预计总产量619.92万吨，同比增长3.4%。其中，花生播种面积明显增加，油菜籽面积产量下降。全省花生播种面积1692.26万亩，同比增长5.0%；预计产量509.19万吨，同比增长4.9%。由于油菜籽种植效益不高，农民将种植油菜籽调整为种植粮食、蔬菜等其他农作物。全省油菜籽播种面积486.57万亩，同比减少6.8%；预计产量81.67万吨，同比减少5.1%。

2. 棉花播种面积和产量继续大幅下降

由于棉花种植费工费时且收益不高，2016年全省棉花播种面积继续大幅缩减，播种面积降为150万亩，比上年减少30万亩，同比下降16.7%；预计棉花产量10.57万吨，同比下降16.4%。

3. 蔬菜及食用菌生产稳定增长

预计全年蔬菜及食用菌种植面积2658.80万亩，同比增长1.2%；预计产量7807.61万吨，同比增长4.7%。

4. 瓜果类种植面积明显增长

2016年，全省瓜果类农作物播种面积528.93万亩，同比增长8.3%；预计产量1797.99万吨，同比增长2.8%。

二 全省畜牧业保持稳定

（一）生猪价格高位运行，养殖效益好

本轮生猪价格上涨行情从2015年4月开始，生猪价格高位运行，猪粮比已连续20个月维持在盈亏平衡点（6∶1）以上。2016年上半年，全省生猪平均价格一路上涨，6月初达到20.79元/公斤，成为近年来价格的最高点；6月中旬起，生猪价格有所下降，但仍保持在15元/公斤以上。12月底，全省生猪平均价格为17.37元/公斤，同比增长6.4%。1~12月猪粮比都在9∶1以上，最高达到11.94∶1（见图1），出栏一头生猪养殖户约挣1000元。2016年，全省生猪存栏4284.1万头，出栏6004.6万头，分别同比下降2.1%和2.7%。

（二）牛羊禽产品生产基本稳定

2016年，全省牛、羊、禽生产基本稳定，牛存栏887.3万头，同比下降5.0%；出栏550.2万头，同比增长0.3%。羊存栏1858.6万只，同比下降3.5%；出栏2168.5万只，同比增长2.0%。活家禽存栏71450.0万只，同比

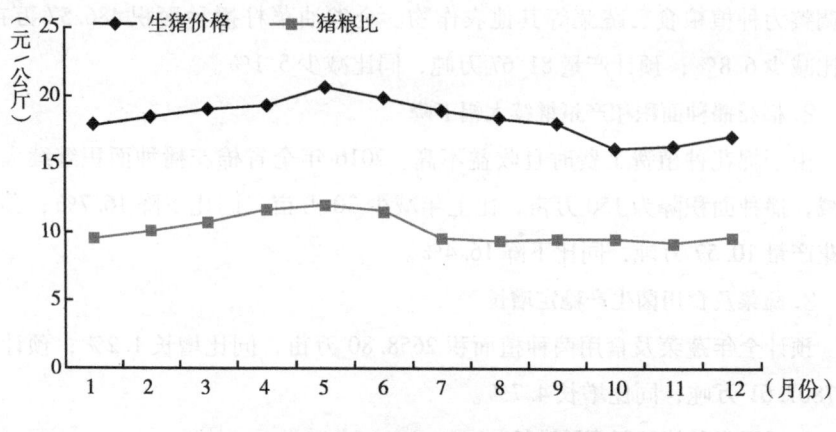

图1　2016年河南省生猪平均价格及猪粮比

增长2.0%；出栏93420.0万只，同比增长2.0%。

牛肉、羊肉价格呈现下降趋势。至12月底，牛肉价格从年初每公斤57.30元下跌至55.69元，降幅为2.8%，同比下降2.7%；羊肉从每公斤54.13元下跌至53.08元，降幅为1.9%，同比下降2.1%。

白条鸡价格基本稳定，至12月底，全省白条鸡平均价格为13.98元/公斤，同比上涨2.8%。

鸡蛋价格波动下降。2016年1~2月，鸡蛋价格维持在8元/公斤以上；自3月起，鸡蛋价格开始较大幅度下跌，最低下跌至6.49元/公斤；至12月底，鸡蛋平均价格为7.26元/公斤，同比下降8.8%，全年价格总体低于2015年水平。由于饲料价格下降，生产成本降低，蛋鸡生产微利运行。

生牛奶价格下降。2016年1~3月，全省生牛奶价格保持在3.80元/公斤左右；自4月起，生牛奶价格持续下降；至12月底，全省生牛奶价格平均为3.62元/公斤，比年初下跌5.0%，同比下跌4.4%。2016年，全省生牛奶产量326.8万吨，同比减少4.5%。

值得关注的是，根据海关统计，2016年全国1~11月进口猪肉、冻鸡、乳品分别比上年同期增长36.2%、108.3%和21.3%。虽然进口量占全国产量的比重较小，但随着进口量的增加，价低质优的进口农产品将对国内的肉类及乳制品等价格造成冲击，需要国内畜禽生产转变方式，提高效益和质量，降低生产成本。

三 原粮及主要农资市场平稳运行

（一）小麦价格分化

2016年12月，全省小麦平均市场价格为118.85元/50公斤，同比上涨4.5%。小麦市场根据小麦品质不同价格不同，各地市场价格在100～130元/50公斤，小麦质量优劣价差较大，呈现出质优价高的特点。由于2016年夏收小麦品质下降，市场上优质小麦缺口较大，小麦市场呈现优质小麦供不应求、低质小麦供大于求的状况。

（二）玉米价格下跌

国家取消了玉米临时收储政策，市场普遍看跌新玉米市场，玉米整体需求不旺。2016年12月全省玉米市场平均价格为82.99元/50公斤，比年初价格下跌4.3%，比上年同期下跌5.6%。

（三）油料价格有涨有跌

2016年12月，全省花生仁平均价格为11.43元/公斤，同比上涨6.9%；油菜籽为4.28元/公斤，同比下降3.6%；花生油为22.83元/公斤，同比上涨4.1%；豆油和菜籽油价格分别为22.83元/公斤和12.98元/公斤，同比分别下降4.9%和3.1%。

（四）农资价格总体下降，柴油价格上涨

2016年12月，全省化肥、地膜、饲料价格出现不同程度下降，其中，尿素平均价格为1551.79元/吨，同比下降8.9%；复合肥平均价格为2520.90元/吨，同比下降7.7%；钙镁磷肥、磷酸二铵、地膜、蛋鸡配合饲料和育肥猪配合饲料价格都出现不同程度下降。由于成品油多次上调，到12月，全省农用柴油平均价格5.55元/升，同比上涨11.5%。

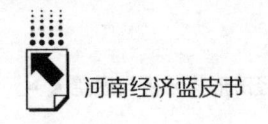

四 新产业、新业态、新模式发展势头良好

(一)生态农业快速发展

《河南省人民政府办公厅关于推动全省都市生态农业发展的指导意见》中,确定郑州、开封、洛阳、许昌、新乡、焦作6个市为生态农业试点市,探索都市生态农业发展道路。目前,全省规划建设了8个都市生态农业示范园区试点,试点初步形成了以旅助农、以农支旅、城乡互动的新局面。郑州市都市生态农业经营实体已超过1000家,许昌市的种子农业、休闲农业、会展农业、创意农业和循环农业等迅速发展。

(二)农民专业合作社快速增长

截至12月底,全省实有农民专业合作社13.95万家,比上年增加2.39万家,增长20.7%。

(三)积极探索"互联网+农业"新模式

好想你、众品、伊赛等企业打造电子商务平台,周口扶沟县的"互联网+蔬菜"、许昌鄢陵县的"互联网+苗木"等新模式不断涌现。

(四)农业产业化集群培育加快实施

全省共计规划培育农业产业化集群540个,分布在农业领域11个产业、50多个子产业,全省基本形成了以小麦、大豆、油料、玉米、肉类加工、奶业等为主体的六大全产业链条。

五 需要关注的问题

(一)小麦、玉米价格下跌,农民种植收益下降

小麦品质下降,小麦、玉米市场价格出现较大幅度下跌,部分种粮农民收

入降低甚至亏本，特别是流转土地的种粮大户、农民合作社等，除去生产成本和较高的土地流转费用外，所剩无几或者亏损。根据河南省地调队2016年成本调查，2016年农户种植小麦亩均收益比上年下降4.2%，种植玉米亩均收益同比下降6.9%。部分地区小麦品质不达标，收购价格低于最低收购价，收益减幅更大。农民种植粮食收益下降，将会在一定程度上影响农民种粮积极性。

（二）环境、成本对农业生产的约束趋紧

河南普遍存在化肥使用量过多、化肥依赖的情况，农民认为只有多施肥才能高产，造成土地板结、环境污染等后果，影响农业生产可持续发展。在畜牧业方面，随着环保对养殖业提出更高要求，畜牧业生产的环保成本也大幅提高，生猪饲料转化率偏低、能繁母猪的繁育比例较低、饲料成本占比偏高等造成生猪养殖成本偏高，牛、羊生产规模化标准化程度不高、生产成本居高不下，养殖户收益偏低且不稳定。环境约束、"地板"上升与"天花板"下压，成为制约农业生产稳定发展的关键点。

（三）新型农业经营组织发展水平较低

尽管河南农民专业合作社、家庭农场、种粮大户等新型农业经营组织数量上居全国前列，但受限于土地流转比例不高、农民素质整体较低、管理不规范、专业人才匮乏等，全省新型农业经营主体整体来说发展水平不高。家庭农场、种粮大户流转土地经营规模不大，农民专业合作社凝聚力小，带动能力有限，合作社与社员之间联系松散、利益联结不紧密。

六 对策建议

（一）调整种植结构

在确保粮食安全的前提下，调整优化种植结构，根据市场需求，大力发展高产、高效、优质、绿色粮食品种，推进土地流转，发展适度规模经营，提高种植业生产质量和效率，促进粮食初加工和精深加工，促进一、二、三产业融合发展，提高农民收益。

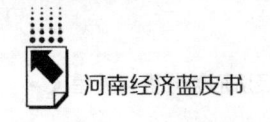

（二）重环保、降成本

大力推广测土配方施肥，指导农民减少化肥使用量，达到降低化肥投入成本、减少对土壤、水、空气的污染。加大财政投入，重点加大对畜牧业企业的扶持力度特别是在环保投入和改造方面的扶持力度，继续提升规模化养殖比重，优化规模化养殖结构，支持引导发展生态畜牧业，提高畜牧业生产技术水平和科学管理水平，降低生产成本，促进农业生产稳定发展。

（三）支持、引导、规范新型农业经营组织发展

加大对种粮大户、家庭农场、农民合作社的政策支持，在一定程度上向新型农业经营组织倾斜，支持鼓励土地流转优先向新型农业经营组织的流动。通过龙头企业带动、示范引领、加强人才培训等措施，规范引导农民合作社等组织的健康发展，提高农业产业化经营水平。

七 2017年河南农业农村发展展望

2017年，如果不遇到大的自然灾害，河南农业生产将保持平稳增长态势。中国正在进行供给侧结构性改革，农作物种植业结构正在调整，粮食价格形成机制也正在改革中，这些政策因素将对2017年的农业生产有一定影响，气候、自然灾害也存在很多不确定因素。因此，对农作物种植业保持谨慎乐观态度。全省种植业结构继续调整，粮食生产能力有望稳定提高。

在畜牧业方面，生猪生产和价格或将维持高位运行态势。养殖场（户）已日趋理性，并未出现价格高而盲目扩大规模的现象，规模化生产比例将继续提高。肉牛、肉羊将继续稳定发展。林业、渔业生产将保持平稳。全省畜牧业生产将以市场需求为导向，推进供给侧改革，不断提高标准化、规模化生产，畜牧业生产将趋于稳定发展。

B.3
2016~2017年河南省工业形势分析与展望

杨森山　张奕琳*

摘　要： 2016年，面对错综复杂的国内外形势，河南积极推进供给侧结构性改革，工业经济运行总体平稳，呈现出阶段性筑底趋稳、结构优化、效益回升的向好态势。但目前乃至今后一段时间河南正处在工业化中期向后期发展的过渡阶段，"三期叠加"导致工业经济面临较大的下行压力，制约河南工业可持续发展的因素仍然较多。本文对2016年河南省工业经济运行状况进行了分析，揭示了工业经济运行中存在的突出问题，并对2017年全省工业经济走势进行初步判断，提出了保持工业稳中有进的政策建议。

关键词： 河南省　工业经济　供给侧

2016年以来，河南全省上下认真贯彻落实中央和省委、省政府决策部署，积极推进供给侧结构性改革，工业经济运行总体平稳，呈现出阶段性筑底趋稳、结构优化、效益回升的向好态势。但当前乃至今后一段时期，宏观经济形势依然错综复杂，结构调整任务艰巨，需求制约不会有根本性好转，市场需求不旺及企业投资扩产意愿不强等制约工业经济发展的问题都将同时存在，河南工业经济增速进一步提升的空间有限。

---

* 杨森山，河南省统计局工业统计处；张奕琳，河南省统计局工业统计处。

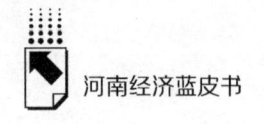

一 河南省工业经济运行总体平稳

（一）工业生产平稳增长

2016年，河南规模以上工业增加值同比增长8.0%，增幅较一季度回升0.3个百分点，与上半年和前三季度持平。2016年以来，各月累计增速波动在0.3个百分点之内，当月增速波动在0.7个百分点之内，全省工业整体保持平稳增长态势。

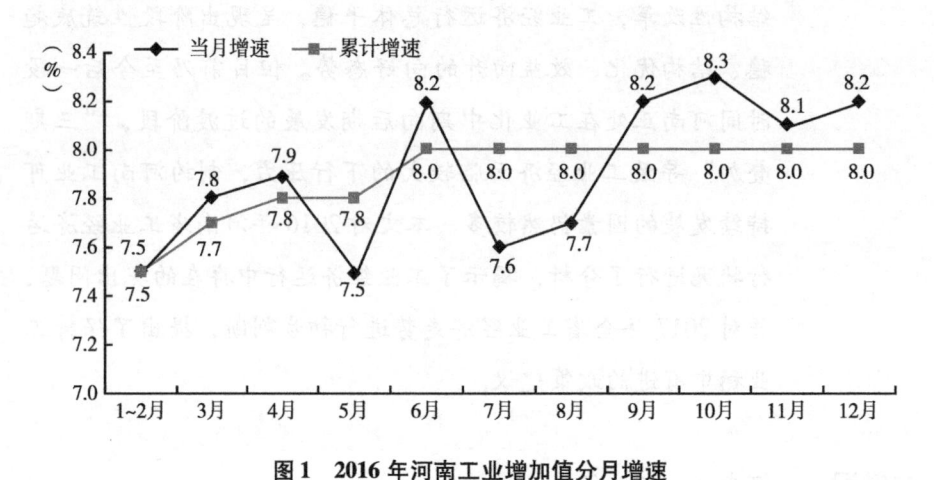

图1　2016年河南工业增加值分月增速

1. 八成行业实现增长，过半数行业增速较上年回升

2016年，在河南40个工业行业中有32个行业增加值实现增长，增长面为80%。其中化学原料和化学制品，食品制造，医药，电气机械和器材，家具，汽车，通用设备，非金属矿物制品，计算机、通信和其他电子设备，农副食品加工等22个行业同比增速超过全省规模以上工业平均水平；皮革、毛皮、羽毛及其制品，黑色金属冶炼和压延加工业，石油加工、炼焦和核燃料加工，煤炭采选，烟草制品，金属制品机械和设备修理，开采辅助活动，石油天然气开采8个行业同比增速下降。与2015年相比，化学纤维、化学原料及制品、食品制造、农副食品加工、煤炭开采和洗选、电气机械和器材、通用设备、汽车等20个行业增速回升，回升面为50%，其中金属制品、机械和设备修理、化学纤维、非金属矿采选、水的生产和供应、化学原料和化学制品、废弃资源综合利用6个行业增速回升5个百分点以上。

2. 十大支柱行业支撑作用明显

2016年，全省前十大支柱行业非金属矿物制品，农副食品加工，化学原料和化学制品，专用设备，通用设备，汽车，黑色金属冶炼和压延加工，计算机、通信和其他电子设备，电气机械和器材，食品制造占工业增加值比重的55.2%，对工业增长的贡献率为71.4%，拉动工业增长5.7个百分点，对工业经济增长的支撑作用非常明显。

3. 主导产业保持快速增长

2016年，全省主导产业快速增长。装备制造、汽车、电子信息和新型材料4个行业分别增长12.7%、14.7%、15.4%和8.5%，分别高于全省平均水平4.7个、6.7个、7.4个和0.5个百分点。

4. 六成以上产品产量实现增长

2016年，在全省重点监测的104种工业产品中，有66种产品产量实现增长，增长面为63.5%。部分高科技产品高速增长。多晶硅、手机、新能源汽车等3种产品产量增速超过25%。部分消费品较快增长。乳制品、汽车、皮革鞋靴、合成洗涤剂、农用薄膜、软饮料、精制食用植物油等20种产品产量增速在10%~30%。

（二）供给侧结构性改革积极推进

1. 高技术产业和装备制造业持续快速增长

2016年，全省高技术产业增加值同比增长15.5%，增速高于全省规模以上工业平均水平7.5个百分点，拉动全省工业增长1.3个百分点；装备制造业增长12.7%，增速高于全省平均水平4.7个百分点，拉动全省工业增长2个百分点。

2. 传统和产能过剩行业增速继续回落

2016年，全省传统支柱产业增加值同比增长5.3%，增幅较2015年回落0.6个百分点；拉动全省工业增长2.4个百分点，较2015年少拉动0.5个百分点；全省高载能行业增加值同比增长6.1%，增幅较2015年回落0.4个百分点；拉动全省工业增长2.0个百分点，低于2015年0.3个百分点。

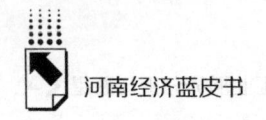

3. 企业去库存速度加快

2016年11月末，全省工业企业存货同比增长了1.4%，增幅较2015年回落4.8个百分点；其中产成品库存同比下降了2.6%，较2015年回落9.6个百分点。在工业产成品库存中，农副食品加工业存货量同比下降5.4%，化学纤维制造业库存量同比下降39.4%，黑色冶炼行业存货量下降11.4%。

4. 部分传统及能源原材料产品产量同比下降

2016年，钢材、水泥、浓硝酸（折100%）、烧碱（折100%）、轻革、原铝（电解铝）、氮肥（折含氮100%）、尿素（折含氮100%）、氧化铝、原盐等37种产品产量同比下降，其中原盐、平板玻璃、氧化铝、浓硝酸、铁矿石原矿等19种产品下降幅度在5%以上。

二 宏观环境相对趋稳，河南工业经济稳中向好的态势仍有望延续

（一）全国宏观经济形势好转为河南工业向好发展营造了有利环境

从全国情况看，2016年12月中国制造业采购经理指数（PMI）为51.4%，仍保持在扩张区间，为年内次高点，表明当前经济运行态势良好，企稳基础进一步巩固，向好发展态势更为明显。11月，我国进出口总额同比增长8.9%。其中，出口同比增长5.9%，连降两个月后首次回升，进出口延续总体回暖态势。全国GDP增速连续3个季度稳定在6.7%。全国工业经济阶段性筑底趋稳，增加值累计增速连续6个月稳定增长6.0%；全国工业企业效益继续呈现积极变化，11月，工业企业利润同比增长9.4%，为2016年以来最高增长率。

（二）市场需求改善有助于增强企业生产动能

全国经济形势向好，对河南工业经济的市场需求有积极的带动作用。2016年以来，全省工业品出厂价格降幅持续收窄。9月，PPI结束了连续52个月同比下降的局面，当月同比上升0.6%，10~12月涨幅继续扩大；

2016年，工业品市场需求持续改善，全省工业增速稳定增长，工业经济效益不断向好。

（三）产品结构转型升级有望推动河南工业形成新的增长点

近年来，河南省委、省政府综合施策力度不断加大，持续加快河南工业与当前以能源创新等为核心的新技术革命对接，推动河南工业产品结构转型升级，取得积极成效。新产品产量保持较快增长。2016年，新能源汽车产量同比增长29.1%，运动型多功能乘用车（SUV）产量增长25.8%，多晶硅增长44.2%，太阳能电池增长38%。全省生产手机2.6亿部，同比增长30.3%；其中智能手机1.7亿部，增长8.6%。工业机器人实现了零突破，2016年共生产487套。高附加值的压延产品产量快速增长。2016年，在钢铁产品中，中厚宽钢带增长12.4%，镀层板（带）增长16%；在有色产品中，铝材增长12.1%，其中铝型材增长31.3%，铝板材增长14.1%，铝带材增长23.8%，铝箔材增长17.9%。

（四）新增产能对工业生产发挥积极拉动作用

2016年，河南规模以上工业新增入库企业2847家，占规模以上工业企业单位数的12.2%，对全省工业增加值增长的贡献率达到33.7%，拉动工业增长2.8个百分点，为工业生产稳定增长发挥了重要作用。

三 工业经济持续向好的不确定因素较多，下行压力依然较大

2016年以来，河南工业经济延续了运行总体平稳、增速快于全国的发展态势。但目前乃至今后一段时间河南正处在工业化中期向后期发展的过渡阶段，"三期叠加"导致工业经济面临较大的下行压力，制约河南工业可持续发展的因素仍然较多。

（一）宏观环境难有根本性改观

未来一段时间，全球经济深度调整，世界经济虽然有趋稳趋好的迹象，但

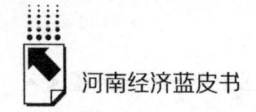

依然复苏乏力，外需不足的局面短期内难以有效缓解。从内需看，全国消费品零售总额呈现稳中回落的态势。1~11月社会消费品零售总额同比增长10.4%，增速比上年同期回落0.2个百分点；全国规模以上工业同比增长6.0%，自年初以来，月度波动幅度不超过0.2个百分点，宏观经济进入新常态的特征愈加明显。

（二）新的消费热点形成缓慢，工业品有效需求增长持续乏力

当前，消费市场尤其是汽车等热点消费市场经过前几年的高速增长时期后，市场趋于饱和，要形成新的、大的消费热点还需要相当长一段时间，难以显著推动消费的快速增长。房地产市场与河南工业关联度较高，但在日趋严厉的调控措施下，不确定性将明显增强。尽管在稳增长政策以及去产能效应下，原材料行业价格有所恢复，但河南钢材、水泥等行业面临阶段性和结构性产能过剩双重压力，企业产能普遍发挥不足。2016年，河南水泥的产能利用率为66.7%，平板玻璃产能利用率仅为55.8%，粗钢的产能利用率为64.8%。2016年，河南规模以上工业产品销售率为98.1%，较2015年回落0.2个百分点。

（三）工业经济增长的基础不牢

从增速看，2016年，河南规模以上工业月增速有6个月在8%以下，只有5个月高于8%。从结构看，2016年以来拉动河南工业利润增长的主要行业为有色冶炼、非金属矿物制品、煤炭开采等行业，这三大行业对前11个月全省工业利润增长的贡献率达到51.7%，加上农副食品加工业贡献率更是达65%以上。这些行业利润的回升均是靠价格回升带来的，具有很强的周期性。特别是河南传统产业均处于全国性的产能过剩行业，对房地产、供给侧结构改革、环境整治等宏观政策反应敏感，波动性强。从增长后劲来看，河南工业投资长期低迷，已连续49个月低于固定资产投资增速。2016年同比增速仅为8.9%，增速比全部投资增速低4.8个百分点，比2015年回落1.8个百分点。工业投资占全部投资的比重为46.6%，比2015年下降2.1个百分点。工业投资对全部投资增长的贡献率为31.5%，比2015年下降2.8个百分点。与此同时，河南工业企业创新竞争力也不足。一是较高学历的科研人员比重偏低。2015年，

全省R&D人员中本科及以上学历占比为45.0%，低于全国平均水平5.5个百分点。二是R&D人员人均经费投入水平偏低。全省平均每个R&D人员的经费支出为18.03万元，低于中部其他五省，在全国各省份中排第22位。三是在R&D经费中用于基础研究的比重较低，创新发展动力不足。全省R&D基础研究经费支出仅占1.9%，低于全国平均水平3.2个百分点，在全国31个省份中排倒数第1位。

（四）企业运营成本高，产品竞争能力弱，产能过剩矛盾仍较突出

2016年，河南规模以上工业企业出口交货值同比增长1.3%，较2015年回落15.9个百分点；全省规模以上工业企业每百元主营业务收入中的成本为87.7元，高于全国平均水平1.90元，居全国前列。全省工业利润增速近年来长期低于主营业务收入和增加值增速。

四 对2017年工业经济形势的判断和建议

综合判断，未来一段时间，以宏观经济不会有大的波动为背景，河南工业经济发展机遇与挑战并存，仍处于新旧动能转换衔接、支撑与制约因素同在、上升与下拉两种力量持续均衡的阶段，但随着工业提质增效、转型升级政策措施效果的逐步显现，全省工业总体上仍将保持稳定增长的态势。

（一）加快培育新的工业经济增长点

河南经济正处在增长动力转换期，必须在充分发挥传统动力作用的同时，加快培育新动力。要以产业集聚区为载体，加快培育"百、千、万"亿元级优势产业集群，打造一批参与全球制造业分工、在国际国内有较强影响力的产业集群，形成科学合理的区域生产网络，使河南制造有效融入全球制造价值链。积极培育支柱产业，做大做强高成长性产业，加快构筑产业竞争新优势；大力培育发展战略新兴行业，在具有比较优势的电子信息、新能源汽车等领域抢占先机；大力发展先进制造业，加大承接产业转移力度，壮大汽车、装备制造等产业规模，不断提高行业发展水平和竞争力，使其成为工业经济发展新的增长点和战略支撑。

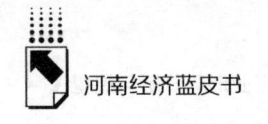

（二）加快推进工业结构优化升级

当前，产业结构不合理仍是河南工业发展面临的突出问题，这是导致工业经济发展质量效益不高、综合竞争力不强的重要原因。要把加快新旧动力转换、提升供给体系质量和效率作为中心任务，要坚持做大总量和调优结构并重、改造提升传统产业和积极培育战略性新兴产业并举，推进信息技术与制造业深度融合，全面提高产品质量，壮大装备制造、食品、新型材料、电子、汽车制造等主导产业，推动由河南制造向河南创造、河南速度向河南质量、河南产品向河南品牌转变。

（三）大力发展新技术、新模式、新产品、新业态

新一轮科技革命和新兴产业的发展对制造业的生产方式、发展模式都带来了颠覆性的影响。在新兴产业的发展上，河南省与其他地区基本处在同一起跑线上，但河南在生物制药、智能手机、新能源汽车、超硬材料等领域还有一定的比较优势。要深入实施《中国制造2025河南行动纲要》，以提质增效为中心，以促进制造业创新发展为主题，以加快制造业数字化、网络化、智能化为主线，加快制造业向高端化、终端化和高效益迈进。要瞄准前沿、抢占先机，着力培育发展新技术新模式新业态，深入实施"互联网＋"行动，促进数控技术和智能装备在工业领域的广泛应用，促进云计算、大数据、物联网等与现代制造业结合，加快建立信息化条件下的工业生态体系。

（四）扎实做好工业经济风险防控

工业经济下行压力加大使得一些累积风险逐步暴露，必须高度重视，为工业经济平稳增长提供有力保障。随着全省工业转型升级进度不断加快，部分行业化解过剩产能力度将逐渐加大，部分企业融资难、融资贵问题在一定时间内并不能得到根本缓解。要加强重点领域重点企业监测调度，保障生产要素供给，努力防范工业风险，确保全省工业经济平稳运行。

B.4
2016~2017年河南省第三产业形势分析与展望

赵德友 王予荷 孟静 常伟杰 陈哲 陈琛*

摘　要： 2016年，河南全力推进供给侧结构性改革，同心协力，着力稳增长、保态势，第三产业总体呈现加快发展态势，为国民经济增长提供强有力支撑。面对良好发展机遇，2017年要按照服务业供给侧结构性改革总体要求，全面落实加快服务业发展的各项政策措施，加快发展生产性服务业和新兴服务业，提升传统服务业，全面提升服务业发展规模、质量和效益，为经济增长提供有力支撑。本文总结了2016年河南第三产业发展状况，对2017年第三产业发展面临的环境进行了分析，对发展趋势进行了预测，并结合河南实际提出了加快服务业发展的对策和建议。

关键词： 河南省　第三产业　供给侧

2016年，全省各地各部门围绕现代服务业强省建设，全力推进供给侧结构性改革，突出战略谋划，强化政策落实，着力构筑载体项目支撑，服务业发展保持良好态势，为稳增长、促改革、调结构、惠民生提供有力支撑。

---

* 赵德友，博士，高级统计师，河南省统计局副局长；王予荷，河南省统计局服务业统计处处长；孟静，河南省统计局服务业统计处副处长；常伟杰，高级统计师，河南省统计局服务业统计处；陈哲，河南省统计局服务业统计处主任科员；陈琛，河南省统计局服务业统计处副主任科员。

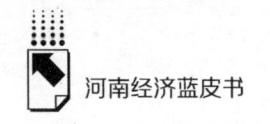

一 2016年河南省第三产业发展状况

2016年以来，面对复杂多变的国内外经济环境，全省上下认真贯彻落实中央和省委、省政府各项决策部署，加强服务业供给侧结构性改革，同心协力，着力稳增长、保态势，全省服务业继续保持稳定增长，为国民经济增长提供强有力支撑。

（一）第三产业整体运行稳定

1. 第三产业增速和占比持续攀升，成为拉动经济增长的主动力

2016年全省第三产业增加值保持快速增长，一季度、上半年和前三季度第三产业增加值同比分别增长10.5%、9.7%和10.1%，预计全年第三产业增加值延续前三季度态势，增长10%左右；第三产业增加值增速分别高于全省一季度、上半年和前三季度GDP增速2.3个、1.7个和2.0个百分点，预计全年增速高出全省GDP增速2.0个百分点左右。第三产业占比持续提高，产业结构进一步优化。随着服务业的快速发展，第三产业增加值占GDP的比重不断提高，产业结构进一步优化。前三季度，全省第三产业增加值占GDP的比重达41.4%，同比提高1.9个百分点；第三产业增加值对GDP增长贡献率不断提高，第三产业增加值对GDP增长的贡献率达到49.1%，同比提高13.2个百分点；拉动GDP增长4.0个百分点，同比提高1.1个百分点。第三产业对经济增长的贡献率超过第二产业，成为支撑全省经济增长的重要力量。

2. 第三产业投入加大，成为促进投资增长的重要支撑

为全面提升服务业发展水平和支撑能力，全省实施三年滚动投资计划，加快1000个投资规模超亿元项目建设，一批投资规模大、市场前景好、带动作用强的服务业项目建成投用。2016年，服务业固定资产投资保持16%以上的高速增长，三产结构进一步优化，投资结构"三二一"格局初步确立。1~11月，第三产业投资完成17482.33亿元，同比增长18.2%，分别高于全省固定资产投资和第二产业投资4.8个和10.7个百分点，高于全国平均水平6.9个百分点；第三产业投资占全部投资的比重为49%，高于第二产业2.8个百分点；第三产业对全省固定资产投资增长的贡献率高达64.1%，拉动全省投资增长8.6个百分点，成为促进全省投资增长的第一大推动力。在第三产业中，"互联网+"等信息工程建设步伐不断加快，信息传输、软件和信息技术服务业投资同比增长45%；金融业投资高速发展，同比增长近两倍，达196.8%；文化、体育和娱乐业等精神文化生活服务类投资同比增长37.5%，增长质量不断提升，结构调整效果显现。分行业看，公共管理、社会保障和社会组织，卫生和社会工作，租赁和商务服务业，信息传输、软件和信息技术服务业，交通运输、仓储和邮政业增速较高，是拉动第三产业投资快速增长的主要动力。

3. 第三产业税收份额增加，增速低位运行

2016年，全省第三产业税收增速保持逐月上升态势，但与上年同期相比增速明显回落；增速由1~2月的-2.9%提高到1~11月的7.5%，1~11月全省第三产业税收收入2201.04亿元，增速高于全省税收收入增速3.7个百分点；第三产业税收占全部税收的比重60.4%，比上年同期提高2.1个百分点，第三产业税收对全省税收的贡献率不断提高。第三产业税收收入主要来自房地产业，批发零售业，金融业，公共管理、社会保障和国际组织四个行业，占第三产业税收收入的比重分别为33.7%、24.3%、16.9%和9.4%。

4. 消费品市场平稳增长

2016年，河南消费品市场面对三期叠加、经济下行压力加大、居民收入增速放缓、消费预期减弱、消费热点缺乏等复杂形势。全省认真贯彻落实中央和省委、省政府各项稳增长、促改革、调结构、惠民生的一系列决策部署，大力开拓消费市场，传统零售业平稳发展，大型零售企业经营情况向好，消费升级步伐加快，网上零售对传统零售业分流减弱，全省社会消费品零售总额呈平稳增长态势。1~11月，全省社会消费品零售总额同比增长11.8%，比1~10月提高0.1个百分点。其中，限额以上消费品零售额同比增长10.6%，比1~10月提高0.2个百分点。预计2016年全省社会消费品零售总额增长在12%左右。

5. 载体建设成效初显

强化服务业"两区"服务功能，组织现场观摩，开展考核评价，出台晋级标准，全省准入门槛以上服务业"两区"达到80个。1~11月，全省"两区"投资增长39.3%，占服务业投资的比重达11.0%，成为全省投资增长的

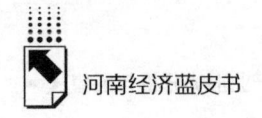

新亮点。郑州航空港和河南保税物流中心成功申建国家级示范物流园区，21个省级示范物流园区建设加快推进，一批电子商务、文化创意、服务外包等专业园区加快发展。

（二）重点领域实现新突破

2016年，服务业重点领域亮点纷呈。郑州市获批国家现代物流创新发展城市试点并成为国家级流通节点城市，郑州机场旅客吞吐量突破2000万人次，货邮吞吐量增长20%，增速居全国主要机场首位；中欧班列（郑州）实现往返均衡和高频常态开行，2016年累计开行251班；快递业务量和业务收入分别增长63.7%和49.7%。中国（郑州）跨境电子商务综合试验区成功获批。成功举办2016中国（郑州）国际旅游城市市长论坛，郑州市、栾川县等10家单位进入"国家全域旅游示范区"创建名单，"十一"黄金周全省共接待海内外游客5187.4万人次，旅游总收入309.06亿元，同比分别增长13.5%、16.1%。

1. 基础设施建设硕果累累

2016年全省高速公路建设取得新突破，截至12月初，全省交通工程项目已累计完成投资463.6亿元，超额完成年度计划（406亿元）的14.2%。其中，高速公路项目超额完成年度计划的9.9%，郑州机场高速改扩建、焦桐高速登封至汝州段、郑民高速开封至民权段、郑云高速武陟至云台山段等4个高速公路项目按期建成通车，全省高速公路新增通车里程143公里，通车总里程达到6448公里，居全国第2位。"米"字形快速铁路网建设推进顺利，郑徐客车专线于9月10日开通运营；8月31日，国家发展改革委正式批复了《新建郑州至济南铁路可行性研究报告》，河南省"米"字形高速铁路网最后一笔终于画出。郑州地铁2号线于8月19日正式开通运营，城郊铁路、地铁1号线延长线即将通车。中欧班列（郑州）2016年全年实现开行251班（137班去程，114班回程），总货值达12.67亿美元，总货重12.86万吨。中欧班列自开通以来，累计开行507班，总载货量、货物种类、合作伙伴及业务覆盖范围、往返高频次对开等综合实力持续在全国中欧班列中保持领先位置。在郑州机场运营的客运航空公司有40家（国内31家、国际9家），开通客运航线162条（其中国际航线25条），客运通航城市86个（其中国际地区19个），基本形成了覆盖全国及东亚、东南亚主要城市，连接迪拜和温哥华的枢纽航线网络。

2. 交通运输业发展态势良好

2016年1~11月，全省货物运输量18.57亿吨，比上年增长6.3%，其中铁路、公路货物运输量同比分别增长-3.4%和6.7%；旅客运输量11.25亿人次，比上年下降3.4%，其中铁路、公路旅客运输量同比分别增长10.9%和-5.3%。货物周转量6599.93亿吨公里，比上年增长5.6%，其中公路货物周转量同比增长6.4%，水运货物周转量同比增长14.0%；旅客周转量1723.08亿人公里，比上年增长2.7%，其中铁路旅客周转量同比增长2.7%，水路旅客周转量同比增长4.7%。航空运输业持续高速发展。随着郑州航空港经济综合实验区战略措施的逐步实施，郑州机场航空货邮吞吐量增速大幅提升。1~11月，全省机场旅客吞吐量突破2000万人次，达到2039.86万人次，同比增长19.1%；货邮吞吐量40.73万吨，同比增长11.8%。其中，郑州机场旅客吞吐量1899.20万人次，同比增长19.3%；货邮吞吐量40.52万吨，同比增长11.9%。郑州机场旅客和货邮吞吐量占全省比重分别为93.1%和99.5%。郑州机场预计全年将完成旅客吞吐量2070万人次，行业排名有望跻身全国第15位。

3. 金融市场运行平稳，各项存贷款余额增加较多

"金融豫军"不断壮大，民营银行、中原寿险加快组建，中国进出口银行河南省分行批准筹建，浙商银行正式入驻，实现全国12家股份制银行全部落户郑东新区，中原证券获中国证监会核准，已经登陆A股市场。2016年11月末，金融机构本外币各项存款余额为55477.1亿元，同比增长13.9%，其中人民币各项存款余额为54350.2亿元，同比增长13.1%；金融机构本外币各项贷款余额为36789.4亿元，同比增长15.9%，其中人民币各项贷款余额为36189.4亿元，同比增长15.4%。

4. 房地产开发投资增速高位提升，房屋新开工面积高位增长

2016年特别是6月以来，河南房地产开发投资、新开工面积、到位资金、土地成交价款等指标持续走高。郑州楼市交易火爆，带动全省商品房销售快速增长，房价出现过快上涨的现象。为保持市场持续平稳健康发展，10月郑州重启限购并收紧信贷政策，郑州商品房销售面积增速出现回落并传导至周边地市，全省商品房销售面积增速持续走高的态势有所减缓，调控效果开始显现。2016年1~11月，全省房地产开发投资5469.97亿元，同比增长27.4%，增

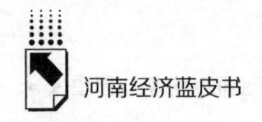

速同比加快17.0个百分点，比1~10月加快1.1个百分点，比全国平均水平高20.9个百分点。房地产开发投资占全省固定资产投资比重的15.3%，贡献率达27.9%，比1~10月提高1.1个百分点，拉动固定资产投资增长3.7个百分点，是全省固定资产投资稳定增长的中坚力量。全省商品房销售面积9038.50万平方米，同比增长33.0%，增速比1~10月回落3.0个百分点。1~11月，18个省辖市中10个省辖市商品房销售增速回落，郑州增长65.5%，增速比1~10月回落2.0个百分点，前期增速较高的平顶山、濮阳、漯河分别比1~10月回落10.4个、27.3个和17.9个百分点。

（三）服务业重点监测企业经营状况良好

2016年，全省规模以上其他服务业企业数量不断增加，规模以上服务业企业规模逐步扩大，数据代表性不断增强。1~11月，全省规模以上服务业企业达到7969家，比去年同期增加1955家，单位数在全国位居第7位，中部六省第1位；营业收入由年初的8.9%提高到1~11月的11.0%。其中规模以上其他营利性服务业企业由2月的2152家增加到11月的2536家；营业收入增速由年初的25.2%提高到1~11月的29.9%，增速在全国排名第8位，在中部六省排名第2位，对第三产业增加值核算的支撑作用不断增强。分行业看，除铁路运输业、航空运输业、管道运输业、装卸搬运和运输代理业、自由房地产经营活动、其他房地产业、水利管理业以及新闻和出版业外，其余行业营业收入同比均有所增长。其中，互联网和相关服务、软件和信息技术服务业、租赁业、公共设施管理业、居民服务业、机动车电子产品和日用产品修理业、其他服务业、社会工作、娱乐业、文化艺术业、体育等行业增幅均在30%以上。

整体来看，在当前经济下行压力加大的背景下，服务业持续保持平稳较快发展，规模不断扩大、占比持续提高、贡献率日益提升，为稳增长、保态势提供了有力支撑。

二 2017年第三产业形势分析与预测

1. 服务业发展面临良好的国内外环境

2017年，全省服务业发展面临难得的发展机遇。从国际看，随着全球产业分工格局深度调整，产业结构服务化趋势日益明显。从国内看，国家把加快服务业发展作为产业结构调整的战略重点，推动服务业持续"领跑"我国经济增长，前三季度服务业增加值占比达到52.8%，对GDP的贡献率为58.5%，已成为支撑经济增长的主要动力。11月，全国服务业商务活动指数为53.7%，为年内高点，表明服务业稳中向好。其中零售业、铁路运输业、水上运输业、邮政业、装卸搬运及仓储业、互联网及软件信息技术服务业、货币金融服务业、资本市场服务业、保险业等行业商务活动指数均位于较高景气区间。服务业新订单指数为51.2%，比上月上升0.8个百分点，继续位于临界点以上，发展活力持续增强，服务业将继续保持较快增长态势。

2. 省委、省政府促进服务业发展政策给力

在中共河南省委第十次党代会报告中，省委书记谢伏瞻首次提出建设现代服务业强省的目标。他指出："着眼提升四化同步发展水平，大力发展现代服务业，是顺应产业演进规律、培育新的增长点和长远竞争力的必然选择。"从"十二五"期间致力于建设高成长服务业大省，到提出建设现代服务业强省，从"大"到"强"一字之差，充分体现了省委、省政府对未来5年服务业发展的更高要求。2016年，省政府先后出台了加快科技服务业发展、大力发展电子商务加快培育经济新动力的若干意见，出台了大力推进大众创业、万众创新、促进加工贸易创新发展、加快发展服务贸易的实施意见，省政府办公厅发出《关于印发2016年河南省服务业重点领域发展行动方案的通知》，2016年11月11日省政府下发《河南省推进服务业供给侧结构性改革专项行动方案(2016~2018年)》，对现代物流、现代金融、信息服务等主导产业和新兴服务业提出了发展目标，提出要突出载体建设，增强服务供给新支撑。这一系列文件既有服务业发展的纲领性文件，又有针对服务业发展特定领域发展的专项文件，这些文件制定的服务业发展目标明确、政策支持具体、推进措施到位，将为河南服务业发展提供强有力的政策支撑。

3. "五大战略"与服务业发展息息相关

河南已进入国家级层面的五大战略，都与发展服务业息息相关。粮食生产核心区建设，要求实现集约化、组织化、专业化、社会化，为农业服务公司"施展拳脚"提供了可能。中原经济区建设的任务之一，是建设全国重要的经济增长极，建设先进制造业基地和现代服务业基地。交通枢纽建设与华夏文化

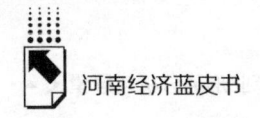

的传承创新，更是服务业不可分割的组成部分。郑州航空港经济综合实验区、郑洛新国家自主创新示范区、中国（河南）自由贸易试验区，这些国家战略的实施，既提升战略地位，提供开放环境，又加快要素融合，都与服务业发展关系密切。

随着国家和全省加快服务业发展一系列政策效应的逐步显现，现代物流、金融、文化旅游、信息服务、健康养老等主导产业支撑带动能力进一步增强，新产业、新技术、新业态、新模式不断涌现，未来服务业发展空间巨大，前景广阔。

2017年，全省服务业发展也面临着宏观经济不稳定不确定性因素增多，围绕市场、资本、人才、技术等领域区域竞争压力加剧，自身发展中存在传统产业占比过大、生产性服务业发展相对滞后、创新能力不足、龙头企业和高端人才缺乏等困难和问题，迫切需要在今后工作中提升思维、转变思想、理清思路、破解制约、补足短板，推动服务业加快发展。

根据"十三五"规划及供给侧改革方案目标和2017年全省经济社会发展年度目标，综合考虑服务业发展的有利因素和不利因素，预计2017年全省服务业增加值增速将保持在10%左右。

三 加快河南服务业发展的对策建议

面对良好发展机遇，2017年要按照服务业供给侧结构性改革总体要求，全面落实加快服务业发展的各项政策措施，加快发展生产性服务业和新兴服务业，提升传统服务业，全面提升服务业发展规模、质量和效益，为经济增长提供有力支撑，要重点做好以下几个方面的工作。

1. 做好服务业发展相关政策措施的落实

一是加强领导，形成服务业发展合力。充分发挥河南省服务业领导小组指导协调、统筹规划、研究解决服务业发展重大问题的作用，各管理部门特别是领导小组成员单位、行业牵头部门要各司其职、密切配合，形成推动服务业发展的强大合力。二是落实政策，营造服务业发展良好环境。加强学习研究，制定服务业发展配套政策和实施细则，强化土地、资金、电力等要素保障力度，减轻服务业企业尤其是小微企业税费负担，确保各项政策落到实处，加大对服务业特别是中小企业的资金引导和政策扶持力度，最大限度创造加快服务业发展的良好氛围。三是健全服务业行业分类标准体系，加快建立覆盖全行业的服务业统计调查制度。加强服务业运行监测及考核评价体系建设。

2. 加大对服务业领军企业和成长型企业的扶持力度

针对全省大中型服务业企业拉动乏力、企业规模和效益不佳等现状，应尽快出台扶持政策，加大对服务业领军企业和成长型企业的扶持力度，认真贯彻落实各项优惠政策，加强对企业的指导、协调和服务，密切跟踪企业经营情况，积极协调解决企业经营与发展中遇到的问题和困难，进一步改善服务业企业发展环境，切实降低企业生产成本，使服务业领军企业和大中型企业真正发挥引领作用。对现有的百户领军企业，要支持企业积极拓展省内外市场，发展一批龙头企业。同时，要引导创新能力强、业态模式先进、发展前景好的优势企业，专注核心业务，提高精细化、专业化服务水平，培育形成一批竞争优势突出、充满生机活力的行业领先企业。

3. 推进服务业重点领域、重点行业快速发展

强力推进高端服务业与制造业融合发展。认真贯彻落实省政府《关于推动生产性服务业加快发展的实施意见》，加快发展与制造业密切相关的高端服务业，强力推进高端服务业与制造业融合，引领产业向价值链高端提升。特别是以生产性服务业为突破口，突出发展与物流、信息流等相关的服务行业。大力推进供给侧结构性改革，为交通运输等生产性服务业提供充足的服务需求。推动新兴服务业业态尽快形成规模，积极扶持"三新"企业发展壮大，尽快形成新的增长点，为河南省服务业健康发展培育新生力量。

B.5
2016~2017年河南省产业集聚区发展形势分析与展望

冯文元 司曼珈 司景贤*

摘 要： 产业集聚区作为河南省各地方政府促进本地经济发展的重要抓手，是河南省经济改革创新、转型升级、跨越发展的科学载体，在促进全省经济增长、推进科技进步等方面起着不可替代的作用，在区域经济发展中发挥了积极的辐射、示范和带动作用。本文分析了2016年全省产业集聚区在空间拓展、建设发展、工业和服务业发展方面取得的成效，指出了当前发展中需要关注的问题，并对2017年的发展进行了展望，提出了建议。

关键词： 河南 产业集聚区

产业集聚区作为河南促进区域经济迅速发展而享有各类优惠政策的特殊经济区域，成为地方政府促进本地经济发展的重要抓手，在全省促进经济增长、引入先进技术和管理手段、推进科技进步等方面起着不可替代的作用，在区域经济发展中发挥了积极的辐射、示范和带动作用，是各地转型发展的突破口、招商引资的主平台、经济发展的增长极。作为"十三五"的开局之年，2016年河南省产业集聚区继续保持了平稳较快的增长，发展质量和综合效益进一步提升，对全省和各地经济的贡献度增大，经济结构调整和产业转型步伐加快，呈现出良好的发展态势。

---

* 冯文元，高级统计师，河南省统计局副局长；司曼珈，高级统计师，河南省统计局监测评价考核处处长；司景贤，高级统计师，河南省统计局监测评价考核处副处长。

一 2016年产业集聚区发展成效显著

（一）规模扩大，承载、吸纳能力增强

2016年，河南省产业集聚区规模扩大，全省共有省级产业集聚区183家。统计监测资料显示，至9月末，全省产业集聚区建成区面积达到2035平方公里，比上年同期增加83.8平方公里，同比增长4.3%，建成区面积达到规划面积的52.5%。

2016年11月末，全省产业集聚区内有"四上"① 企业16194家，比上年同期增加1661家，增长11.4%，占全省"四上"企业的26.3%，占比较上年同期略降0.1个百分点。其中，规模以上"四上"工业企业10235家，比上年同期增加791家，增长8.4%；占全省规模以上工业企业的44.1%，比上年同期提高1.0个百分点。

2016年前三季度，全省产业集聚区规模以上工业企业从业人员为432.07万人，比上年同期增加38.38万人，增长9.7%，产业集聚区规模以上工业从业人员占全省规模以上工业（以下简称"工业"）的比重达到64.5%，比上年同期提高4.2个百分点。

（二）工业运行质量好于全省，结构趋优

1. 工业运行质量好于全省

2016年以来，全省产业集聚区的发展保持了总体向上的增长态势，各月工业增加值累计增速均超过10%，增幅超过全省工业平均增长水平2.6个百分点以上。2016年前11个月，全省产业集聚区工业增加值增长11.6%，增幅比全省工业增加值平均增长水平高3.6个百分点，增加值占全省工业增加值的比重为62.2%，比一季度、上半年、前三季度分别提高2.2个、1.9个和1.2

---

① 注："四上"企业是现阶段中国统计工作实践中对达到一定规模、资质或限额的法人单位的一种通俗称谓。包括规模以上工业和有资质的建筑业，限额以上批发和零售业，限额以上住宿和餐饮业、全部房地产开发经营业以及规模以上服务业法人单位。

个百分点，比上年同期提高4.0个百分点。从18个省辖市来看，产业集聚区工业增加值占全市工业增加值的比重超过50%的市有15个，郑州、许昌、洛阳居前3位；工业发展最快的前三位分别是濮阳、安阳和漯河，增加值增幅分别达到17.5%、15.6%和14.8%。

2016年前11个月，全省产业集聚区实现工业企业主营业务收入45328.09亿元，同比增长10.8%，比全省工业企业主营业务收入同比增幅高3.8个百分点；产业集聚区工业主营业务收入占全省工业的比重达64.2%，比上年同期提高3.9个百分点。工业企业实现利润总额2599.13亿元，同比增长9.3%，比全省工业企业实现利润同比增幅高3.3个百分点；占全省工业企业利润总额的56.2%，比上年同期提高3.3个百分点。从18个省辖市来看，产业集聚区工业主营业务收入超过3000亿元的市有5个，分别是郑州、洛阳、许昌、焦作和周口，其中郑州突破6000亿元；工业利润总额突破200亿元的市有4个，分别是郑州、周口、许昌和焦作，其利润总额合计占全省产业集聚区工业比重的43.5%。产业集聚区工业企业生产、效益稳步提升，明显好于全省工业企业。

2. 工业经济贡献不断提高

2016年，全省产业集聚区工业经济继续保持较快增长，对全省工业经济贡献进一步加大。前11个月，产业集聚区工业增加值对全省工业增加值增长的贡献率达到87.3%，比上年同期提高1.3个百分点，比2016年一季度、上半年、前三季度分别提高5.0个、9.6个和1.1个百分点，拉动全省工业增加值增长7.0个百分点。产业集聚区工业对全省工业主营业务收入增长的贡献率达到96.4%，拉动全省工业主营业务收入增长6.7个百分点；对全省工业企业利润总额增长的贡献率为83.8%，拉动全省工业企业利润总额增长5.1个百分点。

3. 工业转型发展的态势良好

（1）高技术产业生产总体逐月加快。产业集聚区高技术产业增加值2~11月各月累计增速分别为11.0%、11.7%、11.3%、12.1%、12.5%、13.2%、14.4%、15.5%、15.6%和15.3%，增速除个别月份稍有波动外，整体呈现逐月提高态势。前11个月，产业集聚区工业高技术产业增加值增速比产业集聚区工业平均增长水平高3.7个百分点；高技术产业增加值占产业集聚区工业的比重为12.0%，比前三季度、前10个月分别提高0.5个和0.2个百分点，对产业集聚区工业增长的贡献率为15.5%，拉动产业集聚区工业增长1.8个百分点。

(2) 高成长性产业增长持续加快。产业集聚区中高成长性制造业增加值增长步伐平稳加快，前11个月高成长性制造业增加值累计增长13.1%，连续5个月提升，增幅比产业集聚区工业增加值高出1.5个百分点；高成长性制造业增加值占产业集聚区工业增加值的比重为54.2%，对产业集聚区工业增长的贡献率为60.3%，比前10个月提高1.7个百分点，比上半年提高7.0个百分点，拉动产业集聚区工业增加值增长7.0个百分点。

(3) 部分重点行业保持两位数增长。2016年以来，产业集聚区符合转型升级和市场消费需求升级的行业保持快速增长。比如，医药制造业增加值同比增长21.1%，化学原料和化学制品制造业同比增长20.7%，食品制造业同比增长20.0%，电气机械和器材制造业同比增长19.9%，金属制品业同比增长17.9%，家具制造业同比增长16.8%，纺织服装服饰业同比增长15.4%，通用设备制造业同比增长15.3%，汽车制造业同比增长14.9%，铁路船舶航空航天和其他运输设备制造业同比增长13.7%，计算机、通信和其他电子设备制造业同比增长12.6%。其中，部分行业同比增速比2016年年初提高了5个百分点以上。

4. 工业能源利用效率稳步提升

能耗总量下降，占比提高。2016年前11个月，全省产业集聚区工业企业综合能源消费量为8013.35万吨标准煤，同比下降2.6%，降速比前10个月扩大0.4个百分点，但能耗总量占全省工业企业综合能源消费量的比重较上年同期提高2.7个百分点。同时，单位增加值能耗同比下降12.68%，比全省工业平均水平多降了2.12个百分点，比上半年、前三季度分别多降了1.75个和0.63个百分点。全省产业集聚区工业能源消费总量下降、占比提高、单位增加值能耗下降，表明产业集聚区工业在规模扩大的同时节能降耗工作取得了成效，全省特别是产业集聚区的工业能源利用效率得到明显提升。

(三) 服务业保持良好发展态势

2016年，随着全省供给侧结构性改革的逐步推进，产业集聚区服务业总体发展良好，呈现稳中有进、进中向好的态势。2016年前10个月，全省产业集聚区限额以上批发和零售业企业实现商品销售额5023.36亿元，同比增长18.2%，增速比前三季度提高3.3个百分点，高出全省限额以上批发和零售业企业商品销售增速8.4个百分点；销售额占全省限额以上批发和零售业企业商品销售额的比重为38.9%，比上年同期提高3.0个百分点。至10月末，全省产业集聚区规模以上服务业企业达到1223家，比上年同期增加329家。实现营业收入1011.97亿元，同比增长10.9%，增速比全省规模以上服务业企业平均水平高出0.9个百分点，高出产业集聚区工业企业主营业务收入增长水平0.7个百分点；营业收入占全省规模以上服务业企业的比重为28.7%，比上年同期提高0.8个百分点；实现营业利润132.13亿元，同比增长23.9%，高出全省规模以上服务业企业平均增长水平4.8个百分点；营业收入利润率为13.1%，比上年同期提高3.2个百分点，比前三季度高0.5个百分点，高出全省规模以上服务业企业平均水平1.2个百分点。

（四）投资新开工项目增多，完成投资保持稳定增长

2016年，面对制造业产品市场需求不足，企业投资意愿下降的形势，全省各产业集聚区继续坚定不移地实施扩大有效投资的一系列政策措施，加大重点项目建设推进力度，产业集聚区固定资产投资增速呈现总体回升的运行态势。

1. 集聚效应显现，集聚区建设速度超过全省

2016年前11个月，全省产业集聚区完成固定资产投资18790.53亿元，同比增长14.2%，增速在9月达到2016年的高点后略有回落，比前9个月低1.0个百分点，但仍比前8个月高0.7个百分点，增幅比上年同期提高0.6个百分点，比全省投资平均增长水平高0.8个百分点。其中，基础设施建设投入2388.17亿元，增长33.5%。产业集聚区完成投资占全省固定资产投资的比重为52.7%，同比提高0.4个百分点；拉动全省投资增长7.4个百分点，对全省投资增长的贡献率为55.6%，比上年同期提高10.8个百分点，贡献率比年初（2月）提高了12.6个百分点，产业集聚效应显现。

2. 新开工项目增多，为产业集聚区的快速发展创造了条件

2016年前11个月，全省产业集聚区固定资产投资施工项目9120个，同比

增加626个,增长7.4%。其中,本年新开工项目6194个,同比增加1245个,增长25.2%;新开工项目占产业集聚区施工项目的比重为67.9%,同比提高9.6个百分点。产业集聚区新开工项目完成投资10293.56亿元,同比增长32.7%,比整个产业集聚区投资增速高出18.5个百分点;新开工项目完成投资占产业集聚区投资的比重超过五成,达到54.8%,同比提高7.6个百分点,对产业集聚区投资增长的贡献率也由上年同期的42.9%提高到现在的108.6%,拉动产业集聚区投资增长15.4个百分点。新开工项目的增加,为产业集聚区的持续发展创造了条件。

3. 重点项目规模扩大,成为集聚区稳定发展的中坚力量

产业集聚区施工重点项目稳步增加。2016年前11个月,全省产业集聚区亿元及以上施工项目达到5989个,比上年同期增加316个,同比增长5.6%。其中,本年新开工亿元及以上项目3688个,同比增加1017个,增长38.1%;新开工亿元及以上项目占本年新开工项目的比重为59.5%,同比提高5.6个百分点,亿元以上重点投资项目的占比提高,为产业集聚区的稳定发展奠定了基础,成为集聚区后续发展的有力保障。

4. 投资转型升级,产业投资结构不断优化

(1) 重点行业投资保持快速增长。产业集聚区制造业投资增速虽有回落,但一些重点发展行业保持快速增长。例如,金属制品业投资同比增长42.4%,文教、工美、体育和娱乐用品制造业同比增长36.6%,电气机械及器材制造业同比增长35.1%,纺织业同比增长34.8%,医药制造业同比增长27.1%,废弃资源综合利用业同比增长21.2%,橡胶和塑料制品业同比增长13.5%,家具制造业同比增长12.9%,农副食品加工业同比增长11.7%,酒、饮料和精制茶制造业同比增长11.6%,通用设备制造业同比增长10.2%。

(2) 服务业投资向生产和技术性服务业转变。2016年前11个月,仓储业、租赁和商务服务业投资在2015年同比分别增长52.5%和38.8%较高的基数上继续增长了8.7%和25.5%;信息传输、软件和信息技术服务业投资同比增长58.5%,科学研究和技术服务业投资同比增长134.8%,教育投资同比增长42.7%,增速分别比上年同期提高29.5个、137.0个和20.4个百分点。

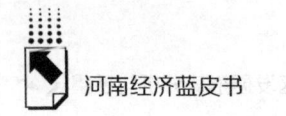

（3）基础设施投资补短板。电力、燃气及水的生产和供应业投资同比增长36.8%，比上年提高8.9个百分点；道路运输业投资同比增长47.1%，继续保持高速增长；水利、环境和公共设施管理业投资同比增长41.8%，比上年提高27.4个百分点。

二 产业集聚区发展中值得关注的问题

随着河南经济发展进入新常态，全省产业集聚区的发展需要进一步加快提质转型，由规模扩张向量质并重转变，提高吸引力、竞争力和带动力。目前，在产业集聚区发展提升中面临诸多问题与挑战。

（一）融资难制约企业发展

受国家宏观调控、信贷等政策的影响，一些产业集聚区的信贷平台作用不能有效发挥，产业集聚区内一些企业贷款困难，尤其是中小企业，融资更难，企业找不到解决资金紧张的突破口，影响了企业的生产经营。融资难成为制约企业发展的瓶颈，阻碍着产业集聚区的经济发展。2016年前11个月，产业集聚区投资本年到位资金同比增长12.2%，低于完成投资增长2.0个百分点，增速同比回落3.2个百分点；本年资金到位率97.8%，比上年同期低2.0个百分点。其中，国内贷款同比下降9.8%。而同期的产业集聚区工业企业利息支出同比增长5.1%，比上年同期高出5.6个百分点，进一步加重了企业资金使用的负担。

（二）结构不优影响产业竞争力

从全省产业集聚区的总体情况来看，呈现出如下特点。一是工业传统项目相对较多、新兴产业项目较少，引进的产业链项目少，产业结构优化程度不高，集群效应不强；二是企业产品科技含量不高、附加值偏低，企业产品种类相对较少，地方特色主打品牌少，缺乏市场竞争力；三是与工业企业相配套的生产性服务业发展缓慢，总部经济、服务外包、工业设计、创意等高端领域涉足较少，这些因素直接导致产业集聚区工业缺乏竞争力、产品附加值低、销售收入低和发展后劲乏力等弱点。

（三）创新能力弱，难以适应产业发展需求

企业的生命力在于创新，转变经济增长方式、提升产业层次必须依靠科技创新、自主创新。全省大部分产业集聚区和区内企业创新投入不多、水平不高、能力不强，由劳动密集型向技术专业型转变的速度不快。2015 年年末，全省产业集聚区内有工业设计机构 231 个，有高新技术企业 728 家；工业企业中有 R&D 活动的企业为 1740 家，仅占产业集聚区工业企业的 17.7%；全年工业企业研发经费支出占主营业务收入的比重为 0.58%，低于全国平均水平。产业集聚区内企业自主创新能力总体上不强，技术创新的规模和强度不能适应产业发展需求，产、学、研结合的机制没有形成，对外合作的层次不高，已有的合作主要停留在技术转让、合作开发和委托开发等较低层次上，共建研发机构、共建技工贸一体化经济实体等高层次的合作较少。

（四）投资增速回落，集聚区动能减弱

全省产业集聚区固定资产投资增速由 2012 年的 35.7% 回落至 2015 年的 14.8%，再到 2016 年前 11 个月的 14.2%；在 2015 年 4 月至 2016 年 5 月间，曾经出现低于全省投资平均增长的现象。其中，制造业投资情况较为突出，投资增速由 2012 年的 38.5% 回落到 2015 年的 8.5%，再到 2016 年前 11 个月的 7.6%；高技术产业投资更是由 2012 年的 41.9% 回落到 2016 年前 11 个月的 -1.3%。产业集聚区投资增速的回落幅度大大超过了全省投资回落的平均水平。投资增速回落表示其发展动能的减弱，特别是制造业、高技术产业投资增速大幅放缓意味着产业集聚区制造业和新兴产业增长缺乏新的增长点，这对产业集聚区甚至全省工业经济可持续发展及产业转型升级都将产生不利的影响。

三 2017 年产业集聚区发展展望

2017 年，世界经济有望继续缓慢复苏，但美元大幅升值、金融市场波动加剧，并且发达经济体对外保守对内激进的经济政策会造成经济与市场的动荡，使世界经济运行的不确定性增多。

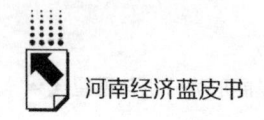

2017年是中国共产党十九大召开之年，也是实施"十三五"规划的重要一年，又是落实河南省第十次党代会精神的第一年。从国内看，供给侧结构性改革深化，在适度扩大总需求的同时，在去产能、去库存、去杠杆、降成本、补短板方面将会进一步出台许多实质性的政策措施，供给体系质量和效率会逐步趋好。可以预见，在2017年，新的发展动能将加快培育，同时传统动能继续改造提升，经济总体上仍会保持平稳增长的势头。从河南情况看，经济发展将面临诸多新趋势、新机遇和新矛盾、新挑战，进一步推动产业集聚区提质转型发展，是保持全省经济运行在合理区间、努力实现更好发展的重要支撑和保障。

（一）对产业集聚区投资运行情况的预计

1. 工业企业生产向好，企业投资意愿有所增加

2016年12月，全国工业生产者出厂价格（PPI）同比上涨5.5%，PPI当月同比已连续4个月保持上涨，涨幅比上月扩大2.2个百分点。2016年12月，全国制造业采购经理指数（PMI）为51.4%，比上月小幅回落0.3个百分点，但仍为年内次高点，且连续5个月位于临界点之上；其中生产指数为53.3%，为年内次高点，新订单指数为53.2%，连续两个月位于年内高点，新订单指数与生产指数的差值降至三年来低点，表明工业生产和市场需求继续保持稳定增长，供需关系进一步有所改善。2016年，全省工业企业利润总额增幅比上年同期明显提升，利润总额呈现增长的行业数量同比有所增加。工业向好，有助于提高企业投资积极性。

2. 政策支持增加发展新动力

2017年是全面实施《中国制造2025》战略的关键一年，将会出台一系列举措，推进《中国制造2025》战略的持续落地和制造业的全面转型升级。河南出台了《中国制造2025河南行动纲要》，推进以供给侧结构性改革为主线，以新发展理念为引领，完善提升科学发展载体，坚持依靠科技创新，调高技术水平、调强制造能力、调优工业结构、调长产业链条，加快产业转型升级，推进河南先进制造业大省建设。同时，新产业、新业态和新商业模式发展也为产业集聚区投资增长带来新机遇。综合以上因素，结合近年来产业集聚区投资结构和增速情况，初步判断，2017年全省产业集聚区固定资产投资增速将在16%左右,其中制造业投资增速趋稳,呈稳中回升格局。

(二)对产业集聚区工业运行情况的预计

2017年是落实河南省第十次党代会精神的第一年,各地将努力推动产业集聚区提质转型发展,适应工业经济发展速度变化、结构优化、动力转化的新特点,化解工业经济运行存在的主要问题,切实做好工业经济稳增长、调结构、增效益工作。

1. 部分支撑指标稳定向好

2016年前11个月,全省工业用电量增长1.68%,较上年同期提高2.14个百分点,特别是5月以后,增速保持在1.65%以上。全省出口状况逐步好转,出口总值增速不断回升,增速在10月由负转正,前11个月全省出口总值增长3.0%,增幅比10月提高2.8个百分点。产业集聚区高技术产业、高成长性产业增加值增速比产业集聚区工业分别高3.7个和1.5个百分点。

2. 企业规模扩大

2016年全省产业集聚区新投产规模以上工业企业471家。新开工建设重点项目增多,新开工亿元及以上项目增长超过35%,预计2017年新投产规模以上工业企业数量将超过2016年。工业经济发展趋势稳步向好,出口逐步回升,产业集聚区企业增多。预计2017年全省产业集聚区规模以上工业将保持平稳较快增长,工业增加值增速在13%左右,对全省规模以上工业增长的贡献率将在85%以上。

(三)产业集聚区服务业发展有望进一步加快

近两年产业集聚区服务业投资增多,特别是生产性和技术性服务投资高速增长,产业集聚区服务业企业增加,像电子商务、大数据、云计算等信息服务产业较快发展;产业集聚区内一些物流园区的建设,进一步提升物流产业发展,促进物流与制造、商贸联动,增强物流支撑服务能力。预计2017年全省产业集聚区服务业将会持续较快发展,对产业集聚区经济增长和产业结构转型升级的贡献会进一步提高。

总之,2017年全省产业集聚区固定资产投资增速将有望实现平稳适度提

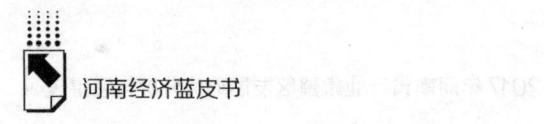

升,经济运行态势总体稳中向上、稳中提质,产业集聚区在全省区域经济中的科学发展载体作用将进一步增强。

四 促进产业集聚区发展的几点建议

(一)拓宽融资渠道

1. 加大政策宣传力度,营造良好的氛围

加大政策解读和舆论宣传力度,进一步营造民间资本投资的良好舆论环境,畅通为民营企业提供服务的有效渠道,充分释放政策效应,创造公平公正的市场环境,进一步提振发展信心,稳定和改善市场预期。

2. 完善政策,增强财政支持资金的杠杆作用

进一步完善财政支持政策和金融支持配套政策,增强财政支持资金的杠杆作用,建立省定产业集聚区产业投资基金,引导各类政策性资金向产业发展专项资金及高新技术产业专项发展资金倾斜。

3. 优化环境,加强融资机构平台建设

进一步优化环境,进一步落实优惠政策,加强融资机构平台建设,通畅融资渠道,鼓励区内企业通过股权、债券、租赁、信托、基金、保险等多渠道融资,有针对性地解决企业"融资难""融资贵"的问题。

(二)推进产业转型升级

改造提升传统产业,培育扶持优势特色产业,推动产业集聚区内产业向科技型、集约型、知识型转变,实现产业的集群化、特色化、链式化发展。

1. 科学规划

加强顶层设计,从全省层面规划有利于区域衔接互动发展,以优势资源开发和优势产业培育为重点,主动融入区域协作分工的产业规划体系。

2. 推进传统产业改造升级

化解过剩产能,推进去产能工作,运用市场手段,加快传统产业的升级改造,加快培育生产性服务业,推进产业健康发展。

3. 提升产业发展质量

以产业集聚区主导产业为载体，发展特色产业，延伸拓展产业链条，做大做强产业集群，力争实现差别化、互补型发展，达到相互促进、共同发展，在区域经济发展中产生良好的集聚示范效应。

（三）加大创新投入

创新是企业的灵魂，也是产业发展和产业集聚区建设发展的不竭源泉。技术创新是企业发展的生命线，只有不断推出新产品、新技术，才能使企业有强大的发展后劲。

1. 建立和完善科技投入体系

加大财政资金科技投入，建立稳定增长机制，引导社会资金不断投入，逐步建立起以企业为主体、社会资金广泛参与的多元化、多渠道的科技投入体系。

2. 加大企业技术创新鼓励扶持力度

完善支持企业自主创新的政策体系，设立产业集聚区企业转型升级专项资金，对积极进行技术改造和创新的企业进行扶持和奖励，鼓励企业建立技术研发中心，加快技术创新和成果转化工作。

3. 积极促进科技产业与金融产业创新融合

在知识产权质押、科技担保、科技企业上市、发行公司债券等方面创新，并完善相关政策措施，引导金融加大对科技创新的支持力度。

4. 积极鼓励产学研合作

在产业集聚区设立公共研发平台，积极支持引导企业加强与省内外高校、科研院所合作，鼓励引进科研成果，使产业集聚区真正成为科研院所的科技成果转化平台、人才培养实践基地。

（四）优化投资结构扩大有效投资

优化产业集聚区投资结构，扩大有效投资，以增量投资优化和存量投资调整为手段调整优化投资结构，推动产业集聚区产业结构层次的提升。

1. 加强投资产业结构升级

以产业转型升级为切入点，加大对产业集聚区经济发展有后劲产业的投资力度，加强产业集聚区工业投资，实施一批传统产业提升项目和高新技术产业发展项目，推进技术升级改造投资，推动先进制造业发展，提升产业集聚区制造业发展水平和竞争力。着眼于服务业新业态、新领域、新热点，加大为制造业配套的生产性服务业和产业关联度较大的新兴服务业的投资力度。

2. 推进投资主体结构优化

加大招商引资力度，进一步改善产业集聚区投资的"硬"环境和"软"环境，增强对外的吸引力，推进外资和民间投资发展。积极实施多措并举，充分发挥政府投资带动促进效应，强化重点项目带动投资合理增长、质量效益提升的关键作用。

3. 提高投资效率

对于产业集聚区投资项目要强化行业规划、产业政策、准入标准的作用，在建设过程中要加强事中事后监管，减少中间的审批，改善投资管理，提高投资效率。

B.6
2016~2017年河南省固定资产投资形势分析与展望

顾俊龙 邱倩*

摘　要： 2016年，河南省固定资产投资整体上实现平稳较快增长，投资结构调整取得积极进展。受国际国内有效需求不足、产能过剩、自身结构性矛盾等多重因素的影响，未来投资运行面临较多困难和问题，促投资、稳增长面临的压力较大。本文对2016年固定资产投资运行状况进行了分析，揭示了投资运行中存在的突出问题，并对2017年全省固定资产投资走势进行了初步判断。

关键词： 河南　固定资产投资　投资结构

2016年，河南全省上下认真贯彻落实中央和省委、省政府决策部署，积极推进供给侧结构性改革，牢牢把握投资对稳增长的关键作用，不断扩大有效投资，扎实推进重点项目建设，固定资产投资快速平稳运行，为全省经济增长提供了强大的动力。但宏观经济形势依然错综复杂，投资新旧动能转化艰难，投资规模的增长和投资结构的优化矛盾日益突出，全省投资增长下行压力继续加大。

---

* 顾俊龙，博士，河南省统计局固定资产投资处处长；邱倩，河南省统计局固定资产投资处副调研员。

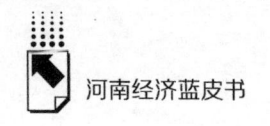

一 2016年固定资产投资运行基本情况

（一）固定资产投资快速平稳运行

2016年，全省固定资产投资（不含农户，下同）接近4万亿元，共完成39753.93亿元，同比增长13.7%，比全国平均水平高5.6个百分点。纵观2016年投资走势，一季度增长13.5%、上半年增长12.6%、前三季度增长13.0%，第四季度逐月加快，年度增长13.7%，全年投资增速运行在12.6%~13.7%，全省固定资产投资整体保持快速平稳增长态势（见图1）。

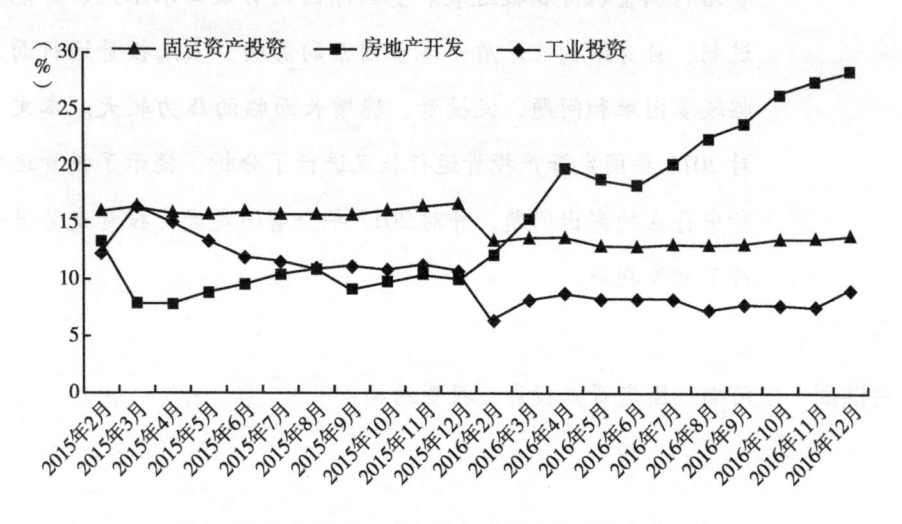

图1 2015年和2016年河南固定资产投资分月完成情况

1. 基础设施投资高速增长

2016年以来，基础设施投资始终保持高速增长态势，成为助推全省投资发展的稳定器。2016年，全省基础设施投资6770.19亿元，同比增长29.0%，比全省投资增速高15.3个百分点；基础设施投资占全省投资的比重为17%，同比提高2个百分点。在当前市场需求不足的环境下，由政府主导的基础设施投资是支撑河南省投资增长的最主要力量，对全省投资增长的贡献率达31.7%，拉动全省投资增长4.3个百分点。

2. 房地产开发投资持续加快增长

2016年以来，全省商品房销售迅速升温，房地产企业开发进度加快，全省房地产开发投资增速不断攀升。2016年，全省房地产开发投资6179.13亿元，同比增长28.2%，增速同比加快18.1个百分点，比一季度、上半年、前三季度分别加快12.9个、9.9个和4.6个百分点；房地产开发投资占全省投资的比重为15.5%，同比提高1.7个百分点。房地产开发投资对全省投资增长的拉动作用不断加大，对全省投资增长贡献率达28.3%，拉动全省投资增长3.9个百分点，成为全省固定资产投资稳定增长的中坚力量。

3. 农业投资高速增长

河南省深入推进粮食生产核心区建设，实施耕地质量保护与提升行动，深入开展粮食绿色高产高效创建，抓好农业建设。2016年，全省农林牧渔业投资2159.76亿元，同比增长29.6%；对全省投资增长贡献率为10.3%，同比提高2.2个百分点；拉动全省投资增长1.4个百分点。在农业投资中，农业、林业和渔业增长较快，分别为49.5%、47.8%和73.5%。

4. 大项目进展顺利

河南省制订实施"1816"投资促进计划，深入开展重大项目建设服务督导活动。2016年，全省亿元及以上在建项目11435个，占全部在建项目数的46.5%；完成投资28358.13亿元，占全省投资的比重为71.3%，同比增长15.9%，比上年增速加快3.3个百分点。亿元及以上在建项目对全省投资增长的贡献率高达81.2%，比上年提高26.2个百分点；拉动全省投资增长11.1个百分点，比上年加快2个百分点。

（二）投资结构持续优化，补短板力度加大

1. 服务业投资快速增长

2016年，服务业投资19298.66亿元，同比增长17.1%，增速比全部投资增长高3.4个百分点；占全部投资的比重为48.5%，比上年提高1.4个百分点；对全省投资增长的贡献率高达58.7%，拉动全省投资增长8个百分点。

民生领域投资不断加强。在服务业中，与旅游、文化、体育、健康和养老"五大幸福产业"相关领域的投资保持良好的增长态势，2016年，健康服务业

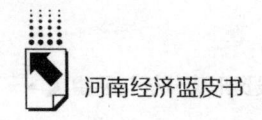

（含体育、健康及养老）投资同比增长25.4%、文化及相关产业投资同比增长45.9%、公园和旅游景区管理业投资同比增长74.1%。此外，教育、科研等领域投资也呈快速增长态势，教育投资同比增长27.7%，科学研究和技术服务业投资同比增长36.5%。

信息通信、生态环保等薄弱环节投资增长态势良好。2016年，信息传输、软件和信息技术服务业投资增速同比高达47.8%；生态保护和环境治理业投资同比增长31.8%，绿色发展的理念正在成为投资的新焦点；公共设施管理业投资同比增长35.6%，有利于增强城市综合承载能力、提高城镇化质量。上述薄弱领域投资的快速增长，将对提升人民生活水平、"补短板"发挥主要作用。

2. 制造业投资增速低位企稳

2016年，全省制造业投资16237.24亿元，同比增长5.8%，比一季度、上半年和前三季度分别加快1.2个、1.7个和1.4个百分点。从制造业内部结构看，装备制造业和消费品制造业增长较快，同比分别增长9.4%和9.5%，比全省制造业增速分别高出3.6个和3.7个百分点。装备制造业中金属制品业、电气机械和器材制造业快速增长，同比分别增长29.5%和28.3%；消费品制造业中与居民吃穿用等日常消费相关的行业投资高速增长，其中医药制造业投资同比增长28.0%，纺织业同比增长33.5%，文教、工美、体育和娱乐用品制造业投资同比增长34.6%。

3. 技改投资高速增长

2016年以来工业技改投资增速稳步上扬，企业自主创新能力不断提高。2016年，工业技改投资788.6亿元，同比增长37.0%，增速比上年同期加快46.2个百分点，比全部工业投资高28.1个百分点；对全部工业投资增长的贡献率为14.1%，拉动工业投资增长1.3个百分点。

4. 产能过剩行业投资增速下降

煤炭、钢铁等行业严格执行环保、能耗、质量、安全等相关法律法规和标准，用市场和法制的办法做好产能过剩行业去产能工作，2016年，煤炭、钢铁、水泥、电解铝、平板玻璃五大产能过剩行业投资规模减小，分别下降了32.6%、56.0%、34.1%、26.1%和10.8%。

二 2017年固定资产投资运行形势分析与预测

（一）投资运行面临较多困难和问题，下行压力继续加大

总体看来，2016年河南固定资产投资整体上实现平稳较快增长，投资结构调整取得积极进展，但总量偏大、投资效率低的问题突出。据测算，2016年河南省全社会固定资产投资4.05万亿元左右，已经超过地区生产总值（40160亿元），提质增效、稳定增长的压力较大。

1. **工业投资增长乏力**

受国内外整体经济形势影响，有效需求不足，河南省工业投资增速从2012年开始持续回落。2016年全省工业投资18536.63亿元，同比增长8.9%，比全省投资增速低4.8个百分点，增速比上年回落1.8个百分点；工业投资对全部投资增长的贡献率为31.5%，比上年下降1.8个百分点，影响全省投资增幅回落1.2个百分点。

在工业投资中，高技术产业投资低速增长，2016年全省高技术产业投资1626.85亿元，同比仅增长2.9%，低于全国平均水平11.3个百分点，增速比上年回落4.8个百分点；高技术产业投资占全省工业投资的比重为8.8%，以粗放型经营为特征的传统产业投资在河南省仍占有相当高的比重，产业结构升级和步伐调整需进一步加快。改建和技术改造投资总量偏小，2016年技术改造投资尽管高速增长，但其占全省工业投资的比重仅为4.3%，而新建、扩建项目投资完成占工业投资的比重高达92.6%，外延型扩大再生产特征较为明显。高载能行业投资占比偏高，六大高载能行业投资占工业投资的比重达到26.2%，随着大气污染防治工作的推进，项目建设的环保压力持续加大，这将对今后河南省工业投资增长带来明显的冲击。

2. **民间投资持续低迷**

受投资回报下降、民营企业预期不稳、投资能力不强等因素影响，民间资本"不愿投、不易投、不能投、不会投、不便投"问题仍未得到根本解决。2016年，全省民间投资31414.73亿元，增长5.9%，结束了多年以来大幅领先的状况，低于全省投资增速7.8个百分点，比上年同期回落了10.7个百分

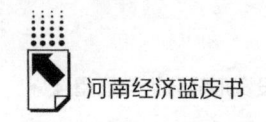

点；占全省投资比重为79.0%，比上年下降了5.9个百分点；对全部工业投资增长的贡献率从上年同期的85.6%回落至36.6%，直接影响投资增长9.1个百分点，对全省投资的快速增长产生了较大的掣肘作用。在民间投资中，制造业、房地产业等传统行业占比高，2016年河南制造业和房地产业占全部民间投资的比重达70.3%，民间投资领域有待进一步扩展。

3. 房地产开发投资增长面临不确定性

2016年，房地产开发投资成为拉动河南省投资增长的主要力量之一，对全省投资增长的贡献率高达28.3%，其中郑州市房地产开发投资占全省房地产开发投资的44.2%，对全省房地产开发投资增长的贡献率达56.7%，拉动全省房地产开发投资增长16个百分点。受房地产调控政策收紧的影响，2017年郑州将难以延续2016年的高速增长态势，势必会影响到全省的房地产开发投资增速。同时，三、四线城市特别是部分县城商品房库存比较多，去化周期比较长，也将对2017年的房地产开发投资增长产生不利的影响。未来房地产开发投资增长存在较大的不确定性。

4. 投资到位资金仍然紧缺

企业融资难、融资贵问题依然困扰投资项目资金落实，一是到位资金增速低于投资增速。2016年，全省投资实际到位资金同比增长12.2%，比完成投资增速低1.5个百分点。二是投资资金主要依赖于自筹。2016年，自筹资金占实际到位资金的比重达78.7%，自筹是资金来源的主渠道，正规的金融体系远远不能满足企业的现实需求，企业需要通过高成本的民间融资和高利贷来解决资金问题。三是民间投资项目的银行贷款增速回落。2016年，民间投资项目的银行贷款同比下降14.1%，占全部银行贷款的比重为74.9%，比上年下降12.2个百分点。

（二）支撑河南投资增长的条件依然较多，投资仍将保持平稳运行

从国内形势看，2017年国家将继续实施积极的财政政策和稳健的货币政策，进一步扩大合理有效投资，持续深化投融资体制改革，积极推进重大工程建设，大力推广政府和社会资本合作，促进民间投资健康发展，充分发挥投资对稳增长的关键作用。

从全省情况看，河南省仍处于大有作为的重要战略机遇期，供给侧结构性

改革加快推进，新技术、新产业、新业态蓬勃兴起，经济新常态下的速度变化、结构优化、动能转换的阶段性特征更加明显，2017年投资保持平稳增长的有利因素仍然较多。

1. 政策效应日益增强

国家"一带一路"战略加快推进，国家出台新时期促进中部地区崛起规划，河南省获批一系列国家战略规划和战略平台，重大战略机遇和政策叠加效应显著增强，有利于河南省厚植发展优势，拓展投资新空间。

2. 投资潜能仍然巨大

随着供给侧结构性改革和"三大攻坚战"持续实施，河南省将持续在脱贫攻坚、民生保障、基础设施、产业转型升级、生态环保等短板领域和新技术、新产业、新业态、新模式等发展新动能领域加大投入力度，形成新的投资增长动力。同时，随着国家推进1亿非户籍人口落户城镇等政策落地和全省百城建设提质工程组织实施，新型城镇化进程将进一步加快，有效带动城镇基础设施、公共服务、棚户区和城中村改造等领域投资。

3. 投资环境进一步优化

河南省深入推进投融资体制改革，持续加大简政放权力度，精简报建审批事项，加快"4个平台"建设，组织开展服务督导，全力提升政府服务水平，投资环境将进一步优化，企业投资活力将得到进一步激发。

4. 项目支撑作用明显

2016年以来，全省新开工项目大幅增长，新开工项目数量、总投资和完成投资额均保持高速增长势态，对下一阶段投资增长具有较强的支撑作用。2016年，全省新开工项目17959个，比上年同期增加3898个；新开工项目计划总投资同比增长33.5%；新开工项目完成投资同比增长34.3%。

综上所述，2017年机遇与挑战并行，随着国家和河南省促投资稳增长政策措施效应的进一步释放，河南固定资产投资总体上仍将保持稳定增长的态势，但增速会较2016年有所放缓。

三 几点建议

2017年，河南固定资产投资要着力深化投融资体制改革、扩大民间投资、

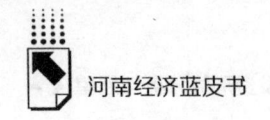

创新投资模式、拓宽融资渠道，进一步扩大合理有效投资，切实发挥投资的关键作用，促进经济提质、增效、升级。

（一）着力加大招商引资力度

持续扩大开放招商引资力度，大力承接产业转移，培育壮大新动能，在高成长性制造业、战略性新兴产业、高成长性服务业、现代农业、基础设施等领域多引进一批龙头型、创新型项目。进一步加大对河南省发展滞后的生产性服务业、前景较好的高成长性制造业、基础较为薄弱的能源、水利、生态、环保等基础设施领域的投资力度，补足经济增长的短板。

（二）着力深化投融资体制改革

深入推进投融资体制改革，加大简政放权改革力度，进一步优化投资环境、激发市场主体活力。加快完善政策体系，尽快出台河南省实施方案，在清单管理、首问负责制、企业投资项目承诺制、政府投资项目审批管理、企业投资项目管理、"多评合一"的中介服务改革、银行债转股试点和PPP模式等方面，研究制定专项改革方案，构建配套完善、紧密衔接的"1 + N"政策体系。加快推进政府投资项目委托咨询评估改革工作，进一步落实前置审批事项修法要求和报建事项精简方案要求。加快投资项目在线审批监管平台建设和应用，及时调整业务流程，加快与各联审部门审批业务系统的对接，确保将所有审批事项纳入平台运行。协调有关部门做好同步放权和承接监管，强化业务培训和指导，提高市、县两级的承接能力。

（三）着力扩大民间投资

进一步清理和规范不利于民间投资和民营企业发展的法规政策文件，加快完善国家和河南省促进民间投资政策的配套措施和实施细则，营造公平竞争市场环境。加快搭建银企对接沟通平台，研究建立民营企业项目融资推介长效机制。加大对宏观经济形势和相关政策的解读，合理引导社会预期，增强民营企业发展信心。筛选民营企业在投资项目中主动作为的成功案例，加强宣传推广，进一步指引投资热点，解答民营企业困惑，改善市场预期。切实抓好传统基础设施领域的PPP模式推广和应用，鼓励社会资本以项目为载体，针对不同项目类型，创新投资回报模式，继续推进基础设施价格改革，加快完善市场决定价格机制，建立使用者付费和可行性缺口补贴类项目的合理投资回报机制。

（四）强化资金保障

完善政银企社合作对接机制，发挥河南省融资对接信息系统作用，组织开展重大项目融资对接活动，向银行、保险、基金等金融机构推介省重点项目。推动企业在境内外主板、新三板、中原股权交易中心等多层次资本市场上市和挂牌融资。创新企业债券发行品种，扩大企业债券融资规模。督促金融机构对优质骨干企业或重点企业做好稳贷、续贷工作。加强与金融机构总部合作，推动省政府与中国太平保险集团、中国进出口银行开展战略合作，在机构网点建设、金融创新、保险资金引进、贷款规模等方面给予政策支持。

B.7
2016~2017年河南省消费品市场形势分析与展望

赵杨 赵清贤 董军 周文瑞*

摘　要： 2016年，面对国内外复杂的宏观经济环境，河南加快推动以消费为导向的供给侧结构性改革，出台一系列"稳增长、促改革、调结构"的经济政策。消费品市场规模持续扩大，消费升级加快推进，消费水平不断提高。2016年全省社会消费品零售总额17618.35亿元，比2015年增长11.9%。全省消费品市场平稳发展。

关键词： 河南省　消费品市场

2016年是"十三五"时期的开局之年，面对世界经济复苏乏力、国内经济处于增速换挡、结构优化、动能转换的关键时期，河南持续完善落实一系列稳增长、促消费的政策措施，新兴消费方兴未艾，消费升级步伐加快，全省消费品市场平稳发展，年内消费增速稳中有升。

一　2016年全省消费品市场总体运行状况分析

2016年以来，面对复杂多变的国内外经济形势，全省加快推进供给侧结构性改革，千方百计扩大消费需求，全省消费品市场运行总体保持平稳，稳中

---

* 赵杨，高级统计师，河南省统计局贸易外经统计处处长；赵清贤，统计师，河南省统计局贸易外经统计处副处长；董军，河南省统计局贸易外经统计处副处长；周文瑞，河南省统计局贸易外经统计处主任科员。

向好。全年全省社会消费品零售总额比2015年增长11.9%，增速较2015年同期回落0.5个百分点，高于全国平均水平1.5个百分点。

（一）全年消费品市场总体运行平稳向好

1. 季度、月度平稳增长

从季度累计走势看，一季度和上半年均增长11.5%，前三季度增长11.7%，全年增长11.9%。从月度走势看，增速波动幅度较小，呈稳中向好态势。2016年，各月增速保持在11.3%~12.9%，波动幅度不超过1.6个百分点，7月以来，月度增速走势上扬。月度累计增速保持在11.4%~11.9%（见图1）。

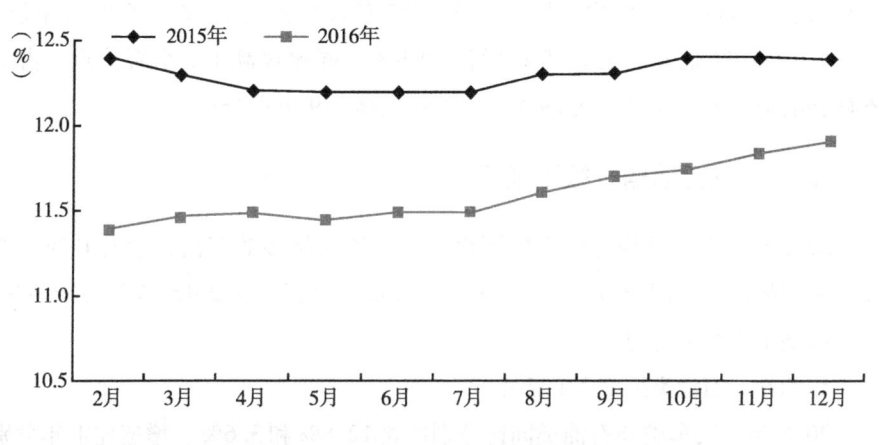

图1 2015年以来河南省社会消费品零售额各月增速

2. 商品零售、餐饮收入稳中有升

2016年一季度、上半年、前三季度和全年，商品零售分别增长11.3%、11.3%、11.5%和11.8%，餐饮收入分别增长12.4%、12.5%、12.5%和12.5%。

（二）市场主体结构持续变动

1. 乡村市场占比扩大，增速快于城镇

2016年，全省乡村消费品零售额3218.49亿元，比2015年同期增长12.8%，占全省社会消费品零售额比重的18.3%，比上年提高0.2个百分点。

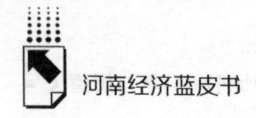

城镇消费品零售额 14399.86 亿元，增长 11.7%。乡村市场增速快于城镇 1.1 个百分点。

2. 行业销售变动明显

2016 年，全省批发、零售、住宿和餐饮业单位实现销售额（营业额）3.82 万亿元，比 2015 年增长 14.1%，同比提高 1.6 个百分点。批发和零售业明显提高，同比分别增长 13.3% 和 14.7%，分别比 2015 年增速提高 2.7 个和 0.8 个百分点。住宿业同比增长 12.7%，与 2015 年同期持平，餐饮业增速回落，同比增长 15.8%，比上年回落 0.4 个百分点。

3. 限额以上单位平稳发展

2016 年底，全省限额以上法人企业 14315 家，比 2015 年底增加 2861 家。限额以上个体企业 6193 家，比 2015 年底增加 751 家。限额以上企业（单位）零售额 7383.42 亿元，比 2015 年增长 10.9%，同比提高 1.3 个百分点，占全省社会消费品零售总额的 41.9%，比上年提高 1.9 个百分点。

（三）消费结构升级不断深化

2016 年，消费结构升级不断深化，生活类商品多数回落，消费升级类商品提高明显。全省限额以上商品零售额 6899.16 亿元，比 2015 年增长 10.9%，同比提高 1.4 个百分点。

1. 汽车、石油类拉动作用显著

2016 年，汽车类和石油类同比分别增长 12.8% 和 3.6%，增速比上年分别提高 5.3 个和 5.6 个百分点。这两类商品合计拉动全省限额以上商品零售额增速提高 2.4 个百分点。

2. 文化、体育、娱乐等反映居民消费升级类商品高速增长，提高幅度明显

2016 年体育、娱乐用品类、电子出版物及音像制品类和文化办公用品类同比分别增长 37.3%、32.0% 和 13.2%，分别比 2015 年提高 12.2 个、18.0 个和 2.7 个百分点。其中，体育、娱乐用品类和电子出版物及音像制品类增速居限额以上零售统计 23 类商品的前 2 位。

3. 基本生活类消费多数回落

2016 年，粮油、食品类，饮料类，烟酒类，服装、鞋帽、针纺织品类和日用品类同比分别增长 14.4%、12.5%、12.1%、10.7% 和 13.1%，分别比

2015年回落0.1个、4.9个、4.8个、1.0个和0.9个百分点。

4. 家居类全面回落

2016年家用电器和音像器材类、家具类和建筑及装潢材料类同比分别增长8.3%、16.4%和12.7%，分别比上年回落3.4个、2.3个和4.5个百分点。

5. 奢侈品类大幅回落

2016年化妆品类和金银珠宝类同比分别增长3.4%和7.6%，分别比上年回落10.8个和4.5个百分点。

（四）新型消费加快发展，网上零售买卖比缩小

根据国家统计局反馈数据，2016年前三季度，全省网上零售额同比增长42.7%，比2015年提高5.5个百分点。其中实物商品零售同比增长41.0%，比上年提高1.4个百分点。全省居民网上购买额同比增长36.1%，比上年回落了11.1个百分点，低于网上零售额6.6个百分点。网上零售买卖比为1.94∶1，比上半年的2.02∶1和一季度的2.13∶1均有所缩小。虽然河南网上零售买大于卖的局面仍将持续存在，但随着网上零售增速提高和网购增速大幅回落，买卖比将持续缩小，河南购买力外流扩大的趋势也将得到扭转。

二 全省消费品市场仍面临着下行压力

（一）宏观经济和外部环境趋缓

2016年，我国经济仍处在经济结构转型、产业结构调整时期。新常态下"三期叠加"的压力持续存在，国民经济增长中低速运行。2016年，全国GDP同比增长6.7%，比2015年回落0.2个百分点。同期，河南GDP同比增长8.1%，比2015年回落0.2个百分点。受世界经济复苏缓慢影响，我国对外贸易持续下降，2016年，全国货物进出口同比下降0.9%。同期，河南货物进出口同比增长2.6%，比2015年回落12.7个百分点。宏观经济和外部环境趋缓势必影响消费需求和消费品市场的进一步发展。

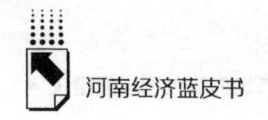

（二）城乡居民收入增长明显回落

2016年，全省城乡居民人均可支配收入同比增长7.7%，比2015年末回落1.4个百分点。其中，城镇和乡村居民人均可支配收入分别比2015年末回落1.5个和1.1个百分点。城乡居民收入增长速度的持续回落，势必影响消费者的消费信心。此外，医疗、教育、养老和住房对居民个人支出存在很大的压力，这些都迫使居民对未来支出预期上升，储蓄倾向增强，消费倾向谨慎。

（三）新的消费热点尚未形成

2016年，多数传统商品销售回落，传统商品中，基本生活类和家居类商品限额以上零售额全面回落，新的消费热点尚未形成。虽然受小排量汽车购置税减免刺激，汽车和石油类出现阶段性回升，但随着小排量购置税减免幅度缩小、成品油价格上涨以及2016年形成的较高基数，2017年这两类商品很难再有大幅度的提高。限额以上零售商品类中增长较快的体育、娱乐用品类、电子出版物及音像制品类和文化办公用品类等消费升级类商品虽然增速较高，提高幅度较大，但由于其销售占比较小，对全省消费品市场的拉动作用有限，尚未成为真正的消费热点。

（四）大型零售企业增速放缓

大型零售企业普遍存在增速较低，增速同比回落明显的现象，对消费品市场拉动作用减弱。2016年，前100名的限额以上零售业企业零售额合计增长4.2%，增速比2015年回落4.6个百分点，比全省限额以上零售额同比增速低6.7个百分点。这100家企业零售额合计占全省限额以上企业（单位）消费品零售额的17.7%，它们的增速放缓对全省消费品市场平稳增长有一定影响。

三 消费品市场持续发展的有利因素依然存在

（一）宏观经济政策持续发力

2016年以来，省政府出台了《河南省促进民间投资健康发展工作方案》

《河南省推动交通物流融合发展工作方案》《河南省加快发展生活性服务业促进消费结构升级实施方案》等一系列政策措施。加快推进金融投资、交通物流、消费升级等领域的改革。消费对培育形成新供给、新动力的引领作用和经济转型升级的带动作用日益凸显，文化、卫生、体育、娱乐、旅游等新型消费持续升温，健康消费、绿色消费等消费理念逐渐形成。

（二）河南经济转型步伐加快

当前河南的产业结构正在由"二三一"向"三二一"转换，服务业将成为拉动河南经济的重要力量，由此将带来河南服务设施、服务水平、消费观念等的提升，促进消费品市场发展。2016年，全省第三产业增加值同比增长9.9%，高于GDP同比增速1.8个百分点，占GDP比重达41.9%，比前三季度提高0.5个百分点。2016年，全省接待海内外游客比2015年增长13.1%，同比提高了1.5个百分点；旅游总收入同比增长15.3%，比上年提高2.6个百分点。旅游业的快速发展带动与之相关的住宿、餐饮业企业发展和相关商品销售。集商贸和教育娱乐等于一体的商贸综合体不断涌现，商贸与服务业互相促进共同发展。

（三）消费品市场进一步挖掘的潜力巨大

1. 人口总量和结构变化将对消费需求产生重要影响

一方面人口总量仍将继续增长，据测算，"十二五"时期，全省年均新增人口50多万人，随着人民收入水平的不断提高，新增人口对消费品市场的拉动作用不容小觑。另一方面老龄人口占人口总量的比重将快速增长。老龄化对消费结构的影响将越来越大，这突出地表现为对医疗保健、休闲养生、养老产业服务等相关服务性消费需求将呈持续快速增加的趋势。

2. 新型城镇化战略加速推进拓展消费品市场空间

目前，河南省城镇化水平低于全国平均水平，与沿海省份比较，差距更大。随着"一个载体""四个体系"建设的加快，未来几年河南将处于城镇化、工业化赶超时期，将持续拓展消费品市场空间。

3. 河南后发优势明显

目前，河南人均收入水平、消费水平仍与东部发达省份乃至全国平均水平

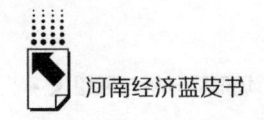

存在较大差距。2015年末，全省人均社会消费品零售总额16603元，比全国平均水平低5288元。如果赶上"十二五"末全国平均水平，河南消费总量将增加5000多亿元，增加近三成。今后，随着全省居民收入水平的快速提高，河南消费品市场的巨大潜力将逐步发挥出来。

（四）新型消费发展迅速

随着经济转型升级的深入，河南积极推进以需求为导向，通过消费转型升级带动产业转型升级的供给侧结构性改革。加快培育新业态、新模式，积极发展平台经济、众包经济、创客经济、跨界经济、分享经济等新型服务模式。逐步打开需求潜在空间。一方面网上零售快速发展，河南购买力外流加剧现象开始扭转。自2016年上半年网上零售额增速首次超过网上购买额增速后，网卖增速大于网购增速的幅度进一步扩大，买卖比持续缩小，购买力外流扩大的趋势得到扭转。另一方面文化、体育、娱乐、旅游等新型消费加快发展。2016年文化和体育娱乐类商品限额以上零售额高速增长，增速较2015年大幅提高，成为全省消费的新亮点。旅游消费持续升温，对相关商品消费有带动作用。"十一"黄金周期间全省接待海内外游客人数和旅游总收入同比分别增长13.5%和16.1%。

2017年全省消费品市场平稳增长的动能依然存在，但同时面临新常态下宏观经济进一步放缓等诸多方面的压力。只要全省上下坚定贯彻中央与河南省有关决策部署，全省消费品市场仍有望保持稳中趋缓的态势。

四 全省消费品市场平稳发展的政策建议

（一）切实提高城乡居民收入水平，进一步释放消费潜力

一要提高城市居民收入水平，稳定和扩大居民就业，建立健全收入增长机制，落实职工带薪休假制度，改革和完善分配制度，千方百计提高低收入人群收入水平，健全社会保障机制。二要提升农村居民收入，优化农业产业结构，发展高收益农业，提升农业产业化经营水平，完善农村社保体系，积极推进惠农政策实施，加快城镇化进程，推动农村剩余劳动力转移。

（二）以消费为引导，加快推进供给侧结构性改革

一是以河南加快推进跨境电子商务实验区建设为契机，加大信息消费基础设施建设，加快推进电子商务产业发展，扩大支持"互联网＋外贸"的跨境电商发展力度。二是抓住节能、环保等新的消费理念，加大技术研发力度，完善落实相关鼓励政策，进一步释放节能产品、新能源汽车等绿色消费动力。三是抓住教育、医疗、养老、家政、旅游等消费需求旺盛与有效供给不足，服务质量不高这一现状，加快推进相关产业有效供给，优化调整市场秩序，切实提高服务质量，加快推进供给侧结构性改革。四是落实促进消费融资政策，鼓励符合条件的民间资本进入，落实完善相关财政税收政策，改善金融服务水平，改进综合管理服务措施，创新支撑消费升级的金融产品，扩大消费信贷规模。

（三）强化市场监管力度，改善消费环境

要严把产品质量关、规范市场经营秩序、严厉打击违法行为、切实维护消费者权益。要继续加强企业诚信建设，提升企业品牌信誉。要进一步强化企业主体责任，完善信用信息共享平台，营造公平竞争环境。要及时制定可行的法律法规，维护流通市场公平交易，为老百姓创造公平有序的交易环境，解决老百姓"买不到好东西"的问题。

（四）加强基础设施建设，为消费升级创造条件

要进一步加快城市道路、桥梁、管网改建，加强生态园林建设，提高城市绿化水平。要进一步完善农村道路改造和文化体育场所建设，加快推进农村垃圾集中处理设施建设，加大农村电网电信改造力度，全面提升农村居民生活质量。要加大城乡医疗卫生、养老、保险制度建设，解决城乡居民消费的后顾之忧。

B.8
2016~2017年河南省外贸形势分析与展望

郭 谦*

摘 要： 2016年，河南省进出口总值为4714.70亿元，占全国进出口总值的1.9%，同比增长2.6%，外贸进出口规模创河南外贸历史新高。2016年，河南省民营企业进出口值为1035.05亿元，同比增长7.7%，保持了较高的增长态势，占河南省外贸进出口总值的22.0%。同期，河南省外商投资企业进出口值同比增长1.0%，国有企业进出口值同比增长3.5%。但是，也应看到河南省外贸进出口随着生产综合成本的不断上升，竞争优势持续减弱。产业链配套仍不完善，承接东部要素成本型的产业和订单转移的力度不强，河南外贸发展的核心竞争力有待加强。

关键词： 河南 外贸进出口

海关统计显示，2016年河南省进出口总值为4714.70亿元，同比增长2.6%，同期全国外贸进出口下降0.9%，河南进出口总值增速高出全国增速3.5个百分点。河南外贸进出口规模创历史新高，全国排名第10位，比2015年上升一个位次。其中出口2835.35亿元，同比增长5.7%；进口1879.35亿元，同比下降1.8%。

---

* 郭谦，郑州海关综合统计处副科长。

一 2016年河南省外贸进出口主要特点

(一)外贸进出口总值保持高位运行

2016年,全省外贸月度数据进出口季节性因素较为明显,智能手机产业对全省外贸影响较大。近年来,随着富士康手机项目落户河南,以手机为代表的新兴产业已取代传统产业独占外贸进出口鳌头,成为河南外贸的支柱产业。2016年,富士康所属企业进出口3171.9亿元,占全省进出口比重的67.3%。随着苹果手机新品上市,每年9月至第2年的1月,河南省外贸月度进出口显著走高,处于旺季,每年2~8月则相对走势平稳。2016年10月,月度进出口高达596.33亿元,创2015年11月以来河南外贸历史月度进出口新高(见图1)。

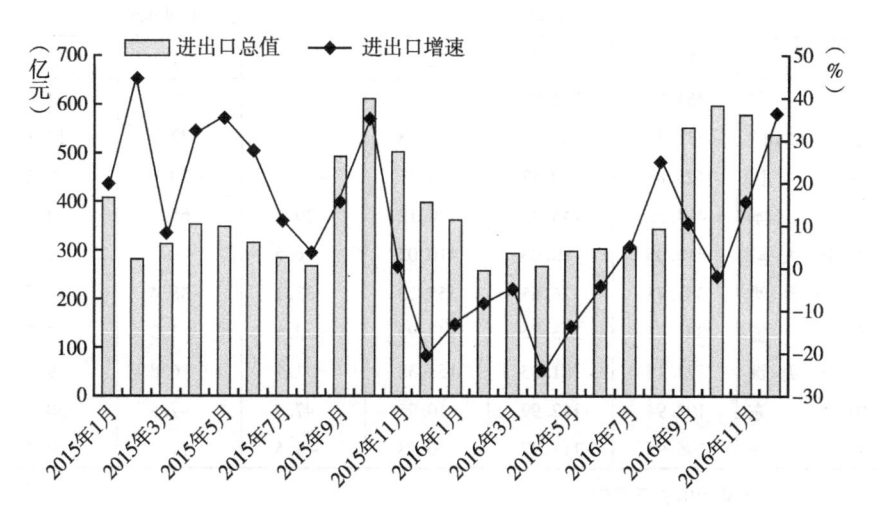

图1 2015年和2016年河南省对外贸易月度走势

(二)一般贸易进出口快速增长

加工贸易成为全省外贸增长的主要推动力。2016年,河南省加工贸易进出口值为3214.19亿元,同比增长1.7%,占河南省进出口总值的68.2%。其中,出口1934.54亿元,同比增长6.8%;进口1279.65亿元,同比下降

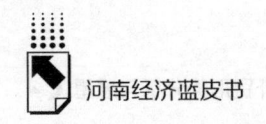

5.1%。同期，河南省一般贸易进出口值为1310.15亿元，同比增长8.5%，占河南省进出口总值的27.8%。

（三）美国、欧盟、韩国、日本和中国台湾为河南省主要的贸易伙伴

2016年，河南省与上述主要的贸易伙伴双边贸易值分别为864.03亿元、739.51亿元、423.88亿元、414.32亿元和381.77亿元，对欧盟、日本和中国台湾分别增长75.5%、29.5%和33.1%，对美国和韩国分别下降19.4%和27.8%，上述5个市场进出口合计占全省进出口总值的60.3%（见表1）。

表1 2016年河南省与主要贸易伙伴进出口情况

单位：亿元，%

国家（地区）	金额			比上年同期增减		
	进出口	出口	进口	进出口	出口	进口
美国	864.02	794.00	70.02	-19.4	-20.9	4.0
欧盟（28国）	739.52	657.49	82.03	75.5	87.2	17.1
韩国	423.88	79.47	344.41	-27.8	-20.8	-29.2
日本	414.32	248.20	166.12	29.5	65.9	-2.4
中国大陆	410.05	0.03	410.02	-6.5	—	-6.5
中国台湾	381.78	26.65	355.13	33.1	-38.4	45.8
东盟	361.71	213.76	147.95	-2.6	-1.3	-4.5
拉丁美洲	273.18	121.83	151.35	1.7	-6.8	9.7
中东	193.94	182.99	10.95	47.7	47.5	50.8
非洲	146.95	115.97	30.98	-9.5	-11.8	0.3

注：中国大陆为国货复进口。

（四）外商投资企业进出口占近七成，民营企业成为外贸增长新引擎，国有企业进出口小幅增长

外商投资企业是河南省外贸发展的重要支柱。2016年，河南省外商投资企业进出口值为3281.00亿元，同比增长1.0%，占全省外贸总值的69.6%。民营企业进出口值为1035.05亿元，同比增长7.7%，占全省外贸总值的

22.0%。此外，国有企业进出口值为398.65亿元，同比增长3.5%，占全省外贸总值的8.5%。

（五）以手机为代表的机电产品出口大幅增长

2016年，河南省出口机电产品2143.15亿元，同比增长8.1%，占全省出口总值的75.6%，其中手机出口1791.68亿元、汽车出口46.69亿元；手机单项商品出口比重占全省外贸出口的63.2%。进口机电产品1449.38亿元，同比下降4.9%，占全省进口总值的77.1%，其中集成电路进口747.75亿元（见表2）。与此同时，传统劳动密集型产品出口疲弱；第一大进口商品集成电路下滑明显，化妆品进口继续保持高增速。

表2 2016年河南省主要出口、进口商品一览

单位：亿元，%

商品名称	出口			商品名称	进口		
	出口值	同比	比重		进口值	同比	比重
手机	1791.68	9.3	63.2	集成电路	747.75	0.0	39.8
农产品	128.56	23.0	4.5	电视、收音机及无线电信设备的零附件	115.76	35184.9	6.2
人发制品	78.52	-27.6	2.8	手机	105.74	-0.2	5.6
纺织纱线	56.49	-1.9	2.0	农产品	92.03	-11.4	4.9
服装及衣着附件	55.54	0.1	2.0	铜矿砂及其精矿	63.79	82.8	3.4
未锻轧铝及铝材	54.90	5.0	1.9	铁矿砂及其精矿	60.80	-3.7	3.2
汽车	46.69	16.8	1.6	电视摄像机、数字照相机及视频摄录一体机	51.55	-70.6	2.7
汽车零配件	41.63	-2.8	1.5	化妆品	34.18	54.0	1.8
轮胎	30.87	-8.1	1.1	铅矿砂及其精矿	26.61	6.1	1.4
钢材	25.91	-15.3	0.9	纸浆	21.22	24.3	1.1

二 促进河南省外贸发展的有利因素

(一)航空口岸货运枢纽地位进一步显现

郑州新郑国际机场作为河南连通世界的重要口岸，是河南省打造航空港经

济实验区,推进全省开放型经济发展的新高地。截至2016年,郑州机场已开通国际航线54条,连通亚、欧、美、澳四大洲,汇聚了周边省份及长三角、珠三角、环渤海湾等地区四面八方的进出口货物,卢森堡航空,俄罗斯空桥航空,美国UPS、DHL、美国阿特拉斯航空、丝绸之路西部航空,阿联酋航空,大韩航空和泰国暹罗航空等40余家国内外知名航空巨头纷纷抢滩入驻,为郑州机场建设成为国际货运枢纽奠定了坚实基础。为富士康、联想、三星等高科技企业和奔驰、宝马、大众等高端制造企业提供零距离高效的通关监管服务,吸引越来越多的知名企业选择郑州航空口岸通关,郑州航空港正在成为中部地区进出口货物的集散地、转运枢纽。2016年,郑州机场进出境航班1.62万次,进出境人员136.12万人次,进出口货邮量26.2万吨,均创历史新高。

(二)海关特殊监管区域功能进一步拓展,新郑综合保税区跃居全国首位

2011年11月4日,新郑综合保税区正式封关运行,是中部地区第一家综合保税区。工单核销、境内外维修、分送集报、智能卡口等监管创新制度陆续推出,为企业减负增效,大幅提升通关速度,综合保税区业务拓展到维修、研发、物流等各个方面,成为苹果手机全球重要的生产基地和维修中心;新建口岸作业区使综合保税区同时具备保税功能和口岸功能,区内成品手机全部在货站打板后直接进入机场停机坪,实现综合保税区与航空港、公路港、铁路港、海港的联动发展,物流集聚分拨能力大幅提升。五年来,新郑综合保税区不断发展壮大,进出口值快速增长,成为河南省对外开放的重要平台。2012~2015年,新郑综合保税区进出口值连续四年居全国综合保税区第2位,2016年新郑综合保税区进出口值达3161.15亿元,同比增长1.9%,占全省进出口值的67.1%,超越江苏昆山综合保税区,跃居全国综合保税区第1位。商丘保税物流中心、郑州出口加工区B区正式验收,南阳卧龙综合保税区、新郑综合保税区(三期)封关运行,郑州经济开发区综合保税区顺利获批。整车进口口岸发展提速,全年进口汽车384辆,同比增长63.4%。

（三）郑州跨境电子商务综合试验区获批，河南对外开放平台又添新窗口

2015年9月24日，李克强总理到河南保税物流中心现场视察郑州市跨境贸易电子商务服务试点工作。2016年1月，郑州跨境电子商务综合试验区获批，成为全省开放型经济发展又一新的增长点。在全国首次提出基于保税模式的监管方案，通过实行简化申报要素、分送集报、两单一报、电子审单、分类通关税款汇总申报、简化归类等跨境通关的便捷流程，实现智能化高效通关，利用"互联网+外贸"实现优进优出，带动仓储、物流等上下游产业快速发展。目前除首家开展业务的河南保税物流中心现场以外，郑州机场、新郑综合保税区、铁路东站等现场先后开展不同模式的跨境电商业务，省内焦作、南阳、许昌等地跨境电商业务也陆续开展前期试点调研，自贸区建设与跨境电商行业开展深度融合。2016年，共验放跨境贸易电子商务进出境物品5741.46万单，同比增长13.3%；商品金额66.47亿元，同比增长63.9%；征收税款6.72亿元，同比增长4.87倍。新增商品备案9.17万项，企业备案509家，其中电子商务企业462家，服务消费者遍及全国，验放清单及货值在全国范围内保持领先地位。

（四）贸易便利化水平进一步提升

随着粮食生产核心区、中原经济区、郑州航空港经济综合实验区三大战略规划的深入推进，河南省全面融入国家"一带一路"战略，强化向东开放，加快向西开放，发挥郑州航空港、郑欧班列、国际陆港等开放平台作用，提升郑州、洛阳主要节点城市辐射带动能力，密切与丝绸之路经济带沿线中心城市和海上丝绸之路战略支点的联系，促进基础设施互联互通，深化能源资源、经贸产业和人文交流合作，形成全面开放合作新格局。通过简政放权和放管结合改革，为河南对外开放提供了国际化、法制化营商环境，有利于国内外企业在河南的发展和壮大。2016年，省外企业在河南口岸报关进出口值为585.94亿元，同比增长66.1%，继续保持增长态势；省内企业在河南口岸报关进出口值为3515.29亿元，占河南企业在全国口岸报关比重的74.6%。从数据可以看出，越来越多的企业开始在河南口岸开展国际贸易，全省贸易便利化水平在逐步提升，优势逐渐显现。

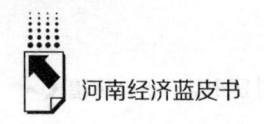

三 河南省外贸发展面临的不利因素

（一）全球化进程遇阻，贸易保护主义对国内出口扩大形成制约

世界贸易组织2016年6月发布的报告显示，2015年10月至2016年5月，20国集团经济体实施了145项新的贸易限制措施，平均每月有超过20项新措施出台，月均新措施数量为2009年世界贸易组织开始监测贸易限制措施以来的最高水平。在经济增长乏力背景下，实施贸易保护、设置贸易壁垒、用反倾销手段干预正常贸易成为有关国家抢占国际市场份额的重要手段。逆全球化趋势日益明显。商务部最新数据显示，2016年中国共遭遇27个国家和地区发起的119起贸易救济调查案件，涉案金额143.4亿美元。案件数量和涉案金额同比分别上升了36.8%和76%。2017年全球政局正在发生巨大变化，比如英国脱欧，欧洲主要国家大选，美国新总统上任，韩国总统选举等大事件都会给现有政策带来变数，或加剧全球范围的贸易保护主义态势。

（二）"中国制造"的传统比较优势逐步削弱

当前中国对外贸易发展受来自新兴国家与发达国家的双重制约，传统劳动密集型产品与以机械设备为代表的投资品出口存在不同程度下降。河南虽然是劳动力大省，但是近年来各方面要素成本与资源环境约束也都逐步增强，传统劳动密集型出口商品成本不断攀升，价格等方面比较优势弱化，与周边发展中国家相比，工资成本、环境成本等方面明显不占优势。与此同时，高端装备、智能制造等出口产品面临来自发达国家的竞争，仍难以迅速占领国际市场，短期内新的外贸增长点尚未形成。产业链配套仍不完善，物流成本偏高，承接东部要素成本型的产业和订单转移的力度不强。此外，发达经济体大力推进制造业回流，对全省引进高质量外资形成挑战，对更高质量的外贸创新发展、自主形成技术新优势提出更加迫切的需求。

（三）外贸发展的基础还不稳固

虽然在全国外贸低迷的情况下，河南省实现了快速发展，但也要清醒地看到，河南外贸与东部沿海地区省份相比还存在较大差距。2016年，河南外贸进出口值仅有广东的7.5%、江苏的14.0%、上海的16.4%、浙江的21.2%，与沿海发达地区相比，河南外贸规模相对较小，还有很大的成长空间，还需要进一步扩大对外开放的水平和层次，向沿海发达地区看齐靠拢。此外，外贸支柱产业较为单一。河南省外贸进出口主要依靠富士康及其配套企业带动。2016年，富士康所属企业进出口值为3171.9亿元，占全省进出口总值的67.3%。传统产业出口疲弱，2016年出口发制品78.52亿元，同比下降27.6%，占出口总值的2.8%；出口纺织纱线56.48亿元，同比下降1.9%，占出口总值的2.0%；农产品、服装、轮胎等传统主要商品虽有所增长，但进出口量较小，支撑能力较为薄弱，产业内生发展动力不足。新型贸易方式支撑作用尚不明显。跨境电子商务、郑欧班列、保税维修等新型贸易方式虽然发展速度较快，但在开放型经济整体发展中所占比重不大。

四 2017年河南省外贸形势展望及相关建议

2017年是实施"十三五"规划的重要一年，是供给侧结构性改革的深化之年。当前，国内经济运行面临的突出矛盾和问题，虽然有周期性、总量性因素，但根源是重大结构性失衡，导致经济循环不畅，必须从供给侧结构性改革上想办法，努力实现供求关系新的动态均衡。深化行政管理体制改革，打破垄断，健全要素市场，使价格机制真正引导资源配置。要加强激励、鼓励创新，增强微观主体内生动力，努力依靠提高赢利能力，提高劳动生产率，提高全要素生产率，提高潜在增长率来提升河南外向型经济的竞争力。

（一）积极打造加工贸易承接转移示范地

2016年3月，郑州、重庆和赣州三市被商务部、人力资源社会保障部、海关总署等多部委联合认定为加工贸易承接转移示范地。在承接产业转移上，河南省有着得天独厚的优势，交通便捷、区位优势明显，与沿海发达地区相比，体制政策差异在缩小，区位、市场、劳动力等综合优势在上升。建议进一步强化发展规划引导，完善政策措施，明确承接发展重点，加强舆论宣传与经验推广，积极推动承接转移工作。支持加工贸易重点承接地与沿海或港澳台地

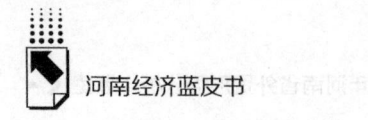

区共建加工贸易产业园区，培育认定一批省级加工贸易重点承接地、示范园区和加工贸易转型示范企业，不断优化产业结构和产品结构，提高河南省先进制造业和战略新兴产业国际竞争力。

（二）紧抓国际服务外包发展契机

2016年5月，郑州市被海关总署、商务部新增为第二批服务外包示范城市；6月，海关总署明确郑州市可以适用国际服务外包业务进口货物海关保税监管模式。通过对进口设备等货物采用保税监管模式管理，可有效缓解企业资金压力，缩短审批时间和流程，简化海关通关手续，对河南省发展国际服务外包产业将产生显著的推动效果。建议相关部门加强政策落实，充分利用相关优惠政策，借机提升河南省服务外包产业发展速度。

（三）大力支持企业扩大进口

鼓励企事业单位充分利用国家进口税收优惠政策，加快推动内外资鼓励项目、重大技术装备、国家级企业技术中心、高等院校、科研机构等减免税优惠政策的落实，鼓励和支持企业扩大先进技术、成套装备和关键零部件等减免税进口，引进高端科研设备，增强核心竞争力。

（四）加快融入"一带一路"战略，带动河南外向型经济发展再提速

近年来，随着中国"一带一路"战略的提出及推进，周边国家通过参与丝绸之路经济带与河南开展合作，开发基础设施项目，进行联合生产，在经济、贸易、文化、安全等领域的合作日益深入。郑州被国家确定为丝绸之路经济带重要节点城市，必须抓住"一路一带"国家战略，主动作为，做好配套服务，在跨境物流、进出口商品加工集散等方面为河南外贸发展夯实基础。

（五）加快培育外贸自主品牌

继续实施以质取胜和出口品牌战略，鼓励企业创立自主品牌或采取收购、授权使用等形式推进品牌建设，提升出口质量，对企业在境外开展产品认证、商标注册、专利申请、技术和品牌并购给予支持。完善河南省国际知名品牌培

育、认定和动态管理体系，多渠道扩大国际市场宣传。继续推进外贸转型升级基地和出口产品质量安全示范区建设，鼓励企业加大技术创新力度，提高智能制造、绿色制造水平，扩大高新技术、高附加值、高效益产品出口规模。

（六）继续做大做强跨境电子商务

以促进产业发展为重点，以扩大出口为主，做大做强 B2B，以 B2C 为补充，最终实现 B2B、B2C、O2O 等模式协同发展，构建跨境电子商务完整的产业链和生态链，利用"互联网+外贸"实现优进优出和外贸转型升级，为推动全国跨境电子商务健康发展创造可复制推广的经验。

B.9 2016~2017年河南省财政形势分析与展望

胡兴旺 孙先富*

摘　要： 2016年，河南财政牢固树立新发展理念，以服务供给侧结构性改革为主线，扎实推进财税体制改革，有效实施积极的财政政策，着力发挥财政基础性和重要支柱作用，为全省经济社会发展提供了有力保障。但同时，财政运行和管理中也存在收支矛盾突出、支出结构不合理、资金使用效率不高、个别市县隐性债务风险较大、重点改革进展不均衡等问题。2017年，面对复杂严峻的经济形势和突出的财政收支矛盾，通过更加积极有效的财政政策和财税体制改革深化，将更好地发挥财政在稳增长、促改革、调结构、惠民生、防风险等方面的重要作用。

关键词： 河南　财政收支

2016年，河南省各级财政部门认真贯彻落实省委、省政府的决策部署，着力实施积极的财政政策，依法加强收入征管，优化支出结构，深化财税体制改革，完善财政资金分配使用机制，促进了全省经济平稳健康发展，财政运行情况总体较好。

---

* 胡兴旺，研究员，河南省财政厅政策研究室主任；孙先富，河南省财政厅政策研究室。

一 2016年河南省财政收支情况

2016年,全省财政收入保持平稳增长,一般公共预算支出突破7000亿元,改革发展和民生改善等重点支出得到较好保障,财政调控经济重要职能和在国家治理中的基础性和重要支柱作用得到进一步发挥。

(一)一般公共预算

1. 一般公共预算收入规模平稳增长

2016年,与经济发展新常态相适应,财政收入中低速增长态势明显,增速有所放缓。全省一般公共预算收入3153.5亿元,为调整预算的102.1%,同比增长8%(见图1);收入规模位居全国第8位,中部六省第1位。其中,地方税收收入2158.4亿元,同比增长8.9%,占一般公共预算收入的比重为68.4%;非税收入995.1亿元,同比增长6.2%。

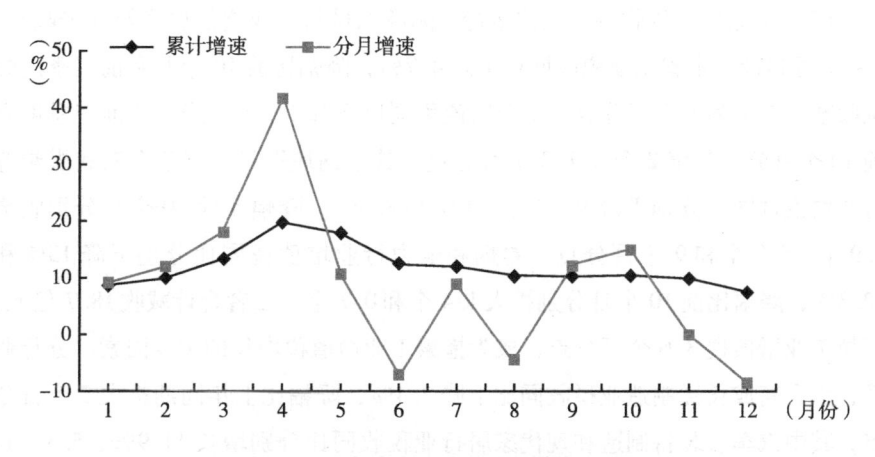

图1 2016年全省一般公共预算收入增速

2016年财政收入增长有如下特点。

(1)一般公共预算收入总体保持平稳增长,但增速呈回落趋势。全省一般公共预算收入同比增长8%,增速比上年回落1.9个百分点,比一季度、上半年、前三季度分别回落5.1个、4.5个和2.6个百分点,在收入中低速增长的同时增速逐季回落。地方税收分季累计增速分别为14.1%、10.3%、9.7%

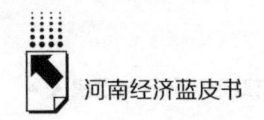

和8.9%，增速也呈逐季回落态势，但增速同比分别提高16.6个、3.3个、3.0个和2.9个百分点。值得注意的是，自6月以来，增值税、企业所得税、个人所得税和城市维护建设税等主体税种累计增幅呈逐步回落态势，反映出税收持续增长的基础仍不稳固，财政收入增速回落压力依然较大。

（2）受营改增等政策性减收效应和前期清缴营业税影响，一般公共预算收入先升后降。1～4月，全省一般公共预算月收入同比分别增长8.9%、11.9%、18.1%和41.5%，增速逐月提高；4月以后，全省一般公共预算收入逐步回稳，受政策性减税和2015年收入基数较高等因素影响，增速回落的同时保持低位波动。其中，4月全省一般公共预算收入同比增长41.5%，主要是受房地产优惠政策以及相关行业纳税人对5月1日起全面实施"营改增"试点后税负预期的影响，建筑业和房地产业营业税5月同比分别增长411%和107.5%，成为当月拉动财政收入增长的主要因素。6月、8月和12月全省一般公共预算收入同比分别下降7%、4.8%和8.1%，主要是全面"营改增"效应显现，与政策性减收和部分企业提前申报纳税的滞后影响等有较大关系。

（3）工业相关税收持续低位运行，能源原材料行业增值税降幅逐步收窄。1～11月累计，全省工业税收同比下降4.7%，降幅比前10个月和前三季度分别收窄1.1个和1个百分点。工业增值税同比下降1.2%，降幅比前三季度和前10个月分别收窄2个和1.8个百分点。其中钢坯钢材、有色金属和煤炭等行业增值税同比分别下降9.6%、2.6%和8.8%，降幅比前10个月分别收窄5.9个、5.9个和9个百分点。卷烟和电力行业增值税同比分别下降13%和12.3%，降幅比前10个月分别扩大1.4个和0.7个，二者合计减收18.7亿元，下拉工业增值税3.6个百分点，成为拖累工业增值税增长的主要因素。分行业看，六大高成长性制造业税收同比下降2.4%，降幅比上年同期扩大5个百分点，其中汽车、装备制造和现代家居行业税收同比分别增长11.9%、5.3%和3.7%，电子信息、食品和服装服饰行业税收分别下降23.8%、6.6%和3.9%。五大传统支柱产业税收下降8.4%，降幅比上年同期扩大8.5个百分点，除化工行业税收增长1.8%外，冶金、建材、轻纺和能源行业税收同比分别下降9.5%、8.5%、2.8%和14%。

（4）房地产业相关税收继续保持较高增长，但后期走势仍需继续关注。1～11月累计，全省房地产税收同比增长23.2%，比上年同期提高30.8个百分点，其中房地产业企业所得税同比增长36.2%，比上年同期提高41.7个百分点。契税和土地增值税同比分别增长37.7%和10.4%，增幅比上年同期分别提高43.2个和9.1个百分点。建筑业税收同比增长10.5%，比上年同期回落5.6个百分点，其中建筑业企业所得税同比增长12%，比上年同期提高1.3个百分点。值得关注的是，从房地产行业相关统计指标看，全省房地产土地成交价款、商品房销售面积增速比前三季度有所回落，全省商品房待售面积有所增加。反映出郑州市重启限购限贷政策对抑制郑州市房地产行业过热效应逐步显现，加之全省房地产市场供需结构不平衡、一些省辖市去库存压力依然较大，后期房地产行业税收增长仍存在较大压力。

（5）地区之间收入不均衡，区域间分化进一步突显。省本级一般公共预算收入151.6亿元，为预算的101%，同比下降9.4%，主要是受新媒体发展迅速影响，传统媒体广告收入减收较多；市级一般公共预算收入3001.9亿元，为预算的102.1%，同比增长9.1%。在18个省辖市中，有16个省辖市实现正增长，其中财政收入增速在10%以上的有5个市，分别为郑州（14.3%）、许昌（13.8%）、驻马店（13.8%）、漯河（11.0%）和开封（10.2%）；增速在10%以下但高于全省平均值的有5个市，分别为信阳（9.8%）、安阳（9.3%）、洛阳（9.1%）、商丘（9.0%）和南阳（8.3%）；增速为负增长的有2个市，分别为濮阳（-4.9%）和济源（-10.1%），主要是受经济结构单一的影响。

2. 一般公共预算支出保持高速增长

全省各级财政部门不断强化预算执行管理，采取多种方式，优化财政支出，发挥资金效益。全省一般公共预算支出7456.6亿元，为调整预算的97.4%，同比增长9.4%；支出规模位居全国第5位，中部六省第1位。其中，省本级支出922.9亿元，为调整预算的91.8%，同比增长11.2%；市级一般公共预算支出6533.7亿元，为调整预算的98.2%，同比增长9.1%。全省财政民生支出5784.8亿元，占财政支出比重达77.6%，同比提高0.2个百分点，其中投入重点民生实事资金1294亿元。

（1）农林水支出801亿元，同比增长1.2%。重点用于落实强农富农惠农政策，加快发展现代农业，加快促进农民增收，加快改善农村生产生活条件，不断推进农业农村实现较好发展。同时，加大力度支持推进脱贫攻坚。

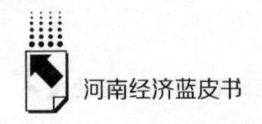

（2）交通运输支出347.2亿元，同比下降6.4%，主要是中央车辆购置税补助资金比上年减少31.9亿元。重点支持"米"字形铁路、干线公路、内河航运等项目，促进现代综合交通枢纽建设。

（3）节能环保支出195.7亿元，同比增长10.1%。重点支持大气污染防治攻坚战、水污染防治、林业重点工程建设和节能减排等，进一步改善生态环境。

（4）就业和社会保障支出1069.2亿元，同比增长13%。重点用于将城市、农村最低生活保障月人均补助水平分别提高到不低于240元和132元；农村"五保"对象年集中供养、分散供养标准分别提高到不低于4000元和3000元。支持全民技能振兴工程项目建设，支持高校毕业生等各类群体开展就业创业工作，稳步推进机关事业单位养老保险改革。

（5）教育事业支出1348.3亿元，同比增长6.1%。主要用于统一城乡义务教育"两免一补"政策和生均公用经费基准定额，完善普通高中教育经费保障机制，实施高校特色优势学科建设工程和示范性应用技术类本科院校建设计划。

（6）医疗卫生与计划生育支出775.9亿元，同比增长8.1%。重点用于深化医药卫生体制改革，将城镇居民基本医疗保险和新型农村合作医疗基金财政补助标准由年人均380元提高到420元，将基本公共卫生服务人均补助标准由40元提高至45元，支持公立医院综合改革、基层医疗机构实施国家基本药物制度等各项医改工作稳步推进。实施省属医院财政经费核拨机制改革。

（7）公共文化支出35.4亿元，同比增长10.3%。重点支持文化惠民工程，推动博物馆、纪念馆、美术馆、公共图书馆、文化馆（站）免费开放；支持政府购买公共文化服务，扶持艺术、戏曲创作，支持"五个一"精品创作，开展舞台艺术送农民送基层，推进戏曲进校园，安排中原大舞台活动，实施公共文化服务体系示范区、示范项目创建，推动基本公共文化服务标准化均等化。

（8）住房保障支出266.3亿元，同比增长2.5%。重点用于支持保障性住房建设。同时，采用政府购买服务模式实现棚户区改造融资516亿元，支持保障性住房开工建设38万套。

（9）公共安全支出357.9亿元，同比增长18.8%。重点用于深化政法经费保障机制改革，支持信访稳定和社会治安综合治理，积极推进加强弱势群体法律援助、社区矫正和司法救助工作，支持加大安全监管执法和食品药品安全专项治理力度。

（10）城乡社区支出884.1亿元，同比增长37%。主要是为加快城镇化建设进程，用于支持航空港区、产业集聚区、城乡一体化示范区、商务中心区和特色商业区基础设施以及公共服务平台建设等。

（二）其他三项预算

1. 政府性基金预算

全省政府性基金预算收入完成1848.8亿元，同比增长30.8%，主要是国有土地使用权出让收入增加较多；全省政府性基金预算支出完成1917.4亿元，同比增长28%。

2. 国有资本经营预算

全省国有资本经营收入预算完成20.5亿元，同比增长69%；全省国有资本经营预算支出完成63.2亿元。

3. 社会保险基金预算

全省社会保险基金预算收入完成1947.2亿元，同比增长1.8%；全省社会保险基金预算支出完成1832亿元，同比增长9.1%；收支结余115.2亿元，年末滚存结余2126亿元。

二 2017年财政形势及政策取向

（一）财政形势分析

从经济形势看，中国经济长期向好的基本面没有变，河南省发展优势日益累积，有利因素较多。但在新常态下，中国结构性矛盾突出，有效需求增长乏力，实体经济困难较多，区域和行业走势持续分化，金融风险隐患增加，经济下行压力依然较大。从全省自身看，经济运行仍存在不少突出矛盾和问题，主要是产业结构不合理，工业中传统产业特别是能源原材料产业占比较大，创新能力不足、竞争力不强，与市场有效需求不匹配；投资特别是工业和民间投资

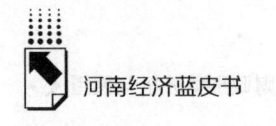

增长乏力。

从财政形势看，河南经济面临的宏观环境依然复杂多变，各项财政减收增支因素十分集中。在财政收入方面，全省经济稳定运行的基础仍不牢固，民间投资和工业投资持续低迷，传统产业转型解困压力较大，经济完全企稳回升还有一个过程。实施更加积极的财政政策，深入推进供给侧结构性改革，进一步落实减税降费措施，尤其是2017年全年实施"营改增"的影响，在减轻企业负担的同时，对财政收入的减收影响将进一步加大。在财政支出方面，增支政策多、刚性强。打好"四张牌"，实施"四大"攻坚战，进一步提高社会保障、教育、医疗卫生等民生政策补助标准等，这些都需要大幅增加支出，2017年财政收支矛盾可能是近年来最为突出的一年。

综合以上因素，2017年全省一般公共预算收入预期增长7.5%。

（二）财政政策取向

2017年，全省各级财政部门要全面贯彻落实党的十八大和十八届三中、四中、五中、六中全会及中央经济工作会议精神，深入贯彻省十次党代会、省委经济工作会议要求，坚持稳中求进的工作总基调，牢固树立和贯彻落实新发展理念，聚焦打好"四张牌"，围绕建设经济强省、打造"三个高地"、实现"三大提升"，认真落实更加积极有效的财政政策，支持推进供给侧结构性改革，更好发挥财政政策在稳增长和调结构中的积极作用；加快推进财税体制改革，完善预算管理制度，推进预算公开透明；优化财政支出结构，压缩一般性支出，加大脱贫攻坚等重点工作投入，保障基本公共服务，强化民生托底；加强财政资金统筹使用，提高支出精准度和资金使用效益；加强政府性债务管理，有效防范财政风险，促进经济社会持续健康发展。

三 政策建议

（一）积极推进理财观念创新

从转变政府职能、调整优化支出结构等方面下功夫，尽快回归公共财政。

要科学界定财政作用的边界，处理好政府与市场、政府与社会的关系，财政该管的一定管住管好，不该管的坚决放手给市场和社会；区分公共性的层次，将财政政策的着力点放在为社会公众提供充足的公共产品和优质的公共服务上。牢固树立发展靠改革、保障靠财政的理念，优化支出结构，统筹整合资金，集中用于保工资、保运转、保民生；树立正确的民生理念，进一步做好保障和改善民生工作，加强保基本、兜底线、促公平，确保民生改善不断取得新进展。

（二）认真落实积极的财政政策

继续实施更加积极有效的财政政策，更好地发挥财政政策在稳增长和调结构中的积极作用，支持全省经济发展稳中求进。一方面要认真落实中央减税降费政策，继续推进"营改增"和资源税改革，同时在全省范围内对中央和全省普遍性降费措施执行情况进行专项检查，对省定行政事业性收费项目进行全面清理，为企业发展营造良好环境；另一方面要适度扩大支出规模，通过合理安排收入预算、全面盘活存量资金、用足用好地方政府债务限额等，确保财政支出强度不减且实际支出规模扩大，重点保障关键领域支出，尤其是供给侧结构性改革和民生保障。

（三）切实保障和改善民生

实施更加积极的就业政策，着力促进重点群体就业工作，健全就业创业政策。巩固完善城乡统一的义务教育经费保障机制，积极改善农村义务教育薄弱学校的基本办学条件，提高省属本科和职业院校生均拨款水平，支持社会资本兴办教育，扩大普惠性学前教育资源，完善学生资助政策体系。继续提高城乡低保补助、散居孤儿和机构供养孤儿补助标准，合理提高退休人员养老金标准。进一步提高医疗卫生财政补助标准，建立困难群众大病补充医疗保险制度，全面推开城市公立医院综合改革试点。支持公共文化服务体系示范区（项目）建设，完善文化设施免费开放保障机制。支持保障性安居工程建设，大力推进棚改货币化安置，利用公租房资产建立可持续运营机制。发挥政府投入在扶贫开发中的主体和主导作用，加大农村脱贫攻坚支持力度。同时，支持打好环境治理攻坚战。

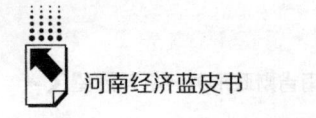

（四）深入推进财税体制改革

深入推进中期财政规划管理，省级建立较为成熟的规划编制程序和方法，同时加快推进市、县两级改革。盘活并统筹使用财政存量资金，整合政策目标相似、投入方向类同、管理方式相近的专项资金。调整优化支出结构，将有限的资金用于重点领域和关键环节。创新财政投入方式，通过引导基金等市场化模式，发挥对社会资本的引导带动作用；创新投融资体制机制，加快PPP模式推广应用，提高公共服务供给质量和效率；对于采用PPP模式的项目，有关财政资金要逐步由"补建设"转向"补运营"。继续深化财政体制改革，加强预算绩效管理。

（五）积极防范化解财政风险

严格执行《预算法》和国务院、省政府有关文件规定，强化地方政府债务限额管理和预算管理，完善地方政府举债融资和应急处置机制。研究制订政府债务政绩考核细则、存量债务纳入预算管理等办法，进一步落实债务风险预警、限额管理和债务信息月报等制度。加强或有债务监管，争取尽快构建起较为完备的债务管理制度体系。加强政府债券资金管理，提高债券资金使用效益。加快建立权责发生制的政府综合财务报告制度。

B.10
2016~2017年河南省金融业形势分析与展望

高玉成 高鹏 徐红芬*

摘 要: 2016年,河南省金融系统紧紧围绕全省重大国家战略和供给侧结构性改革各项决策部署,认真贯彻落实稳健货币政策,大力推进金融改革创新,不断优化金融服务,切实维护金融稳定,为实现"十三五"良好开局提供了有力的支持和保障。2017年,河南省金融发展既面临诸多发展机遇,也存在一些制约因素,金融保持平稳较快增长的压力较大。

关键词: 河南省 金融业

一 2016年河南省金融运行情况及特点

2016年,河南省金融运行总体平稳、稳中见好、稳中有忧,存贷款保持较快增长,融资结构加快调整,融资成本下降,金融改革创新力度加大,全年未出现风险挤兑事件;但部分薄弱领域贷款增长乏力,风险防控压力依然较大。

(一)存贷款平稳较快增长

截至2016年12月末,全省本外币各项存款余额54979.7亿元,同比增长

---

* 高玉成,中国人民银行郑州中心支行调查统计处处长;高鹏,中国人民银行郑州中心支行调查统计处副处长;徐红芬,中国人民银行郑州中心支行调查统计处科长。

13.9%，增速高于上年0.2个百分点，高于全国水平2.6个百分点，全年新增6697.6亿元，同比多增864.5亿；本外币各项贷款余额37139.6亿元，同比增长16.8%，增速高于上年同期1.5个百分点，高于全国水平4个百分点，全年新增5341.0亿元，同比多增1128.9亿元。12月末，河南省本外币存贷款余额分别居全国第9位和第11位、新增额分别居全国第9位和第5位，在全国排名稳中有升，在中部六省的排名继续保持领先。全省本外币余额和新增额存贷比分别达到67.6%和79.7%，比上年同期分别提高1.7个和7.5个百分点。信贷大量投放带动了全省社会融资规模明显提高，1～11月，全省社会融资规模增量6158.4亿元，同比多增645.8亿元，占全国的比重为3.8%，金融对实体经济支持力度持续加大。

（二）银行资产配置有利于供给侧结构性改革

从信贷投向看，金融机构新增贷款重点支持了基础设施、房地产等领域和大中型企业，这与河南省经济发展重点和供给侧结构性改革方向一致，有效促进了投资及经济增长，也有力推动了房地产去库存和重点国企改革，化解过剩产能。2016年，全省基础设施领域贷款增加860亿元，占人民币贷款增量的17%，带动基础设施投资增长29%，高于全省投资增速15.3个百分点。全省房地产贷款增加2789.4亿元，同比多增1072.3亿元，占人民币贷款增量的55%，其中个人住房和保障性住房开发贷款分别增加2257.1亿元和338.4亿元，有效推动了全省房地产市场去库存及保障房建设，年末全省商品房去化周期为11个月，比2015年末缩短了10个月。全省大中型企业贷款合计增加1761.1亿元，同比多增638.1亿元，占到全部企业贷款增量的72%，有力支持了重点国企改革，化解过剩产能。

从整体资产配置看，金融机构除了传统贷款，还积极发展股权、债券投资，通过参股城镇化、产业投资等各类基金，以"投贷联动""股债结合"等方式，多渠道支持实体经济。截至12月末，金融机构股权及其他投资、债券投资余额分别增长75.2%和45.4%，全年分别新增1741.2亿元和1400.1亿元，同比分别多增691.7亿元和130.3亿元，实现金融机构支持实体经济渠道多元化。

（三）贷款和民间借贷利率下行降低了企业融资成本

人民银行郑州中心支行存贷款综合抽样统计数据显示，2016年12月全省存量贷款加权平均利率为5.46%，同比下降0.76个百分点，其中，大、中、小微企业存量贷款平均利率分别为4.86%、5.70%和6.49%，同比分别下降0.64个、0.46个和0.64个百分点。同时，人民银行郑州中心支行开展的民间融资调查显示，第四季度实际发生的企业民间借贷平均利率为18.4%，比上年同期下降4个百分点，其中用于过桥资金、房地产相关投资的民间借贷利率比上年同期分别下降8.7个和2.0个百分点。此外，人民银行郑州中心支行开展的河南省铝行业监测和企业家问卷调查分别显示，前三季度铝行业企业选择贷款利率、总体融资成本"下降"的占比，分别比选择"上升"的占比高出14.3个和7.1个百分点；第四季度全省企业总体融资情况指数和银行贷款获得情况指数均为44.5%，较上半年分别提高3个和2个百分点，反映出融资成本下降带动了企业融资获得率有所提高。

（四）普惠金融改革创新取得突出成效

全国首个普惠金融改革试验区——兰考普惠金融改革试验区获国务院批准，在兰考建立主办银行制度，促进政银企对接，推动省国开行等11家省级金融机构与兰考县签署中长期合作框架协议，20家金融机构与当地企业签约57亿元，引导兰考县成立7家投融资公司，年投融资规模达200亿元。河南省普惠金融专项统计和分析显示，2016年6月末，兰考县普惠金融指数在全省107个县（市）排第3位，较2015年末排名提升了19位。从兰考县金融覆盖面、可得性、满意度和评价性4个单项指数排名看，较2015年末分别上升了14位、35位、40位和2位。从整体来看，兰考普惠金融改革试验区申建一年来，该县普惠金融发展程度全面提升，尤其是金融基础设施建设、金融支持"四农"等方面成效明显，对于全省普惠金融发展起到了良好的示范效应。

（五）金融助推精准扶贫力度加大

2016年，人民银行郑州中心支行结合河南是贫困人口大省、农民工大省的实际，确立了服务"四农"（农业、农村、农民、农民工）的分类施策、两

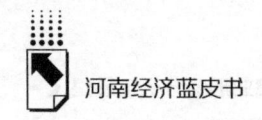

端发力的金融精准扶贫思路，推出"百亿扶贫再贷款计划"，在全省53个贫困县（市）安排100亿元扶贫再贷款限额，构建"人民银行扶贫再贷款+地方法人机构扶贫贷款+担保基金+财政贴息+建档立卡贫困户（扶贫龙头企业）"五位一体金融扶贫新模式，取得较好效果。2016年，全省贫困县累计发放扶贫和支农再贷款100.2亿元，金融机构使用扶贫再贷款资金发放的贷款加权平均利率为4.22%，低于同期使用自有资金发放贷款利率5.8个百分点。截至9月末，全省贫困县（市）贷款余额4582.5亿元，较年初新增858亿元；精准扶贫贷款余额371.1亿元，同比增长105%；支持带动建档立卡贫困人口53.65万人，占全省建档立卡贫困人口的12.5%。

（六）涉外收支实现净流入，跨境人民币业务快速发展

2016年，受人民币贬值及世界经济复苏乏力等因素影响，河南省进出口规模有所下降，加之富士康集团出口延期收汇增多，全省涉外收支双双下降。为此，外汇管理局河南省分局采取加大跨境融资政策宣传及外汇资金的真实性审核等各种措施，促进涉外资金全年实现净流入60.4亿美元，较好地实现了"控流出、扩流入"目标。同时，跨境人民币业务呈现快速发展态势，人民币贬值促使跨境人民币支出"替代购汇"攀升，全年跨境人民币累计支出48.6亿美元，同比增长23.4%。"跨境人民币贷款"和"人民币贸易融资资产跨境转让"创新业务有所突破，截至2016年末，港区企业累计办理跨境人民币贷款业务8笔、金额16.2亿元；累计办理人民币贸易融资资产跨境转让业务12笔、金额4.92亿元。

二 河南省金融运行中需要关注的几个问题

2016年，受产业结构不合理、发展方式转换困难较多、经济增长基础不牢固，以及政府债务置换、不良贷款上升等多种因素影响，金融发展也存在一些需要关注的问题。

（一）信贷供求结构性矛盾较为突出

目前，河南经济依靠投资尤其是基础设施和房地产投资拉动特征明显，而

制造业、民间投资增长乏力，工业能源原材料行业占比大，化解过剩产能任务重，环境制约加剧，多数工业、小微企业经营状况不乐观，信用风险上升，信贷需求下降，造成信贷供求结构性矛盾突出。2016年七成以上新增贷款投向了基础设施和房地产领域，而工业、小微企业贷款增长较为乏力。截至12月末，全省小微企业贷款同比增长10.2%，增速较去年同期回落17.6个百分点。人民银行郑州中心支行开展的银行家问卷调查显示，第四季度银行总体贷款需求指数降至59.8%，创下2004年调查以来的新低，其中大、中、小微企业贷款需求指数均有所下降，企业固定资产、经营周转贷款需求指数均创调查以来新低。

（二）金融扶贫相关配套措施有待改进

一是扶贫风险缓释机制不健全，尽管多数贫困县建立了扶贫信贷风险补偿基金，但存在风险补偿方式和比例不明确或者比例不当等问题，一旦扶贫信贷出现风险，金融机构对风险补偿顾虑较大，担心较多，从而影响了参与扶贫的积极性。二是贫困地区金融需求信息不明确，金融机构对接难度较大。一些市县政府对农业、农村基础设施规划不够到位，缺乏政府主导、市场化运作的融资主体及扶贫龙头企业，影响金融与产业、项目、企业的有效对接。

（三）政府投融资机制改革对金融机构业务发展提出新挑战

2014年《国务院关于加强地方政府性债务管理的意见》（国发〔2014〕43号）出台后，平台公司的政府融资功能被剥离，政府融资只能通过发行政府债券和采用PPP模式，目前这两种模式对银行信贷的影响都比较大。一方面根据河南省政府三年债务置换规划，2015年和2016年已分别发行置换债券1120亿元和1360亿元，预计2017年仍将发行1000亿元左右的置换债券，主要用于偿还和置换银行的政府性贷款，在当前有效信贷需求不足的背景下，银行贷款被置换后难以及时找到替代项目，存量贷款规模缩减压力较大。另一方面当前PPP项目虽然申报数量较多，但在当前形势下，民间投资动力不足，PPP项目确定社会资本方的比例较低，且很多项目是边批边建，手续不完备，难以满足银行信贷审批条件，导致银行贷款跟进较为缓慢。上述情况迫使金融机构必须加快业务转型及工作创新。

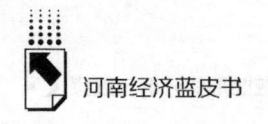

（四）金融风险防控压力依然较大

一是银行不良贷款继续"双升"。截至 2016 年 11 月末，全省银行业机构账面不良贷款余额较年初增加 199.1 亿元，不良贷款率为 3.2%，较年初上升 0.13 个百分点。为应对不良率提高，金融机构加大了对不良贷款拨备和核销的力度，导致利润增长大幅放缓，1~11 月金融机构利润仅增长 5.5%。二是产能过剩行业企业债券到期兑付风险压力较大，企业后续发债较为困难；部分地区担保圈、担保链、民间借贷风险仍有进一步爆发的可能，人民银行郑州中心支行调查的第四季度民间借贷市场违约风险指数达到 63.1%，民间借贷风险仍处在高发期。三是金融机构"明股实债"类投资发展较快，但有部分资金流向房地产、产能过剩等受调控领域，潜在风险值得关注。

三 2017年河南省金融发展形势展望

2017 年，预计全球经济继续保持弱势复苏、低速增长态势，国内经济仍将继续承压，河南省面临的国内外发展环境依然复杂严峻，经济稳增长的基础不稳固，这对金融发展将产生较大影响。总的来看，河南省金融发展既有有利因素的支撑，但也存在不少制约因素，保持平稳快速增长的压力较大。

（一）支撑河南省金融平稳快速发展的有利因素

一是货币政策保持稳健中性，有利于营造适宜的货币金融发展环境。2017 年，我国货币政策继续保持稳健中性，市场流动性将保持基本稳定，货币政策针对性也将不断增强，在"三去一降一补"和房地产市场等领域将精准发力，整体有利于金融稳定运行。二是全省经济和金融发展正处在重大战略机遇期，战略叠加带动效应将进一步增强。在粮食生产核心区、中原经济区、郑州航空港经济综合实验区、郑洛新国家自主创新示范区、河南自贸区、中国（郑州）跨境电子商务综合试验区、中原城市群、郑州国家中心城市建设等重大国家战略的引领带动下，河南省发展后劲将不断增强；郑州和洛阳分别被确立为国家中心城市和区域性中心城市，将为全省发展带来新的活力；"大众创业、万众创新"活动将进一步激发全省发展潜力，这些都将有利于促进金融快速发展。

三是随着 PPP、专项建设基金等新的投融资模式的不断完善，基础设施领域贷款将继续保持快速增长。河南省现已纳入 PPP 意向库项目总投资额超过万亿元，自 2015 年 8 月以来专项建设基金项目已开展七批，随着 PPP 和专项建设基金项目成熟度的提高，未来对银行信贷的吸引力将增强，预计基础设施领域贷款仍将保持快速增长势头。四是金融机构重点项目储备较为充足，信贷投放有保证。2016 年 12 月人民银行郑州中心支行对 14 家省级金融机构的调研显示，2017 年河南省重点领域重大项目多在银行的储备之列，信贷投放规模预计将至少与 2016 年持平。

（二）制约河南省金融快速发展的不利因素

一是实体经济有效信贷需求不足，不利于扩大信贷投放。人民银行郑州中心支行开展的河南省银行家问卷调查显示，2016 年第四季度银行贷款总体需求指数较上季度下降 3.9 个百分点，创下 2004 年调查以来新低，除制造业以外的其他行业贷款需求指数均较上季度下降。二是受房地产调控等影响，房地产投资销售可能降温，房地产领域贷款增长将放缓。随着郑州市房地产调控持续加码，加之各地房地产市场分化、部分地区去库存压力较大，房地产开发投资、销售将难以延续 2016 年的高速增长态势，预计房地产领域贷款增速将随之回落。三是地方政府债务置换影响信贷增长。按照政府债务置换计划，2015~2017 年河南省将发行共计 3000 多亿元的政府置换债券，主要用来置换银行的政府性债务，这将直接造成银行存量贷款规模的缩减。在当前实体经济有效信贷需求不足的情况下，银行贷款被置换后腾出的资金规模，短期内难以找到合适的替代项目投放出去，从而对新增银行贷款形成较大的制约。四是不良贷款增长压力较大，部分领域贷款投放积极性不高。2016 年 11 月末，全省不良贷款率达到 3.2%，高出全国平均水平 1.1 个百分点。小微企业和制造业不良贷款新增较多，分别占到全省不良贷款新增额的近六成和四成，为缓解不良贷款增长压力，金融机构对这些领域贷款投放积极性不高。

2017 年，人民银行郑州中心支行将继续围绕河南省经济工作"稳中求进"的总基调，紧紧把握重大国家战略历史机遇，综合运用多种货币政策工具，引导金融机构认真贯彻落实稳健中性的货币政策，加大重点领域有效信贷投放，

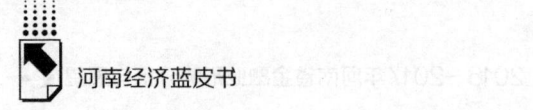

不断推进金融改革创新，进一步抓好兰考普惠金融改革试验区总体方案落实工作，稳妥推进金融精准扶贫和"两权"抵押贷款试点，着力优化金融服务，维护区域金融稳定，大力支持地方经济发展。河南金融业也将积极作为，规范发展、严控风险，围绕实体经济发展，大力开展金融创新，提高发展能力和服务水平，努力保持平稳较快地增长。

B.11
2016~2017年河南省交通运输业形势分析与展望

赵德友 王予荷 陈琛*

摘　要： 2016年，河南省综合交通运输发展紧紧围绕战略纲要、"十三五"规划确定的发展思路和主要任务，强化交通运输对河南省实施五大国家战略规划和参与"一带一路"建设的支撑服务能力，深入推进交通供给侧结构性改革和交通脱贫攻坚工程，以实施项目带动为抓手，加快推进交通基础设施建设，着力提升现代信息技术应用和多式联运高效服务水平，为争创区域竞争新优势提供有力支撑。本文分析了2016年河南交通运输业发展状况，结合当前形势对2017年交通运输业发展走势进行了预测，并概述了2017年交通运输业发展主要着力点。

关键词： 河南　交通运输　综合交通枢纽

2016年，随着国家"一带一路"战略的深入推进，粮食生产核心区、中原经济区、航空港经济综合实验区、自由贸易区、郑洛新国家创新示范区等国家战略的加快实施，跨境电商、快递、冷链物流等新兴业态迅猛发展，河南综合交通枢纽功能和发展平台日益完善，产业结构持续调整优化，现代物流优势更加突出，铁路运输持续好转，公路运输稳定发展，航空运输保持高速态势。

---

* 赵德友，博士，高级统计师，河南省统计局副局长；王予荷，河南省统计局服务业统计处处长；陈琛，河南省统计局服务业统计处副主任科员。

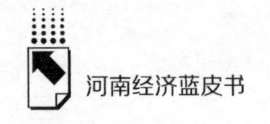

展望2017年，河南交通运输业仍处于黄金时期，交通运输业仍将保持稳定增长的发展态势。

一 2016年河南省交通运输业总体发展态势

2016年河南省着力打造综合交通优势，着眼于完善综合交通体系发展规划，统筹铁路、公路、水路、民航和城市交通的整体发展，加快建设综合交通运输体系，构建综合交通大格局，发挥交通运输先行作用，交通基础设施建设取得显著成效，交通运输功能日益提升，为服务河南省经济社会发展提供了有力支撑。

（一）综合交通网络建设总体顺利，交通运输基础设施逐步完善

1. "米"字形高速铁路网"画"成

河南省"米"字形高速铁路网，是国务院批复的《中原经济区规划》和《郑州航空港经济综合实验区发展规划》中的重大工程，具体是在京广和徐兰"十"字形的基础上，以郑州为中心，建设郑州至万州、济南、合肥、太原的高速铁路。2016年4月30日，中国铁路总公司、河南省和安徽省人民政府联合批复新建河南省"米"字形高速铁路网建设中，代表右下方一"捺"的郑合高铁郑州—周口—阜阳的初步设计。2016年5月16日，代表左上方一"点"的太原—焦作铁路获批，该线路全长362公里，总投资431.3亿元，计划于2020年底投入使用。2016年5月21日，中国铁路总公司、河南省和山西省人民政府联合批复新建太原—焦作的铁路初步设计。2016年6月24日，代表左下方一"撇"的郑万高铁河南段全线正式开工，预计2019年10月河南段开通运营。2016年8月31日，中国铁路总公司和河南省人民政府联合批复新建郑州至济南铁路郑州—濮阳段可行性研究报告，这意味着河南省"米"字形高速铁路网最后一"点"敲定，也标志着河南省"米"字形高速铁路网"画"成。依托"米"字形交通网发展四个轴带。沿陇海发展主轴，郑州、洛阳、开封、三门峡"一带一路"建设重要节点城市功能进一步提升。沿京广发展主轴，发挥郑州的辐射带动作用，安阳、鹤壁、新乡、许昌、漯河、驻马店、信阳等城市集聚能力进一步提升。依托郑（州）济（南）、郑（州）万

（州）高速铁路建设，加速形成综合运输通道，濮阳、平顶山、南阳等节点城市和沿线中小城市支撑作用进一步得到强化。依托郑（州）合（肥）、郑（州）太（原）高速铁路，加快跨区域高速公路和城际快速通道建设，进一步推动了焦作、济源、周口、阜阳、蚌埠等城市扩容提质。

2. 公路建设取得新突破

高速公路通车总里程升至全国第2位。河南省高速公路完成八车道改建26公里，新增通车里程143公里，开工建设高速公路项目483公里，通车总里程达到6448公里，居全国第2位，较2015年提升1位。郑州机场高速改扩建、焦桐高速登封至汝州段、郑民高速开封至民权段和郑云高速武陟至云台山段4个高速项目按期建成通车，郑西高速尧山至栾川段等5个高速项目开工建设。河南省干线公路建设成效显著。重点加快以一级公路、二级公路为主的普通干线公路升级改造，力争打通所有普通国道省际出口；加快推进跨黄河特大桥建设。2016年河南省干线公路完工里程670公里，安排国省道改造项目25个723公里，升级改造一级路870公里，二级公路1900公里，安排普通干线公路低等级改造建设规模2366公里，开工建设2座黄河大桥项目，建成后将与河洛黄河大桥、南河渡黄河大桥、桃花峪黄河大桥、郑州黄河公路大桥、郑新黄河大桥并行，形成沟通黄河两岸交通的重要通道。农村公路三年行动计划乡村通畅工程顺利推进。实施完成农村公路三年行动计划乡村畅通工程新建改建1.3万公里，新建改建大中桥梁8万延米，安排学生渡口改桥项目共3816延米，安排国家、省补助资金1.89亿元，3万公里高标准粮田道路纳入维护管理范围，890公里休闲旅游重点村进村道路列入投资计划实施改造。农村公路三年行动计划乡村畅通工程圆满收官，县乡公路优良路率达到75%以上，全省农村公路文明示范路达到7232公里。

3. 郑州枢纽国际服务功能显著提升

2016年，航空运输规模持续扩大，航空市场的质量和结构发生重大转变，郑州国际航空货运枢纽和国内大型航空枢纽已见雏形。航空货源集疏网络布局不断扩大。与德国宝马、戴姆勒、辛克公司和大连毅都集团合作，将郑州打造成为国际高端汽车零配件转运中心和冷链物流集散中心；争取德国DHL公司在郑州设立国际货物转运中心；促使联想集团在郑集疏其手机和电脑产品，TCL、传音控股等手机生产企业在郑州机场空运出口货物。航空口岸功能进一步增强。目前郑州机场已拥有水果、冰鲜水产品、食用水生动物、冰鲜肉类、澳洲活牛进口以及国际邮件经转等6个口岸，成为国内进口指定口岸数量最多、种类最全的内陆机场，各项业务已实现常态化进口。完善洛阳、南阳等机场功能，支持洛阳机场发挥一类口岸功能，适时开辟国际客运航线。跨境电商及航空邮件业务大力发展。郑州机场年保障跨境电商进出口货运量超过1万吨；俄罗斯航星航空开通郑州至新西伯利亚航空邮路，实现了全国13个互换局出口至俄罗斯的国际邮件总包调运至郑州出境；德国邮政公司拟在郑州机场设立国际邮件处理中心，实现德国出口至中国区域的国际邮件通过郑州航空邮件口岸集疏。货运综合保障能力大幅提升。适时启动郑州新郑国际机场三期工程及北货运区等配套设施建设。目前郑州机场启用了5座货站（国际货站4座），库区面积6.5万平方米，年处理航空货物能力70万吨。通过航空物流信息化平台的建设，已实现"多货站、多关区"的协调联动。基地航空公司建设稳步推进。加强与西部航空和东海航空的合作，持续推进基地航空公司建设。

4. 重大专项取得突破性进展

围绕强化基础支撑增创竞争新优势，集中主要精力加快推进事关河南省经济社会发展全局和长远的重大专项，取得了显著成效。郑州市获批全国首批综合交通枢纽示范工程城市。立足郑州枢纽优势条件，2016年国家发改委与河南省政府、郑州市政府共同签署了《共建综合交通枢纽示范工程的合作框架协议》，明确将在综合货运枢纽提升、轨道交通客运枢纽建设等方面给予试点示范、政策支持。三方合作的重点任务是推进郑州南站综合交通枢纽工程。郑州南站按照高铁辅助站和城际铁路枢纽站定位，合理确定站场规模，统筹考虑城市轨道交通及其他交通方式接入。配套建设高铁快件物流基地，完善仓储、装卸、集疏等专业设施，推动开展空铁快件联运，综合开发郑州南站与周边区域及地上地下空间。交通扶贫脱贫工程全面启动。河南省由被动帮扶向主动作为转变，由偏重"输血"向注重"造血"转变，着力加强贫困地区交通运输基础设施建设，大力提升运输服务能力和水平，强化安全保障能力和管理养护效能。2016年印发实施《河南省交通扶贫脱贫攻坚工程行动计划》和《河南省农村公路交通脱贫实施方案（2016～2019年）》。2016年升级改造贫困地区干线公路600公里、农村公路6000公里，建成县级客运站5个，实现兰考、滑县和1500个贫困村率先实现通硬化路、通客车、通邮政的交通运输脱贫目标。

（二）运输生产总体平稳，铁路客货运持续好转，公路货运稳定增长，航空运输高速发展

2016年，河南省运输生产总体平稳，货物运输量20.54亿吨，同比增长6.6%，增速比2015年全年提高了0.6个百分点，比2016年第三季度提高了1.7个百分点；货物周转量7336.28亿吨，同比增长6.1%，增速比2015年全年提高了2.9个百分点，比2016年第三季度提高了1.8个百分点。旅客运输量12.23亿人次，同比下降3.5%，增速比2015年全年下降了6.5个百分点，比2016年第三季度提高了0.1个百分点；旅客周转量1857.17亿人公里，同比增长3.9%，增速比2015年全年下降了0.7个百分点，比2016年第三季度提高了2.3个百分点。2016年交通运输业整体保持平稳增长，旅客运输量有所下降，旅客周转量、货物运输量和货物周转量保持稳定增长（见图1）。

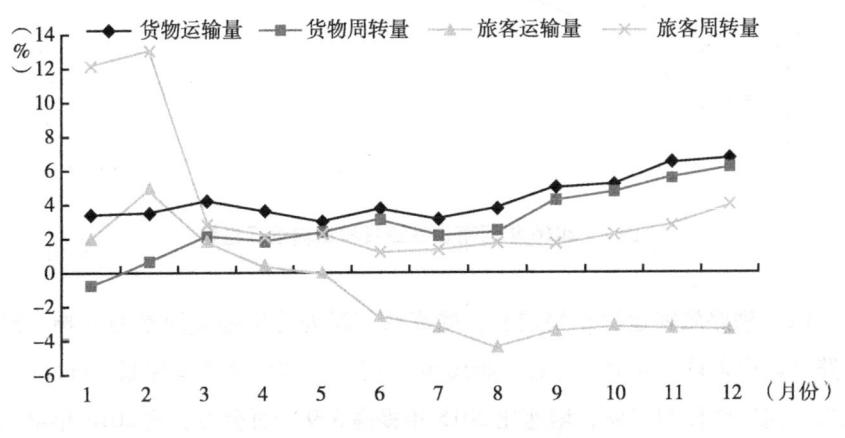

图1 2016年河南省交通运输业运行趋势

1.铁路客货运持续好转

（1）铁路货物运输继续好转。受国家铁路货运回暖、外运煤需求增加、铁路下调煤炭运价、分流部分公路货运等因素影响，铁路货物运输继续好转，降幅持续收窄。2016年全省铁路货物运输量9561.77万吨，同比下降2.5%，增速比2015年提高7.2个百分点，比2016年第三季度提高3.8个百分点；铁路货物周转量1685.89亿吨公里,同比增长1.2%,增速比2015年提高14.1个百分点,比2016年第三季度提高4.3个百分点。其中郑州铁路局货物运输量同比下降4.4%,货物周转量同比增长2.0%;武汉铁路局货物运输量同比增长2.5%,货物周转量下降2.4%。从月度数据变化趋势来看,河南省铁路货物运输量和货物周转量持续好转,货物周转量增速由负转正,为35个月以来首次正增长(见图2)。从交通运输结构比重来看,铁路货运在全社会主要运输方式比重下降趋势有所减缓。2016年铁路在全社会主要运输方式完成货物运输量和货物周转量中占比分别为4.7%和23.0%,比2014年分别下降1.1个和3.2个百分点,但是比2015年分别提高0.1个和0.1个百分点。

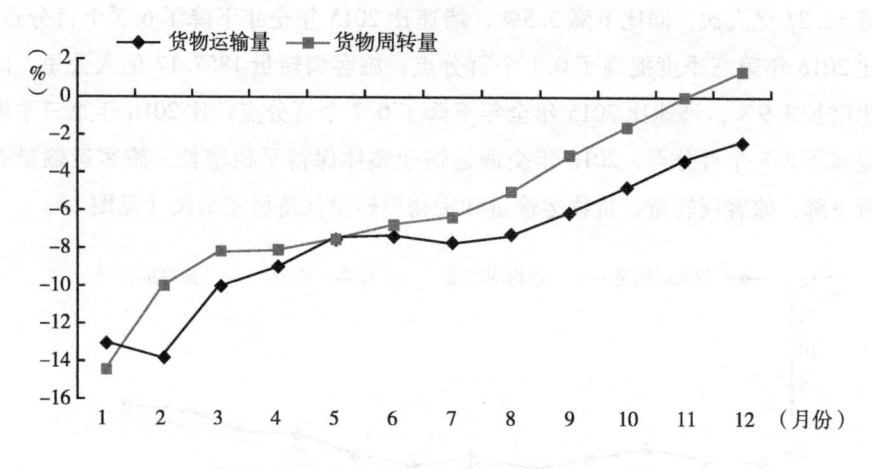

图2 2016年河南省铁路货物运输运行趋势

(2)铁路旅客运输小幅增长。受高铁客运能力增强等因素的影响,河南铁路客运迎来较好的增长态势。2016年,河南省铁路旅客运输量14524.59万人次,同比增长11.1%,增速比2015年提高5.9个百分点,比2016年第三季度提高0.2个百分点;铁路旅客周转量938.30亿人公里,同比增长3.1%,增速比2015年提高1.3个百分点,比2016年第三季度提高1.1个百分点。其中郑州铁路局旅客运输量同比增长13.0%,旅客周转量同比增长3.1%;武汉铁路局旅客运输量同比增长5.1%,旅客周转量同比增长3.0%。

2. 公路货运稳定增长,旅客运输量持续下降

(1)公路货物运输稳定增长。2016年,受供给侧结构性改革推进,总需求适度扩大，网购日益普及等因素影响，道路运输业不断增长。2016年公路货物运输量达18.43亿吨公里，同比增长6.9%，增速比2015年提高0.2个百分点，比2016年第三季度增长1.6个百分点；货物周转量达4838.53亿吨公里，同比增长6.5%，增速比2015年回落1.5个百分点，比2016年第三季度提高0.8个百分点。从月度数据变化趋势来看，河南省公路货物运输稳定增长，货物运输量和货物周转量增速在3.4%~6.9%波动（见图3）。从交通运输结构比重来看，公路货运占全社会主要运输方式比重保持高位。2016年，公路货物运输量和货物周转量在全社会主要运输方式完成货物运输量和货物周转量中占比分别为87.0%和66.0%。

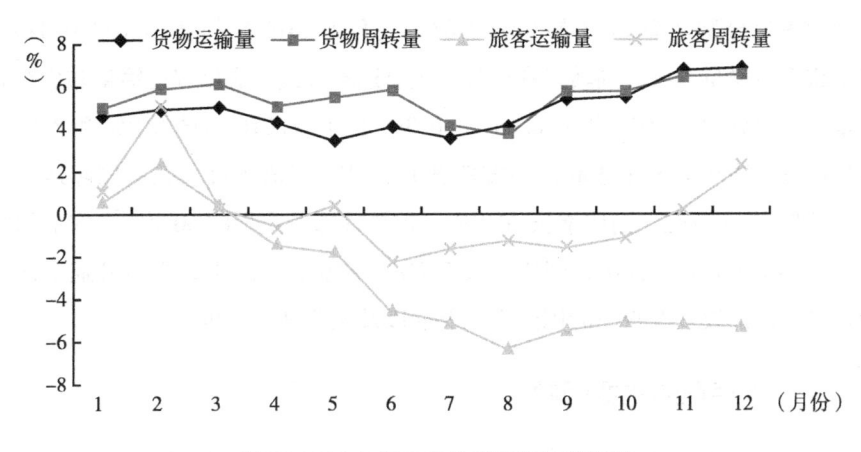

图3 2016年河南省公路运输运行趋势

（2）公路旅客运输量持续下降。2016年河南省公路旅客运输量达10.64亿人次，同比下降5.4%，增速比2015年回落8.2个百分点，比2016年第三季度提高0.1个百分点；公路旅客周转量达760.57亿人公里，同比增长2.2%，增速比2015年回落4.1个百分点，比2016年第三季度提高3.9个百分点。从交通运输结构比重来看，公路客运占全社会主要运输方式的占比下降。2016年公路旅客运输量和旅客周转量在全社会主要运输方式中占比分别为87.0%和41.0%，比2015年分别下降3.2个和5.3个百分点。

3. 航空运输保持快速增长的良好态势

2016年，机场货邮吞吐量45.9万吨，同比增长13.1%，增速比2015年提高4.4个百分点，比2016年第三季度提高0.5个百分点；旅客吞吐量

2229.1万人次,同比增长19.8%,增速比2015年提高9.9个百分点,比2016年第三季度提高1.6个百分点。通过三大机场客货吞吐量和航空公司运距指标推算的河南省航空客货运周转量为147579.1万吨公里,同比增长17.0%,比2015年提高4.3个百分点,继续保持高速增长。其中,郑州机场货邮吞吐量45.7万吨,同比增长13.2%;旅客吞吐量2076.3万人次,同比增长20.0%,首次超过2000万人次大关,成为全国民用机场2000万人次俱乐部的一员。郑州机场货邮和旅客吞吐量占河南省三大机场客货吞吐量的比重分别为99.5%和93.1%。从交通运输结构比重来看,航空客货运比重继续上升。2016年,航空货物运输量和货物周转量在全社会主要运输方式完成货物运输量和货物周转量中占比分别从2014年的0和0.03%上升到2016年的0.01%和0.04%。航空旅客运输量和旅客周转量在全社会主要运输方式完成旅客运输量和旅客周转量中占比分别从2014年的0.6%和6.3%上升到2016年的0.9%和8.5%。从地区看,国际地区业务取得突破性进展。2016年郑州机场完成国际地区货邮吞吐量27.5万吨,同比增长20.9%,占总货邮吞吐量的60.2%。完成国际地区旅客量126.6万人次,同比增长5.7%。在航线开辟上,先后开通了郑州至迪拜、新加坡、温哥华的国际定期航线以及至罗马的包机航线。

(三)存在的主要问题

2016年,河南交通运输取得了显著成绩,但仍存在一些问题。

1. 四种运输方式的结构有待进一步优化

2016年,铁路、公路、水路、航空客货运输周转量之比为23.02∶65.72∶11.22∶0.04,整体来看,河南交通运输周转量过分倚重公路,铁路运输占比不高,航空运输和水运占比偏低。公路旅客运输量在全社会总运输中所占份额达到87.0%,公路旅客运输增速下降导致全省旅客运输形势走势偏弱。

2. 铁路运输仍处于恢复性增长过程中

近年来,河南铁路运输客货运周转量呈现负增长,对国民经济增长拉动作用不强,2016年2月以来,铁路货物周转量增速由负转正并保持持续增长态势,对国民经济拉动作用逐步增强。从长远来看,铁路运输仍处于恢复性增长过程中,要密切关注其动向。

3. 公路旅客运输量持续下降

从月度数据变化趋势来看，河南省公路旅客运输持续下降，自2016年4月以来一直是负增长，降幅进一步扩大。公路旅客运输量持续下降影响因素较多，一是私家车数量增长迅猛，网络拼车、网络约车快速发展，使营业性公路客运受到挤压；二是随着铁路客车和航空航线的逐步开通及频次增加，对公路客运尤其是长途客运分流严重；三是外出打工人员减少，越来越多的人选择就近择业，使公路客运受到一定影响；四是由于城镇化建设速度加快，大批农村务工人员进城务工并安居，使城乡间短途客流逐渐减少，前两方面的影响是长期的、持续性的。并且，随着河南省铁路建设步伐的加快，预计今后交通运输结构将逐渐发生变化，公路客运比重将呈现逐年下降趋势。

二 2017年河南省交通运输业面临的形势和预测

2016年，习近平总书记对交通运输工作做出重要指示："'十三五'是交通运输基础设施发展、服务水平提高和转型发展的黄金时期，要抓住这一时期，加快发展，不辱使命，为实现中华民族伟大复兴"中国梦"发挥更大作用。"他还指出："'要想富，先修路'不过时，要久久为功，建设'四好农村路'。""推进供给侧结构性改革，促进物流业降本增效，交通运输大有可为。"习近平总书记对"十三五"交通运输业仍处于黄金时期的这一重大判断，对做好交通运输业各项工作具有十分重要的指导意义，是当前和今后一个时期交通运输业发展的根本遵循，2017年河南省交通运输业将迎来新的发展机遇。

一是国家出台《中原城市群发展规划》《中国（河南）自由贸易试验区总体方案》，为河南省紧扣规划、谋划项目、开展工作，积极争取国家支持提供了重大机遇。二是国家实施积极的财政政策，更加聚焦交通扶贫开发，加大对中西部铁路、普通公路等交通设施薄弱环节的支持力度，为河南省争取更大规模的中央资金缓解融资压力提供了良好环境。三是PPP模式操作逐渐简便规范，开展抵押补充贷款（PSL），为提高政府出资能力、广泛吸引民间资本、扩大交通融资规模提供了有力保障。四是深入推进供给侧改革，国际多式联运、城市停车场、"互联网＋"和便捷交通等新兴业态模式日益兴起，为交通提质转型提供了载体支撑。五是中原城市群建设、坚决打赢脱贫攻坚战等战略深入实施,需要发挥交通的先行引领、支撑服务作用,为交通建设提供了广阔的需求空间。六是省政府将进一步加大交通建设投资规模。初步测算,2017年全省综合交通投资目标为1011亿元,首次突破1000亿元大关,比2016年预计完成投资约增长30%。其中铁路417亿元,比2016年预计完成投资增加87亿元;民航15亿元;公路552亿元,其中高速公路239亿元,干线公路140亿元,农村公路155亿元,运输场站10亿元、支持系统8亿元;水运25亿元。

综上所述,随着郑万、郑合、郑太、郑济铁路以及郑州机场至登封和洛阳等一批城际铁路项目全面掀起施工高潮,全省铁路投资将大幅提升。加之抵押补充贷款(PSL)到位后省市配套资金压力有效缓解,推动普通干线公路、农村公路、水运投资规模将有大幅增加。2016年新开工的8个高速公路项目,于2017年将进入全面施工阶段,较2016年投资规模有所提升。初步预测,2017年全省将完成货物运输量22.1亿吨,货物周转量7857.0亿吨公里,同比分别增长7.6%和7.1%,增速较2016年分别提高0.5个和1个百分点;全省完成旅客运输量11.9亿人次,旅客周转量1978.0亿人公里,同比分别下降2.1%和增长6.5%,增速较2016年分别提高1.4个和2.6个百分点。

三 2017年河南省交通运输业发展主要着力点

2017年是实施"十三五"规划的关键一年,也是贯彻落实习近平总书记关于交通运输业仍处于黄金时期重大判断的重要之年。具体来讲,着力做好以下三个方面的工作。

(一)紧紧扭住发展不放松,切实转变思想观念,全力加快交通运输强省建设

加快推进交通基础设施建设,加强智慧、绿色交通建设,大力发展航空冷链物流、跨境电商物流和快递业务等高附加值新兴产业,推动航空货运持续快速良性发展。进一步扩大开放,不断拓展开放的视野,提升开放的层次,提高开放的质量,打破长期以来在重点项目建设中的单一区域、单一项目、单一模式的做法,借鉴重庆等地高速公路建设经验,吸引大型企业、行业龙头企业,

在交通运输投融资体制改革、基础设施建设、信息化平台建设、科技创新能力提升等方面开展深度合作，助力河南省交通运输强省建设。

（二）紧紧围绕民生谋发展，推进基本公共服务均等化

完善贫困地区交通基础设施，提升贫困地区运输服务保障能力，抓好扶贫帮扶工作。创新推进"交通＋特色产业""交通＋旅游休闲"等扶贫模式，深化联动机制，完善监管和督导机制，扎实做好定点扶贫和驻村帮扶工作。不断改善河南省"三山一滩"等贫困地区交通运输条件，加大资金投入，不断健全完善交通基础设施网络、优化运输组织、提高服务保障能力，推动交通运输基本公共服务均等化。优先发展公共交通，着力解决公交发展滞后、服务不优、换乘不便等问题，持续推进公交都市、公交示范城市创建；着力缩小城乡客运差距，持续推进城乡客运一体化发展，不断增强人民群众获得感。

（三）紧紧抓住行业转型发展，加快推进供给侧结构性改革

着力在补短板上狠下功夫，既要补发展短板也要补制度短板。本着扩大增量、优化存量的原则，补齐交通基础设施短板，提高网络化水平和运行效率。着力在降成本上狠下功夫，通过完善设施网络，扶持龙头企业，出台支持政策，推动运输资源高效整合和优化配置。着力在提升交通运输服务供给品质上狠下功夫，促进"互联网＋"交通运输发展，构建高品质、个性化、多样化客运服务新体系；大力发展多式联运，推进货车提档升级，促进交通与物流融合发展。把创新作为满足需求、提高质量的重要动力。以信息化、智能化为支撑，加快改造提升传统产业，驱动交通运输现代化，推进行业转型发展。

B.12
2016~2017年河南省房地产发展形势分析与展望

顾俊龙　秦洪娟　朱丽玲*

摘　要： 2015年底，中央经济工作会议将去库存作为2016年经济工作和供给侧结构性改革的重点任务，河南全省和各地市在国家利好政策基础上分城施策，为房地产业发展营造了比较宽松的市场环境。本文从开发、销售、资金、土地供应等方面系统总结了河南2016年房地产开发运行状况，分析了运行中存在的问题和原因，对2017年房地产开发市场走势做出基本判断，并对保持河南房地产业的稳定健康发展提出了政策建议。

关键词： 河南省　房地产开发　形势分析

2016年，全省上下认真贯彻中央"化解房地产库存"的任务要求，在国家利好政策基础上因地施策，房地产市场自年初即出现转好迹象。全年市场持续上扬，开发投资增速逐月攀升，施工规模稳步扩大，商品房销售保持超30%的高速增长，住宅待售面积有效减少，供给、需求、去库存和未来预期四个方面都呈现向好态势，为全省经济平稳健康发展发挥了重要作用。

---

* 顾俊龙，博士，河南省统计局固定资产投资处处长；秦洪娟，河南省统计局固定资产投资处，正处级调研员；朱丽玲，硕士，河南省统计局固定资产投资处主任科员。

一 2016年房地产开发市场主要亮点

(一) 开发规模快速扩大, 供给向好

1. 开发投资增速逐月攀升

2016年,全省房地产开发投资6179.13亿元,同比增长28.2%,增速比上年提高18.1个百分点。2016年,全省商品房销售迅速升温,房地产开发企业投资信心恢复,开发进度加快,全省房地产开发投资增速由年初的12.2%逐月攀升至28.2%(见图1),对全省固定资产投资的贡献也显著提高。房地产开发投资占全省固定资产投资的比重为15.5%,贡献率达28.3%,比2015年提高17.3个百分点,拉动固定资产投资增长3.9个百分点,是全省固定资产投资稳定增长的中坚力量。

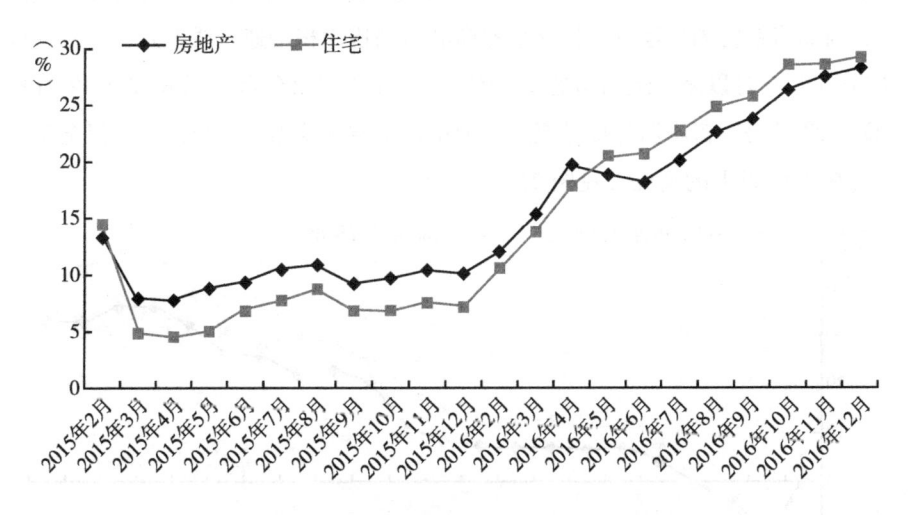

图1 2015年和2016年河南房地产开发投资增长速度

2. 新开工规模高位增长

2016年以来,市场销售和预期转好,项目开工和施工进度加快,房屋新开工面积高位增长。2016年全省房屋新开工面积达14669.72万平方米,同比增长33.7%。其中,住宅新开工面积10954.03万平方米,同比增长30.8%,

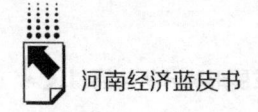

占房屋新开工面积的比重为74.7%。

2016年,全省房屋施工面积47359.55万平方米,同比增长15.5%。其中,住宅施工面积35579.02万平方米,增长14.0%,占房屋施工面积的比重为75.1%。

(二)销售面积超1亿平方米,需求向好

2016年,全省商品房销售交易活跃,商品房销售面积达11306.27万平方米,同比增长32.1%,增速比2015年加快23.5个百分点。与2015年的"降至冰点,波动回升"走势相比,2016年商品房销售面积增幅呈现"一季度明显加快,二季度波动提升,三季度直线上升,四季度小幅回落"的态势,全年总体保持高速增长。受国家和省市出台的去库存政策以及春节前后开发商优惠措施刺激,年初市场需求即快速释放,增速由2015年的8.6%跃至2016年一季度的20.7%。从2016年7月开始,省会城市郑州商品房交易出现过热苗头,商品房销售高位运行,拉动全省商品房销售面积增速直线上升,前三季度达2013年6月以来的最高增速36.2%。10月郑州出台调控新政并在12月份加码,商品房销售降温并传导至周边地市,全省增速出现小幅回落,但全年仍保持在30%以上的高位(见图2)。

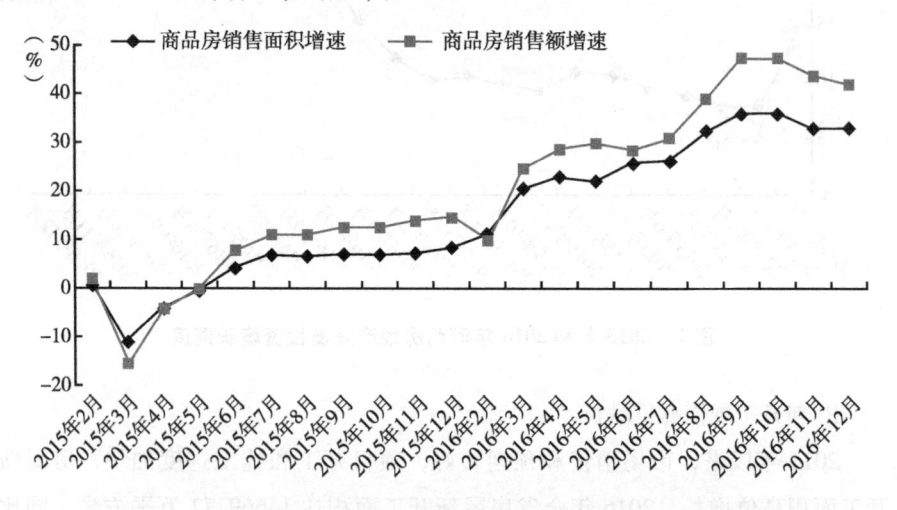

图2 2015年和2016年河南商品房销售面积与销售额增速走势

从房屋类型来看，商品住宅销售面积增速高于非住宅类商品房销售面积增速。2016年，商品住宅销售面积为10137.13万平方米，同比增长32.6%，占商品房销售面积的比重为89.7%；非住宅类商品房销售面积为1169.14万平方米，同比增长28.4%，占商品房销售面积的比重为10.3%。

2016年，全省商品房销售额5612.90亿元，同比增长42.3%，增速比2015年加快27.6个百分点。其中，商品住宅销售额为4839.03亿元，同比增长46.6%，占商品房销售额的比重为86.2%，同比提高2.6个百分点。非住宅类商品房销售额为773.87亿元，同比增长19.9%，占商品房销售额的比重为13.8%。

（三）待售面积同比减少超200万平方米，去库存成效显著

2016年末，全省商品房待售面积3395.26万平方米，比2015年末减少211.57万平方米。其中，住宅待售面积2530.41万平方米，比2015年末减少237.85万平方米，扩大住房消费的各项措施成效显著。但办公楼、商业营业用房待售面积仍呈增长态势，办公楼待售面积99.42万平方米，增加9.02万平方米，商业营业用房待售面积605.31万平方米，增加41.45万平方米。

（四）资金趋好、土地购置面积两位数增长，未来预期向好

1. 到位资金增速超过完成投资增速

2016年，全省房地产开发企业实际到位资金6558.25亿元，同比增长29.2%（见图3），增速比2015年提高20.9个百分点。稳健略偏宽松的货币政策和不断升温的商品房销售形势，改变了持续两年之久的开发企业到位资金增速低于开发投资增速的情况，全年到位资金增速比开发投资增速高出1.0个百分点。

分类型看，国内贷款和其他资金中的个人按揭贷款增长较快，但自筹依然是企业资金来源的主渠道。2016年，全省房地产开发企业自筹资金3671.81亿元，同比增长24.2%，占比为56.0%；国内贷款698.56亿元，同比增长46.9%，占比为10.7%；其他资金2186.12亿元，同比增长33.2%，占比为33.3%。其他资金中，个人按揭贷款809.36亿元，同比增长41.5%，占比为12.3%。

2. 土地购置面积两位数增长，成交价款飙升

2016年，外地开发企业纷纷入豫进郑，郑州土地市场活跃，地王频出，全省持续下降三年的土地购置逐渐好转，1~8月实现同比正增长后，土地购

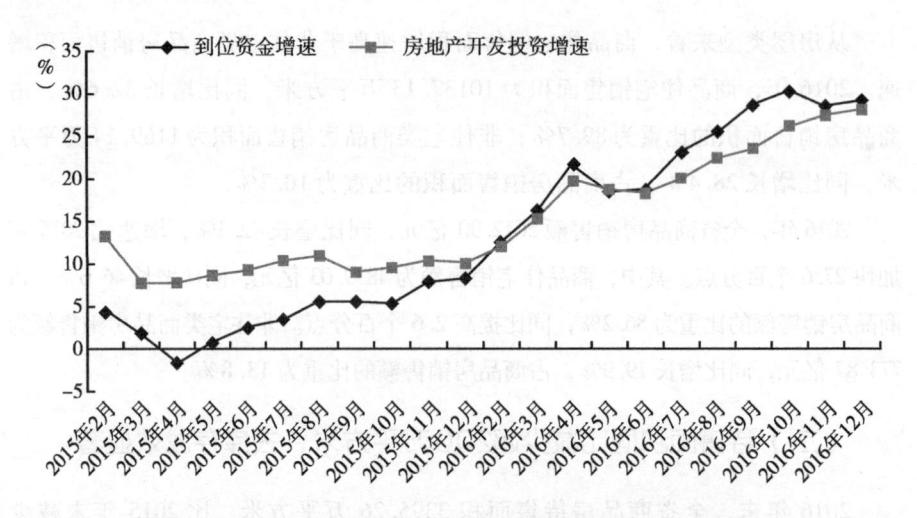

图3 2015年以来河南企业到位资金和房地产开发投资增速对比

置面积保持两位数增长。2016年,全省房地产开发企业土地购置面积达1108.04万平方米,同比增长16.5%;土地成交价款达453.46亿元,同比增长128.8%。土地购置面积增长,全省房地产市场未来预期向好。

二 当前房地产开发市场需关注的问题

(一)防风险和去库存压力并存

2015年底,中央经济工作会议提出"化解房地产库存",降准降息、降低首付比例、降低二手房交易税费等一系列针对房地产去库存的"组合拳"出台,为房地产业发展营造了比较宽松的市场环境,全国楼市迅速从低迷中走出。但值得关注的是,一线城市、部分热点二线城市量价齐升,而多数深陷去库存困境的三、四线城市,库存消化有限。河南省内情况与全国基本一致。郑州作为全省省会城市和经济文化中心,人口吸附能力强、人口结构年轻化,房地产需求一贯旺盛。2016年上半年,上海、深圳等一线城市限购政策收紧后,部分投资需求外溢郑州,加之城中村拆迁带来的需求释放和地王频出造成的心理影响,从7月开始郑州楼市交易火爆,商品房销售量价均领跑全国,甚至出现群众恐慌性购房现象。根据住建部热点城市房地产工作部署会议精神,郑州于9月和10月出台土地供应限购、限贷等调控政策并在12月扩大限购范围，全年商品房销售面积增速较前三季度有所回落，但仍高达50.6%，待售面积348.98万平方米，去库存周期仅1.5个月。因此，防止楼市过热、房价暴涨风险，是郑州需要密切关注的重要问题。

与此相对的是，部分地市去库存情况不尽如人意。平顶山、安阳、南阳、商丘、周口和驻马店6个省辖市待售面积较2015年有所增加。平顶山、信阳、周口、驻马店、济源5个省辖市去库存周期超过6个月（见表1）。河南作为农业大省，大部分省辖市为三、四线城市，劳务人口流出多，住房有效需求不足，当前待售库存偏大，去库存压力并未得到有效缓解。

表1 全省及省辖市待售面积和去库存周期情况

单位：万平方米，月

地区	待售面积	待售面积与2015年底相比	2016年底去库存周期	2015年底去库存周期
河南省	3395.26	-211.57	3.6	5.1
郑州市	348.98	-128.63	1.5	3.0
开封市	116.93	-5.66	3.4	4.4
洛阳市	125.81	-138.84	2.0	4.6
平顶山市	171.68	29.59	6.8	7.8
安阳市	139.92	8.48	2.4	2.8
鹤壁市	35.16	-15.46	2.2	3.4
新乡市	264.07	-15.40	4.3	6.8
焦作市	79.49	-34.84	3.4	7.0
濮阳市	88.84	-9.26	2.7	4.2
许昌市	91.17	-11.22	2.1	3.1
漯河市	32.87	-21.00	2.8	6.3
三门峡市	72.79	-15.03	4.1	6.6
南阳市	240.25	59.25	4.4	4.5
商丘市	431.10	5.52	5.5	7.2
信阳市	376.11	-25.97	6.2	7.8
周口市	267.61	77.62	7.0	5.7
驻马店市	482.84	32.36	6.3	6.8
济源市	29.64	-3.08	6.2	7.9

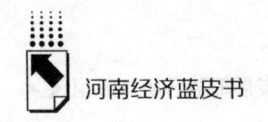

（二）非住宅类待售面积居高不下

2016年末，全省商品房待售面积比2015年末减少211.57万平方米，但以办公楼、商业营业用房为主的非住宅类待售面积不降反增，办公楼待售面积增加9.02万平方米，商业营业用房待售面积增加41.45万平方米，去库存周期分别为6.9个月和8.9个月，远高于住宅的3.0个月。当前宏观经济进入深度调整期，办公楼、商业营业用房热销动力不足；电商业务的不断发展，在一定程度上也对实体商业带来冲击，两者共同加剧了办公楼、商业营业用房的库存压力。

（三）房地产开发投资后期走势需关注

房地产开发投资增速分化明显，在18个省辖市中，新乡（42.1%）、平顶山（39.7%）、郑州（38.9%）和濮阳（30.5%）4个市增速超过全省平均水平，其他14个省辖市增速低于全省。在低于全省增速的14个省辖市中，漯河（26.4%）、开封（25.9%）、安阳（25.1%）和信阳（22.6%）4个市增速超过20%，其他10个市增速低于20%，济源甚至出现负增长。郑州、平顶山、新乡、濮阳对全省房地产开发投资增长的贡献率达70.5%，共拉动全省房地产开发投资增长19.9个百分点，比2015年多拉动15.4个百分点。尤其是郑州，以其高占比、高增速拉动全省房地产开发投资增长16.2个百分点，是全省房地产开发投资得以快速增长的重要因素。

从投资构成看，土地购置费飙升。2016年，房地产开发投资中建筑工程投资4901.37亿元，同比增长20.3%，占全部房地产开发投资比重的79.3%，比上年下降5.2个百分点；土地购置费681.51亿元，同比增长87.9%，占全部房地产开发投资比重的11.0%，比上年提高3.5个百分点。全省土地购置费的增长，主要靠郑州拉动。2016年，郑州土地交易火爆，土地成交单价和价款纪录不断被刷新，土地购置费大幅增长，2016年郑州土地购置费达498.79亿元，同比增长307.2%。

全省房地产开发投资的快速增长，从地区看依靠少数地市的拉动；从构成来看，依靠高额土地购置费的增长。因此对房地产开发投资增速从长期看能否持续，需要密切关注。

三 2017年河南房地产市场形势展望及建议

2017年是党的十九大召开之年，也是实施"十三五"的重要一年。全省经济运行总体平稳、稳中有进，结构调整、动力转换持续推进，城镇化进程进一步加快，为房地产市场平稳健康发展奠定了良好的环境基础。中原城市群获"国家定位"，周边开封、新乡、焦作、许昌等市和郑州之间基础设施的互联互通，必将带来新的楼市增长点。但受郑州调控政策和部分地区去库存压力不减影响，2016年楼市高速增长的局面将难以延续。初步判断，2017年全省房地产开发投资、商品房销售面积增速都将有所回落，但仍将保持平稳较快增长，为全省经济发展贡献出重要力量。

当前和今后一个时期，河南应严格按照中央经济会议要求，坚持"房子是用来住的、不是用来炒的"的定位，在郑州市场降温防风险与全省降库存的双重选择中，找到政策结合点，区别对待，分类施策；综合运用金融、土地、财税、投资、立法等手段，加快研究建立符合国情、适应市场规律的基础性制度和长效机制，确保房地产市场的平稳健康发展。

（一）加快政策落实

对于库存大、去库存周期长的地区，应落实好税收、首付比、公积金、按揭贷款利率、政府补贴、农民进城购房政策、货币化安置等各项促消费政策，精准对接需求人群；引导控制商品房用地供应和项目开工建设节奏，避免产生新的、大面积的库存。对于郑州，应贯彻落实限购限贷的最新政策，加强郑州市房地产市场监测，确保房地产市场平稳健康持续发展，避免市场的大起大落。

（二）引导非住宅类地产调存量、控增量

调存量，要结合非住宅类待售面积分布区域以及待售原因，积极研究推进其用途转化。一是鼓励和引导滞销用房向社区养老、医疗、租赁等新兴业态转化，还可研究改造为商用公寓型住房（规划用途为商业用房，实际用途为住宅），利用其无购买限制的优势加快存量的消化。二是研究规模专业化租赁模

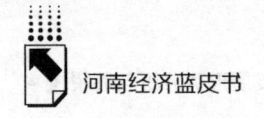

式，改出售为出租。控增量，要围绕总量和区域分布适当压缩乃至暂停新增商服用地供应规模，控制非住宅类地产的增量，并优化区域布局。

（三）舆论引导两端发力

一方面对房地产开发商要加强监管，引导合理开发、有序开发，防止采取过分宣传、哄抬价格，制造人为抢购和非理性过度投机，造成市场混乱和虚假繁荣；另一方面要积极引导住房消费，鼓励自住性和改善性住房需求。建立健全新建商品房、存量房、二手房及出租房交易网上备案制度，形成涵盖售前、售中、售后三个环节的房地产市场监管服务体系，为政府监测和保障房地产市场稳定运行提供保障。

B.13
2016~2017年河南省承接产业转移形势分析与展望

任秀苹*

摘　要： 2016年，河南省主动适应经济发展新常态，持续实施开放带动主战略，把开放招商、承接产业转移作为推动产业转型、促进经济结构调整的重要途径，不断深化国内外经济合作，积极承接产业转移，承接产业转移的规模不断扩大，质量不断提升，为全省经济发展提供了有效支撑。2017年国内外经济环境依然复杂多变，河南省承接产业转移的机遇与挑战并存，但仍处于大有可为的战略机遇期。

关键词： 河南省　产业转移

一　2016年河南省承接产业转移的特点

2016年，河南省主动适应经济发展新常态，持续实施开放带动主战略，把开放招商、承接产业转移作为推动产业转型，促进经济结构调整的重要途径，积极承接产业转移，承接产业转移的规模不断扩大，质量不断提升，为全省经济发展提供了有效支撑。

（一）承接产业转移规模稳中有进

2016年1~11月，河南省新批外资企业182家，同比减少24.5%；实际

---

* 任秀苹，河南省商业经济研究所经济师。

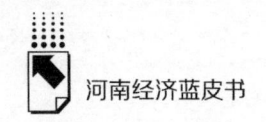

利用外资154.2亿美元,同比增长10.8%,增速高出全国平均水平6.9个百分点,增速较上年同期提高9.1个百分点;新增省外资金项目4590个,同比增长9.8%;省外资金实际到位额7741亿元,同比增长7.4%,增速较上年同期下降1个百分点。

(二)承接产业资金来源地集中

从境外资金来看,2015年1~11月,全省实际利用外资主要来源于中国香港、新加坡和中国台湾等地,其占比达到84.1%。其中,香港87.1亿美元,占全省实际利用外资总额的56.5%;新加坡、中国台湾和英属维尔京群岛分别是10.6亿美元、8.5亿美元和8亿美元,占比分别为6.9%、5.5%和5.2%,美国、英国和意大利分别是6.8亿美元、5.6亿美元和3.1亿美元,占比分别为4.4%、3.6%和2%。"一带一路"沿线国家在河南省投资10个项目,实际到位资金额14亿美元(占全省的9.1%),同比增长159%,增长迅速。

从省外资金来看,2015年1~11月,全省承接京、粤、苏、浙、沪、鲁6省份产业转移资金4981.8亿元,占比达到64.4%,与上年持平。北京企业在豫投资超过1200亿元,同比增长22.3%,规模与增幅均居外省份首位,豫京合作成效显现。

(三)承接产业结构不断优化

2016年,河南省深入推进供给侧结构性改革,积极落实"三去一降一补"的五大任务,在承接产业转移中提升结构,在承接产业转移中促进转型。从境外资金来看,2015年1~11月,第二、第三、第一产业占境外资金的比重分别为80.0%、18.9%和1.1%;其中信息传输及计算机服务、金融业、租赁及商业服务吸收境外资金同比增长分别达到360%、250%和210%;制造业吸收境外资金同比增长3.7%。

从省外资金来看,2015年1~11月,第二、第三、第一产业占省外资金的比重分别为48.6%、45.3%和6.1%,分别较上年提高了-0.6个、0.3个和0.3个百分点;其中电力、燃气、水务同比增长40.4%,居民服务同比增长16.5%。

（四）产业集群效应凸显

2016年，河南省转变招商思路，创新招商模式，以培育产业集群为主攻方向，推进专业化集群招商模式，突破产业链延伸关键环节，完善基础配套条件，实现潜在优势向产业集群优势转化，培育壮大产业集群，形成了郑州航空港区智能终端产业集群、洛阳现代装备制造产业集群、郑州高端装备制造产业集群等一批千亿元级产业集群以及民权制冷、临颍食品、清丰家具等一批优势特色产业集群。产业集聚区仍是承接产业转移的主阵地，实际利用外资和实际到位的省外资金均占全省的近60%。

（五）承接产业转移规模效应凸显

2016年，河南省在招商引资和承接产业中注重招大引强，积极引进主业突出、创新能力强、带动效应大的龙头企业，引资项目规模日益扩大，富士康（台湾）、大地集团、恒裕实业、华润电力、伟光实业、华耀城集团、中城建等大企业纷纷来豫投资。2016年1~11月，河南省新批投资额超1000万美元的外资企业达到105个，占新批项目数近60%；主要集中于电子信息、新能源、仓储物流、融资租赁和文化产业等领域。内资大项目主要集中在商贸物流、园区及城市综合体等领域。

（六）承接区域不断分化

2016年1~11月，郑州、洛阳、新乡、三门峡和鹤壁5市实际利用外资占全省的57.3%，郑州、洛阳、商丘、安阳、新乡和焦作6市实际利用省外资金占比49%，承接产业转移项目多；临颍、遂平、孟州等对外开放重点县（市、区）实际利用外资额高速增长，但长葛、滑县、西峡等对外开放重点县（市、区）实际利用外资下降严重；国家级开发区中，南阳、新乡等地高新区实际利用外资额下降幅度较大。

二 2017年河南省承接产业转移面临的形势

2017年，国内外经济环境依然复杂多变，全球经济处于深度调整期，总

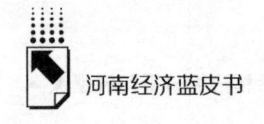

体增速缓慢,国际产业分工格局正在重塑,河南省承接国内外产业转移的机遇与挑战并存,但仍处于大有可为的战略机遇期。

(一)挑战

1. 世界经济贸易持续低迷

2016年全球经济增长低于普遍预期,按市场汇率计算约为2.4%,世界经济增长率比2015年下降0.1个百分点。经济增速持续放缓,国际金融市场脆弱性进一步加大,国际贸易更加低迷,国际直接投资活动回落。2011~2015年跨境资本流量占全球经济总量的5.4%,远低于金融危机前2007年20.5%的水平。联合国贸发会议预计,2016年上半年全球外商直接投资(FDI)流入额下降5%,预计2016年将下降10%~15%。世界贸易组织(WTO)统计数据显示,2016年全球贸易量增长1.7%,贸易增速连续第五年低于世界经济增速,进一步加大了去全球化和贸易保护的风险。虽然国际货币基金组织预计2017年世界经济增长率为2.8%,高出2016年0.4个百分点,但全球市场需求低迷、劳动生产率增长乏力,逆全球化趋势日益明显。英国脱欧、美国政府换届的影响,欧洲难民危机、中东局势等地缘政治冲突等使得全球经济面临更加复杂的风险和挑战。

2. 国内经济下行压力依然较大

当前,中国经济正处于探底阶段,经济增速从2007年的14.2%跌至2016年的6.7%。受传统产能过剩、市场准入限制较多、贷款难贷款贵、投资回报率不高等因素影响,民间投资意愿不强,开始寻求海外投资机会。国家统计局数据显示,2016年1~11月,全国固定资产投资(不包含农户)同比增长8.3%,民间固定资产投资331067亿元,同比仅增长3.1%。2017年,受世界经济复苏缓慢、我国增长周期调整、民间投资意愿不强、产能过剩依然严重、新旧动能转化尚需时日、经济内生动力有待增强等多重因素影响,全国经济下行压力依然较大。

3. 承接产业转移面临国内外双重竞争压力

当前,国际分工格局深刻调整,河南省承接产业转移面临发达国家高端产业回流和再工业化、发展中国家劳动密集型产业的替代效应凸显带来的外部压力和国内省域之间激烈竞争的内部压力。近年来,随着人工、能源、土地等要素成本不断高企,智能化生产技术加快推进,国际贸易投资秩序重构,中国制造业成本优势不再明显,中国制造业的国际区位吸引力下降。美国波士顿咨询集团(BCG)2015年《全球制造业的经济大挪移》报告显示,中国与美国制造成本已经相差无几。同时,印度、泰国等东南亚和非洲发展中国家凭借劳动力成本低廉及资源优势对中国的劳动密集型产业形成了很强的替代效应。据瑞士信贷银行推算,2016年中国对东盟主要六国的外商直接投资(FDI)额将达到160亿美元左右。其中,面向泰国和马来西亚的外商直接投资(FDI)额的30%和20%来自中国。

(二)机遇

1. 国家战略规划叠加效应增强

2016年,中国(郑州)跨境电子商务综合试验区、郑洛新国家自主创新示范区、中国(河南)自由贸易试验区和国家(河南)大数据综合试验区、中原城市群发展规划等国家战略相继获批,加上之前的国家粮食生产核心区、中原经济区和郑州航空港经济综合实验区三大国家战略规划,河南省的战略先导优势日益凸显,国家战略叠加效应持续增强,河南在全国发展大局中的地位持续提升,为河南承接产业转移带来新的机遇。

2. 河南经济社会发展持续向好

当前,河南省正处在由经济大省向经济强省跨越发展的关键时期,信息化、工业化、城镇化和农业现代化快速发展,经济增长速度连续多年高出全国1.5个百分点左右,产业结构和消费结构不断升级,经济发展质量和效益持续提升。2017年,随着供给侧结构性改革进一步深化,投融资体制、价格等重点领域改革向纵深推进,将释放更多的改革红利,激发经济发展活力和动力,河南省经济长期向好的基本面不会改变。

3. 综合竞争优势进一步凸显

产业集聚区、服务业"两区"、国家级开发区、国家级出口基地、服务外包示范园区、郑州航空港经济综合实验区等承接载体的产业支撑和配套功能不断完善;郑州机场、国际陆港、出口加工区、郑州综合保税区和河南保税物流中心等扩区建设及功能拓展快速推进,郑州肉类、汽车、进境果蔬等口岸建成投用;航空网络、"米"字形高速铁路网和公路网促使现代综合交通体系加速

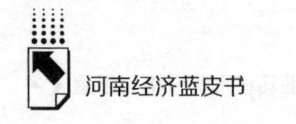

形成，强化了河南的区位优势，交通和物流优势不断提升；全省完整的工业体系，产业集群优势不断彰显；全省1亿多人口带来的市场需求规模巨大。

三 2017年对策

2017年，全球经济将缓慢复苏，国际分工格局深度调整。全球产业转移速度虽然有所放缓，但河南承接产业转移仍大有可为。

（一）准确把握国内外产业转移新趋势

加强宏观政策研究，准确把握国内外产业发展趋势、转移态势，精确捕捉有效信息。健全产业招商信息库，及时更新、发布信息，抢抓产业转移先机。重视经济新常态背景下产业关联与集群合作模式的新变化，关注产业集群的发展方向。

（二）提升承接产业转移水平

加快招商"引资"向招商"选资"的转变。协调产业政策与招商政策，把承接产业与调整产业结构、促进产业转型升级结合起来，引进战略性新兴产业、高成长性服务业，改造提升传统产业。聚焦产业发展新方向，关注智能机器人、3D打印和新型显示等新技术模式，卫星导航、智慧医疗等制造业服务业相融合的新业态，互联网金融、云计算和大数据等跨界融合服务新形态，引进与新技术趋势及市场需求相适应的高增长行业。

（三）创新招商模式

推动"政策招商"向"产业招商"的转变，把产业集群招商作为主攻方向。由突出精准招商，加强与投资咨询公司、龙头企业、行业协会等的合作。以产业集群为主要载体，开展专题性推介，实现企业集群式引进，提高承接产业转移的实效性。探索"走出去"与"引进来"相结合的招商模式，支持水泥等过剩产能企业"走出去"，带动上下游企业集聚。充分发挥行业协会的纽带作用，开展委托招商；坚持引资与引智、引技相结合，着力推动科技合作与协同创新；继续完善以商招商、驻地招商等方式。

（四）深化国内外区域经济合作

积极融入"一带一路"建设。加强与"一带一路"沿线国家和地区的经贸合作和人文交流，加强产业对接协作，打造一批人文交流平台，提升河南辐射带动作用。继续深化与沿海发达省份的经贸合作交流，宣传河南省情，推介河南名优产业。借助上海食品博览会等国内知名活动平台，加强与京津冀、长三角、珠三角、环渤海等地区的合作交流；加强与中原城市群省份的合作交流，加强省际产业分工与协作，推进战略性新兴产业、旅游等领域的对接合作，提高中部地区产业综合竞争力。积极探索异地共建产业园区。提升中国（河南）国际投资贸易洽谈会影响力，着力打造河南经贸招商品牌。

（五）优化发展环境

加强外来客商投诉平台建设，保护外来投资者合法权益。加快推进投资贸易便利化改革，贯彻落实行政审批、商事制度、市场准入等改革措施，对接国际经贸新规则，营造国际化、效率高、诚信佳、服务优的投资环境。打造宜居宜业的发展环境和人居环境，积极吸引国际高端人才到豫投资创业。继续积极复制推广上海等自贸区的经验做法。加快河南自贸区建设，以制度创新和模式创新为核心任务，把自贸试验区打造成全方位深化改革引领区、高水准实践经贸规则试验区和多领域扩大内陆开放先行区。

参考文献

陈锐：《"雁形阵列"的破阵与东亚产业转移趋势展望》，《区域经济评论》2014年第3期。

任俊英：《新常态下河南省加快承接产业转移的对策建议》，《河南工程学院学报》2015年第12期。

曲玥：《区域发展差异与劳动密集型产业转移》，《西部论坛》2015年第1期。

B.14
2016~2017年河南省
能源形势分析与展望

常冬梅 陈向真 张 旭 刘金娜*

摘 要： 2016年河南省传统能源生产持续低迷，新能源产量快速增长，全省节能降耗形势继续向好，规模以上工业单位工业增加值能耗下降10.98%，预计全年单位生产总值能耗下降7.5%左右，超额完成全年单位生产总值能耗下降3.5%的节能降耗目标，实现"十三五"良好开局。

关键词： 河南 能源 节能降耗

2016年是"十三五"开局之年，是能源结构调整、供需新格局形成的关键一年，也是煤炭、钢铁等行业供给侧结构性改革进一步深入的一年。受去产能、去库存等供给侧结构性改革影响，全省传统能源生产依旧低迷，新能源产量快速增长。节能降耗形势继续向好，六大高载能行业能耗持续负增长，带动全省规模以上工业综合能源消费量下降，全省规模以上工业单位工业增加值能耗下降10.98%，预计全年单位生产总值能耗下降7.5%左右，超额完成年度目标，实现"十三五"良好开局。

一 煤炭等传统能源生产下滑，新能源生产快速增长

2016年，在煤炭行业去产能、专项治理及安全限产等政策影响下，全省

---

* 常冬梅，河南省统计局能源统计处处长；陈向真，河南省统计局能源统计处副处长；张旭，河南省统计局能源统计处副主任科员；刘金娜，河南省统计局能源统计处副主任科员。

一次能源生产总量呈下降态势，全年生产量为9129.50万吨标准煤，同比下降12.8%；电力、焦炭等二次能源产量小幅下降，但总体好于一次能源生产；新能源异军突起，新能源发电增速远高于全部发电增速。

（一）煤炭去产能效果明显

2016年，在煤炭行业去产能效果的直接影响下，河南省原煤产量大幅缩减，累计产量11905.26万吨，同比下降12.1%，降幅较2015年扩大4.1个百分点（见图1）；洗精煤（用于炼焦）产量5642.50万吨，同比增长2.8%；其他洗煤产量3040.64万吨，同比下降7.3%。

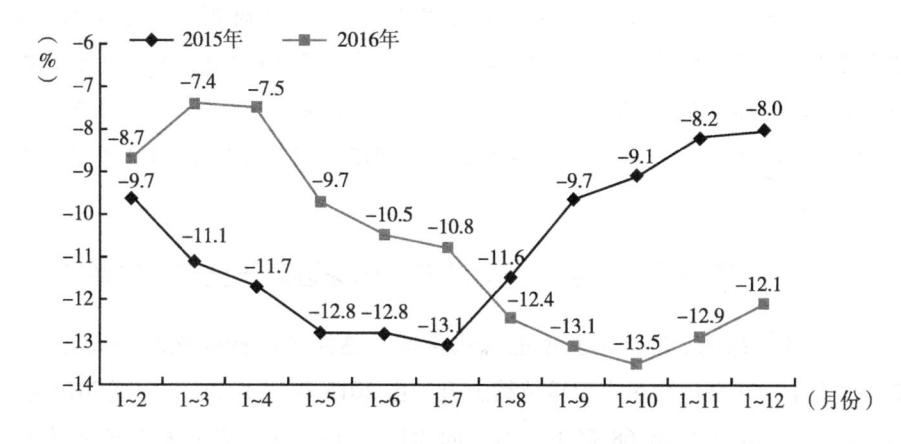

图1 2015年和2016年全省规模以上工业企业原煤产量增速

随着煤炭供给侧结构改革工作力度加大，煤炭价格回暖上涨，原煤销售快速下降局面得到抑制，洗煤销售形势向好，企业库存压力减小。2016年原煤销售量为9369.45万吨，产销率为78.7%，较2015年下降3.0个百分点；原煤生产企业库存458.96万吨，同比下降11.9%。洗精煤（用于炼焦）销售量同比增长4.9%，产销率96.5%；库存77.07万吨，同比增长15.4%。其他洗煤销售量同比下降27.1%，产销率97.5%；库存44.30万吨，同比增长2.1%。

（二）发电量增速略有下降

2016年，全省电力生产增速略有下降，发电量为2622.50亿千瓦时，同比

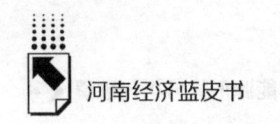

下降0.1%，较2015年收窄1.3个百分点。受夏季高温少雨，上游来水量减少影响，全省火力发电量增加、水力发电量减少，其中火力发电量为2516.20亿千瓦时，同比增长0.4%；水力发电量为88.57亿千瓦时，同比下降16.1%。

（三）焦炭等其他主要传统能源产量下降

2016年，受环保治理力度加大、钢铁行业需求下降及去产能等多重因素影响，全省焦炭产量小幅下降，累计产量2919.89万吨，同比下降0.9%；销售形势略有好转，产销率89.9%，较2015年上升0.4个百分点；企业库存持续低位，年末库存为48.44万吨，同比下降7.9%。

受资源禀赋、开采成本等影响，原油和天然气产量下降幅度较为明显，原油产量315.74万吨，同比下降23.4%；天然气产量3.30亿立方米，同比下降23.6%。原油和天然气销售下降幅度低于产量降幅，分别下降了42.3%和25.7%；产销率分别为73.6%和64.5%，较2015年分别下降了24.1个和1.6个百分点。

（四）新能源异军突起，新能源发电增速远高于全部发电增速

2016年，绿色、环保的新型能源快速增长是能源结构优化的一大亮点。新能源发电占全部电力生产比重持续上升，由2015年的1.2%上升至2016年的1.4%；发电量为38.68亿千瓦时，同比增长15.6%，高于火力发电增速15.2个百分点。其中风力发电量为14.08亿千瓦时，同比增长38.7%；太阳能发电量为3.66亿千瓦时，同比增长445.6%；垃圾焚烧发电量为4.94亿千瓦时，同比增长2.0%；生物质发电量为16.00亿千瓦时，同比下降10.1%。

其他新能源产品稳步增长，2016年煤层气产量为0.13亿立方米，同比增长0.7%，占全省天然气产量比重的4.0%；煤制天然气产量为2.36亿立方米，同比增长8.8%。

二 节能降耗形势继续向好，实现"十三五"良好开局

2016年，全省规模以上工业单位工业增加值能耗下降10.98%，预计全年单位生产总值能耗下降7.5%左右，超额完成全年单位生产总值能耗

下降3.5%的节能降耗目标，呈现"三降一升"态势，实现"十三五"良好开局。

（一）单位工业增加值能耗大幅下降

全省规模以上工业单位工业增加值能耗降幅延续了2015年以来的下降态势，2016年全省规模以上工业单位工业增加值能耗下降10.98%，降幅较上年同期收窄0.56个百分点，较一季度、上半年和前三季度分别扩大3.65个、1.82个和1.21个百分点。分行业看，40个行业大类中有35个行业单位工业增加值能耗下降，22个行业单位工业增加值能耗下降超过全省平均水平，4个行业单位工业增加值能耗下降超过20%。

（二）主要耗能产品单位能耗持续下降

2016年，全省规模以上企业继续加大产品节能改造和技术装备升级，主要耗能产品单位能耗较上年同期下降。全省主要耗能产品单位综合能耗较上年同期下降较大的有：单位电石生产综合能耗下降8.9%，单位乙烯生产综合能耗下降6.6%，单位粗铅综合能耗下降4.7%，单位合成氨生产综合能耗下降5.5%，吨水泥综合能耗下降1.7%，单位氧化铝综合能耗下降1.4%。

全省主要耗电产品单位电耗较上年同期下降较大的有：单位电石生产电力消耗下降13.0%，单位合成氨耗电下降10.3%，选煤电力单耗下降3.5%，吨水泥熟料综合电耗下降4.5%，单位纯碱耗电下降3.7%，吨钢耗电下降2.5%，吨水泥综合电耗下降2.2%，单位铝锭综合交流电耗下降0.1%。

（三）全省规模以上工业企业综合能源消费量继续下降

2016年，全省规模以上工业综合能源消费量为14396.83万吨标准煤，同比下降3.9%（见图2），降幅与上年持平，较一季度、上半年和前三季度分别扩大3.7个、2.0个和1.4个百分点，全省能源消费增速持续下滑。

1. 六大高载能行业能耗持续下降，是导致全省综合能源消费量负增长的主要原因

受煤炭、钢铁去产能及治理大气污染关停企业的影响，2016年，全省六大高载能行业综合能源消费量为12175.69万吨标准煤，同比下降3.7%，降幅

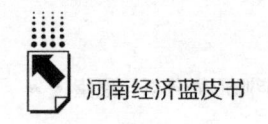

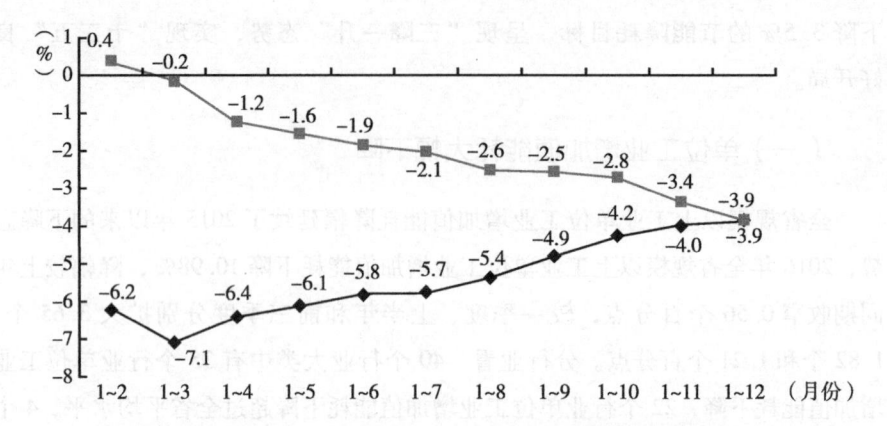

图 2 2015 年和 2016 年全省规模以上工业综合能源消费量同比增速对比

较上年扩大 0.2 个百分点，较一季度、上半年和前三季度分别扩大 4.0 个、2.4 个和 1.6 个百分点。

2016 年，全省六大高载能行业中除电力、热力生产和供应业综合能源消费同比增长 2.1%；其他高载能行业能耗继续下降，煤炭开采和洗选业、化学原料和化学制品制造业、非金属矿物制品业、黑色金属冶炼和压延加工业、有色金属冶炼和压延加工业综合能源消费同比分别下降 8.2%、0.8%、9.9%、4.6% 和 10.0%。

2. 天然气、原油、电力消费量同比增长，其他主要能源品种消费量下降

2016 年，全省天然气（气态）、液化天然气、原油和电力消费量均保持增长，同比分别增长 11.4%、69.5%、13.0% 和 1.8%。其他主要能源品种消费量出现同比下降，如原煤下降 1.6%，焦炭下降 5.5%，汽油下降 9.2%，柴油下降 16.2%（见表 1）。

表 1 2016 年全省主要能源品种消费增速情况

单位：%

时间	原煤	焦炭	天然气	液化天然气	原油	汽油	柴油	电力
一季度	0.3	-0.8	20.4	8.0	-0.2	9.3	1.3	1.1
上半年	0.1	-0.7	3.4	22.7	0.3	-10.9	-16.7	1.8
前三季度	-0.8	-0.1	5.6	47.0	0.2	-11.3	-15.8	1.7
全年	-1.6	-5.5	11.4	69.5	13.0	-9.2	-16.2	1.8

3. 全省多数地区综合能源消费下降

2016年，全省有12个省辖市综合能源消费同比下降，能耗下降面达到66.7%，分别为：驻马店下降11.6%，商丘下降8.3%，许昌下降8.2%，郑州下降8.0%，南阳下降7.6%，洛阳下降5.3%，新乡下降5.3%，漯河下降4.9%，三门峡下降4.0%，平顶山下降4.0%，安阳下降3.4%，周口下降0.3%。其余6个省辖市综合能源消费同比增长，分别为：鹤壁增长6.0%，焦作增长4.1%，濮阳增长2.9%，信阳增长1.8%，开封增长1.2%，济源增长0.8%。

全省10个省直管县（市）中有5个综合能源消费增速同比下降，分别为：汝州下降9.7%，永城下降9.0%，邓州下降6.2%，巩义下降4.5%，固始下降1.6%。其余5个直管县（市）综合能源消费量保持增长，其中长垣增速最高，同比增长20.5%。

（四）加工转换总效率提升

2016年，全省规模以上加工转换企业加工转换总效率为73.9%，较2015年提高0.7个百分点，总体效率略有提升（见表2）。

表2　2015~2016年全省规模以上工业能源加工转换效率

单位：%

指标	2015年				2016年			
	一季度	上半年	前三季度	全年	一季度	上半年	前三季度	全年
火力发电	40.6	40.3	40.3	40.2	40.9	40.3	40.2	40.4
供热	79.2	78.5	78.3	78.2	80.2	79.9	79.6	79.3
原煤入洗	94.2	93.8	93.8	93.8	94.2	94.6	94.5	94.6
炼焦	94.3	94	93.7	93.5	94.1	94.2	94.2	94.0
炼油及煤制油	98.5	98.2	98.1	98.2	98.0	99.1	99.0	98.9
制气	72.3	71.0	71.3	70.6	76.3	76.6	76.0	75.5
合计	73.4	73.7	73.4	73.2	73.2	74.2	73.7	73.9

三　2017年全年能源形势展望与政策建议

随着国家继续推进"三去一降一补"政策，预计2017年以煤炭为主的部

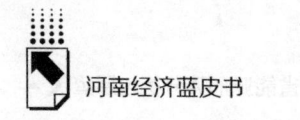

分传统能源产量仍会继续保持下降态势，以太阳能发电、风力发电为代表的新能源产量持续高速增长。考虑到振兴实体经济和新兴产业发展对全省能源消费需求的增加，以及治理大气污染与环境保护力度的加大，占全省能源消费比重较大的六大高载能行业其能源消费量不会出现大幅反弹，预计2017年全省综合能源消费将继续保持平稳运行，全省节能降耗形势依然较为乐观。

（一）继续关注"三去一降一补"等供给侧结构性改革对能源生产、消费的影响

2016年，随着供给侧结构性改革逐渐推进，市场供需出现好转，对传统能源的需求也在增加，尤其是2016年6月以来，以煤炭为代表的传统能源价格持续上涨。因此，2017年要密切关注能源市场价格、库存、供需等变动情况，及时研判市场波动对全省能源生产、消费的影响。

（二）积极推动能源改革

提高清洁能源、新能源在全省能源生产、消费中的比重。在河南省大力推进大气污染治理的同时，要着力推动能源改革，运用经济、法律、行政等手段措施，鼓励清洁能源、新能源的生产与消费，提高清洁能源在全省能源消费中的比重。

（三）改造全省传统产业，限制高耗能行业的发展

提升高成长性、高技术性行业的比重，大力发展第三产业。河南省能源消耗主要以煤炭为主，碳排放较高，环境污染较大，因此河南省要以继续改善大气质量为突破口，切实加强生态环保的节能减排措施，降低重工业和高载能行业在全省能耗中的比重，提高科技含量高、经济效益好、能源资源消耗少、生态环境损害小的行业在产业发展中的比重；也要围绕河南区位优势，紧紧抓住中原经济区、郑州航空港经济综合实验区、郑洛新国家自主创新示范区、河南省自贸区等发展机遇，大力发展跨境电子商务、商贸物流、金融、科技文化创意等第三产业的发展。

（四）继续做好重点领域节能工作，落实好节能减排目标责任考核

继续抓好钢铁、有色金属、煤炭、电力、石油石化、化工、建材等重点耗能工业企业的节能工作，大力发展节能省地型建筑，积极推进节能型综合交通运输体系建设，在公用设施、宾馆商厦、写字楼、居民住宅中推广采用高效节能办公设备、家用电器、照明产品等。同时，应认真组织开展好年度节能减排目标考核，并将考核结果向全社会公示，促进全社会继续做好节能减排工作。

B.15
2016~2017年河南省煤炭行业形势分析与展望

常冬梅 陈向真 刘金娜*

摘　要： 2016年，河南省煤炭行业化解过剩产能取得积极成效，原煤产量大幅缩减，煤炭价格回升，销售平稳，库存下降，但煤炭需求不足，行业整体经营困难问题仍然突出。本文对河南省2016年煤炭行业经济运行情况进行了分析，对2017年煤炭走势进行了初步展望，并提出了稳定煤炭行业发展的对策和建议。

关键词： 河南省　煤炭行业

受市场需求下降、煤炭工业转型升级滞后等多种因素的影响，煤炭行业出现了结构性产能过剩、价格持续下跌、企业亏损等问题。2016年，党中央国务院和河南省委、省政府进一步加大了化解过剩产能、促进煤炭行业脱困发展的工作力度，相继出台多项促进煤炭行业平稳运行和持续健康发展的相关政策措施，河南省煤炭行业经济运行状况逐步改善。

一　煤炭供给侧结构性改革措施持续发力，去产能成效显著

2016年，河南省加大煤炭供给侧结构性改革力度，严格执行煤炭行业去产能政策，共关闭矿井100对[1]，退出过剩产能2388万吨；同时加大了对落后

---

* 常冬梅，河南省统计局能源统计处处长；陈向真，河南省统计局能源统计处副处长；刘金娜，河南省统计局能源统计处副主任科员。
[1] 正规生产煤矿有一个主井筒和一个副井筒，即一对井筒。按煤矿关闭规范要求，必须将一对井筒全部封闭填实。

产能淘汰的力度，极大缓解了市场供需矛盾，煤炭企业经营状况开始好转，去产能政策取得积极成效。

（一）原煤产量大幅缩减

2016年，河南省规模以上工业企业原煤产量11905.26万吨，同比下降12.1%，降幅较2015年扩大4.1个百分点。分品种来看，无烟煤同比增速下降最快，全年产量2346.44万吨，同比下降22.0%；一般烟煤全年产量5333.36万吨，同比下降13.1%；炼焦烟煤全年产量4225.46万吨，同比下降4.1%。分地区情况看，全省14个产煤区（含直管县）有11个地区产量呈下降态势，产量居前三位的分别为平顶山、郑州和永城，其中平顶山全年产量3399.58万吨，同比下降8.1%；郑州全年产量2512.37万吨，同比下降21.7%；永城因煤质优、市场形势好，同比增长4.4%。

（二）市场销售相对平稳

2016年煤炭销量同比降幅收窄，规模以上工业企业原煤销售量为9369.45万吨，同比下降16.3%，较2015年收窄2.5个百分点；其中第四季度销售量全年最高，较第三季度环比增长15.2%。从产销率看，在煤炭供给侧结构改革下，河南省原煤产销率走势较为平稳，2016年四个季度产销率分别为78.8%、76.0%、79.7%和80.2%。

（三）库存持续走低

2016年，规模以上工业企业原煤库存1572.48万吨，同比下降7.9%，企业库存得到释放。煤炭生产企业库存压力大幅度减小，2016年较2015年下降11.9%，分月度情况看，库存连续8个月增速保持2位数负增长；煤炭消费企业库存下降4.4%，其中火力发电企业煤炭库存566.06万吨，同比减少30.08万吨，下降5.0%；煤炭经销企业库存同比下降14.4%，降幅较2015年收窄11.8个百分点。

（四）行业经营状况有好转

2016年河南煤炭行业效益得到一定改善，1~11月规模以上煤炭开采和洗

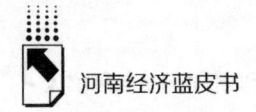

选业主营业务收入1573.53亿元，同比下降22.4%，降幅较2016年上半年收窄6.6个百分点。11月末亏损企业由2015年的44户减少到37户，亏损面减小至14.0%；2016年全行业扭亏为盈，利润总额13.25亿元，其中亏损企业亏损额46.04亿元，同比下降44.6%；货款回收情况有所好转，11月末应收账款205.55亿元，同比下降14.5%。

（五）固定资产投资持续下降

2016年，国家继续降低河南大型煤炭基地生产规模，从严控制接续煤矿，煤炭行业固定资产投资持续下滑，1~11月全省累计投资额57.94亿元，同比下降38.0%，降幅较2015年扩大6.7个百分点；其中民间投资30.86亿元，同比下降57.1%，降幅较2015年扩大38.2个百分点。

（六）价格触底反弹

2016年初，煤炭价格跌至历史最低水平，秦皇岛海运煤炭交易市场发布的环渤海动力煤价格指数（BSPI，环渤海地区发热量5500大卡动力煤的综合平均价格）收报于371元/吨，煤炭行业去产能、去库存、降成本政策效应显

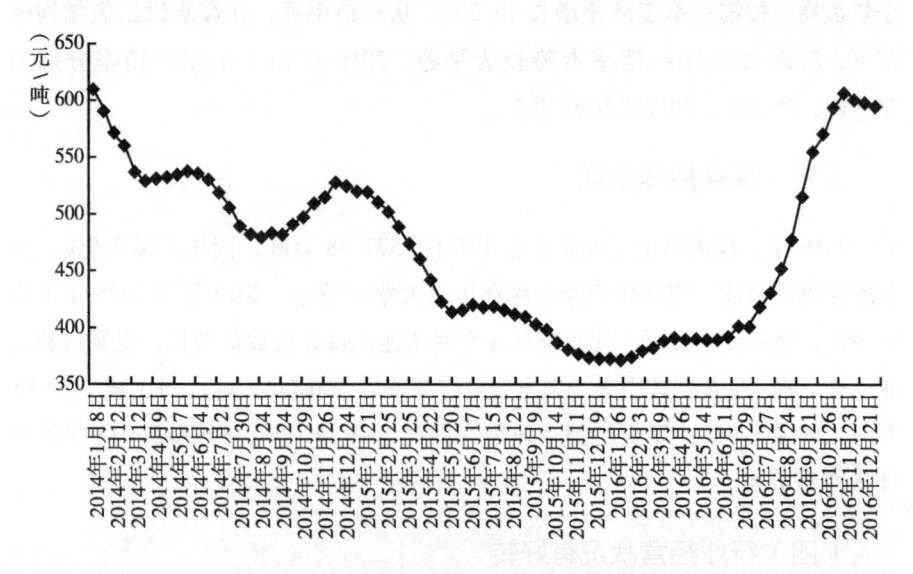

图1 2014~2016年环渤海动力煤价格指数

现,加之天气变化、自然灾害、环保督察、运价上涨等偶发因素和市场预期变化支撑了煤炭价格的快速上涨。2016年1~6月煤炭价格每吨累计上涨29元,下半年上涨速度加快达194元,至12月28日环渤海动力煤价格报收于594元,比年初上涨223元,涨幅为60.1%。电煤价格是煤炭价格变动的重要风向标,国家发改委公布的数据显示,2016年河南电煤价格及增速均略高于全国水平,11月份全国电煤价格每吨为521.66元,河南为634.95元,同比分别增长59.62%、88.08%。

二 煤炭需求不足,行业整体经营困难问题依然突出

在煤炭去产能政策的直接影响下,煤炭行业实现脱困发展取得阶段性成效,但煤炭需求不足,产能过剩矛盾依然存在,企业资金紧张、经营困难等问题依然突出。

(一)煤炭需求消费量持续走低

2016年受经济增速放缓、能源结构变化、生态环境约束等因素影响,煤炭需求量不足,全省规模以上工业企业原煤消费27249.46万吨,同比下降1.6%,煤炭消费已连续3年出现同比负增长。河南六大高载能行业中,有色金属冶炼及压延加工业、非金属矿物制品业和化学原料及化学制品制造业分别耗煤1924.88万吨、1126.16万吨和2307.80万吨,同比分别下降11.2%、17.3%和0.4%;煤炭开采和洗选业,电力、燃气及水生产和供应业,黑色金属冶炼及压延加工业耗煤量虽有部分增长,但不明显,2016年较2015年仅分别增长111.65万吨、201.68万吨和45.00万吨。

(二)煤炭企业经营状况仍较困难

2016年下半年煤价的快速上涨使全行业脱离亏损状态,但行业利润较低,与2015年相比,利润总额下降144.5%;全省264家规上煤炭生产企业的主营业务收入对全省的贡献率仍为负值,下拉行业增速0.7个百分点;多数煤炭企业处于亏损状态,应收账款高企、资金链紧张、税费负担以及历史包袱较重的状况仍然突出;此外,部分煤矿存在欠发职工工资、养老保险金以及安全生

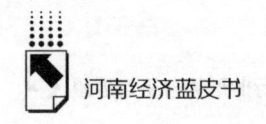

产、矿区维稳投入不足等问题。在市场外部因素与煤炭企业自身多重因素叠加影响下，煤炭企业经营状况尚未得到根本好转。

（三）煤炭行业转型升级难度较大

2016年煤炭行业出现好转主要是宏观调控政策的效果，但河南大部分煤区地质条件复杂、开采成本高、煤质较差，部分地区面临资源枯竭问题，煤炭行业自身通过结构调整、提质增效带来的增长动力依然不足；行业劳动生产率、产业集中度等指标并没有明显改善；小煤矿依然占据河南煤炭生产单位数量的主体，过剩、落后产能规模依然庞大，煤炭行业的转型升级道路较为艰难。

三 河南省煤炭形势展望及发展对策建议

在宏观经济平稳增长新常态下，预计2017年对能源需求将继续增加，但随着环境治理力度的不断加大，可再生能源和清洁能源的快速发展，对煤炭的替代将延续，煤炭需求下降态势将继续维持。从生产形势看，国家及地方将继续推进煤炭供给侧结构性改革，煤炭产量将继续保持下降态势，但2016年部分地区存在煤炭供给结构性偏紧的风险，预计2017年全国煤炭生产全年由276天放开至330天的可能性较大，煤炭产量下降幅度或将收窄。

"十三五"时期是煤炭供给侧结构性改革的攻坚期，2017年作为"十三五"规划的第二年，要继续做好以下几个方面的工作。

（一）坚定去产能不动摇

2016年12月16日落幕的中央经济工作会议明确指出，"三去一降一补"是2017年继续深化供给侧结构性改革的重要任务，去产能位列五大任务之首，因此去产能将是煤炭行业发展的主流，是供给侧结构性改革的硬任务。虽然近期煤价不断上涨，国家和地区逐步释放了部分先进产能，但去产能政策不会松动；2017~2018年河南省计划关闭158家煤矿，化解过剩产能3963万吨，对于按规定关闭退出矿井给予奖励，未按时按规关闭的要依规追究相关责任。由此可见，今后两年去产能政策力度会继续加大，必须坚定不动摇地化解过剩产能，淘汰落后产能，实现煤炭行业可持续发展。

（二）妥善安置分流人员，加大再就业帮扶力度

2016年，河南化解煤炭行业过剩产能涉及安置职工6.22万人，至年底已安置职工4.07万人；2017~2018年将会有更多的人员加入安置队伍中。政企联手，各尽其责，分别采取内部转岗、内部退养、职工安置服务中心托管及劳务输出、社会再就业、公益性岗位托底安置五种渠道，积极稳妥解决职工分流安置问题；其中加大社会再就业帮扶力度是关键，政府要提供各种政策扶持，如分年龄阶段和知识层面的职业培训、职业指导和职业介绍等，保障并提高职工生活水平。

（三）大型煤企要以此为契机升级转型，探索高效、绿色发展之路

在2016年河南省已关闭退出及2017~2018年拟关闭退出煤矿名单中有90%以上矿井隶属省属骨干煤炭企业，大型煤炭企业要以此为契机加大化解过剩产能的力度，淘汰落后产能，推进煤炭科学开采和质量提升，加强煤炭洗选和分级分质梯级综合利用；立足自身资源禀赋和能源结构，以市场为导向，坚持科技创新，实现企业转型；地方政府更要积极探索高效、绿色发展之路，推动煤炭由燃料向原料与燃料并重转变，坚持以煤炭清洁高效利用为主线，实现行业发展由生产向生产服务型转变，提升煤炭工业可持续发展能力。

（四）政府积极引导煤价理性回归

煤炭价格的大起大落不利于经济平稳发展，政府应继续推行煤电联动机制，推进煤炭与电力企业陆续签订电煤购销中长期合同；建立先进产能释放的长效机制，并适时协调铁路煤炭运量，避免煤炭供给紧张状况；进一步加强市场监测和预测预警，根据供需形势变化，在遵循市场规律的基础上，健全煤炭价格管理机制。要各项措施齐行，引导煤价理性回归，保证煤炭市场基本稳定。

（五）继续推进煤矿企业兼并重组

按照国家《煤炭工业发展"十三五"规划》要求，河南省应继续支持优

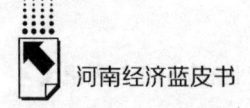

势煤炭企业兼并重组，培育大型骨干企业集团，提高产业集中度，增强市场控制力和抗风险能力；鼓励煤炭、电力、运输和煤化工等产业链上下游企业进行重组，或发展大比例交叉持股，发展煤电结合、煤运结合、煤化结合等多种合作模式，打造全产业链竞争优势，更好地发挥协同效应，实现互惠互利、风险共担。

B.16
2016~2017年河南省就业形势分析与展望

孙斌育　王玉珍*

> **摘　要：** 本报告在对2016年河南省就业形势有关数据进行深入分析的基础上形成对总体形势的判断；通过对就业产生影响和制约因素的分析，对2017年就业形势做出初步展望；同时，提出促进就业的对策和建议。
>
> **关键词：** 河南省　就业形势

2016年，河南省深入实施就业优先战略，以培育"大众创业、万众创新"为新引擎，促进创新创业带动就业，统筹推进高校毕业生等重点群体就业，全省就业形势保持稳定。城镇新增就业人数提前完成年度计划任务，城镇登记失业率保持基本稳定。但由于经济下行压力较大，河南煤炭行业"去产能"任务较重，部分行业、地区和企业就业压力依然较大。

一　2016年河南省人口就业形势总体平稳

2016年，河南省大力实施就业优先战略和更加积极的就业政策，各方面主动作为，综合施策，全省就业工作稳步推进，劳动就业形势总体保持稳定，就业结构进一步优化。

---

* 孙斌育，高级统计师，河南省统计局人口和就业处处长；王玉珍，高级统计师，河南省统计局人口和就业处副处长。

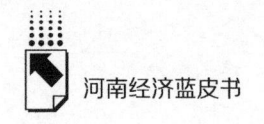

（一）城镇新增就业等提前完成全年计划目标

河南省人力资源和社会保障厅统计显示，全省城镇新增就业、重点群体就业提前完成年度目标，人力资源市场总体供求平衡。

1. 城镇新增就业、失业人员再就业、就业困难人员就业提前完成年度目标

2016年，全省通过采取就业援助、公益性岗位托底安置等措施，妥善解决就业问题，没有出现大面积失业现象，全省就业形势总体相对稳定。全省城镇新增就业、城镇失业人员再就业、就业困难人员实现就业等主要指标在第三季度就提前完成全年目标任务。资料显示：全年全省城镇新增就业145.10万人，完成年度目标任务的145.1%，同比增长0.4%；城镇登记失业人员43.58万人，城镇登记失业率为3.0%，完成了年度控制在4.5%的计划目标；失业人员再就业和就业困难人员实现就业分别为48.02万人和19.19万人，同比虽分别下降1.5%和0.5%，但分别完成年度目标任务的137.2%和159.9%，均较大幅度超额完成年度目标。与此同时，人力资源市场供求总体基本平衡。截至2016年11月底，省人才交流中心累计举办招聘会145场，提供就业岗位23.39万个，有30.05万人次进场求职，达成就业意向15.23万人次。省公共就业服务中心举办招聘会51场，提供就业岗位10.68万个，有11.65万人次进场求职，介绍求职成功5.48万人次。11月，全省人力资源市场求人倍率为1.09，与上年基本一致。市场供求总体基本平衡。

2. 新增农村劳动力转移就业人数继续保持增长

2016年，全省新增农村劳动力转移就业人数继续保持增长。一是开展技能培训提升素质，加大就业转移力度。通过组织实施"农村劳动力技能就业计划"培训农村劳动力57万人次，实现农村劳动力新增转移就业62万人，完成全年目标任务的103.3%。目前，全省农村劳动力转移就业总量达到2876万人，其中省内转移1709万人，占转移就业总量的59.4%，"就业本地化"趋势更加明显；省外农村劳动力转移输出1167万人，占40.6%。二是通过强化就业服务，积极引导农村劳动力转移就业。组织开展农民工就业服务"春风行动"。活动期间，各地举办专场招聘会1163场，发放春风卡、维权手册等宣传资料230万份，免费为166万人次提供就业服务。三是加大支持力度，扶持农民工返乡创业。出台扶持农民工返乡创业政策措施，签署农民工返乡创业省部共建协议,组织召开全省推进农民工返乡创业大会,开展全省农民工返乡创业示范县(市)建设。截至2016年10月底,全省农民工返乡创业累计达到72.57万人,创办企业37.52万个,带动就业达334.92万人。

3. 高校毕业生就业率保持基本稳定

截至2016年8月底,全省51万余应届高校毕业生签约率达76.0%,与上年同期基本持平。自主创业人数为5134人,在校生创业人数为10604人。全省技工院校毕业生8.51万人,首次就业率达到96.7%,为稳定就业奠定了一定基础。

(二)就业规模增加,就业结构优化

据对全省5万多家联网直报的"四上企业"调查,到2016年第三季度末,从业人员为1112.28万人,同比增加51.38万人,增速为4.8%,增速较上年同期增加0.5个百分点。从分季度情况看,2016年企业单位数和就业人员数同比均呈现增长态势。第一、第二、第三季度就业人员同比增量在33万~51万人,增速分别为3.3%、3.8%和4.8%(见表1)。

表1 2016年前三季度全省联网直报企业就业情况

时间	联网直报单位		从业人员	
	单位数(个)	同比增长(%)	数量(万人)	同比增长(%)
2015年年度	54817	10.0	1169.2	3.4
2016年一季度	54584	13.6	1050.2	3.3
2016年二季度	54674	11.8	1073.0	3.8
2016年三季度	56264	11.9	1112.2	4.8

从业人员就业结构优化。分行业来看,第二产业从业人员比上年同期增长1.7%,其中工业同比增长3.4%,建筑业同比下降3.4%;工业中的采矿业从业人员同比下降9.2%,制造业同比增长5.1%,电力、热力、燃气及水生产和供应业同比下降2.1%。

第三产业从业人员同比增长19.9%,其中居民服务修理和其他服务业同比增长63.3%,交通运输、仓储和邮政业企业同比增长39.3%,水利、环境和公共设施管理业同比增长30.1%。同时,一些新经济持续健康发展,从业

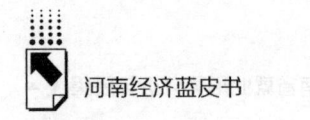

人员增幅居前列的行业为：信息传输、软件和信息技术服务业同比增长51.5%，租赁和商务服务业同比增长18.7%，科学研究和技术服务业同比增长10.9%等。

（三）全省企业用工状况趋稳

2016年四季度，对全省900多家企业开展了企业用工情况调查，主要涉及采矿业，制造业，电力、热力、燃气及水生产和供应业，建筑业，批发和零售业，交通运输、仓储和邮政业，住宿和餐饮业，房地产业，租赁和商务服务业，居民服务、修理和其他服务业等。用工情况主要呈现以下特点。

1. 企业用工总量企稳

2016年第四季度，企业用工人数虽同比仍为减少，但减少幅度继续收窄，在第三季度环比出现增长的基础上，第四季度环比仍继续保持增长。用工人数共计为62.40万人，同比减少2.50万人，下降3.9%，其下降幅度在第三季度收窄0.76个百分点的基础上，又收窄了0.3个百分点；与第三季度相比，环比增加4218人，增长0.6%，增幅比三季度提高0.26个百分点，延续了第三季度环比增长的趋势。

在被调查的企业中，"农民工"用工为25.29万人，同比减少1.20万人，下降4.8%；环比减少1156人，下降0.4%。

2. 用工变化的企业构成总体稳定

第四季度末，本省调查企业用工增减情况与上年同期相比，用工增加和用工减少的企业所占比重变化不明显，用工保持稳定的企业占比增加较多。在被调查的908家企业中，有296家企业用工人数增加，占被调查企业单位数的32.5%，比上年同期减少1.6个百分点；有430家企业用工人数减少，占比为47.4%，比上年同期减少0.5个百分点；有182家企业用工人数持平，占比为20.1%，比上年同期增加2.1个百分点。

在用工减少的企业中，由于生产任务不足而减少用工的企业占32.7%，由于生产成本上升、经营困难而减少用工的企业占11.4%，由于工资水平达不到员工预期而减少用工的企业占15.1%。

企业用工减少主要是采矿业、建筑业等受去产能、去库存的影响，如中国平煤神马集团平顶山朝川矿用工同比减少16.4%，焦作煤业（集团）有限责任公司用工减少14.0%，河南神火集团有限公司用工减少5.6%，河南国基建设集团有限公司用工减少3.9%等。

3. 企业"招工难"问题基本缓解

在被调查企业中，有64.1%的企业表示不存在"招工难"，同比增加4.79个百分点；有32.5%的企业表示"招工难"不严重，同比增加4.99个百分点；有3.4%企业表示"招工难"严重，同比增加0.20个百分点。

"招工难"主要集中在企业个别工种方面。在被调查企业中，有14.9%的企业表示缺少经营管理人员，同比增加1.13个百分点；有9.3%的企业表示缺少科研人员，同比增加1.16个百分点；有18.83%的企业表示缺少普通技工，同比增加1.25个百分点；有16.4%的企业表示缺少高级技工，同比增加6.70个百分点。

（四）个体及私营经济发展对就业拉动作用明显

个体及私营经济增速较快，促进就业成效显著。河南省工商部门统计显示：2016年末全省实有个体工商户达到307.37万户，同比增长17.4%；其中，2016年新登记个体工商户达到72.13万户，同比增长18.4%。实有私营企业达到90.93万户，同比增长28.9%；其中，2016年新登记私营企业户达到22.80万户，同比增长28.5%（见表2）。

表2 2016年全省个体工商户发展情况

指标	个体工商户		私营企业	
	户数	同比增长(%)	户数	同比增长(%)
全省实有个体工商户(万户)	307.37	17.4	90.93	28.9
注册资本金(万元及以上户)	2436.92	26.0	51661.98	38.7
全省新登记个体工商户(万户)	72.13	18.4	22.80	28.5
注册资本金(万元及以上户)	667.52	7.0	11976.03	24.9

2016年，全省个体私营企业共吸纳就业人员1174.80万人，同比增长18.2%；新设个体工商户和私营企业从业人员和雇工总数达到247.09万人，同比增长19.3%。

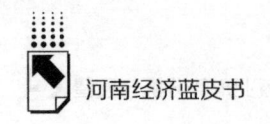

（五）创业群体持续增加，第三产业就业比重加大

大众创业、万众创新的氛围在第三产业发展中更为浓厚和凸显。河南省工商部门统计显示：在2016年新登记个体工商户中，第二产业户数和从业人员分别占新登记总数的4.7%和7.0%；第三产业户数和从业人员分别占新登记总数的91.8%和88.6%。在新登记私营企业中，第二产业户数和从业人员分别占新登记总数的16.2%和26.3%；第三产业户数和从业人员分别占新登记总数的77.5%和64.6%，均比上年同期有不同程度的增加，且第三产业占比显著高于第二产业。

在第三产业中，尤其是以批发和零售业、租赁和商务服务业、信息传输、软件和信息技术服务业、科学研究和技术服务业等行业新设私营企业数增幅居前。

二 全省就业形势保持稳定增长因素分析

2016年，全省城镇就业工作在宏观经济形势不利的情况下保持稳定态势，取得明显成效，主要得益于省委、省政府稳增长、保态势、促就业等一系列政策措施的有效实施。

（一）实施积极的就业政策，促进就业岗位相对稳定

2016年是"十三五"开局之年，为稳定和扩大就业规模、提高就业质量，全省出台了多项关于进一步做好新形势下就业创业工作的政策措施，为更好地促进就业提供了政策支撑。

1. 将各项就业政策落实到位

全面落实降低社会保险费率、发放稳岗补贴等各项援企稳岗政策，将失业保险基金支持企业稳岗政策实施范围扩大到所有符合条件的企业。以农民工、高校毕业生等群体为重点，提高企业用工劳动合同签订率，提升集体合同覆盖率，加大欠薪整治力度，规范社保参缴费，切实保障职工权益，减少失业摩擦，构建和谐劳动关系。

2. 对重点行业实施动态监测

对重点地区、领域、企业的劳动用工情况实施了动态监测，重点关注煤炭、钢铁、纺织等传统劳动密集型行业和产能过剩行业隐性失业问题，关注化解产能、处置"僵尸企业"过程中规模失业风险加剧问题，制定了应急预案和稳岗促就业政策储备，没有发生大规模失业裁员。

（二）推进大众创业万众创新，不断扩大就业规模

2016年，全省各地积极贯彻省委、省政府《2016年河南省助力大众创业工作方案》关于促进大众创业万众创新工作的部署，积极推动实施大众创业示范城市创建、大学生创业引领计划，进一步强化创业培训，加强创业融资支持，健全创业孵化体系。2016年全省完成创业培训25.32万人次，完成年度目标任务的158.3%；完成失业人员再就业培训37.03万人次，完成年度目标任务的123.4%。新增发放创业担保贷款129.92亿元，同比增长7.4%，完成年度目标任务的162.4%，帮助14.70万人实现创业，带动就业43.50万人，累计发放创业担保贷款861.22亿元。

（三）积极做好农民工转移就业工作

1. 强化就业服务，积极引导农村劳动力转移就业

组织开展农民工就业服务"春风行动"，举办招聘会1163场，为166万人提供就业服务。开展技能培训，努力提升农村劳动力转移技能素质。落实"农村劳动力技能就业计划"，组织开展农村劳动力职业技能培训。截至2016年10月，已完成"农村劳动力技能就业计划"，并培训农村劳动力57万人次。

2. 加大力度，扶持农民工返乡创业

河南省委、省政府出台《关于打赢脱贫攻坚战的实施意见》等一系列政策文件，出台16项措施，安排部署全省转移就业脱贫工作。实施10个全省首批农民工返乡创业示范县（市）。截至10月底，全省农民工返乡创业累计为72.57万人，创办企业37.52万个，带动就业334.92万人。

3. 发展家庭服务业，进一步扩大农村劳动力转移就业渠道和规模

在全省开展多形式、多层次的家庭服务行业职业技能培训并开展职业技能鉴定；以优惠政策扶持家庭服务业企业，促进家庭服务业职业化、规范化发展。

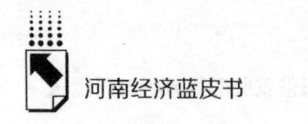

4. 做好农民工工作，切实为农民工服务

建立健全农民工工作协调机制，维护农民工合法权益，推进农民工市民化，加强农民工综合服务平台建设，组织开展河南省优秀农民工、农民工工作先进单位和先进个人评选，以省政府名义评选表彰100名"河南省优秀农民工"、49个"河南省农民工工作先进单位"和100名"河南省农民工工作先进个人"，为农民工转移就业工作营造了良好社会氛围。

三 目前全省就业工作中存在的主要矛盾和问题

目前，在全省就业工作中供需矛盾仍然存在，结构性矛盾较为突出。存在的主要矛盾和问题表现在以下几个方面。

（一）就业的结构性矛盾依然较为突出

1. 就业总量压力面仍然较大

河南是人力资源大省，劳动力资源接近6600余万人。有关部门测算，当前全省经济容纳劳动力约4600万人，扣除约1160万名省外就业农村转移劳动力和350万名在校生，约有近500万人需要就业，短期内就业供需矛盾难以得到缓解。同时，随着近年来省外就业农村转移劳动力回流返乡增多，将进一步加剧省内就业岗位竞争压力。

2. 就业结构性矛盾依然突出

主要表现为"就业难"和"招工难"现象并存，劳动力供需状况不"匹配"，表现为高技能和高层次"双高"人才短缺。目前，进入全省18个省辖市人力资源市场登记招聘企业和进场求职者的就业达成率一直在30%以下，供需匹配度较低；高技能人才的求人倍率一直处在3以上，也就是说有3个技能岗位仅有1人满足岗位条件。随着市场对配置劳动力资源的决定性作用进一步增强，就业结构性问题会越来越突出，这也是当前影响就业的一个主要矛盾。

（二）潜在的规模性失业风险依然存在

1. "隐性失业"显性化现象明显

随着全省经济发展下行压力的进一步加大，全省依附于资源型、粗放型的传统行业企业经营持续困难，职工上班时间不饱和，部分企业采取职工轮岗、休假等措施来最大限度地维护职工队伍的稳定。随着国企改革深化及市场化进程的加快，这些行业企业破产、减员现象将明显增加，隐性失业显性化问题会逐步显现。特别是随着中央加强供给侧改革，强力推动"去产能"和处置"僵尸企业"，这部分行业和地区潜在的失业风险将会进一步加大。

2."去产能"过程中职工安置压力大

根据《河南省化解过剩产能煤矿关闭退出实施方案》，未来三年全省将退出煤炭产能6254万吨，安置职工15.76万人。其中，2016年退出煤炭产能2111万吨，安置职工4.8万人。推进这项工作，主要呈现"一广、两难、三集中"特点："一广"是涉及面广，即煤炭、钢铁企业分布在全省多地，点多面广；"两难"是企业转型难和职工转岗难；"三集中"是指人员集中、时间集中、矛盾集中。从人员上看，需安置职工主要集中在"三煤一钢"企业，特别是煤炭去产能影响比较集中，其就业风险应予以高度重视。

（三）重点群体的就业难度依然在增加

1.高校毕业生就业压力大

高校毕业生就业存在的主要矛盾体现在三个方面：一是总量较大。近年来，全省每年应届高校毕业生总量多在50万人以上，加上往年未就业的高校毕业生就业总量近60万人，占每年城镇新增就业人数的一半左右。二是不相"匹配"。高校毕业生所学专业与企业用工岗位不匹配，培养和使用有一定脱节，不能满足社会需求，特别是与高校毕业生就业"吻合"的岗位供给有限，使高校毕业生求职择业受到制约。三是预期较高。据调研了解，一方面高校毕业生就业理念与实际工作岗位需求存在偏差，另一方面用人单位薪酬待遇与高校毕业生期望值存在差距。因此，企业"招工难"和高校毕业生"就业难"的结构性矛盾将会长期不同程度地存在。

2.农村劳动力转移就业难度进一步加大

一是随着沿海地区就业渠道收窄，农村劳动力向省外转移就业的难度增大。二是农村劳动力省内转移就业趋势明显，省内就业岗位竞争压力加大。三是全省还有近400万名农村剩余劳动力需要转移，这一群体具有年龄偏大、女性偏多、技能偏低的特点，实现转移就业十分困难。总体看，农村劳动力转移

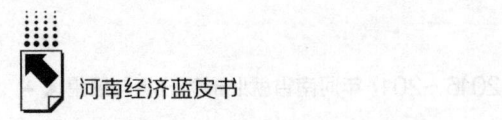

就业面临着"向外转移难、内部消化难"的双重压力。

3. 就业困难人员"托底"安置压力较大

目前，全省现有以保清洁、保绿化、保安全等为主的公益性岗位11.70万个，安置就业困难人员14.60万人，占全省每年城镇新增就业人数的近1/10，且公益性岗位开发已基本处于饱和状态。同时，就业困难人员大多年龄偏大、技能单一、就业竞争能力弱，加之政府托底安置的载体十分有限，就业困难人员就业压力很大。

B.17
2016~2017年河南省居民消费价格走势分析

田少勇 王建国 朱娜*

摘 要: 2016年,面对错综复杂的国内外形势,河南省以新发展理念为引领,紧紧抓住实施国家"五大战略规划"的机遇,深入推进供给侧结构性改革,加快培育新动能,厚植发展新优势,切实保障和改善民生,经济运行呈现总体平稳、稳中有进、稳中提质的好态势。全省居民消费价格总水平同比上涨1.9%。2017年,支撑和抑制物价上涨的因素并存,预计河南省居民消费价格将呈现较为温和的上涨态势。

关键词: 河南 居民消费价格

2016年,面对错综复杂的国内外形势,河南省以新发展理念为引领,紧紧抓住实施国家"五大战略规划"的机遇,深入推进供给侧结构性改革,加快培育新动能,厚植发展新优势,切实保障和改善民生,经济运行呈现总体平稳、稳中有进、稳中提质的好态势。作为经济"晴雨表"的居民消费价格指数(CPI)全年呈现平稳、温和上涨态势,涨幅较2015年有所扩大。综合考虑经济发展前景和CPI运行趋势,2017年河南省居民消费价格仍将保持温和上涨态势。

---

* 田少勇,河南省地方经济社会调查队住户与价格调查处处长;王建国,河南省地方经济社会调查队住户与价格调查处副处长;朱娜,河南省地方经济社会调查队住户与价格调查处。

一 2016年河南省居民消费价格总体情况

（一）价格总水平温和上涨

2016年河南省居民消费价格同比上涨1.9%，较2015年1.3%的涨幅扩大了0.6个百分点，其中城市上涨1.9%、农村上涨2.0%。与2015年相比，八大类商品价格同比"七升一降"。分类别看，除交通和通信类价格同比下降1.7%外，其余七大类价格全部上涨，涨幅由高到低依次是其他用品和服务（3.9%）、食品烟酒（3.2%）、医疗保健（2.8%）、教育文化和娱乐（2.4%）、居住（2.2%）、衣着（0.7%）和生活用品及服务（0.2%）。

（二）河南CPI涨幅并列中部第3位

2016年全国CPI同比上涨2.0%，河南低于全国平均水平0.1个百分点，并列中部六省第3位。中部六省其他省份涨幅依次是湖北（2.2%）、江西（2.0%）、湖南（1.9%）、安徽（1.8%）和山西1.1%。

二 2016年河南省居民消费价格运行主要特点

2016年河南省居民消费价格呈现波浪形走势，总体态势平稳。

（一）CPI各月同比走势

河南省2016年各月CPI同比分别上涨1.5%、2.2%、2.4%、2.3%、1.9%、1.9%、1.5%、1.3%、1.9%、2.1%、2.1%、2.0%（见图1），各季度CPI同比涨幅分别为2.0%、2.0%、1.6%、2.0%，整体态势平稳。

（二）CPI各月环比走势

河南省2016年各月CPI环比分别上涨0.8%、1.5%、-0.3%、-0.4%、-0.7%、-0.4%、0%、0.4%、0.7%、-0.2%、0.1%和0.4%（见图2）。

2016~2017年河南省居民消费价格走势分析

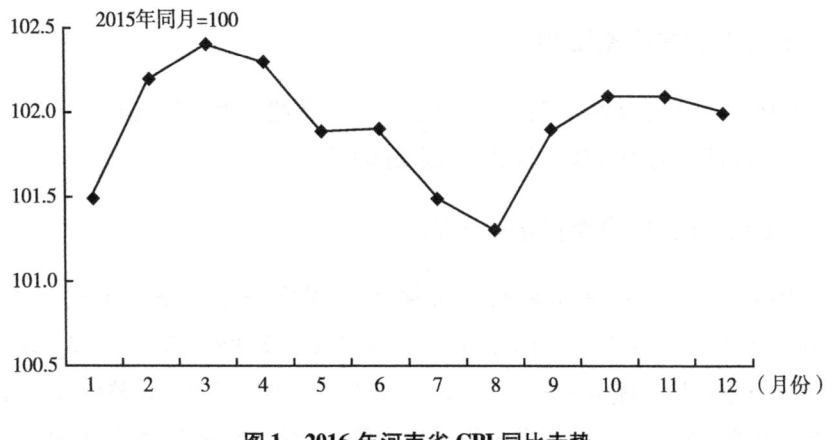

图1　2016年河南省CPI同比走势

1~2月，受元旦春节、雨雪天气等因素影响，CPI环比分别上涨0.8%和1.5%；3~6月，随着节日因素消退和天气转暖，食品价格明显回落带动CPI总体呈下降趋势，环比分别下降0.3%、0.4%、0.7%和0.4%；7月环比持平；8~9月，由于雨水比往年偏多、学校陆续开学、蔬菜夏秋换季，加之中秋节影响，CPI环比分别上涨0.4%和0.7%；10月由于猪肉、鸡蛋、蔬菜和水果价格快速回落导致CPI环比下跌0.2个百分点；11月一场大雪导致蔬菜价格大幅上涨，CPI环比上涨0.1个百分点；12月由于蔬菜价格持续上涨，导致CPI环比上涨0.4个百分点。

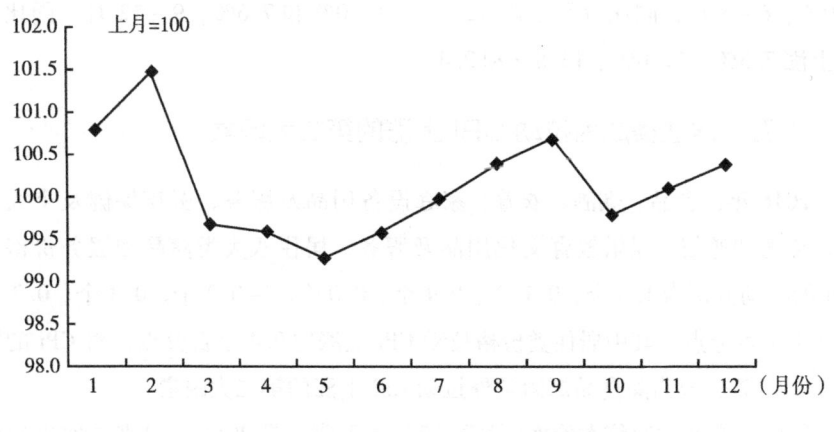

图2　2016年河南省CPI各月环比走势

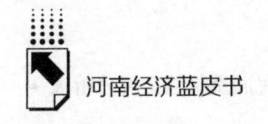

（三）翘尾因素影响

2016年，在河南省居民消费价格涨幅中，受翘尾因素影响有0.6个百分点，占CPI涨幅的31.6%，新涨价因素占68.4%。

（四）食品烟酒类价格震荡趋弱

2016年，河南省食品烟酒类价格各月同比分别上涨3.5%、5.4%、6.1%、5.7%、4.4%、3.4%、1.7%、0.5%、2.0%、2.7%、2.2%和1.3%，各季度同比涨幅分别为5.0%、4.5%、1.4%和2.1%，整体呈现震荡趋弱的走势。全年食品烟酒类价格同比上涨3.2%，高出2015年1.8%涨幅1.4个百分点。食品烟酒类涨幅偏高，主要是受猪肉和鲜菜类价格影响。一是上半年，由于前期生猪价格持续低迷导致生产能力不断下降，市场供应出现相对不足，导致猪肉价格持续上涨。河南省地方经济社会调查队监测数据显示，2016年1月，后臀肉每公斤平均价格为30.16元，6月为33.89元，半年上涨12.4%，比2015年上半年上涨32.3%。二是鲜菜类价格同比依然较高。2016年，河南鲜菜类价格同比上涨11.3%，拉动CPI上涨0.26个百分点，占总涨幅的13%。1~2月鲜菜价格同比分别上涨21.3%和27.5%；受翘尾等因素影响，春节过后的3月和4月，鲜菜价格依然高位运行，同比分别上涨40.0%和23.0%；5月随着气温升高，本地蔬菜上市量增加，鲜菜价格同比涨幅回落至5.0%；6~8月，同比分别下降12.2%、13.0%和7.6%；9~12月，同比分别上涨7.3%、17.0%、13.8%和2.4%。

（五）居住类成为拉动CPI上涨的第二大因素

2016年，食品、烟酒、衣着、家庭设备用品及服务、医疗保健及个人用品、交通和通信、娱乐教育文化用品及服务、居住八大类商品和服务价格对CPI的拉动分别为1.0个、0.1个、0.4个、0.0个、-0.2个、0.3个、0.2个和0.1个百分点。其中居住类价格拉动CPI上涨约0.4个百分点，对CPI的影响达21.1%，成为除食品烟酒类外拉动CPI上涨的第二大因素。

同时，交通和通信类价格同比连续三年下降，是2011年以来首次出现同比连续下降的大类价格指数。

三 影响2016年河南省居民消费价格走势的主要因素

（一）CPI同比上涨的成因

1. 食品烟酒类是拉动CPI上涨的首要因素

2016年，河南省食品烟酒类价格上涨3.2%，拉动CPI上涨1.0个百分点，占总涨幅的52.6%，成为拉动CPI同比上涨的首要力量。

2. 房地产价格影响较大

2016年，房地产市场异常活跃，1~11月全国百城住宅价格指数累计上涨17.83%，较2015年扩大了13.68个百分点。河南省前三季度商品房销售面积6820.35万平方米，同比增长36.2%，为2013年6月以来的最高增速。房地产市场的活跃，带动了居住类价格的上涨。2016年，全省居住类价格同比上涨2.2%，拉动CPI上涨0.5个百分点，对CPI涨幅的影响达26.3%，成为除食品烟酒类外拉动CPI上涨的第二大因素。

3. 价格改革推升CPI

2016年，河南已有洛阳、焦作和濮阳等市实施医疗改革，全省治疗类价格上涨1.5%、护理价格上涨2.6%、中药价格上涨4.1%、西药价格上涨6.9%。郑州、开封和漯河等部分地市上调水价，如郑州从2016年1月1日起居民用水梯价上涨到4.1元，2016年全省水价格上涨20.4%。另外，河南省要求小学、初高中民办学校和公办学校脱钩，导致民办学校收费上涨，带动教育服务价格上涨4.2%。

4. 全省经济保持中高速平稳运行

2016年全省GDP总量达到40160.01亿元，同比增长8.1%。整体经济的平稳运行，是物价温和上涨的基础。

5. 消费需求平稳增长

2016年，河南省社会消费品零售总额为17618.35亿元，同比增长11.9%，仍保持适度增长。消费需求的平稳增长对物价上涨起到了一定的推动作用。

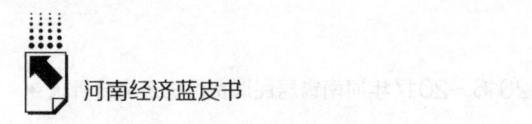

6. 国际大宗商品价格上涨

受总需求有所回暖等因素影响，2016年国际大宗商品价格走势基本格调是以上涨为主，主要原因是受到流动性及生产成本支撑的双重作用，典型的如代表全球大宗商品一揽子组合表现的CRB指数①节节走高，1~10月，CRB指数从最低的160点上涨到190点，涨幅为18.8%。大宗商品价格上涨，通过市场传导机制，对下游消费品价格起到较强的支撑作用。

（二）抑制CPI升幅的主要因素

1. 构成因素影响

2016年，在河南省居民消费价格同比1.9%的涨幅中，翘尾因素为0.6个百分点，占CPI涨幅的31.6%。翘尾因素影响偏弱，在一定程度上抑制了CPI全年整体涨幅。

2. 经济增速持续回落

近年来，国际经济形势错综复杂，全球经济增长普遍疲弱，中国经济也经历着从高速增长转为中高速增长，经济结构优化升级，由要素驱动、投资驱动向创新驱动转变，国内经济呈现出提质增效的"新常态"特征，增速逐渐放缓，2011~2016年国内GDP增速分别为9.3%、7.7%、7.7%、7.4%、6.9%和6.7%。经济增速减缓抑制了全社会总需求的增长，物价上涨压力得以缓解。

3. 工业生产者价格连续下跌

2016年，受基础设施投资力度加大、去产能政策的影响，河南工业生产者价格虽然环比止跌并持续回升，同比降幅逐月收窄，但全年同比仍下降了1.0%，是自2012年以来，连续5年持续下跌。上游产品价格的连续下跌，制约了下游消费品价格上涨的幅度。

四 2017年河南省居民消费价格走势研判

2017年是实施"十三五"规划的重要一年，是供给侧结构性改革的深化之年。在"控风险"和"稳增长"的双重目标下，继续坚持稳中求进，预计

---

① 美国商品调查局依据世界市场上19种基本的经济敏感商品价格编制的一种期货价格指数。

国内经济仍将保持中高速平稳增长。2017年，河南省突出以推进供给侧结构性改革为主线，着力推进"三去一降一补"，着力发挥优势打好"四张牌"，全省经济发展总体质量水平将越来越高，经济增速将保持适度平稳增长。在这样的大环境下，供给侧改革力度加大、宏观政策的滞后效应等因素将会推升CPI，但产能过剩、就业压力大、需求不足、翘尾因素偏弱等将抑制CPI涨幅。因此，预计河南省2017年全年物价将继续保持温和的上涨态势。

（一）推动物价上涨的因素

1. 经济仍将保持中高速平稳增长

2017年，河南省坚持稳中求进工作总基调，突出以推进供给侧结构性改革为主线，着力推进"三去一降一补"，着力发挥优势打好"四张牌"，全省经济发展总体质量水平将越来越高，经济增速将保持适度平稳增长，将推动物价温和上涨。

2. 供给侧改革力度加大

2016年底召开的中央经济工作会议指出，2017年经济工作要坚持以推进供给侧结构性改革为主线，继续深化供给侧结构性改革。随着供给侧改革力度的加大，工农业生产结构更趋合理，产品质量逐步提高，市场调节机制日臻完善，更加精准地满足消费者需求。这些都将对物价形成有力的支撑。

3. 宏观政策的滞后效应

2015年，央行实施了5次降息和4次降准，2016年实施1次降准，我国货币环境较为宽松。从货币供应角度看，2016年以来货币供应增速进一步加快，11月末，广义货币M2余额和狭义货币M1余额分别为153.04万亿元和47.54万亿元，M1同比增长22.7%，比2015年同期高了7个百分点，增速超预期。从融资角度看，1~11月社会融资规模增量累计为16.08万亿元，比2015年同期多2.49万亿元。11月末社会融资规模存量为154.36万亿元，同比增长13.3%，明显高于前三季度7.4%的GDP名义增速。根据K-L信息定量测算：CPI滞后M1和M2增速在9个月或11个月前后，物价上涨的货币压力将在2017年逐步释放，从而推升物价涨幅。

此外，劳动力成本不断提高，资源性产品、公共事业产品价格改革的持续推进，都将长期推升物价整体上涨。

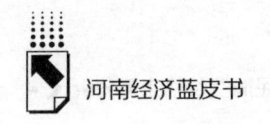

（二）抑制物价上涨的因素

1. 就业和工资面临较大下行压力

2017年，随着投资和GDP增速进一步放缓，就业和工资将面临较大的增幅收窄的压力。此外，随着供给侧改革向纵深发展，产能过剩行业裁员压力可能会持续加剧。虽然服务业和新兴产业有望稳健增长，并创造就业，但不足以完全吸收传统行业裁减的劳动力。就业和工资增幅收窄的压力将会对物价上涨产生结构性的压制。

2. 房地产调控政策收紧

2016年3月以来，房地产去库存政策和宽松的货币环境使得全国主要城市、热点城市房地产价格大幅上涨，在一定程度上影响大众创新创业的热情，挤占实体经济发展资金，房地产贷款占比提高导致金融风险加大。为此，国家明确提出分类调控和因城施策的调控思路，各地高度重视房地产价格快速上涨的经济和社会风险。2016年9月底，北京率先出台房地产调控政策措施，之后重点热点城市积极跟进。截至2016年12月，全国已有20余个城市出台了调控政策，涉及开发融资、信贷、限购等多项内容，重点热点城市住宅成交量开始下滑，价格趋于稳定。2017年，在深化供给侧改革的大背景下，房地产价格涨幅将会收窄，对CPI贡献率将会下降。

3. 翘尾因素偏弱

经测算，2017年翘尾因素为0.6个百分点，与2016年持平，仍维持较低水平，这将在一定程度上抑制2017年全年CPI涨幅。

综上判断，2017年河南省消费价格将继续呈现较为温和的上涨态势。继续关注在供给侧改革过程中失业、下岗人员再就业和生活保障等动向，避免物价波动对社会稳定造成的影响，同时要坚持房地产分类调控、因城施策的政策，保持房价基本稳定，适时推进与环境保护相关的服务价格改革。

专题研究篇

Monographic Study Section

B.18
打好"四张牌" 再创新辉煌
——对未来五年河南经济发展的认识

王世炎*

摘　要： "决胜全面小康、让中原更加出彩"是河南省第十次党代会提出的未来五年河南省重大历史任务。打好"四张牌"是完成这一任务的根本途径。为此河南必须保持较高的经济增速，建设经济强省，生产总值年均增速高于全国平均水平1个百分点以上。

关键词： 河南　经济　"四张牌"

河南省第十次党代会是在全面建成小康社会进入决胜阶段，中原崛起、河

---

* 王世炎，河南省统计局局长。

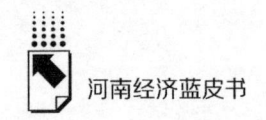

南振兴、富民强省进入关键时期召开的一次十分重要的会议,也是为未来五年发展绘制蓝图的一次十分重要的会议。大会报告在突出深入贯彻党中央治国理政新理念、新思想、新战略的同时,把历史任务明确为"决胜全面小康、让中原更加出彩",确保与全国一道全面建成小康社会,进一步提升河南在全国发展大局中的地位和作用。为实现这一重大历史任务,报告确立了"建设经济强省、打造'三个高地'、实现'三大提升'"的奋斗目标,并提出"未来五年全省生产总值年均增速高于全国平均水平1个百分点以上"这一具体目标。我们要持续贯彻落实习近平总书记对河南提出的打好产业结构优化升级、创新驱动发展、基础能力建设、新型城镇化"四张牌"的要求,为"决胜全面小康、让中原更加出彩"做出应有的贡献。

一 完成未来五年的重大历史任务需要保持较高的增长速度

河南省党代会报告提出,"近年来河南综合实力大幅提升",经济增速持续高于全国平均水平,转型升级取得重大进展,科技创新能力持续增强,蓝天、碧水、乡村清洁三大工程深入实施,城乡面貌焕然一新,经济大省地位更加巩固,家底更加厚实。然而作为人口大省,河南省各项指标人均水平低,确保与全国一道全面建成小康社会任务艰巨;作为经济大省、农业大省和新兴工业大省,若不能保持较高速度增长,进一步提升自身在全国发展大局中的地位和作用就无从谈起。因此,河南必须保持较高的增长速度。2015年,河南省人均生产总值仅占全国人均水平的79.3%,到2020年人均生产总值要赶上全国人均水平,未来五年必须以较高增速增长。因此,要"决胜全面小康、让中原更加出彩"必须理清思路、找准关键,在积累的有利条件和能量中看清未来走向、乘势前进,在凝结的宝贵经验中遵循规律,在实际工作中追求更好结果。

二 建设经济强省,生产总值年均增速必须高于全国平均水平1个百分点以上

河南省党代会报告提出的"未来五年生产总值年均增速高于全国平均水

平1个百分点以上"是对"建设经济强省"的具体要求,这一目标具有很强的科学性。

这一目标与历届省委、省政府确定的发展目标一脉相承、与时俱进。人口多、底子薄、基础弱、人均水平低、发展不平衡是河南长期以来的基本省情,发展不足是河南的突出矛盾。为改变这一现状,历届省委、省政府不断探索中原崛起、河南振兴、富民强省之路,曾先后提出"一高一低""两个较高""两大跨越""两高一低"等战略目标(见表1)。这次党代会提出全省生产总值年均增速高于全国平均水平1个百分点以上,体现了历届省委、省政府一任接着一任干、一张蓝图抓到底、一以贯之谋发展的做法,并不断根据发展的新形势、新任务、新要求与时俱进。

表1 历届河南省委、省政府曾经提出的战略目标及其主要内容

战略目标	主要内容
一高一低	发展速度和效益要略高于全国平均水平,人口增长要略低于全国平均水平
两个较高	在保持经济快速增长的同时,把质量和效益放在突出位置,实现国民经济较高的增长速度和较高的增长质量
两大跨越	由经济大省向经济强省跨越、由文化资源大省向文化强省跨越
两高一低	发展速度保持高于全国平均水平、力争高于中部地区平均水平,人口自然增长率低于全国平均水平

这一目标顺应了经济发展新常态下河南经济发展的趋势性特征。近年来,河南与全国一样进入经济发展新常态,由原来的两位数增长回落至目前个位数的增长。党代会报告提出全省GDP平均增长要比全国平均增速高1个百分点以上,体现了新常态下河南经济发展的趋势性特征:从历史数据看,改革开放以来河南省经济年均增长10.9%,增速快于全国平均水平1.4个百分点;其中"十二五"时期以来经济年均增长9.4%,高于全国平均水平1.7个百分点(见图1)。在这种情况下,河南省采用这种对比的方式设定增长目标,既顺应了新常态的增速换挡特征,又符合经济发展的历史性规律。

这一目标体现了"决胜全面小康、让中原更加出彩"的政治担当。"决胜全面小康"是党向人民做出的庄严承诺,"让中原更加出彩"是习近平总书记对河南发展的明确要求和殷切期望。2015年河南省常住人口达到9480万人,

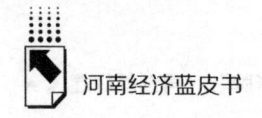

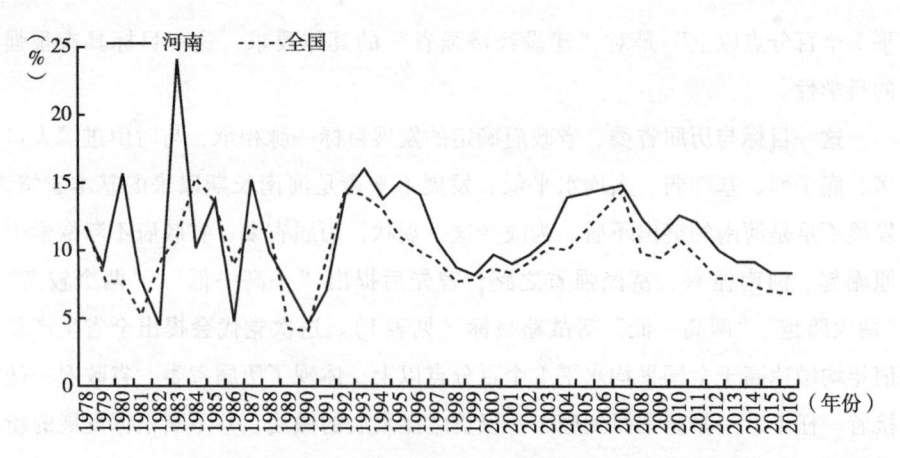

图1　1978～2016年改革开放以来全国及河南生产总值增速

占全国的6.9%、居全国第3位，河南省能否如期实现全面小康，事关全国大局；如果无法如期实现全面小康，那么全国也很难说实现了全面小康。因此，党代会提出GDP平均增长要比全国平均增速高一个百分点以上的目标，充分体现了中原人民的责任担当。

  这一目标符合河南实际，经过努力是可以实现的。从发展阶段上看，河南省还有较大的增长空间。2016年，第二、第三产业增加值占生产总值的89.3%，常住人口城镇化率为48.50%，正处于工业化、城镇化中期加速阶段。这一阶段的突出特征是农村人口加快向非农产业和城镇集中，从而带动投资需求和消费需求较快增长，推动服务业规模迅速扩大、比重得到提升，成为经济增长的主要力量。从要素支撑看，生产要素供给总体较为宽松。河南是人力资源大省，2015年从业人员数达到6636万人，劳动力较为充裕且素质不断提升；河南省着力打造现代立体综合交通网络，全省高速公路通车里程居全国前列，"米"字形高速铁路网加快推进，交通运输能力显著增强；2016年全省金融机构人民币各项存款余额达到5.4万亿元，比生产总值多1.38万亿元，资金量充裕；2015年全省火力发电装机容量占全国的6.2%。从产业基础看，产业发展基础更加巩固。近年来加快粮食生产核心区建设，形成了较为稳定的粮食生产能力，只要不出现大的自然灾害，粮食丰收就有保障；183个产业集聚区、郑州航空港经济综合实验区等重大项目会继续发力，工业结构调整和转型升级加速推进，将为工业经济增长提供有力支撑；近年来通过加快建设176

个"商务中心区"和"特色商业区"承接产业转移，推进了服务业重大项目建设等多项措施的落实，服务业一直是经济发展短板的局面有所改变，并有望继续保持快速发展势头。

三 以新发展理念为引领，推动经济以较高速度、较高质量发展

河南省党代会报告指出，"发展是解决所有问题的关键"。实现未来五年河南经济发展目标，就要深入贯彻党中央治国理政的新理念、新思想、新战略，坚持五大发展理念，主动适应经济发展新常态，围绕加快转变经济发展方式和提高经济整体素质及竞争力，打好"四张牌"，促进全省经济社会保持平稳健康发展，为"决胜全面小康、让中原更加出彩"这一造福一亿人民、服务全国大局的宏伟事业做出贡献。

（一）加快产业转型升级，构建产业新体系

"十二五"以来经济增速持续下行，背后原因是发展的内外部环境发生了重大变化，经济已不可能通过短期刺激实现 V 形反转，必须以供给侧结构性改革为主线，着力优化现有供给结构，为经济持续健康发展打造新引擎、构建新支撑。所以党代会报告提出，要"加快新旧动力转换、提升供给体系质量和效率"，实现由低水平供需平衡向高水平供需平衡跃升。产业结构的调整优化本质上是供给体系的调整优化，因此要以制造业为主战场，建设先进制造业强省；补齐产业结构发展的短板，建设现代服务业强省；夯实农业基础，建设现代农业强省；推进"互联网＋"行动，建设网络经济强省。

（二）大力实施创新驱动发展战略，培育发展新动能

2015 年河南省 R&D 投入总量为 435.04 亿元，在中部六省中居第 2 位；但技术创新能力弱，研发投入不足，研发强度仅相当于全国水平的一半，大中型企业有研发机构的仅占 1/4，整体来看"豫字号"产品大路货多、技术含量和附加值低，不适应市场需求，导致传统支柱产业的优势和竞争力不断减弱，调整转型的阵痛时有加剧。所以党代会报告提出，"把创新摆在发展全局的核心

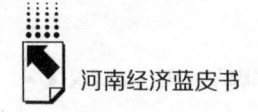

位置，充分发挥科技创新的基础、关键和引领作用"，通过加强载体平台建设、壮大创新主体、突出开放创新、健全创新体制机制，形成新的增长动力源泉，推动经济持续健康发展，为"决胜全面小康、让中原更加出彩"提供强大动力。

（三）强化基础能力建设，打造发展新支撑

基础能力建设决定着发展的空间和优势。近年来，河南省基础设施支撑能力显著增强，产业集聚区、服务业"两区"等集群支撑和配套功能不断完善，人力资源优势持续提升，但仍存在交通衔接不畅、水利支持能力薄弱、产业集聚区主导产业具有一定同质性、人才素质整体偏低等问题。所以，党代会报告提出"加强基础设施和科学发展载体建设，提升人力资源素质，夯实发展基础，蓄积发展后劲"。区域经济发展你追我赶，河南要想充分发挥贯穿南北、连接东西的独特区位优势，必须通过加强基础能力建设、提升基础设施现代化水平、完善提升科学发展载体、实施人才强省战略，这样才能实现真正意义上的中原"崛起"。

（四）加快推进新型城镇化建设，拓展发展新空间

改革开放以来全省城镇化快速推进，常住人口城镇化率虽然由1978年的13.63%上升至2016年的48.50%，但还存在着发展质量不高、发展模式不完善等问题，这已成为河南经济社会发展诸多矛盾的症结所在。所以党代会报告提出"要加快转变城镇化发展方式，建设以城市群为主体形态、大中小城市和小城镇协调发展的现代城镇体系，充分释放新型城镇化蕴藏的巨大内需潜力，带动城乡区域协调发展"。作为全国重要的人口大省和农业大省，通过提高城镇化质量、构建区域协调发展新格局、推动城乡一体化发展，实现城乡统筹、产城互动，确保农业转移人口进得来、落得住、转得出，是实现中原崛起、河南振兴、富民强省的必然选择。

B.19
创新驱动发展推进供给侧结构性改革

方国根*

摘　要： 在全国经济发展步入新常态的大背景下，河南工业长期累积的深层次问题日益凸显，已经成为制约工业经济持续稳定增长的主要障碍。推进供给侧结构性改革，提高供给体系质量和效率，增强经济持续增长动力，对河南工业经济当前乃至今后发展至关重要。本文分析了近年来河南在供给侧结构性改革方面取得的积极进展以及面临的困难，提出了新常态下加快工业供给侧改革的一些建议。

关键词： 河南　供给侧改革　工业

推动工业经济供给侧结构性改革，是适应当前国内经济发展新形势的必然选择，是化解国际经济动荡、克服自身经济运行中脆弱表象、对抗市场变幻不确定性的有力武器。当前以宏观经济进入新常态为背景，河南工业在总量不断扩大的同时，长期累积的深层次问题日益凸显，已经成为制约河南工业持续稳定增长的主要障碍。推进工业供给侧结构性改革，已成为进一步塑造经济转型新动力、凝聚深化改革新活力、提高产品竞争力的必然要求，对河南工业经济当前乃至今后发展至关重要。

一　河南工业供给侧结构性改革取得积极进展

近年来，面对工业经济下行压力的影响，全省上下围绕"三去一降一

---

* 方国根，河南省统计局副巡视员。

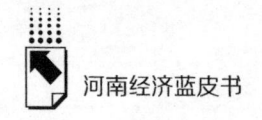

补",加快贯彻落实供给侧结构性改革,效果正在逐步显现。从2016年以来河南工业经济运行情况看,表现出以下特点。

（一）工业技改投资保持较快增长

2016年,全省工业发展坚持新兴产业与传统产业共兴、创新驱动与投资拉动并举、重点地区与重点园区齐抓,加大对实体企业的扶持力度、实施技术改造升级工程、工业技术改造投资保持较快增长。2016年,全省工业投资完成18536.6亿元,同比增长8.9%,其中工业技改投资788.6亿元,同比增长37.0%,比2015年加快46.2个百分点；增幅快于工业投资28.1个百分点,对全部工业投资增长的贡献率为14.1%,拉动工业投资增长1.3个百分点,成为投资增长的有力支撑。

（二）工业经济转型升级步伐加快

河南制定出台制造业供给侧结构性改革专项行动方案,加快实施工业结构升级重大项目,新能源汽车、工业机器人等终端高端产品及传统产业中的高附加值产品产量较快增加,规模以上高成长性制造业同比增长10.6%,高技术产业同比增长15.5%。积极培育市域千亿元级、县域百亿元级产业集群,主营业务收入超百亿元的产业集群达到140个以上,产业集聚区对全省工业增长的贡献率达到85%以上。创新创业蓬勃发展,高新技术企业数量同比增长23%,获得国家科技奖励19项,新建5家国家地方联合工程实验室,新增省级工程（技术）研究中心166家,高端矿山重型装备等重大技术和产品研发取得突破,新建各类国家级创新创业孵化载体21家,中信重工、汉威电子入选首批国家级专业化众创空间。

（三）扎实推进淘汰落后产能,化解过剩产能工作

"十二五"以来,河南持续出台化解过剩产能相关政策,加快推进钢铁、水泥、煤炭、非煤矿山等领域化解过剩产能和淘汰落后工作。重点淘汰了落后炼钢产能492万吨、炼铁产能282万吨、电解铝产能52.9万吨、水泥产能1276万吨、焦炭370万吨、化纤产能4.2万吨、电力产能72万千瓦和玻璃产能1094.7万重量箱。

（四）企业库存压力有所缓解

2016年以来，企业"去库存"速度明显加快。11月末，全省工业企业存货同比增长1.4%，增幅较2015年11月末下降4.8个百分点。其中产成品同比下降2.6%，较2015年11月末下降7.6个百分点。分行业看，工业产成品库存中，计算机通信、化学纤维制造、纺织服装、金属制品、化学原料和化学制品制造等11个行业库存量较2015年11月末均下降15个百分点以上。

正是由于供给侧结构性改革的积极推进，河南工业保持了稳定向好的基本格局。2016年，全省规模以上工业增加值同比增长8%，增幅比年初回升0.5个百分点，增速列全国第7位。

1. 行业结构调整成效明显

高技术产业、装备制造业增速加快。2016年，全省高技术产业、装备制造业实现增加值同比增长15.5%和12.7%，分别比全省规模以上工业增加值增速高出7.5个和4.7个百分点。传统支柱产业、高载能行业增速持续回落，在规模以上工业中的比重下降。2016年，全省传统支柱产业、高载能行业同比分别增长5.3%、6.1%；分别占规模以上工业增加值比重的44.5%和32.3%，分别较2015年下降0.8个和0.9个百分点。煤炭产业退出河南十大行业，汽车、电子信息产业快速发展，在规模以上工业中的比重有所提高。2016年，煤炭产业占比由2015年的3.4%下降到2.7%，自2015年9月以后，退出河南十大行业；黑色冶炼和压延加工业占比由2015年的4.5%下降到4%；食品制造业占比由2015年的3.6%提高到3.8%，跻身前十大行业。自2012年以来，汽车产业和电子信息产业快速发展，占工业比重分别由2012年的2.8%和2.2%提高到2015年的4.1%和4%。

2. 产品结构转型升级进一步加快

2016年，新能源汽车、太阳能电池、智能手机、多晶硅产量分别增长29.1%、38%、8.6%和44.2%。自2012年以来，手机生产从无到有，产量持续高速增长。2016年，全省生产手机2.6亿部，同比增长30.3%，其中智能手机1.7亿部。工业机器人实现了零突破，2016年共生产487套。传统支柱产业产品结构持续优化，精深加工产品产量增长较快，其与初加工产品产量比例关系正在发生较大变化，如铝材与电解铝的比例关系由2010年的51∶49变化

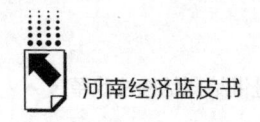

为2016年的78∶22，钢材、粗钢与生铁的比例关系由2010年的42∶31∶27变化为45∶27∶28。

3. 工业经济效益持续向好

2016年1~11月，全省工业企业实现利润同比增长6%，较2015年回升6.1个百分点。2016年企业利润增速改变了2015年10月以后持续下降的态势，经济效益持续向好。

二 河南工业推进供给侧结构性改革仍然任重而道远

推进供给侧结构性改革，中央明确提出去产能、去库存、去杠杆、降成本、补短板五大任务，希望通过生产要素的优化配置，提高供给体系质量和效率，增强经济持续增长动力。经过多年的建设，河南产能快速提升，经济规模明显扩大，但产能中煤炭、水泥、钢铁、有色金属等所占比例较大，存在结构性过剩，企业运营成本较高。近年来河南在供给侧结构性改革方面虽然采取了一些举措，取得了较好成效，但也面临诸多困难。

（一）创新竞争力不足

河南省工业企业研发费用支出明显偏低，与中部其他省份的差距依然较大。2015年，全省工业企业R&D经费投入强度（即企业R&D经费与主营业务收入之比）虽然创历史新高，达0.5%，但仍低于全国平均水平0.4个百分点。在中部省份中，河南仅高于江西，位居第5位，比湖南、湖北、安徽和山西分别低0.5个、0.44个、0.33个和0.17个百分点，差距有逐年扩大的趋势。R&D投入强度不够，难以为企业开展技术创新提供充足的资金保障，使企业的技术创新能力、水平和竞争力一直处于较低的层次和水平。R&D人员投入水平偏低，全省平均每个R&D人员的经费支出为18.03万元，低于中部其他五省，在全国各省份中排第22位。R&D经费中用于基础研究的比重较低，创新发展动力不足。创新能力不足已成为工业发展最突出的"软肋"。

（二）工业资源型行业占比仍较大，供给结构总体仍偏重

河南建材、能源、轻纺、冶金、化工等传统支柱产业供给能力较强，一直

是全省经济发展的基础和优势，但高能耗、高污染、资源型的产业占比偏大是不争的事实。在规模以上工业中，能源原材料增加值占38%，六大高耗能行业占32.3%，重工业占比仍高达60%以上。随着新型工业化的加速推进，要素与环境对工业生产的约束加剧。

（三）企业运营成本高，产品竞争能力弱，长期积累的产能过剩矛盾仍较突出

2016年1～11月，全省规模以上工业企业每百元主营业务收入中的成本为87.72元，高于全国平均水平近2.0元，居全国前列。全省工业利润增速近年来长期低于主营业务收入和增加值增速。欧美等国家一般认为产能利用率在79%～83%为正常值，超过90%则认为产能不足，低于79%则说明可能有产能过剩的现象。2015年，全省重点统计的31种主要工业产品产能中，产能利用率超过80%的仅有8个品种，有23种产品产能利用率均低于国际公认的80%的合理水平。

（四）可持续发展能力弱

河南人口总量大、人均占有资源少，经济发展与资源环境的矛盾突出。能源矿产等资源开发程度较高，在已探明的矿产储量中，石油储量已消耗近70%，天然气已消耗50%以上，煤矿的储采比远低于全国平均水平，铝土矿仅够开采不到10年；水资源缺乏且年际与地域分布不均，人均水资源占有量只相当于全国的1/5，远远低于国际公认的人均1700立方米水资源紧张警戒线，多数地区地下水供水水源地处于满负荷或超采状态；土地资源承载力较重，人均耕地面积仅为0.08公顷，不及全国平均水平的1/4，土地开发程度较高，可利用的后备土地资源特别是后备耕地资源严重不足，且产出效益低。河南建设用地是广东省的近两倍，但创造的GDP却仅为广东的1/2，效益仅仅是广东的1/3。

（五）资本结构存在杠杆风险

2016年11月末，全省规模以上工业企业的负债权益比率为92.6%，较2015年提高4.8个百分点。负债权益比率呈上升趋势，固定资产投入融资主

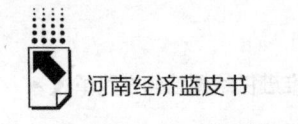

要依靠债务资本，刚性成本和杠杆率过高，债权人利益因企业自有资本过少而缺乏保障，一旦外部市场销售出现问题，偿债风险加大。

三 新常态下加快工业供给侧改革的建议

面对经济新常态和供给侧改革，工业企业要主动调整适应，重点在高端化、智能化、服务化、绿色化方面下功夫，提高全要素生产率，增加有效供给和中高端产品，消除无效供给和低端产品，增强可持续发展能力。

（一）盘活存量和扩大增量有效结合

尽快制订清理全省"僵尸"企业工作方案，摸清"僵尸"企业底数，特别对国有"僵尸"工业企业，各级政府要以壮士断腕之勇气，针对个性问题，采取一厂一策，限期重组兼并或破产清算，妥善安置职工生产生活，变无效供给为有效供给。要树立工业和服务业协同发展理念，加大招商引资力度，选好商，招大商，扩大工业投资增量，增强工业发展后劲。

（二）尽快融入《中国制造2025》

认真梳理《中国制造2025》产品目录，结合河南实际，锁定新材料、先进装备、机器人、高端生活产品和"互联网+"，进一步完善工业主导产业，确立战略性新兴产业，及时出台支持政策，鼓励科技创新及科技成果转化，打造工业经济新引擎。

（三）建立健全"小政府大服务"工作机制

充分发挥市场在资源配置中的决定性作用，各级政府要进一步简政放权，打破行政性壁垒，建立健全"小政府大服务"工作机制，创建以企业为市场主体、政府服务为引导的良好经济发展环境。

（四）做好银企对接工作

政府有关部门定期组织银企洽谈，做好优质企业的上市辅导工作，优胜劣汰，扩大融资，促进生产。

（五）做好工业经济运行监测预警工作

加强调查研究，密切监测重点行业、重点企业生产经营态势，及时发现企业生产经营中的困难和问题，强化工业经济运行中出现的苗头性、倾向性问题的监测预警机制，准确开展统计分析，及时反映经济运行中出现的新情况、新变化，服从省委、省政府决策，保障全省工业经济持续健康运行。

B.20
河南在供给侧改革和需求侧管理中如何抉择

赵德友 刘朝阳 叶皓瑜 宗 方*

摘　要： 根据经济社会发展形势，供给侧改革成为当前经济发展中的必经环节。本文从河南经济发展面临的形势和内外部发展因素入手，剖析经济社会发展面临的形势和问题，根据供给侧和需求侧在政府宏观调控中的内涵和作用不同，对于地方政府如何使用宏观调控措施，给出针对性的政策建议。

关键词： 河南　供给侧改革　需求侧管理

"我国经济发展新常态下的主要矛盾是结构性的，表现为落后的供给能力与广大人民群众日益增长、不断升级和个性化的物质文化需求之间的矛盾。"[①] 这一供求矛盾的主要方面和关键症结是供给侧的结构性问题，表现为无效和低端供给过剩、有效和中高端供给不足。观察河南乃至我国当前发展显现出来的问题，包括经济增速下降、工业品价格下降、实体企业盈利下降、经济风险发生概率上升等，可以发现，这些都是前期经济高速增长过程中积累的深层次问题的突出反映。因此，当前供给侧改革成为经济发展中解决新矛盾的必要措施。

在各地政府纷纷推动供给侧改革的同时，传统需求侧管理的宏观经济政策该何去何从？如果说供给侧改革是经济新常态下解决新矛盾的必要措施，那么

---

* 赵德友，博士，高级统计师，河南省统计局副局长；刘朝阳，河南省统计科学研究所所长；叶皓瑜，高级统计师，河南省统计科学研究所副所长；宗方，高级统计师，河南省统计科学研究所。

① 李义平：《理解和把握贯穿发展全局和全过程的大逻辑》，《人民日报》2016年8月19日。

传统的经济和社会的矛盾是否仍然存在，需求侧管理是否还要继续发挥作用、如何发挥作用，以及供给侧改革和需求侧管理如何抉择，则需要地方政府有一个清晰的认识。河南应根据自身的情况和特点，发挥好供给侧改革和需求侧管理的双侧作用，确保经济平稳较快增长。

一 近年来河南经济走势和决定因素

（一）近年来河南经济走势

2000年以来，河南逐步进入到工业化中期阶段，经济和社会进入快速发展的通道。2008年全球金融危机以后，国际经济环境持续恶化，作为世界第一贸易大国的中国经济深受影响，河南在内部经济结构和外部发展环境的双重作用下，经济增速也不断下行。

（二）决定河南经济形势的基本因素

1. 世界经济仍没有完全走出低迷态势

自2008年世界金融危机以来，虽然各国特别是美国出台了一系列的刺激政策，使得世界经济迅速走出低谷，但是这次危机使欧洲走出债务危机的希望化为泡影，世界经济进入下行通道。河南作为我国重要的基础原料和工业产品的生产地，受外部经济影响仍然较大，这加速了河南经济增速下滑态势。

2. 我国仍处于经济周期的波谷阶段

从改革开放初期到现在，我国大概经历了三个经济周期。分别是1980~1990年、1991~2001年以及2002年到现在，大概每十多年经历一次较大的周期性波动。从目前来看，即第三个周期，也就是当前这个周期有点偏长。一方面是我国宏观调控逐步趋于成熟，延缓了经济下行的时间和力度；另一方面外部经济不景气，自身经济发展处于发展阶段升级、发展方式转变，减缓了政府调控使经济走出波谷这样一个过程。

3. 我国和河南经济发展处于向较高水平升级的阶段

按照一般性的判断标准，我国处于工业化中期向工业化后期转换的过程，河南也处于工业化中期后程。众多数据表明，中国当前经济发展结构和日本

20世纪60年代末70年代初的发展阶段相似（见表1）。从产业结构看，第一产业下降到10%以下，第二产业比重接近或达到最高，第三产业比重逐步上升；从人均收入看，人均GDP以2000年美元可比价计算，在2010年，我国人均GDP为2400美元左右，这些都和日本20世纪70年代初期相近。

表1　中国近年来产业结构和日本1955~1975年比较

单位：%

日本1955~1975年产业结构				中国近年来产业结构			
年份	第一产业	第二产业	第三产业	年份	第一产业	第二产业	第三产业
1955	19.2	33.7	47.0	2011	9.5	46.1	44.3
1960	12.8	40.8	46.4	2012	9.5	45.0	45.5
1965	9.5	40.1	50.3	2013	9.4	43.7	46.9
1970	5.9	43.1	50.9	2014	9.2	42.7	48.1
1975	5.3	38.8	55.9	2015	9.0	40.5	50.5

在这一阶段，经济逐步从依靠以投资拉动的工业经济为主导的发展模式向以消费拉动的服务业发展模式转变，经济由高速增长逐步向中速增长回落。因此，从发展阶段来看，我国经济处于一个整体下行区间，河南经济发展离不开国家发展这个外部环境，况且河南的整体发展水平也是我国经济一个有机部分，中长期的发展趋势是相同的。

4. 河南内部经济结构处于调整和升级过程

在经济从工业化中期向工业化后期发展过程中，经济发展动能、发展方式都要转换，以往的产业结构和产业比例会逐步调整，一些传统生产要素，如工业、农业、矿业等初级产品的生产和使用会越来越少，一些粗犷的生产方式，如高污染、高耗能、资源型的产品要被逐步限制甚至淘汰。

2015年，冶金、建材、化学、轻纺、能源这五大支柱产业增加值占河南规模以上工业增加值比重仍有45.3%，煤炭、化学、非金属矿物制品业等六大高载能行业占规模以上工业增加值比重虽有所下降，但仍约占1/3。在当前供给侧改革的背景下，河南作为传统原料和基础工业品生产的大省，受到的冲击会更大；同时新的生产要素、新产品以及新兴行业需要以新技术开发和使用为支撑，新技术推广和应用周期较长，作用间接，因此短期内经济下行压力仍较大。

二 河南五大国家战略定位内涵及演变

2009年9月，河南粮食生产核心区获得批复。其核心意义是从国家战略角度保障我国粮食安全。但传统的农业生产方式占用劳动力多、平均利润低，从产出法来看，使用相同资源其产值总量、增速往往低于平均水平；从收入法来看，投入农业的要素所获得的分配较低；从支出法来看，河南城镇化率低，农业人口比重大，不利于消费支出的增加。因此农业既是河南的比较优势，又是河南发展的短板，直接或间接地影响经济总量和质量的提升。

2012年11月，中原经济区获得国务院批复，其定位为国家重要的粮食生产和现代农业基地，全国工业化、城镇化、信息化和农业现代化协调发展示范区，全国重要的经济增长板块，全国区域协调发展的战略支点和重要的现代综合交通枢纽，华夏历史文明传承创新区。其核心意义在于保障中部地区崛起，确保我国在2020年全面建成小康社会，不会出现地区短板。从要素配置来看，有利于要素的充分流动，有助于生产效率的提升。

2013年3月，郑州航空港经济综合实验区获得批复。其战略定位是国际航空物流中心、以航空经济为引领的现代产业基地、内陆地区对外开放重要门户、现代航空都市、中原经济区核心增长极；发展目标是到2025年，建成具有国际影响力的实验区，形成引领中原经济区发展、服务全国、连通世界的开放高地。其核心意义在于要素流通通道的建设，使河南从全国重要的要素流通通道升级为沟通国内外要素通道，这是对中原经济区建设战略的进一步提升。

2016年3月，国务院确定郑洛新国家自主创新示范区，其主要功能为进一步完善科技创新的体制机制，加快发展战略性新兴产业，在推进创新驱动发展、加快转变经济发展方式等方面发挥重要的引领、辐射、带动作用。其核心意义在于提高要素质量，从短期看是配合供给侧改革，从长期看是生产方式变革的必然要求。

2016年8月，河南自贸区获得国务院批复，国家总体要求是打造贯通南北、连接东西的现代立体交通体系和现代物流体系，以促进流通国际化和投资贸易便利化为重点，以国际化多式联运体系和多元化贸易平台为支撑，打造对

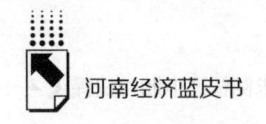

外开放高端服务平台，发展成为"一带一路"战略核心腹地。其核心意义在于，在打通要素流通渠道和提高生产要素质量的基础上，打造了一个更大更广阔的平台。

从国家对河南的战略定位变化轨迹上看，国家对河南的要求越来越高，河南在国家中的战略地位不断上升。虽然河南短期内面临的内外部形势不容乐观，但是河南的发展趋势和发展环境都在逐步改善。目前，河南已经具有新的发展通道和要素流通通道（即全国重要综合交通枢纽和"一带一路"战略上重要节点），新的要素和新的增长方式支撑（即国家自主创新示范区），新的发展平台（即河南自贸区），保持中长期的稳定增长是有客观和现实基础的。河南要从国家战略中发现机遇、创造机遇，以获得更大的发展空间。

总体判断，当前下行因素没有排除，中长期内有利因素还没有充分发挥，短期内经济下行压力仍然存在。但发展趋势和发展环境已经好转，我们要看清新的发展形势，抓住新的发展机遇，加快经济发展步伐。

三 供给学派理论内涵及供给侧改革对河南的影响

（一）当前供给侧改革的理论渊源

经济学中关于供给理论的来源，最早是萨伊在1803年《政治经济学概论》中提出的定律（萨伊定律），即供给创造需求，供给多少就有多少需求。因此只要增加供给，就能使经济持续增长，这与资本主义初期的供给少、需求多这样一个时代背景分不开的。在20世纪70年代，供给学派针对生产成本上升引起供给能力下降，提出降低成本、增加供给的中心思想。历史上的供给经济学派是以经济危机或供给过剩作为终点的，这说明供给学派具体措施有时代性，并不是一成不变的。但供给学派的中心思想都是让市场机制充分发挥作用，这是当前我国或河南供给侧改革中最需要借鉴的地方。

（二）当前供给侧改革和西方供给学派的异同

当前我国的供给侧改革符合供给经济学派理论适用的一些特征，但又不完全相同。相同的是都要在竞争性的领域充分发挥市场机制对资源的配置作用。不同之处在于，一是经济运行基本情况不同。当前我国供给侧存在的问题不同于资本主义发展初期和20世纪70年代由石油危机引发的整体性供给短缺，而主要是结构性的，即在行业间一部分行业和部分产品供给多、需求少，另外一部分行业和产品是供给少、需求多；在行业内部是上游的产业和产品过多，下游的产业和产品较少；基础性的资源和要素生产过多，而质量好、技术含量高的产品和要素少。二是应对措施不尽相同。供给学派主要的政策思路是"降成本"，其最主要的措施就是降低企业税收。这对一些需要鼓励和发展的行业和领域适用，而对过剩的或限制性的行业则不适用。另外除了降低税收和其他企业显性成本措施以外，一些隐性的成本大量存在，有时成为增加有效供给、发挥市场机制的主要障碍，因此需要更多的政策和配套措施。

（三）河南供给侧的现状

目前，河南供给侧存在以下四个突出问题。一是供给的产业结构需要优化。农业种植结构不尽合理；高耗能高污染资源型产业仍然较多，上游产品、初级产品相对较多；居民收入增加后所需要的消费升级产业不足。二是供给方式或者说生产方式相对滞后。传统的生产方式较多，集约式的生产方式较少，"两高一资"产业比重较高。三是供给的要素需要升级。基础资源和要素供给较多，高精尖、高附加值的生产要素和人力资源较少。四是供给侧发挥关键作用的因素——市场体制不健全。各种阻碍市场机制运行的因素还比较常见，相对自由竞争的市场体制还需要通过体制改革进一步完善。

河南在供给侧还有两个突出的优势。一是产品和要素流通渠道越来越通畅。随着中原经济区、航空港经济综合实验区以及河南自贸区平台的建设，市场空间越来越大，要素流通渠道越来越畅通。二是基础性的要素资源较多。河南自然资源（如矿产和旅游资源等）和人口资源丰富，需要把这些自然资源和人口资源转变为可利用的符合经济社会发展要求的资源。

（四）供给侧改革对河南的影响

当前，我国围绕供给侧改革出台了一系列的政策和措施，其中"三去一降一补"等相关政策措施具有较强的针对性，适用当前我国部分产业大量过

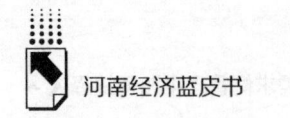

剩的现状，对河南影响最为直接的在于去产能方面。为了确保在2018年完成国家确定的目标，河南需要减少6254万吨煤、240万吨粗钢和100万吨生铁，还有一些其他如水泥、电解铝、平板玻璃等过剩项目。仅从这些产能产生的增加值所占比例来看，短期内对河南总体经济增长趋稳反弹有一定影响，主要影响在于其带来的区域性经济增速下降、居民收入下降和相关就业、社会问题；但从长期来看这种影响不是决定性的，因为市场经济总是在旧动能的淘汰和新动能的产生中不断变化。

四 近年来需求侧对河南经济发展所发挥的作用

（一）需求侧管理内涵、优势和弊端

凯恩斯需求侧管理的理论起源于20世纪20年代末西方经济大萧条时期，主要是针对经济危机前后整个市场需求不足、生产出现过剩现象。需求不足的原因归结为：一是边际消费倾向递减；二是资本边际效率下降；三是货币的流动性偏好，也就是人们有持有货币的偏好。在这种情况下私人部门需求会越来越不足，这就需要通过政府干预来促进整个社会需求的增长。

需求侧管理的优势在于能够通过政府对资源和市场的控制增加市场需求，适合针对经济处于衰退或需求不足时期在短期内达到刺激经济增长的目的。但是需求侧管理也有一定的弊端。一是需求侧管理注重的是总量管理，而不太注重结构。其解决的是经济总需求不足，而不是某一部分需求不足的问题，因此长期使用容易引起结构性生产过剩，而且会再次造成失业和萧条。这是我们在实际经济运行中必须注意的问题。二是需求侧管理由于政府参与经济运行较多，资源和要素配置的主观性较强。自由竞争的市场经济空间会受到一定挤压，一些市场竞争规则由于政府参与而弱化，一些市场投资主体被挤出。三是需求侧管理容易形成调控的路径依赖。在短期内需求侧管理很有作用，这种惯性思维使得经济一旦出现问题就想到了需求侧，想到了政府刺激。因此，长期来看，经济活力会逐步下降；同时，经济下行期的刺激政策一般都是对国有传统产业的需求刺激，因为这些产业更容易短期内发挥作用。

（二）三大需求在河南经济发展中的作用

按支出法来核算，河南 2000 年以来资本形成总额一直处于上升势态，在经济处于工业化中期的这个过程中，原始资本不断积累，资本形成总额上升也是正常的情况。2014 年资本形成总额占 GDP 的比重高达 78%，而居民消费支出占比与 2000 年相比总体是下降的，政府消费支出占比持平（见表2）。近年来，特别是近几年经济形势不好的时候，资本的形成总额还是在不断攀升，而最终消费（特别是居民收入的消费）增长幅度较小，这正是中长期需求侧管理带来的影响。也就是说政府需求侧管理——通过刺激国有企业投资对稳定经济增长起到了关键性作用。

表2　2000 年以来河南投资和消费需求占 GDP 的比重

单位：%

年份	最终消费	居民消费支出	政府消费支出	资本形成总额	投资额	净流出
2000	54.4	41.4	13.0	41.6	32.5	4.0
2001	55.8	41.0	14.8	40.8	32.4	3.4
2002	56.1	40.5	15.6	41.0	33.4	2.9
2003	56.7	41.8	14.9	40.6	35.4	2.8
2004	53.4	39.4	14.0	43.8	37.6	2.8
2005	50.6	36.1	14.5	47.4	42.6	2.0
2006	49.4	34.4	15.0	51.1	48.5	-0.5
2007	45.5	32.1	13.4	55.7	53.6	-1.2
2008	43.0	30.6	12.4	59.5	57.2	-2.5
2009	44.9	32.1	12.8	68.3	66.7	-13.2
2010	44.3	32.1	12.2	69.2	68.0	-13.4
2011	43.8	32.0	11.8	71.2	69.9	-14.9
2012	45.1	33.0	12.1	74.5	73.2	-19.6
2013	47.6	34.6	13.0	77.1	75.7	-24.7
2014	48.3	35.3	13.0	78.0	76.3	-26.2

资料来源：根据《河南统计年鉴（2015）》计算所得。

作为地方政府，出口需求被包含在净流出中，由于核算方法的原因无法单独列出，我们通过出口额占 GDP 的比重可以看出，2015 年河南出口额为

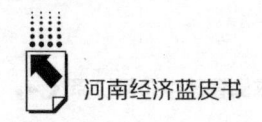

2684.03亿元，占GDP比重仅为7.25%，仅富士康一家企业的手机出口就占出口总额的61.1%。总体上看，出口需求虽然有所增长，但比重仍然较低，出口产品仍较单一；如果除去富士康这一家企业的出口额，出口需求占GDP比重较2009年富士康到来之前的增长可以忽略不计。

（三）需求侧管理是否有继续使用的必要

需求侧管理既有一定的优势，同时还伴有弊端，当前需求侧管理短期内是否要退出政策考虑范围，这需要从当前我国和河南的实际情况出发。

1. 从现阶段经济发展的矛盾来看，需求侧管理还需要继续发挥作用

当前我国经济发展新常态下的主要矛盾是结构性的，表现为落后的供给能力与广大人民群众日益增长、不断升级和个性化的物质文化需求之间的矛盾。发展阶段升级后，供给过剩和需求不足都是结构性的，因此在供给和需求结构调整的过程中，一些市场机制作用不到的产业和领域，仍然需要政府来刺激和调控。

2. 从短期来看，需求侧管理仍是稳定经济增长重要途径

当前我国推行供给侧改革方向是正确的，决心是坚定的，措施不断出台，由于自身的结构特征（特别是作为工业大省、资源大省）使河南受到的影响还比较大。因此，河南短期内经济下行压力较大，适当和适度的需求侧管理有助于经济平稳过渡。

3. 从长期来看，需求侧管理仍是政府宏观调控的重要手段

在市场经济体制运行过程中，市场总是在需求不足和生产过剩中不断调整和徘徊，无论是供给管理还是需求管理都是为了弥补市场机制自身的缺陷。因此，需求侧管理应该回归它的本质，相机抉择，而不是简单地抛弃或者是习惯性使用。

五 河南在供给侧改革和需求侧管理方面如何抉择

当前无论供给侧改革还是需求侧管理，政府要有准确的定位。在短期内，要以供给侧改革为主，需求侧管理为辅，中长期需求侧管理仍然不可缺少，这是由市场经济体制和规律所决定的。政府在供给侧改革和需求侧管理的选择上要和我国及河南经济社会发展中的主要矛盾结合起来,在解决问题的思路上要和河南五大国家战略结合起来,在发展的方式上要和国家五大发展理念结合起来,在发展的方向上要和经济社会发展趋势结合起来。

(一)供给侧改革的方向和措施

1. 充分理解供给侧改革的实质,规范市场运行体制

在以往经济运行中,政府在需求侧的管理运用较多,现存的制度和体制逐步适应了传统生产方式和调控方式。当经济进入新的发展阶段时就必须逐步转变这种发展格局,不断适应新常态的发展要求。供给侧改革最核心的思想,是在竞争性的领域让市场机制发挥作用。在供给侧改革的过程中,政府要充分发挥其引导功能,不能成为供给侧改革的主体力量,因为市场最能衡量供给的多少和供给的质量,这是和以往需求侧管理的最大区别。如果政府参与过多,实际上又回到需求侧管理的方式上。因此,要加强市场体制机制建设,充分发挥市场对竞争性领域的调节作用。

2. 在"三去一降一补"的政策措施下发挥主动性

(1)"三去一降一补"就是要减少过剩产品、优化产业结构,在政策执行的过程中需要充分发挥主观能动性。在"去产能"方面,去产能的区域空间很重要。河南一定要和"一带一路""自贸区""航空港经济综合实验区"等这些国家战略结合起来,利用好这些要素流通通道和国际贸易平台,把河南的产能放在一个更大的区域空间,要更多地参与外部经济发展。主要措施就是通过对过剩产业和优势产业兼并重组,充分发挥资本优势,参与外部竞争。

(2)在房地产"去库存"方面,对库存主体(房地产)的定位很重要。以简单行政命令的方法去库存比较困难,因为政府本身就是"库存"的最大受益者。当前,房地产行业最主要的问题在于地方政府财政负担增加,土地财政依赖严重,急于获得财政收入来源和建设资金,因此对房地产行业性质的定位不太清晰,没有对房地产行业进行功能分类。政府可通过建设和购买过剩普通商品房,对于中低收入者提供能够周转的公租房和简单的商品房,满足基本居住功能,并建立完善的使用和监督制度;而对于中高端收入人群,通过市场方式提供高档商品住宅或商业用房,满足其较高的投资和居住功能。同时,作为地方政府要逐步减少对土地财政的依赖,通过合理规划地方政府的财政收入

来源，逐步降低土地出让占财政收入的比例，通过体制创新（如PPP方式）积极推进民间资金参与基础设施建设，降低政府财政和社会负担，通过划分政府、市场的主体责任，使房地产市场定位清晰、健康发展。

（3）在"去杠杆"方面，去杠杆的对象很关键。由于当前经济中存在的最主要问题是结构性问题，因此在制定政策措施时不能简单一刀切。要有针对性地降低过剩的传统行业（如煤炭、钢材、铝等）和落后的生产方式（如高耗能、高污染行业等）的融资能力，同时还要增加新产业、新业态以及符合经济发展要求的中小企业的融资能力。

（4）在"降成本"方面，降显性成本相对容易，降隐性成本难。国家和河南出台了很多的政策措施来降低税收、融资等显性成本，随着政策措施的出台和落实，企业显性成本会逐步降低。同时更需要关注企业的隐性成本（如低效率、高门槛、潜规则等）影响市场经济发挥作用的体制和机制障碍。具体来讲，要注重政策措施的落实速度和质量，建立完善的监督机制；在竞争性领域建立公开透明的信息发布机制，防止隐性成本对市场机制运行造成阻碍。

（5）在"补短板"方面，要分清楚市场短板和社会短板。市场短板主要靠市场机制发挥作用，而社会短板往往是市场机制发挥不了作用的地方，需要政府发挥调控作用，这还需要和需求侧管理联系起来。这就需要不断完善市场机制，同时在一些市场机制发挥不了作用的地方通过宏观调控来弥补社会发展的短板。

3. 充分用好郑洛新国家自主创新示范区战略平台

为了配合供给侧改革，自2014年以来，国家加快了自主创新示范区的批复节奏。当前，是旧发展方式和旧动能向新发展方式和新动能的转化时期。科技和创新是破解经济结构不合理、环境污染、发展方式滞后的关键因素。具体措施，就是要高度重视和贯彻落实河南省委、省政府《郑洛新国家自主创新示范区建设实施方案》，切实把科技当作第一生产力，各级地方政府要为科技创新和人力资源培育提供良好的生存和发展环境。

（二）需求侧发挥作用的地方

1. 短期内稳定经济增长，弥补经济社会发展短板

短期内需求侧管理的应用，要有利于稳定经济社会发展，弥补发展短板，

兼顾经济转型升级需要。

（1）产品和要素流通通道等相关基础设施建设是短期内稳定经济增长的主要手段。生产要素的充分自由流动是解决区域发展不均衡（特别是贫困问题）、城镇化率较低等突出问题的重要方式。河南要更加深入地融入国家"一带一路"战略，充分利用自身的优势，进一步加大交通、通信、互联网等基础设施建设投资力度，使内外市场充分对接起来。另外，作为内陆省份，河南对外交往一直是比较薄弱的环节，也需要不断增加对外交往的频次、渠道和平台。

（2）在城镇化方面的建设和投入是经济社会发展的必然要求。随着经济和社会发展阶段的不断演进，城镇化的水平会越来越高，越来越多的人口会向城镇集中。这就需要根据经济和社会发展的趋势，有计划、有节奏地逐步推进各级中心城市的基础设施建设，切实贯彻"城市让生活更美好"的发展理念，坚定不移地推进城镇化建设步伐。

（3）在科教文卫方面的建设和投入是经济转型升级的必要条件。目前河南对科技研发的投入无论是与全国相比还是与中部省份相比，都不具有优势。无论是国有企业还是民营企业都需要加大科技投入力度，特别是一些传统国有优势行业，不能再局限于收入和产值这些短期目标。在教育方面，河南的各级教育资源和师资力量都处于短缺状态，当前的教育资源远远不能满足经济社会发展的需要。在文化卫生方面的投入是解决落后供给能力与广大人民群众日益增长、不断升级和个性化的物质文化需求之间矛盾的重要途径。

（4）现代农业生产方式是确保我国粮食生产的战略需要。逐步加大农业基础设施的投资需求，与国家对河南的战略要求是一致的。农业既需要供给侧结构性调整，也需要政府需求侧投入来保障。农业的主要投入方向要和现代农业生产经营和管理模式对接起来，使农业部门生产逐步向正常利润靠拢，增加农业部门要素流入的吸引力，进一步减少农业从业人员，提高农业生产效率。当前，河南要积极贯彻执行《全国农业现代化规划（2016~2020年）》，确保率先实现五大发展任务。

2. 长期来看，要引导民间需求的不断增强

需求侧管理理论的实质是为了提高市场总需求，短期内政府通过国有资源的投入，恢复市场经济活力；从长期来看，需求侧管理是为了增加整个市场的

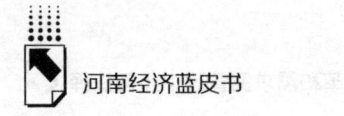

需求。单纯地长时间依靠政府或国有企业的刺激，难免会形成路径依赖，引起要素和产品的过度集中，最终产能过剩。因此，从长期来看，政府要不断调整需求侧管理的方式和方向，通过政策措施引导和鼓励民间需求。

  目前，民间需求对经济的拉动作用还较小，增长也相对缓慢。在新的发展阶段，新的发展平台，要不断引导民间投资、民间消费和进出口的快速增长。一方面民间需求是需要通过市场机制发挥作用的部分，所以民间需求改善和供给侧的改革是相辅相成的，供给侧改革到位了，民间需求就会不断上升。另一方面要不断开放竞争性的领域，扩大民间投资这一重要需求的发展空间。

参考文献

陈小亮、陈彦斌：《供给侧结构改革与总需求管理的关系探析》，《中国高校社会科学》2016年第3期。

周滨、刘良军：《对推进供给侧结构性改革的思考》，《上海经济管理干部学院学报》2016年第4期。

王志刚：《中国宏观调控的内涵、难点与创新》，《价格理论与实践》2016年第4期。

B.21
河南农业发展新阶段供给侧改革研究

王贵斌 乔西宏 郑宝卫 李丽*

摘　要： 近年来，河南持续推进农业现代化建设，农业生产进入新阶段。随着经济社会的发展，对农产品的需求也在逐渐改变，从以往对量的需求转变为更加注重产品结构、安全和质量，农业供给与需求的矛盾日益显现。因此，推进农业供给侧结构性改革、加快转变农业发展方式、推动农业转型升级势在必行。

关键词： 河南　农业供给侧改革

河南作为农业大省，近年来持续推进现代农业建设，全省粮食、肉、蛋、奶、菜、水果等供应充足，粮食、蔬菜、肉蛋奶等产量居全国前列，不仅保证了全省人民的需求，为新常态下全省经济社会平稳发展提供了坚实支撑，也为保障国家粮食安全做出了贡献。随着经济社会的发展，农业生产方式与对农产品的需求都发生了较大变化，全省的农业生产已进入新的发展阶段。从供给角度看，河南粮食综合生产能力不断提高，畜牧业生产规模化比例增加，新型农业经营方式不断涌现，新型农业经营主体快速发展，全省农业实现稳定发展。从需求角度看，随着人民生活水平的提高，对各种农产品的需求也在逐渐改变，从以往对量的需求转变为更加注重产品结构、安全和质量。然而，全省农产品"优的不多、多的不优"，精深加工滞后、中高端供给不足、生产加工科

---

* 王贵斌，河南省统计局总统计师；乔西宏，高级统计师，河南省统计局农业统计处处长；郑宝卫，高级统计师，河南省统计局农业统计处副处长；李丽，高级统计师，河南省统计局农业统计处。

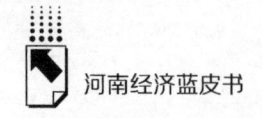

技含量较低、大部分农产品生产成本偏高、市场竞争力不强等问题日益突出，农业供给与需求的矛盾日益显现。因此，推进农业供给侧结构性改革、加快转变农业发展方式、推动农业转型升级势在必行。

一 河南农业发展进入新阶段

（一）粮食综合生产能力迈上新台阶

近年来，省委、省政府高度重视粮食生产，全面实施粮食生产核心区建设，加快中低产田改造，实施高标准农田"百千万"建设工程，开展粮食高产创建、重大技术集成应用等增产增效系列行动，取得显著成效。全省粮食综合生产能力不断提高。粮食生产新技术实现多项突破，在品种改良、高产作物栽培管理、水肥优化调控、病虫害防治等方面取得明显进展，高产田、超高产田不断涌现，创下一个个高产典型。2015年，全省粮食总产量实现连续十二年增产。2011年和2015年河南粮食总产量分别突破1100亿斤、1200亿斤，粮食单产实现了由中低产到中高产的跨越，圆满完成"十二五"粮食生产规划目标，粮食生产能力迈上了新台阶。

（二）畜牧业生产进入规模化新阶段

近年来，全省以建设优质畜产品生产及加工基地为重点，积极转变畜牧业发展方式，大力发展现代畜牧业，规模化养殖比重不断提高。蛋、肉、奶产量分别居全国第1、第2和第4位，形成了京广铁路沿线生猪产业带、中原肉牛产业带、黄河滩区绿色奶业示范带等优势区域。2015年底，全省规模以上生猪养殖场户19.3万家，规模以上牛养殖场户4.5万家，规模以上羊养殖场户11.4万家。①

（三）农业生产方式发生新变化

近年来，随着城镇化进程的加快，外出务工农民增多，传统的农业生产方

---

① 畜禽规模养殖场户指调查时点生猪存栏100头以上，牛存栏50头以上，羊存栏30只以上。

式也发生了新的变化，种粮大户、家庭农场、农民专业合作社等新型农业经营组织快速发展。截至2015年12月底，全省实有农民专业合作社11.79万户，出资总额3573.26亿元。在全国各省份中，河南农民专业合作社的数量和出资总额均居全国第2位；在中部六省中均居首位。同时，全省农民专业合作社平均规模不断扩大，并逐渐向规模化、集约化、品牌化发展，生产经营范围覆盖农业整个产业链，并逐步实现由附加值较低的种养殖业向上下游相关产业纵深发展转变。

（四）农业结构调整取得新进展

一是粮食生产王牌优势更加突出。河南粮食产量位居全国第2位，全省夏粮产量居全国第1位，小麦产量约占全国的1/4。二是品种品质结构不断优化，全省小麦、玉米和水稻的优质化率提升。三是农业地区分工和优势特色农产品区域化布局、规模化生产、产业化发展的新格局初步形成。形成了豫北、豫中的优质小麦基地，沿黄地区优质水稻基地，豫东、豫西南的瓜菜、水果、中药材、花卉苗木等基地，特色农业比重不断扩大。

二 河南农业供给侧存在的突出问题

（一）重粮食轻经济作物

近年来，作为全国重要的粮食生产区，全省农作物种植以粮食为主，粮食作物播种比重逐年提高，在全省农作物播种面积中粮食作物占70%左右；其余如蔬菜及食用菌占12%左右，油料占11%左右，瓜果类、中草药材、烟叶等经济作物种植占比不足5%（见表1）。粮食作物稳定增长，主要在于国家政策支持，国家对粮食种植实行补贴政策，并且连续多年上调最低收购价，较好地调动了农民种粮积极性；而对经济作物并没有相应补贴，造成了偏重于粮食生产的现状。

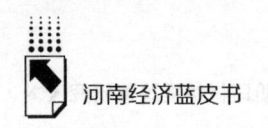

表1　近年来河南主要农作物种植结构

单位：%

指标	2008年	2009年	2010年	2011年	2012年	2013年	2014年	2015年
粮食作物	67.7	68.2	68.4	69.1	70.0	70.4	71.0	71.2
油料	10.7	10.9	11.0	11.1	11.0	11.1	11.1	11.1
棉花	4.3	3.8	3.3	2.8	1.8	1.3	1.1	0.8
生麻	0.1	0.1	0.1	0.1	0.0	0.0	0.0	0.0
烟叶	0.8	0.9	0.9	0.9	0.9	1.0	0.9	0.9
中草药材	0.8	0.8	0.9	0.9	0.9	0.9	0.9	0.8
蔬菜及食用菌	12.1	11.9	12.0	12.1	12.1	12.2	12.0	12.1
瓜果类	2.2	2.3	2.4	2.3	2.3	2.3	2.3	2.3
其他农作物	1.3	1.0	1.2	0.8	0.9	0.8	0.8	0.9

在粮食生产中，全省以小麦—玉米两熟种植模式为主，小麦和玉米占全部粮食产量的87%以上，稻谷占比只有8%~9%，红薯、豆类的比例不断下降，2014年分别只有1.9%和1.0%（见表2）。虽然在数量上粮食产量连年增长，但是供需矛盾等问题日益突出，一方面小麦、玉米库存量大，另一方面大量进口优质小麦、大豆等农产品，农产品生产同质化严重，各类优质、专用小麦和玉米不能满足人们日常需求和加工需求，农业供求结构性矛盾突出。

表2　近年来河南粮食作物生产结构

单位：%

指标	2008年	2009年	2010年	2011年	2012年	2013年	2014年
谷物	95.5	95.7	95.8	95.8	96.3	96.7	97.1
稻谷	8.3	8.4	8.7	8.6	8.7	8.5	9.2
小麦	56.9	56.7	56.7	56.3	56.3	56.5	57.7
玉米	30.1	30.3	30.1	30.6	31.0	31.4	30.0
谷子	0.2	0.2	0.2	0.1	0.1	0.1	0.1
高粱	0.0	0.0	0.0	0.0	0.0	0.0	0.0
其他谷物	0.1	0.1	0.2	0.2	0.2	0.2	0.2
豆类	1.8	1.7	1.7	1.7	1.5	1.4	1.0
红薯	2.7	2.5	2.5	2.5	2.2	2.0	1.9

（二）重生猪轻牛羊

2015年，河南肉类总产量居全国第2位，猪、牛、羊、禽肉产量占全省肉类总产量的比例分别为67.7%、11.7%、3.6%和17.0%。从结构上看，全省畜牧业养殖以生猪为主，禽类次之，牛、羊养殖比例不高。

作为传统的农业大省，全省以往对牛的养殖偏重役用牛，随着机械化进程加快，农业机械已逐渐取代了役用牛。而肉牛养殖投入大、周期长、风险高，全省肉牛养殖大都依靠从外地直接购进架子牛进行育肥出售，基础母牛数量明显不足。羊的养殖也主要以分散的放养为主。牛、羊生产都存在规模化生产程度低、养殖效益不高等问题。

（三）农业生产成本增高

近年来，农业生产成本呈现出增长趋势。以全省秋粮生产为例，"十二五"期间，全省秋粮生产成本增长了19.8%；其中，物质费用增长了38.3%，生产服务费用增长了131.3%（见表3）。具体来说，种子、化肥、机播、机收、排灌费用都出现大幅增长。生产成本的增长，除了价格因素外，也与全省农户生产习惯、分散经营有一定关系。玉米播种面积占全省秋粮播种面积的70%左右，

表3　2010~2015年秋粮亩均生产成本对比

单位：元，%

指　标	2010年	2011年	2012年	2013年	2014年	2015年	2015年比2010年
生产成本	374.0	452.1	470.4	463.1	485.3	448.1	19.8
（一）物质费用	142.1	179.7	191.7	190.6	187.7	196.5	38.3
其中：种子	35.8	44.0	47.6	46.4	48.8	50.8	41.9
化肥	90.2	121.0	128.4	125.9	120.8	126.0	39.7
农药	12.1	10.8	11.6	11.7	11.6	12.8	5.8
（二）生产服务费用	41.2	44.5	53.4	65.3	104.6	95.3	131.3
其中：机耕	8.9	9.8	10.3	10.8	10.9	12.0	34.8
机播	6.4	7.2	7.6	10.7	11.2	12.1	89.1
机收	12.9	13.2	18.6	27.9	38.4	43.7	238.8
排灌	11.2	12.3	15.3	15.9	44.1	23.5	109.8
（三）人工成本	190.7	227.9	225.3	207.2	193.1	156.3	-18.0

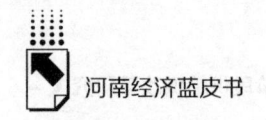

密植技术的应用使得玉米种子播种增加，化肥用量也大大攀升。2015年全省化肥施用量（折纯）716.09万吨，每亩平均化肥施用量58.6公斤，比全国平均量多28.9公斤，亩均化肥施用量居全国第3位。生产成本增高，而粮食价格已经到达"天花板"，特别是玉米价格近年来出现明显下跌，这种一降一增挤压了农民种粮的收益。

(四)农业基础仍较为薄弱

由于历史和现实因素的影响，全省农业基础设施仍存在一些薄弱环节，主要表现在物质基础设施和农业基础服务两方面。目前，河南仍存在大量中低产田，部分农田水利设施老化失修、管理不到位、抵御自然灾害的能力不强。

（五）农产品精深加工不足

河南是农业大省，各种农产品数量丰富，但是存在农产品不能满足专用加工原料需求、农产品以初加工为主、精深加工少等问题。农产品精深加工的缺乏，不能延长产业链条、无法提高产业附加值，造成全省农产品生产及加工产业结构层次低、附加值低、生产效益不高。

（六）农产品质量安全重视不够

化肥使用量严重超标、畜牧业污染等对农村耕地、水、环境的污染日趋严重，农产品的质量安全问题日益突出，曾出现"瘦肉精""毒豆芽"等食品安全问题，对农产品安全与质量重视不够。

三 全省农业供给侧改革的基本思路

供给侧结构性改革是新常态下我国经济发展的重大决策。农业供给侧结构性改革是供给侧改革的重要方面，特别是河南作为农业大省，扩大农产品有效供给、提高农业综合效益和市场竞争力、农业供给侧改革势在必行。农业供给侧改革应遵循坚持市场导向、发挥比较优势、促进融合发展的原则，着力推进农业生产区域化、规模化、产业化经营，提高农业生产效率，提升市场竞争力，使农业供给与需求更加契合。概括起来就是要提产能、调结构、去库存、降成本、补短板。

（一）提产能

河南是农业大省，农业生产不仅是功能分工问题，也是政治问题。作为全国重要的粮食生产核心区，保障国家粮食安全责任重大。2010年，河南省政府下发了《河南省人民政府关于印发河南省粮食生产核心区建设规划（2008~2020年）的通知》和《关于河南粮食生产核心区建设规划的实施意见》（以下简称《实施意见》）。《实施意见》提出，到2020年，在保护全省1.03亿亩基本农田的基础上，粮食生产核心区粮食生产用地稳定在7500万亩，使全省粮食生产的支撑条件明显改善，抗御自然灾害能力进一步增强，粮食生产能力达到650亿公斤，成为全国重要的粮食生产稳定增长的核心区、体制机制创新的试验区、农村经济社会全面发展的示范区。然而，全省仍存在农业基础设施较为薄弱、农业高新技术配套集成应用不多、规模化生产程度较低等问题。为了从总量上保障粮食生产与供给，确保全省1亿人的吃饭问题，保障国家粮食安全，全省需要继续提高农业综合生产能力。为此，要从以下两个方面加强农业生产建设。

1. 继续建设高标准粮田

截至2016年8月底，全省已累计建成高标准粮田5131万亩。为实现到2020年全省建成6369万亩高标准粮田目标，要继续整合各类农田基本建设项目和资金，建设井、渠、路、林、电等田间基础设施。进一步加强耕地质量建设，大力开展耕地质量保护与提升行动，实现耕地质量的总体提升。创新高标准粮田管护机制，加大管护资金投入，强化田间设施管理保护，确保其长久发挥作用。

2. 提高科技投入

着力提升农业科技创新能力，积极开展绿色高效技术集成模式攻关和试验示范，加快推动信息化技术与农机农艺相融合，提高农业生产装备现代化水平。加快选育高产稳产、优质高效新品种，推进农机农艺融合，提高农业科技进步贡献率和农业设施装备水平，提高农业生产效率和经营效益。以节地、节水、节肥、节药、节种、节能以及资源综合循环利用为重点，开发农业节约型

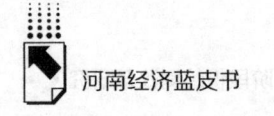

技术。加快推进基层农技推广体系改革与建设，积极提供新品种供应、新技术推广、统一耕种收获、病虫害专业化统防统治、农资统购统供等服务，提升公共服务能力。

（二）调结构

1. 农作物种植结构调整

立足省内外、国内外农产品市场需求，根据资源与生产优势，加强农作物结构调整。从品种上来说，大力发展优质专用小麦，适当调减玉米面积，因地制宜、因市场制宜扩大花生、大豆、小杂粮、薯类、蔬菜及饲用玉米、饲草等作物，大力发展设施蔬菜。从种植结构上来说，发展具有区域特色的种植结构，如小麦—玉米、小麦—大豆、小麦—饲料作物、小麦—蔬菜、小麦—瓜果等模式。

2. 优化养殖业结构

随着生活水平的日益提高，人们对健康饮食越来越重视，对牛羊等食草性肉类的消费需求量增加，牛羊肉消费在肉类消费结构中所占的比重也在提高。近年来牛羊肉价格持续高位运行，原因之一就是供给跟不上需求。因此，在稳定发展猪禽产业的同时，大力发展以牛羊为主的草食畜牧业。充分利用秸秆资源，积极发展优质牧草生产，推进良种繁育体系建设，着力扩大优质奶牛、肉牛生产规模，提升草畜发展水平。以豫西南、豫西地区为重点，大力发展母牛养殖，建立夏南牛等优质母牛品种繁育基地。在平原农区，大力发展肉牛标准化规模育肥，建设肉牛育肥基地，夯实肉牛产业发展基础。以沿黄地区和豫东、豫西南奶业优势区为重点，加快小区牧场化转型，推进养殖场与乳品加工企业融合，开发适销对路的大众化低温乳制品。巩固发展肉羊传统优势产区，积极培育肉羊新兴优势区。推进水产科学养殖，建设沿黄优质黄河鲤鱼产业带、豫南豫西南水库渔业产业集群和豫北名特水产品示范区。

（三）去库存

粮食生产连年丰收，但加工能力不足，造成库存过高。2016年4月27日，《河南省人民政府办公厅关于消化粮食库存促进面粉等粮食加工业健康发展的意见》发布，推动发展订单农业、落实国家粮食收储政策、做大做强粮食加工企业、培育粮食加工产业集群等重点工作。坚持消费导向，按照"安全、优质、营养、健康"的要求，在满足社会消费需求的基础上，加快发展粮食精深加工。鼓励通过大企业强强联合、中小企业分工协作，培育形成一批产业关联度高、功能互补性强的大型龙头企业和企业集团。以优势骨干企业为主体，培育一批拥有自主知识产权和核心技术、市场竞争力强的企业以及知名粮食精深加工产品品牌。加快实施农业产业化集群培育工程，围绕主食加工、方便食品、休闲食品、速冻食品等优势加工产业，促进粮食初加工、精深加工及综合利用加工协调发展，形成一批优势产业集群。

（四）降成本

1. 发展规模经营

鼓励发展多种形式的适度规模经营，有序推进土地经营权流转，鼓励农户通过土地流转、托管、入股等多种形式发展规模经营。通过发展适度规模经营，提高农业生产规模效应，降低农业生产成本。

2. 减少物质投入

推动清洁农业与循环农业的发展，制定可行的技术方案降低农业生产对化肥和农药的依赖，推行测土配方施肥，减少化肥和农药使用量。加大投入和研发，推广使用有机肥料，提升农产品品质和产量。

（五）补短板

1. 拉长产业链条，发展精深加工

随着工业供给侧结构性改革的推进，与农业农产品相关的工业行业将改造升级，农业生产需要积极主动与工业生产新需求相匹配。河南农产品加工业区域资源优势突出，农业产业化集群快速发展，应在供给侧结构改革中发挥区域资源优势，提升龙头企业支撑带动作用，以农产品为原料，实现农产品精深加工，大幅提高农产品附加值，以创新供给带动需求扩展。

2. 提升农业从业人员素质

河南省农业劳动者总体上文化素质偏低，相对缺乏适应发展现代农业需要的新型农民。要把提高农民科技文化水平放在突出位置，大力发展农村职业教育，积极开展农民培训，切实加强农村实用人才开发，引导农村青年、返乡农

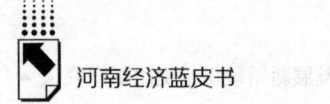

民工、农技推广人员、农村大中专毕业生等加入职业农民队伍，培养一大批有文化、懂技术、善经营、会管理的新型农民，为转变农业发展方式提供智力支撑。

3. 注重农产品质量安全

随着人民生活水平的提高，对农产品的消费在保障数量的基础上，更加注重优质、绿色、安全，因此要在稳定各种农产品产量的基础上，发展高效、绿色、安全的现代农业，更加注重农产品质量安全，提升食品质量安全水平。强化对农作物源头污染的治理，加快推进测土配方施肥和病虫害的统防统治。创新农产品质量安全监管方式，构建农产品质量安全长效监管机制。加强农产品质量安全全过程监管，推动全程可追溯、互联共享的农产品质量安全信息平台建设。进一步加强农产品质监体系建设，强化机构管理、队伍建设和运行保障，提升技术能力。

4. 健全农业支撑体系

一是改革完善粮食等重要农产品价格形成机制和收储制度，坚持市场化改革取向与保护农民利益并重，采取"分品种施策、渐进式推进"的办法，完善农产品市场调控制度。二是加快发展新型农业生产经营体系，加快培育专业大户、家庭农场、农民合作社、农业产业化龙头企业等新型农业经营主体，构建以农户家庭经营为基础、合作联合为纽带、社会化服务为支撑的立体式、复合型现代农业经营体系。三是完善农村金融保险体系，创新涉农金融产品和服务，加快构建多层次、广覆盖、可持续的农村金融服务体系，降低农业融资成本。四是完善创新农业产品流通体系，推进批发市场、农贸市场和产地直销配送市场建设，加强农产品物流园区等产地基础设施建设。

B.22
基于供给侧结构性改革的河南工业主导产业选择建议

王舒玲 张 静*

摘 要： 在一个国家或地区的产业中，工业主导产业由于其所处的特殊地位和自身固有的特点，往往通过"回顾效应""旁侧效应""前瞻效应"带动一大批产业的形成和发展，从而从整体上带动一个国家或地区的全面发展。在供给侧结构性改革不断深化的背景下，在河南迈向全面小康社会进程中，必须高度重视工业主导产业的正确选择。通过多年的建设，河南已经形成了一批相对优势产业，具备了遴选整合、集优聚力发展的条件。本文利用近年来河南各工业行业相关数据，通过对各行业的优势、活力、效益、影响力等方面进行比较分析，为全省工业主导产业的选择提出建议。

关键词： 河南 工业 主导产业 供给侧 结构性改革

在一个国家或地区的产业中，工业主导产业由于其所处的特殊地位和自身固有的特点，往往通过"回顾效应""旁侧效应""前瞻效应"带动一大批产业的形成和发展，从而从整体上带动一个国家或地区的全面发展。所以，在供给侧结构性改革不断深化的背景下，在河南迈向全面小康社会进程中，必须高度重视正确选择和建设工业主导产业。

经过半个多世纪的艰苦努力，河南奠定了比较雄厚的工业经济基础，形成

---

* 王舒玲，调研员，河南省统计局工业统计处；张静，河南省统计局工业统计处。

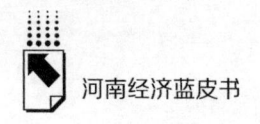

了一批相对优势产业，具备了遴选整合、集优聚力发展的条件。选择未来河南经济发展的工业主导产业，我们认为应该注重优势、注重活力、注重效益、注重影响力。

一 河南有17个行业在全国具有相对优势

以2015年主营业务收入作为主要观察指标，计算河南40个行业大类的区位熵，区位熵大于1表明该行业在全国具有相对区位优势。从测算结果来看，有色金属矿采选业区位熵最高，为4.1，区位熵位于1及以上的行业有17个，河南的这些行业在全国具有相对优势（见表1）。

表1 2015年河南工业区位优势行业

行业	占全省主营业务收入比重(%)	占全国主营业务收入比重(%)	区位熵
有色金属矿采选业	2.3	0.6	4.1
非金属矿物制品业	11.7	5.3	2.2
食品制造业	3.8	2.0	1.9
专用设备制造业	5.0	3.2	1.5
皮革、毛皮、羽毛及其制品和制鞋业	1.9	1.3	1.5
有色金属冶炼和压延加工业	6.8	4.6	1.5
农副食品加工业	8.2	5.9	1.4
煤炭开采和洗选业	3.1	2.3	1.3
酒、饮料和精制茶制造业	2.0	1.6	1.3
非金属矿采选业	0.6	0.5	1.2
医药制造业	2.7	2.3	1.2
家具制造业	0.8	0.7	1.1
造纸和纸制品业	1.4	1.3	1.1
印刷和记录媒介复制业	0.7	0.7	1.1
通用设备制造业	4.4	4.3	1.0
纺织业	3.5	3.6	1.0
开采辅助活动	0.1	0.2	1.0

二 河南有25个行业主营业务收入连续三年年均增速在两位数以上并高于全国平均水平

为测算河南各行业增长活力，分别计算了河南主要行业大类2012~2015年主营业务收入年均增速并分别与全国进行了对比分析。结果表明，河南有26个行业主营业务收入年均增速在两位数以上，其中除木材加工及木、竹、藤、棕、草制品业外，其余行业的年均增速均高于全国平均水平。以计算机、通信和其他电子设备制造业为首的5个行业的年均增速高于全国平均水平10个百分点以上。医药制造业等9个行业的年均增速高于全国平均水平5个百分点以上（见表2）。

表2 2012~2015年河南工业分行业主营业务收入年均增速与全国对比情况

单位：%，个百分点

行 业	全省年均增速	全国年均增速	增速对比
全省	11.4	7.4	4.0
计算机、通信和其他电子设备制造业	53.1	9.2	43.9
金属制品、机械和设备修理业	28.9	11.1	17.8
纺织服装、服饰业	23.0	8.9	14.1
医药制造业	20.1	14.9	5.2
其他制造业	19.8	11.4	8.4
医疗设备及仪器仪表制造业	19.7	12.3	7.4
文教、工美、体育和娱乐用品制造业	19.6	12.0	7.6
铁路、船舶、航空航天和其他运输设备制造业	19.5	7.1	12.4
通用设备制造业	18.9	7.7	11.2
电气机械及器材制造业	17.6	8.9	8.7
家具制造业	17.0	12.1	4.9
燃气生产和供应业	17.0	16.7	0.3
水的生产和供应业	17.0	10.0	7.0
金属制品业	16.5	10.1	6.4
皮革、毛皮、羽毛及其制品和制鞋业	15.7	9.4	6.3
食品制造业	15.5	12.9	2.6
橡胶和塑料制品业	14.9	9.4	5.5

续表

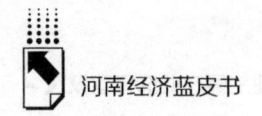

行业	全省年均增速	全国年均增速	增速对比
印刷和记录媒介的复制业	14.7	10.8	3.9
汽车制造业	14.7	11.0	3.7
农副食品加工业	13.2	11.2	2.0
非金属矿物制品业	12.4	10.2	2.2
酒、饮料和精制茶制造业	12.3	10.5	1.8
专用设备制造业	12.2	7.7	4.5
木材加工及木、竹、藤、棕、草制品业	12.0	13.5	-1.5
废弃资源综合利用业	12.0	6.6	5.4
化学原料及化学制品制造业	11.1	8.9	2.1

三 河南有22个行业影响力系数大于1.0，6个行业大于1.25

2012年河南省42个部门投入产出的影响力系数大于1的行业有22个，且这22个行业部门均属于第二产业，由此可见第二产业对河南省经济影响力较大，并且与其他行业部门关联度较高。这表明，对这些行业部门最终需求的增加会拉动其他相关部门的发展；同时，这些部门对其他相关行业的依赖性较强，容易受到其他行业的制约，并有可能成为瓶颈。在这22个行业部门中，影响力系数位于前6个产品部门的影响力系数大于1.25，远远高于其他行业部门（见表3）。因此，这6个行业在河南省的社会需求较大，它们的持续稳定增长对国民经济的健康稳定发展具有重要作用。

表3 2012年河南投入产出部门影响力系数

行业	代码	影响力系数
金属制品、机械和设备修理服务	24	1.3892
废品废料	23	1.3741
金属冶炼和压延加工品	14	1.3054
燃气生产和供应	26	1.2938
交通运输设备	18	1.2616
金属矿采选产品	04	1.2614

续表

行业	代码	影响力系数
专用设备	17	1.2105
通信设备、计算机和其他电子设备	20	1.2047
通用设备	16	1.2044
化学产品	12	1.1953
石油、炼焦产品和核燃料加工品	11	1.1946
造纸印刷和文教体育用品	10	1.1813
电气机械和器材制造	19	1.1703
水的生产和供应	27	1.1561
电力、热力的生产和供应	25	1.1556
医疗设备及仪器仪表	21	1.1483
金属制品	15	1.1419
建筑	28	1.1316
非金属矿物制品	13	1.0934
皮革、毛皮、羽毛及其制品和制鞋业	08	1.0728
木材加工品和家具	09	1.071
食品和烟草	06	1.0235
纺织品	07	1.0108

四 河南工业有27个行业成本费用利润率超过全省平均水平，有8个行业超过10%

表4反映了河南工业行业生产效益情况。

表4 2015年河南工业分行业主要效益指标

单位：%

行 业	成本费用利润率	主营业务收入利润率
全 省	7.2	6.7
烟草制品业	38.5	15.3
非金属矿采选业	12.3	10.9
有色金属矿采选业	11.4	10.2
燃气生产和供应业	11.1	10.0

续表

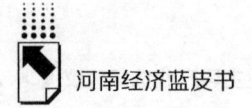

行　业	成本费用利润率	主营业务收入利润率
家具制造业	11.1	9.9
皮革、毛皮、羽毛及其制品和制鞋业	10.9	9.5
食品制造业	10.3	9.3
橡胶和塑料制品业	10.0	9.1
医药制造业	9.8	8.9
铁路、船舶、航空航天和其他运输设备制造业	9.6	8.8
黑色金属矿采选业	9.6	8.7
木材加工和木、竹、藤、棕、草制品业	9.6	8.7
非金属矿物制品业	9.3	8.5
医疗设备及仪器仪表制造业	9.1	8.4
印刷和记录媒介复制业	9.0	8.3
文教、工美、体育和娱乐用品制造业	9.0	8.2
酒、饮料和精制茶制造业	8.7	7.9
化学纤维制造业	8.4	7.9
造纸和纸制品业	8.6	7.9
纺织服装、服饰业	8.6	7.9
纺织业	8.2	7.7
农副食品加工业	8.2	7.5
金属制品业	8.2	7.5
电气机械和器材制造业	8.0	7.5
通用设备制造业	7.8	7.3
汽车制造业	7.7	7.2
废弃资源综合利用业	7.6	7.0
其他制造业	6.9	6.5
专用设备制造业	6.9	6.4
化学原料和化学制品制造业	6.3	6.3
水的生产和供应业	6.1	6.1
电力、热力生产和供应业	4.9	4.8
计算机、通信和其他电子设备制造业	4.7	4.5
黑色金属冶炼和压延加工业	4.4	4.3
石油加工、炼焦和核燃料加工业	3.1	3.0
有色金属冶炼和压延加工业	2.6	2.6
金属制品、机械和设备修理业	1.2	1.3
开采辅助活动	0.2	0.2
其他采矿业	0.0	0.0
煤炭开采和洗选业	-1.8	-1.8
石油和天然气开采业	-44.7	-66.2

五 综合分析，有13个行业可遴选为当前全省重点发展的工业主导产业，有6个行业可作为准工业主导产业进行培育

通过交叉分析得知，非金属矿物制品业等13个行业在全国的相对优势明显，影响力大，效益基础好，具有成为河南工业主导产业的良好基础，未来应制定政策围绕重点骨干企业予以重点扶持（见表5）。2016年，这13个行业增

表5 遴选河南工业主导产业2016年发展情况

单位：％，个百分点

产业	行业	增速	比重	贡献率	拉动点
	全 省	8.0	100.0	100.0	8.0
重点工业主导产业(13个)	有色金属矿采选业	8.5	2.1	2.6	0.2
	非金属矿采选业	1.2	0.8	0.1	0.0
	农副食品加工业	8.9	7.5	8.1	0.7
	食品制造业	16.6	3.9	6.3	0.5
	纺织业	6.9	3.5	3.3	0.3
	皮革、毛皮、羽毛及其制品和制鞋业	2.9	2.5	0.9	0.1
	家具制造业	14.7	1.1	1.9	0.2
	造纸和纸制品业	2.4	1.7	0.9	0.1
	印刷和记录媒介复制业	9.8	0.6	0.7	0.1
	医药制造业	16.3	3.0	5.7	0.5
	非金属矿物制品业	9.7	13.1	15.9	1.3
	有色金属冶炼和压延加工业	7.6	3.8	3.7	0.3
	通用设备制造业	10.8	4.4	5.8	0.5
	合计	9.5	48.0	55.9	4.8
准工业主导产业(6个)	纺织服装、服饰业	8.2	1.9	1.9	0.2
	金属制品业	13.9	2.8	4.7	0.4
	铁路、船舶、航空航天和其他运输设备制造业	17.2	1.2	2.4	0.2
	电气机械和器材制造业	15.1	3.9	6.8	0.5
	计算机、通信和其他电子设备制造业	11.5	3.3	4.6	0.4
	金属制品、机械和设备修理业	-18.3	0.0	-0.1	0.0
	合计	13.0	13.1	20.3	1.7

加值同比增长9.5%，占全省工业增加值的比重达48.0%，对全省规模以上工业增长的贡献率达55.9%。当然，在这13个行业中有一些是通常意义上的"三高"行业，但应该看到这些行业在河南经济发展中的基础性作用和相对优势地位。事实上，近年来这些行业在加快转型升级方面取得了显著成效，精深加工产品产量增长较快，与初加工产品产量比例关系发生了较大变化。例如，铝材与电解铝的比例关系由2010年的51∶49改变为2015年的75∶25。再如，有色产品中，2016年铝材产量同比增长12.1%，其中铝型材增长31.3%、铝板材增长14.1%、铝带材增长23.8%、铝箔材增长17.9%。非金属矿物制品业中高技术产品产量增长较快，人造金刚石、磨料、磨具等产值增长较快，比重不断提高。例如，2016年金刚石磨料产量同比增长18.6%，占非金属行业工业增加值比重14.2%，较上年提高1.2个百分点。

计算机、通信和其他电子设备制造业等6个行业成长性好，可作为准工业主导产业重点培养。2016年，这6个行业增加值累计增长13.0%，虽占全省规模以上工业的比重仅为13.1%，但对全省规模以上工业增长的贡献率却达20.3%，未来发展潜力巨大。

六 建议

当前，世界经济正处于由工业社会向信息社会历史性转型的重要发展时期，全球范围内的各经济体都处于调整工业产业结构和重新选择工业主导产业的关键阶段。河南经济同样也进入了转型升级、爬坡过坎的重要时期，我们必须善于把握产业发展更替的客观规律，选择在全国已经具有比较优势、市场需求前景好、关联度高、带动作用强的工业产业，坚持以市场为导向，以提高工业主导产业的扩张力和效益为目标，规划和确立新的工业主导产业。

（一）以关键产业为重点，提高全要素生产率

在当前需求不足、市场疲软的经济形势下，应当发展那些影响力系数较大的行业。例如，金属冶炼和压延加工品业产业规模大，影响力系数高，但目前还存在着企业小、技术水平低、高端产品不足、增长速度低等特点，提高生产能力即提高潜在产出水平还有很大空间。又如，化学工业具有技术含量高、吸

纳劳动力能力强，影响力和感应度强，对于新工业、新技术、新材料、新能源的出现具有较大的诱导作用等特点，应充分发展其支撑经济长期发展的支柱性作用。要加强此类行业的发展方式转变和产业结构优化，进而提升产品的附加值和国际市场竞争力，缓解经济发展的资源和环境约束，促进经济的持续增长和发展。

（二）继续发展装备制造业，提高产业层次

经过半个多世纪的发展，以通用设备与专用设备制造等为代表的河南装备制造业具有良好的发展基础。大力发展装备制造业，在加快全省工业化进程、推进工业转型升级方面具有重要意义。装备制造业具有影响强、产业关联度高、资本技术密集等特点，是一个地区产业竞争力的集中体现。要进一步发挥装备制造业在工业发展中的核心作用，充分利用省政府加快发展高端装备制造业的有利契机，增加科技投入，努力提高自主创新能力，优化资源配置，为促进全省工业向现代化发展做出贡献。

（三）突出强化四大载体建设，为产业发展提供广阔舞台

项目、企业、园区和服务平台是工业主导产业发展的四大主要载体。发展工业主导产业必须十分注重其重大项目、领军企业、集聚园区和服务平台的建设。

1.加大项目建设推进力度

建立工业主导产业重大项目库，按照动态管理、滚动实施的原则，确保重大项目及时有效跟进。

2.培育一批领军企业

按照拥有关键技术、自主知识产权、自主品牌和具有较强研究开发能力的标准和条件，抓好创新型试点企业，使之成长为全省工业主导产业发展的骨干企业和领军企业。通过一段时期的培育和发展，每个工业主导产业领域都能形成一批百亿元级乃至千亿元级规模的龙头企业。利用产业内核心企业和上下游企业间的有效协作，不断促进技术聚合与技术扩散，巩固和提升领军企业对产业链的支撑和辐射作用。

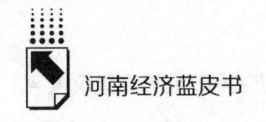

3. 加快园区和基地建设

经过近十年的发展，河南产业集聚区建设取得了巨大成就，对河南经济形成了强有力的支撑。然而，发展过程中出现的问题也日渐增多。建议省委、省政府应组织有关部门和专家学者对河南产业集聚区建设状况进行系统的梳理，有效扭转滥、散、弱的状况，依据发展基础、区位优势和科学的功能区划分，集中精力在全省打造不超过50个主导产业分明、区域带动能力强的产业集聚区。并通过设立"区中园""园中区"加快工业主导产业园区和特色产业基地建设，有力促进工业主导产业的集聚发展。

4. 强化服务平台建设

引导企业、科研机构组成产业技术创新联盟和行业协会，整合资源，发挥整体优势，提升河南工业主导产业的国际话语权和影响力。

（四）充分发挥政府推动作用，为产业发展提供组织保障

工业主导产业的培育和发展离不开政府部门的支持和推动。在如何实现主导产业科学发展上，政府部门应有所作为、主动介入，注重产业发展的软硬件环境建设，着力强化引导服务工作，为产业持续发展提供强大的组织保障。

1. 突出规划引领作用

河南要积极做好今后一段时期全省工业主导产业发展规划的编制工作。强化国家、全省和地市三个层次的工业产业发展规划的衔接和协调，并督促各地做好各自主导产业发展规划编制工作，突出规划对全省工业主导产业发展的引领和导向作用。

2. 做好要素保障工作

采取政策引导、建立法规等措施，优化、整合各类政策资源和要素资源向工业主导产业汇聚和倾斜。在土地供给、园区规划、政府服务等方面为主导产业发展做好政策保障和服务工作。加强道路、桥梁等基础设施建设，保障企业物资运输通道顺畅；做好煤炭、电力、油品等资源要素的保供工作。

3. 强化组织推进力度

围绕工业主导产业发展规划，将目标任务进行分解和量化，建立有效的监督、考评和激励机制，充分调动各地区的积极性，不断强化组织推进力度，营造大力推进工业主导产业发展的浓烈氛围。

B.23
战略性新兴产业成为河南工业经济发展新引擎

王舒玲 施薇*

摘　要： "十二五"以来，河南省战略性新兴产业快速发展，累积动能逐步显现，为河南调结构、稳增长以及提高国际竞争力发挥了重要作用。从2014年和2015年统计年报监测的情况看，河南战略性新兴产业在全省工业经济中占据重要位置，已经成为河南工业经济发展新引擎。

关键词： 河南省　工业　战略性新兴产业

战略性新兴产业（简称战新产业）是以重大技术突破和重大发展需求为基础，对经济社会全局和长远发展具有重大引领带动作用，知识技术密集、物质资源消耗少、成长潜力大、综合效益好的产业。在2013年河南省政府制发的《关于加快推进产业结构战略性调整的指导意见》中明确提出："积极培育战略性新兴产业。突破关键核心技术，推进重大产业创新发展工程和示范园区建设，集中资源培育具有核心技术的龙头企业和规模优势的产业集群，培育生物医药、节能环保、新材料、新能源产业成为新的增长点。"从2014年和2015年统计年报监测的情况看，全省战略性新兴产业保持了良好的发展态势，累积动能逐步增强，在全省工业经济中占据重要位置，但仍存在竞争力弱、产业发展不均衡、发展动力不足等问题。

---

* 王舒玲，调研员，河南省统计局工业统计处；施薇，河南省统计局工业统计处。

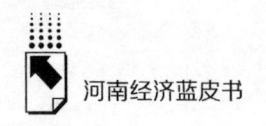

一 总体概况

（一）战略性新兴产业成为河南工业经济发展新引擎

"十二五"以来，全省战略性新兴产业快速发展。特别是在近几年国内经济增速变缓的大背景下，为河南调结构、稳增长以及提高国际竞争力发挥了重要作用。按照国家统计局《战略性新兴产业分类（2012）》（试行）分类标准进行测算，2015年，河南省规模以上工业中战新产业企业有2408家（见表1），较2014年增加65家，节能环保、新一代信息技术、生物、高端装备制造、新能源、新材料和新能源汽车七大类单位数均有不同程度增加，占全省规模以上工业企业数的比重为10.5%。全省工业战新产业产值占全省规模以上工业的比重为13.7%，较2014年提高0.6个百分点；七大行业产值同比名义增长14.1%，快于全省规上工业产值6.8个百分点，对全省规上工业产值增长的贡献率为25.1%、拉动规上工业产值增长1.8个百分点。

表1 2015年河南省战略性新兴产业产值情况

产业	企业数（个）	战新产值比重（%）	户均产值（亿元）
合计	2408	100.0	4.2
节能环保产业	788	15.5	2.0
新一代信息技术产业	116	29.8	26.2
生物产业	448	14.1	3.2
高端装备制造业	112	2.1	1.9
新能源产业	109	3.1	2.9
新材料产业	796	32.2	4.1
新能源汽车	60	3.3	5.6

注：因部分企业的战新活动分布在两大类中，因此分类单位数之和不等于合计数。
资料来源：2015年河南省《工业企业战略性新兴产业总产值》年报。

1. 新材料和电子信息产业是河南战新产业的优势产业

新材料产业单位数较多,居七大类第 1 位,企业数占全部战新产业的 33.1%,产值占 32.2%;以智能终端为代表的新一代信息技术产业企业平均规模位居七大类第 1 位,产业产值位居第 2 位,产值占 29.8%。

2. 产业集聚区是河南战新产业的主要集聚地

2015 年,全省产业集聚区战新企业单位数为 1247 家,占全部战新单位的 51.8%,实现总产值占全省战新产值的 80.6%,产业集聚区已经成为全省战新产业的发展要地。2015 年,全省产业集聚区战新企业实现产值同比增长 15.6%,快于全省规上工业 8.3 个百分点,快于全省战新产业 1.5 个百分点。对全省规上工业产值增长的贡献率为 22.0%,对全省战新产业产值增长的贡献率为 87.9%。

(二)战略性新兴产业间发展不平衡

2015 年,全省战新产业总体保持了良好的发展态势。但分产业看,仍存在发展不均衡问题。在七大类中,以铝材加工为代表的新材料产业企业数最多,生产规模最大;以智能终端为代表的新一代信息技术产业户均产值达 26.2 亿元,远超全省平均水平;节能环保产业、高端装备制造业同比增速和户均产值均处于较低水平,反映出其竞争力弱、发展动力不足等问题。

1. 节能环保产业低速增长

2015 年,全省节能环保产业单位数为 788 家,其战新产值占全部战新产业比重的 15.5%,同比名义增长 6.6%。黏土砖瓦及建筑砌块制造、制冷及空调设备制造、环境保护专用设备制造、水泥制品制造四个行业是节能环保产业的主要分布领域,实现产值占节能环保产业产值的 35.2%。其中,制冷及空调设备制造业涉及企业为 22 家,户均产值达 6.39 亿元,代表企业为格力电器(郑州);环境保护专用设备制造业涉及企业为 36 家,户均产值为 3.67 亿元,代表企业为河南太行全利重工股份有限公司;黏土砖瓦及建筑砌块制造和水泥制品制造业企业较多,但规模较小,其中黏土砖瓦及建筑砌块制造业企业户均产值仅为 1.16 亿元,水泥制品制造业户均产值为 1.68 亿元。

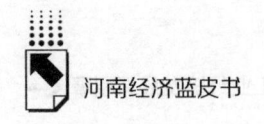

2. 新一代信息技术产业增速较高

新一代信息技术产业具有较高的产业集中度和较强的产出能力，2015年增速较高。2015年，新一代信息技术产业单位数为116家，战新产值占全部战新产业比重的29.8%，同比名义增长23.1%。在以富士康为龙头的企业带动下，表现出较高的产业集中度和较强的产出能力，户均产值达26.2亿元，位居七大类之首，高出全省战新产业平均水平5.2倍。郑州鸿富锦精密电子和富泰华精密电子（济源）为新一代信息技术产业贡献了近九成产值。

3. 生物产业稳步增长

2015年，全省生物产业单位数为448家，战新产值占全部战新产业比重的14.1%，同比名义增长13.2%。其中化学药品原料药制造、中成药生产和饲料加工三个领域实现的战新产值占生物产业产值的38.3%。以莲花味精、辅仁药业、帅克制药等为代表的26家企业战新产值均超过10亿元，实现的战新产值占生物产业产值的比重达43.3%。

4. 高端装备制造业占比较小，增速较低

2015年，全省高端装备制造业单位数为112家，战新产值占全部战新产业比重的2.1%，在七大类战新产业中占比最小；同比名义增长5.5%，增速排在七大类之末；户均产值1.9亿元，在七大类产业中处于最低水平。战新产值超10亿元的企业仅有河南太行振动机械股份有限公司一家。

5. 新能源产业持续高速增长

2015年，全省新能源产业单位数为109家，战新产值占全部战新产业比重为3.1%，同比名义增长21.6%。近半数企业集中于配电开关控制设备制造、石墨及炭素制品制造业，两个产业的产值占新能源产业产值的比重达47.1%；光伏电池生产企业有11家，实现产值同比名义增长26.2%。代表企业是河南三力炭素制品有限公司、洛阳中硅高科技有限公司、阿特斯光伏电力（洛阳）有限公司。

6. 新材料产业占比较高，但增速较低

新材料产业是河南战新产业的"顶梁柱"，为全省战新产业贡献了近三成的企业数和产值。2015年，全省新材料产业企业为796家，占全部战新企业比重的33.1%；实现产值占全省战新产业产值比重为32.2%，同

比名义增长7.9%。以高纯铝加工为主的铝加工业、以高氮控氮奥氏体不锈钢生产为主的钢压延业以及合成金刚石生产业是河南新材料的主要产业，三个产业占新材料产业产值比重的58.8%，代表企业为河南鑫金汇不锈钢产业有限公司、万基控股集团有限公司、河南黄河实业集团股份有限公司。

7. 新能源汽车高速增长

2015年，全省新能源汽车产业单位数为60家，战新产值占全部战新产业比重的3.3%，同比增速达52.5%，增速在七大类产业中居第1位；户均产值5.6亿元，仅次于新一代信息技术产业。在新能源汽车产业中，有半数企业为汽车零部件及配件制造企业，实现产值同比名义增长10.9%；汽车整车制造企业10家，实现产值同比名义增长131.3%，其中宇通客车同比名义增长172.0%，对新能源汽车产业增长的贡献率达73.5%。

（三）郑州、许昌、洛阳三市为全省战略性新兴产业核心集聚区

分区域看，全省战略性新兴产业企业以豫中的郑州（398家）、许昌（327家）和洛阳（224家）三市为核心集聚区，三市合计949家，占全省战新企业数的39.4%；豫西南地区主要集中在南阳市（236家），占比为9.8%。漯河、周口、滑县、永城、固始、鹿邑和新蔡7个地区单位数较少，占规模以上单位数的比重不到5%，特别是鹿邑、新蔡和永城3地分别只有1家、2家和3家单位（见表2）。

从战新产业规模看，2015年郑州市战新产值占本市规模以上工业产值比重的1/3，占全省战新产值比重达36.9%；处于第2位的是许昌，战新产值占本市规模以上工业产值比重以及占全省战新比重分别为28.6%和15.3%，郑州和许昌两市合计占全省52.2%的战新产值。战新产值占本市规模以上工业产值比重超10%的还有平顶山、新乡、焦作、南阳、商丘、信阳和济源七个省辖市；在省直管县（市）中仅有巩义占比超10%，新蔡和永城战新产业较弱，占本地规模以上工业产值的比重不到1%。

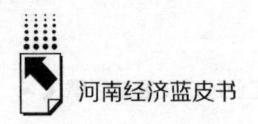

表2 河南省分地区战略性新兴产业单位数及占比

单位：个，%

城市		企业数	占当地规模以上工业企业数比重	占全省战新产业企业数比重
省辖市	郑州	398	17.0	16.5
	开封	60	5.6	2.5
	洛阳	224	12.1	9.3
	平顶山	104	14.9	4.3
	安阳	70	7.8	2.9
	鹤壁	46	8.1	1.9
	新乡	118	11.0	4.9
	焦作	137	11.3	5.7
	濮阳	82	8.2	3.4
	许昌	327	20.0	13.6
	漯河	24	3.4	1.0
	三门峡	61	9.4	2.5
	南阳	236	11.3	9.8
	商丘	129	11.5	5.4
	信阳	101	9.3	4.2
	周口	33	2.8	1.4
	驻马店	108	7.5	4.5
	济源	39	16.4	1.6
省直管县（市）	巩义	50	10.5	2.1
	兰考	20	7.9	0.8
	汝州	9	5.6	0.4
	滑县	5	2.4	0.2
	长垣	5	3.3	0.2
	邓州	11	6.8	0.5
	永城	3	1.8	0.1
	固始	5	2.5	0.2
	鹿邑	1	0.9	0.0
	新蔡	2	1.3	0.1

资料来源：依据2015年战新企业产值年报和财务年报汇总。

二 存在的问题

近年来,在河南乃至全国工业中高速发展的大环境下,河南战略性新兴产业保持较快增长,增速远高于全省规上工业平均水平。按照2015年战新产值年报行业占比匡算,2013~2015年战略新兴产业增加值年均增速为18.9%,高于全省规模以上工业年均增速8.4个百分点。目前,战略性新兴产业对经济社会发展的全局和长远发展的重大引领带动作用还不够强,战新产业规模占比低于全国平均水平和中部平均水平,全省战新产业仍有较大的发展空间。

(一)战新产业产值占全省工业产值的比重不高

2015年,河南战新产值占全省规模以上工业产值的比重为13.7%,低于全国平均水平2.7个百分点。在中部六省中居第4位,高于湖北和山西,低于湖南、安徽和江西。从全国范围看,处于中等水平,居第14位(见表3),与上海、江苏、湖南、北京等经济发达地区相比尚有明显差距。不仅如此,2015年,全省战新产值占比超过50%的行业小类仅有30个,而全国有53个。行业少、覆盖面窄,难以形成强有力的带动作用。

表3 2015年全国各省份战新产值占当地规模以上工业产值比重及位次

地区	比重(%)	位次	地区	比重(%)	位次
全 国	16.4	—	河 南	13.7	14
北 京	20.1	4	湖 北	10.8	17
天 津	19.0	8	湖 南	22.4	3
河 北	10.3	20	广 东	18.4	9
山 西	8.6	22	广 西	4.9	30
内蒙古	9.1	21	海 南	10.7	19
辽 宁	7.5	25	重 庆	19.6	6
吉 林	10.8	17	四 川	14.1	13
黑龙江	7.6	24	贵 州	11.5	16
上 海	29.3	1	云 南	7.3	26

续表

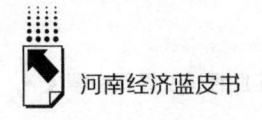

地区	比重(%)	位次	地区	比重(%)	位次
江苏	25.3	2	西藏	8.6	22
浙江	19.6	6	陕西	14.4	11
安徽	19.9	5	甘肃	5.9	27
福建	12.2	15	青海	4.4	31
江西	14.2	12	宁夏	5.0	29
山东	14.8	10	新疆	5.5	28

资料来源：2015年各省份工业企业战略性新兴产业总产值年报。

（二）七大类战新产业比重较低

在七大类战新产业中，河南各类别战新产业占规模以上工业总产值比重均未超过5%，除新一代信息技术产业占全省规模以上工业总产值的比重为4.1%、新材料产业占全省规模以上工业的比重为4.4%外，其他五大类的产业规模均比较小。其中节能环保产业占2.1%，生物产业占1.9%，高端装备、新能源和新能源汽车产业分别占0.3%、0.4%和0.4%，均不足1%。较低的战新产业比，难以推动产业竞争力的提高。

（三）战新企业的平均规模偏小

2015年，河南战新产业企业户均产值仅为4.2亿元。其中，产值超千亿元企业只有1家，郑州鸿富锦精密电子为全省战新产业贡献了1/4的产值；百亿元至千亿元的企业有4家，十亿元至百亿元企业有123家。产值超过十亿元的128家战新企业在数量上占比仅为5.3%，而在产值上的比重却高达59.7%，户均产值达47.68亿元。近半数的战新企业产值均不足亿元，产值总量占全省战新产业产值比重尚不足5%，户均产值仅为0.42亿元，这部分企业数量多、规模小，产值比重低，增长速度仅为8.8%，低于全省工业战新产值增速5.3个百分点，产业支撑拉动作用不足。

（四）战新产业科技投入较少，持续发展动力有待增强

战新产业的发展需要有高科技支持，科技创新、经费投入、人才吸纳是战

新产业发展的必要条件，而河南在人才基础、创新能力和资金支持方面与全国平均水平及沿海发达省份相比，仍存在不小的差距。2015年，全省规模以上工业中，开展研发活动的企业单位数为2850家，仅占规模以上工业的11%；R&D投入强度为1.18%，较全国平均水平（2.07%）低0.89个百分点。

（五）产业集聚区战新产业发展不平衡，多数集聚区战新产业水平较低

河南战新产业主要集中在少数几个集聚区内，86.5%的集聚区战新产值占本集聚区规模以上工业的比重不到25%。在185个产业集聚区中，战新产值占比超过80%的仅有郑州航空港产业集聚区和长葛市大周再生金属循环产业集聚区，这两个集聚区战新产值占全省集聚区战新产值的31.2%；郑州市金岱产业集聚区、襄城县循环经济产业集聚区和柘城县产业集聚区的战新产值仅占全省产业集聚区战新产业产值的2.7%。战新产值占比介于50%～80%的仅有3个，战新产值占比介于25%～49%的有20个，占比不到5%的有76个；战新产值为0的集聚区有21个。

三 建议

（一）充分发挥产业集聚区的带动作用，强力推动战新产业发展

2015年，在河南战新产业中有半数企业分布在产业集聚区内，有八成战新产值由集聚区企业创造。因此要依托产业集聚区的发展优势，围绕全省战略性新兴产业发展方向，科学合理地布局全省战略性新兴产业，加大政策支持力度，优先配置要素资源，加快基础设施建设和配套产业发展，培育一批创新能力强、创业环境好、特色突出的战略性新兴产业示范基地，完善产业链，培育产业集群，形成增长极，辐射带动区域经济发展，推动战新产业发展跨上新台阶，为全省工业经济发展提供持续有力的动能。

（二）构造内部机制，加强人才、创新驱动

完善以企业为主体、市场为导向、产学研相结合的高新技术创新体系，发

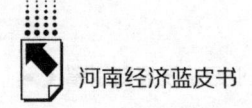

挥科技重大专项的核心引领作用；支持知识产权的开发和应用，强化知识产权的保护和管理，鼓励企业积极参与和组建产业技术创新联盟。依托产业集聚区、高校和科研院所，提高科技含量高、符合发展趋势的高技术产业研发投入比重，搭建一批技术创新和技术服务平台，建设并完善创新体系，特别要在高端装备、新材料、电子信息、生物、新能源汽车、节能环保以及新能源产业等重点战略新兴产业领域突破一批产业发展的核心关键技术，不断提高企业的技术创新能力，积极培育具有国际市场竞争力的品牌产品。

（三）完善外部机制，优化政策环境

战新产业的培育与发展离不开政府培育与扶持以及外部环境的改善。以改善投融资环境、加快创新成果转化、培育新兴业态、优先配置生产要素等为政策支持方向，研究制定培育战略性新兴产业的相关政策，建立健全各部门间的协调机制，真正落实各项政策，形成合力推进产业发展的良好环境。

B.24
2016年河南工业经济效益水平分析与提升方向

罗 迪*

摘 要: 2016年,全省规模以上工业(以下简称工业)主营业务收入增速持续加快,利润总额保持平稳增长,亏损企业单位数、亏损额实现双降,经济效益总体呈现稳中向好的态势。但企业生产成本不断攀升、费用支出增长较快、重点行业赢利困难、"两项"资金占比偏高等问题依然存在,全省工业结构性矛盾仍然突出,转型升级任务艰巨,不稳定因素依然较多。全省上下要坚定信心、增强定力,坚定不移地推进供给侧结构性改革,强化新的发展动力,促进工业企业稳定生产、提质增效。

关键词: 河南 工业 供给侧 结构性改革 经济效益

2016年,全省上下按照省委、省政府要求,创新举措,精准发力,以"三去一降一补"为抓手推进供给侧结构性改革初见成效。全省工业主要经济指标保持平稳增长,亏损企业单位数、亏损额实现双降,经济效益总体呈现稳中向好态势。但企业生产成本费用压力较大,重点行业赢利困难、"两项"资金占比偏高等问题依然存在,全省工业结构性矛盾仍然突出,转型升级任务艰巨,不稳定因素依然较多。需要不断强化新的发展动力,优化工业结构,逐步深化供给侧结构性改革,促进工业企业效益稳定增长。

---

* 罗迪,河南省统计局工业处主任科员。

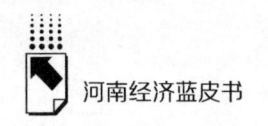

一 全省工业经济效益运行情况

2016年,全省工业效益稳定运行,主要经济指标总体保持平稳增长,主营业务收入、利润总额增速均较2015年有所加快;国有控股企业赢利能力有所加强,非公企业利润稳定增长;亏损企业单位数、亏损额实现双降。

(一)主营业务收入增长加快

2016年,全省工业实现主营业务收入79195.70亿元,同比增长7.9%(见图1),比2015年加快1.3个百分点,高于全国平均水平3.0个百分点。其中国有控股企业实现主营业务收入9627.73亿元,同比下降4.1%,降幅比2015年收窄3.7个百分点;集体控股企业实现主营业务收入2755.85亿元,同比增长9.5%,比2015年加快9.7个百分点;非公有制企业实现主营业务收入66812.12亿元,增长9.8%,增速与上年持平,对全省主营业务收入增长的贡献率达102.9%,拉动收入增长8.1个百分点,是推动全省主营业务收入增长的主要动力。

(二)利润总额保持平稳增长

2016年,全省工业利润总额持续增长,实现利润总额5174.14亿元,同比增长6.4%,比2015年加快6.5个百分点。全省40个工业大类行业中,25个行业利润总额同比增长,增长面为62.5%。11个行业利润总额同比下降,1个行业由同期亏损转为赢利,2个行业由同期盈利转为亏损,1个行业亏损额同比增加。水的生产和供应,有色金属冶炼和压延加工,石油加工、炼焦和核燃料加工品,医药制造,其他制造,电气机械和器材制造,仪器仪表制造,酒、饮料和精制茶制造,农副食品加工,纺织服装、服饰10个行业利润同比增速达到10%以上。特别是有色金属冶炼和压延业利润总额同比增长57.3%,石油炼焦业同比增长52.8%,医药制造业同比增长19.5%。

(三)国有控股企业盈利能力有所加强,非公企业利润稳定增长

2016年,国有控股企业实现利润总额41.08亿元,同比增长108.1%,比

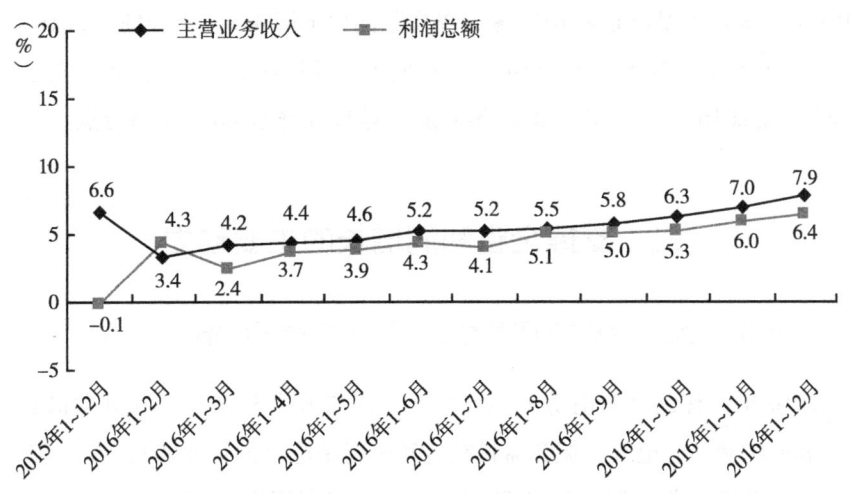

图 1　2015 年和 2016 年河南省月份累计主营业务收入与利润总额同比增速

2015 年加快 197.1 个百分点；亏损企业亏损额为 299.51 亿元，同比下降 5.4%，降幅较 2015 年扩大 87.1 个百分点，国有控股企业效益情况自 2015 年持续下降后呈现逐步回升态势。非公有制经济实现利润总额 4881.32 亿元，同比增长 6.1%，比 2015 年加快 0.4 个百分点，拉动全省工业利润增长 5.8 个百分点。近年来，非公有制经济一直是拉动工业效益增长的主导力量，且一直保持平稳较快的发展态势。

（四）大中型企业增效明显，小微型企业增速有所放缓

2016 年，全省大型企业主营业务收入 24770.25 亿元，同比增长 3.1%，比 2015 年加快 0.1 个百分点；实现利润 1080.78 亿元，同比增长 9.6%，比 2015 年加快 27.6 个百分点，拉动全省利润总额增长 2.0 个百分点。中型企业主营业务收入 25756.07 亿元，同比增长 9.7%；实现利润总额 1910.53 亿元，同比增长 6.6%，拉动全省利润总额增长 2.4 个百分点。小微型企业主营业务收入 28669.39 亿元，同比增长 10.6%；实现利润总额 2182.83 亿元，同比增长 4.8%，较 2015 年回落 0.9 个百分点，拉动全省利润总额增长 2.0 个百分点。

（五）亏损企业单位数和亏损额持续下降

自 2016 年下半年以来，全省亏损企业单位数和亏损额增速持续下降。

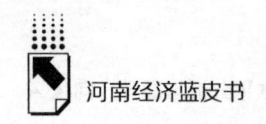

2016年，全省亏损企业为1014家，单位数同比下降4.8%，分别较2016年上半年和2015年减少194家和84家；亏损企业亏损额382.87亿元，同比下降9.8%，较2016年上半年和2015年分别回落19.1个和66.9个百分点。

二 支撑全省利润增长的主要动力

（一）六大行业支撑河南省工业利润总额同比增长

2016年，有色金属冶炼和压延加工、煤炭开采和洗选、农副食品加工、非金属矿物制品、电气机械和器材制造和医药制造六大行业实现利润1929.83亿元，占全省工业利润总额的37.3%，对全省利润增长的贡献率达89.6%，拉动全省利润增长5.8个百分点（见表1）。特别是有色金属冶炼和压延加工业利润总额同比增长57.3%，煤炭开采和洗选业由上年同期亏损41.81亿元转为盈利6.75亿元。

表1 支撑河南省工业利润总额增长的六大行业

行业名称	合计（亿元）	增速（%）	占全部工业比重（%）	贡献率（%）	拉动点（个百分点）
工业	5174.14	6.4	—	—	6.4
合计	1929.83	17.0	37.3	89.6	5.8
有色金属冶炼和压延加工业	185.45	57.3	3.6	21.6	1.4
煤炭开采和洗选业	6.75	扭亏为盈	0.1	15.5	1.0
农副食品加工业	502.34	11.0	9.7	16.0	1.0
非金属矿物制品业	778.21	6.0	15.0	14.0	0.9
电气机械和器材制造业	252.97	17.0	4.9	11.8	0.8
医药制造业	204.11	19.5	3.9	10.7	0.7

（二）有色金属冶炼和压延加工业

2016年，有色金属冶炼和压延加工业实现利润总额185.45亿元，同比增长57.3%，较2015年加快50.3个百分点，拉动全省利润总额同比增长1.4个百分点。行业利润大幅增长，一是受铝及一系列贵金属产品价格回升和原材料及用电价格下降影响，全省内铝加工企业如万基控股集团、河南豫联能源集团、林丰铝电有限责任公司等大型铝冶炼企业大幅减亏。二是其他有色金属冶炼企业主要产品钼、铅、锌、铜等价格上涨，相关企业洛阳栾川钼业集团、河南豫光金铅集团、济源市万洋冶炼集团等企业利润总额同比大幅增长。

（三）煤炭开采和洗选业

随着供给侧结构性改革去产能专项行动持续推进，河南省落后煤炭产能陆续停产关闭，煤炭企业经营压力得到缓解。伴随煤炭价格的回升，2016年煤炭开采和洗选业利润总额较上年同期提高48.56亿元，拉动全省利润增长1.0个百分点。在全省264家煤炭企业中，有209家企业实现盈利，盈利面达79.2%。省内大型煤矿集团平顶山天安煤业、河南神火集团扭亏为盈，郑州煤炭工业有限责任公司实现减亏。

（四）农副食品加工业

受生猪出栏价格大幅回升以及饲料成本下降等因素影响，农副食品加工业实现利润总额502.34亿元，同比增长11.0%，拉动全省工业利润总额同比增长1.0个百分点。

（五）非金属矿物制品业

受省内重点城市房地产市场火爆因素影响，建筑材料生产企业稳定增产，盈利能力显著提升，水泥石灰和石膏制造、石膏水泥制品及类似制品、砖瓦石材等建筑材料、陶瓷制品制造四个行业中各企业实现利润总额同比增长6.9%、7.8%、9.6%和11.5%，均高于全省平均水平。2016年，非金属矿物制品业实现利润总额778.21亿元，同比增长6.0%，拉动全省利润总额增长0.9个百分点。

（六）电气机械和器材制造业

电气机械和器材制造业实现利润总额252.97亿元，同比增长17.0%，影

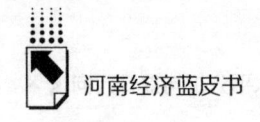

响全省利润同比增长0.8个百分点。平高集团有限公司、许继集团有限公司、河南平高电气股份有限公司等大型企业生产形势良好，2016年利润总额均保持高速增长。

（七）医药制造业

医药制造业实现利润204.11亿元，同比增长19.5%，影响全省利润同比增长0.7个百分点。周口、商丘、南阳的医药行业企业对全省利润的拉动作用极为明显。

（八）新增企业带动作用明显

自2015年以来，全省新投产入库工业企业1170家，较上年同期增加235家。新增企业实现主营业务收入1254.02亿元，占全省工业主营业务收入的1.6%，对全省主营业务收入增长的贡献率达18.2%，拉动全省主营业务收入增长1.4个百分点；实现利润总额85.68亿元，占全省工业利润总额的1.7%，对全省利润增长的贡献率达22.8%，拉动全省利润总额增长1.5个百分点。

（九）产品价格降幅收窄，带动利润出现恢复性增长

2016年，全省工业生产者出厂价格指数同比下降1.0%，降幅比2015年收窄3.6个百分点，有色金属冶炼产品、煤炭、水泥、食品价格均有上涨。出厂价格降幅的持续收窄和主要产品价格的回升对企业利润的增加将起到积极的作用。

三　供给侧结构性改革初见成效

2016年，为贯彻落实中央关于推进供给侧结构性改革的决策部署，全省制定了多项专项行动方案推进供给侧结构性改革，成效明显。

（一）工业企业产成品存货下降明显

2016年，全省产成品存货周转天数为8.0天，较上半年减少0.5天，较2015年减少0.1天，低于全国平均水平5.8天。全省工业产成品存货1678.36

亿元，同比增长4.4%，增速较2015年回落2.6个百分点，其中煤炭行业产成品存货同比减少6.42亿元，钢铁行业产成品存货同比减少10.11亿元。

（二）企业资产负债率下降显著

2016年，全省工业资产负债率47.5%，较2016年初及上半年分别下降1.6个和1.0个百分点，低于全国平均水平8.3个百分点。

（三）装备制造业收入利润快速增长，占比提高

2016年，全省装备制造业实现主营业务收入12920.59亿元，同比增长10.6%，高于全省平均水平2.7个百分点；实现利润总额881.15亿元，同比增长7.7%，高于全省平均水平1.3个百分点；主营业务收入、利润总额分别占全省比重的16.3%和17.0%，均比2015年提高0.5个百分点。

（四）高技术产业持续快速增长

2016年，全省高技术产业实现主营业务收入6931.30亿元，同比增长9.4%，高于全省平均水平1.5个百分点；占全省工业主营业务收入比重的8.8%，比2015年提升0.1个百分点。实现利润总额407.20亿元，同比增长10.4%，高于全省平均水平4.0个百分点，拉动全省利润增长0.8个百分点。医药制造业和医疗设备及仪器仪表制造业发展迅速，利润同比分别增长19.5%和16.1%。

四 影响全省工业经济效益提升的主要问题

面对国际经济复苏缓慢和国内经济下行压力加大的形势，河南工业发展既要面对旧问题的缠绕，又要应对新形势的严峻挑战。与此同时，"去产能""去库存"政策将在一定时期内影响相关工业产业的发展，工业经济效益能够平稳增长实属不易。此外，全省工业企业生产成本居高不下、重点行业盈利困难、"两项"资金占用偏高等问题依然对全省工业经济效益提升形成较强制约。2016年，全省工业企业实现主营业务成本69430.08亿元，在全国居第9位；实现利润同比增长6.4%，增速低于全国水平2.1个百分点。

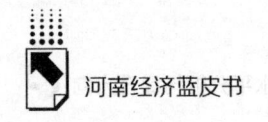

（一）企业经营成本高于全国平均水平，主营业务收入利润率持续降低

2016年，全省主要成本费用指标增速普遍高于全国平均水平，其中主营业务成本同比增长8.1%，高于全国平均水平3.3个百分点；销售、管理和财务三项费用同比增长7.8%，高于全国平均水平2.3个百分点，其中销售、管理和财务费用分别增长8.5%、9.5%和3.1%，分别高于全国平均水平1.9个、3.1个和8.9个百分点。在全省工业每百元主营业务收入中主营业务成本为87.67元（见图2），同比提高0.15元，高于国家平均水平2.15元；在27个行业每百元主营业务收入中主营业务成本高于全国平均水平，其中开采辅助活动和石油天然气开采两个行业分别达到137.01元和118.00元，高于全国平均水平37.76元和32.62元。受成本费用不断挤压，全省工业利润率持续走低。

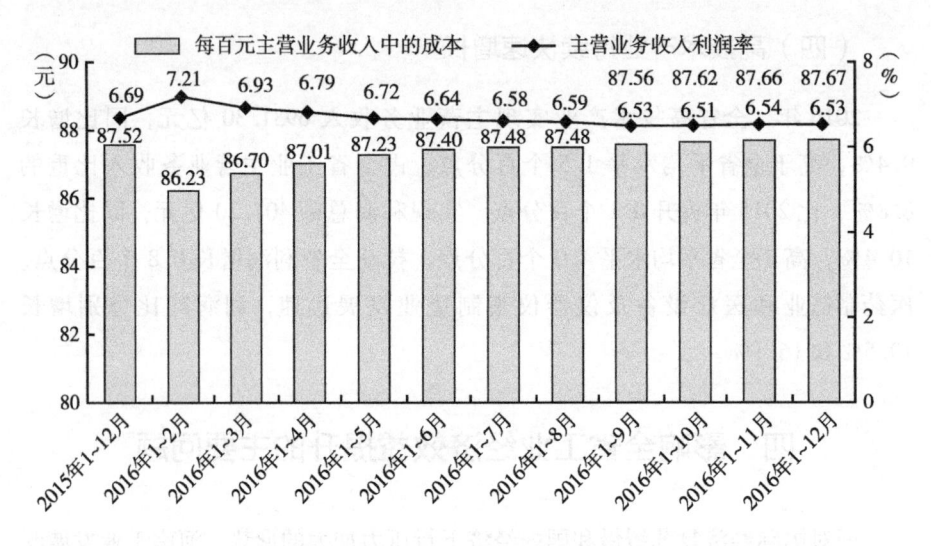

图2 2016年河南省各月累计利润率与每百元主营业务收入中的成本

（二）重点行业盈利困难

2016年，全省工业利润虽然平稳增长，但开采辅助活动，计算机、通信和其他电子设备，电力、热力生产和供应，石油和天然气开采，烟草制品五大重点行业盈利困难问题依然突出。其中，开采辅助活动、石油和天然气开采业

受全球低油价及高运营成本影响,全行业持续亏损;计算机、通信和其他电子设备制造,烟草制品业受产品销路不畅因素影响,利润大幅下滑;随着煤炭价格回升,运营成本增加,上网电价下调,电力、热力生产和供应业利润总额同比大幅下降。五大行业实现利润总额同比下降47.5%,影响全省利润下降2.7个百分点。

(三)两项资金占用偏高,资金流动性较弱

2016年,全省规模工业"两项"资金合计为7423.65亿元,同比增长12.7%。其中:产成品存货为1678.36亿元,同比下降4.4%;应收账款为5745.29亿元,同比增长15.4%。"两项"资金占流动资产的比重为27.9%,同比提高1.4个百分点。其中产成品占流动资产的比重为6.3%,同比下降0.1个百分点;应收账款占流动资产的比重为21.6%,同比提高1.5个百分点。"两项"资金占用偏高,主要是由应收账款回款较慢带来的,这大大影响了企业资金的流动性,进而影响企业下一步的发展,这说明"回款难"仍然是当前制约企业生产经营的较大障碍。2016年,规模以上工业企业应收账款增速高于主营业务收入增速7.5个百分点,应收账款平均回收期为23.3天,同比增加0.9天。

此外,影响2016年工业企业利润持续保持增长态势还有其他特殊因素,一是利润总额增速较快是基于2015年较低的基数。2015年全省工业利润总额同比下降0.1%,两年利润总额平均增速仅为3.3%,远低于工业主营业务收入两年平均增长8.0%的速度。二是利润增长过多依赖于煤炭开采、有色金属冶炼等原材料行业价格反弹。2016年,因商品价格反弹,有色金属冶炼和压延加工业与煤炭开采和洗选业对全省利润总额增长的贡献率高达37.1%。

五 河南工业经济效益提升方向

随着全省工业供给侧改革不断深化,加快推进转型升级已成为河南工业发展的必然选择,全省上下抓重点、抓关键、抓薄弱环节,坚定信心、增强定力,巩固基本面,培育新动能,巩固全省工业生产与效益回升势头,促进工业企业健康发展。

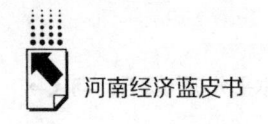

（一）强化落实减负政策，帮助企业降低运行成本

要认真贯彻落实省政府《河南省推进供给侧结构性改革降成本专项行动方案》等一系列政策措施，加大力度，细化措施，降低税负成本、用电成本、企业融资成本、社会保险费成本、资源使用成本、行政费用成本、物流成本、企业通关成本、中介费用成本和检验检测成本等。着力降低实体经济企业生产经营成本，提升其发展活力和市场竞争力，助推产业转型升级，增强经济持续稳定增长动力，使实体经济企业生产经营成本明显下降，企业税费负担合理减轻，融资成本降到全国平均水平，资源使用成本进一步下降，物流成本较大幅度降低，企业发展环境明显改善，盈利能力显著增强。全力稳定全省工业运行态势，实现效益提升。

（二）加强去杠杆工作，积极防范经营风险与财务风险

一是规避经营风险。要重视应收账款监控和收缴工作，谨慎采用赊销手段，严格执行信用制度，保障资金安全。加强资金集中管理，努力缩短资金循环周期，加速资金周转，提高资金利用率。二是预防财务风险。要优化资本结构，提高资产运作质量，重点行业与企业应注重资金管理，利用好国家降成本等减负支持政策，确定安全合理的资产负债边界，严格控制资本性支出规模，降低财务费用。

（三）进一步培育新产业、新动能与利润增长点，补全工业结构单一与增长动力不足的短板

在稳定主导产业增长的同时，要加快培育扶持新的利润来源，增强工业发展后劲。河南省食品、医药、新材料工业和装备制造业生产逐步加快，是河南省重要的工业增长点。要在政策上加大支持力度，壮大新经济，培育新动能，改造提升传统动能，增强全省工业经济增长的后劲。

（四）强化服务，创新政府支持方式

继续开展银企、产销、用工、产学研对接，重点解决企业融资难、融资贵的问题。积极运用基金参与、购买服务、股权投资等方式，支持领军企业发展

优质项目建设。开展投贷联动试点,对创新创业和战略性新兴产业发展提供融资支持。

(五)支持各类困难企业分兵突围

对长期亏损、资不抵债、停产半停产的企业,鼓励其兼并重组或依法破产,妥善安置员工、处置债务,有序实现市场出清;对不符合能耗、环保、质量、安全等标准的企业,促进其提标改造、优化升级;对产品有市场、有效益但暂时遇到困难的企业,继续予以支持。

B.25
因城施策标本兼治促进房地产市场健康发展
——关于部分城市房价上涨过快现象的几点思考

渠长振 张少勇 王亚钶*

摘　要： 2016年，全国部分大中城市一度出现房价过快上涨现象。本文通过房价收入比、房价租金比得出大部分一、二线城市房价过高的判断，并认为房价过高会提高居民生活成本、产业发展成本、人才引进成本，进而造成产业空心化、加速人口老龄化、带来资产泡沫化、阻碍新型城镇化、加剧贫富两极分化的后果。本文深刻分析了房价过快上涨的原因，从创新城市发展理念、转变城市发展方式、落实城市主体责任、完善政策顶层设计四个方面，提出了房地产市场调控的政策建议。

关键词： 房地产市场　房价上涨

　　2016年，全国部分大中城市出现房价高企、过快上涨的局面。本文以郑州市房地产市场为主要研究对象，结合国内外城市房价变动情况，深入分析部分城市房价过快上涨的原因以及房价过快上涨带来的危害，进而提出了促进房地产市场健康发展的对策建议。

---

* 渠长振，河南省政府研究室经济发展研究处处长；张少勇，河南省政府研究室经济发展研究处副处长；王亚钶，河南省政府研究室经济发展研究处主任科员。

一 一、二线城市房价上涨过高、过快

商品住宅具有双重属性，既有居住使用的商品价值，又有保值增值的投资价值。而消费对象不同，住房的使用价值不同，对价格的敏感度也相应不同。一般而言，房地产需求可以分为三类，即消费性需求、投资性需求和投机性需求。所谓消费性需求是指为了满足生活居住的需求，包括刚性需求和改善性需求；投资性需求一般是指为了获得租金收入而对住房的购买需求；投机性需求主要是指利用住房价格的变化来赚取买卖差价而产生的需求。

消费性需求体现的是房屋的居住属性，通常以房价收入比来衡量房价是否处于居民收入能够支撑的合理水平。一般认为，合理的房价收入比在4~6之间。从全国的情况看，2015年全国商品住宅销售均价为每平方米6472元，同期城镇居民人均可支配收入为31195元，以3口之家购买100平方米的商品住宅房计算，房价收入比为6.9。上海易居房地产研究院发布的《全国35个大中城市房价收入比排行榜》显示，2015年全国35个大中城市房价收入比均值为10.2。其中，深圳以27.7居榜首，上海为20.8，介于10~20之间的有北京、厦门等10个城市，介于6~10之间的有大连等20个城市，低于6的仅有呼和浩特、银川和长沙三市，郑州为10.3，在35个大中城市中居第12位。

投资性需求体现的是房屋的投资价值，通常以房价租金比来衡量房屋以出租方式取得的投资回报。一般界定房价租金的合理比值为200~300，如果高于300，投资回报率在4%以下，房产投资价值较小；如果低于200，回报率在6%以上，房产投资潜力相对较大。据中国房价行情平台发布的2016年9月全国31个省会城市（直辖市）房价租金比数据，在600以上的有3个城市，最高的上海达703，介于300~600之间的有合肥、天津等22个城市，300以下的仅有长春、长沙等6个城市。郑州为401，投资回报率在3%左右，低于五年定期存款利率。

投机性需求体现的是房屋的价格波动收益，建立在房价持续上涨的基础之上。投机行为会增加房地产市场的水分和泡沫，造成需求旺盛的假象，加剧供求失衡，特别是在房地产市场供不应求的情势下，短期的投机性炒作，必然会人为抬高房价。而一旦没有了房价持续上涨的支撑，投机者手中的房产将会变

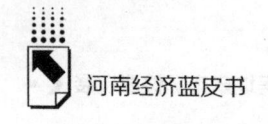

成具有违约风险的"垃圾资产"。

综上所述,从房价收入比看,大部分省会城市已超出了消费性需求尤其是刚性需求的承受能力;从房价租金比看,多数省会城市的房产投资租金回报率偏低,如果仅靠房租是难以维持投资性需求的;从房价绝对水平看,多数省会城市都处于偏高水平且增幅较大,促生了投机性需求。

二 部分城市房价上涨过快的原因

2016年以来,全国呈现一线城市"涨价微库存",二线热点城市"涨价降库存",三、四线城市"平价高库存"的局面,郑州市一度出现楼市量价飙涨、地王频现的"疯狂"现象,引发广泛关注。这其中既有全国共性的原因,也有地方个性的原因。

(一)从共性原因看,包括政府和市场两方面的原因

1. 政府方面

(1)资源配置不均衡。当前并不是所有地方的房价都过高,高房价主要集中在一线中心城市和部分热点二线城市。这些城市因为优质的医疗、教育、基础设施资源高度聚集而产生"虹吸效应",导致房价出现非理性上涨,年轻人买一套房往往要花光父母一辈子的积蓄,客观上透支了三、四线城市的购买力,加剧了房地产市场的分化,不同城市的房价往往相差数倍,甚至十几倍。即便在一个城市内部,不同地段、不同区域的房价也存在着较大差异,同样是因为公共资源配置不均衡,造成某些区域房价畸高,由此形成的"涟漪效应"拉动了整个城市房价攀升。这说明,一些城市的发展方式出了问题。比如,学区房的问题,开发商正是利用了人们传统观念重视教育、"望子成龙"的情结,借以作为推高房价的理由,学区房单价明显高于同一区域的非学区房。"天价学区房"现象,其背后反映的是行政化的教育资源配置和市场化的房地产市场之间的错位搭配。同样,临近城市水系、山体的景观房,靠近地铁口、商场、医院的功能房如果过度集中,也容易拉升城市的整体房价。如郑州市二七广场地铁站附近的商品住宅价格比同区普通商品住宅均价高出75%。

(2)经营理念有偏差。在现行土地制度和利益分配机制下,由于土地出

让金归地方政府支配，在追求土地收益最大化的驱使下，一些地方政府在推进城镇化的进程中，秉持着"经营城市"的惯性思维，采取"饥饿营销"策略，低价拿地，限量供地，以推高房价来拉高地价进而获取更多卖地收益，再把这些资金用于城市建设，扩大城市规模。据统计，1999～2015年，全国国有土地出让金从514亿元增至3.25万亿元，占地方财政本级收入的比例从9.2%上升至39.2%。随着城镇化步伐的加快，一些热点城市普遍存在供地少、拿地难的问题，每有地块推出就遭到开发商哄抢，导致"地王"频出，进而拉高房价，但房价越高，相应的征地拆迁补偿成本也越高，政府在房地产开发建设中并没有拿到多少收益，真正得利的是拆迁户和开发商。郑州在"十二五"期间，征地拆迁补偿支出由2011年的87.2亿元增至2015年的306.0亿元，占同期土地出让金收入的比例从50%提高到68.3%（见表1）。

表1 "十二五"期间郑州市国有土地出让金收支情况

单位：亿元，%

年份	国有土地出让金收入	征地拆迁补偿支出	征地拆迁补偿支出占出让金收入比重
2011	174.3	87.2	50.0
2012	293.3	188.3	64.2
2013	412.0	263.0	63.8
2014	454.7	280.9	61.8
2015	448.0	306.0	68.3

以郑州市二七区齐礼阎村拆迁改造中各方收益的分析数据为例，改造后总收益为140亿元，其中各级政府收益30亿元，占比为21.4%；区级政府净收益仅8.8亿元，占比为6.3%。开发商净收益约为20亿元，占比为14.3%。村民收益90亿元，占比64.3%。

2. 政策执行不到位

国家对于房地产市场的调控政策是坚持有保有压，既要强调去库存，又要抑制房价过高过快上涨，促进房地产市场平稳健康发展，而一些地方在落实政策时却更多地出于自身利益，选择式执行，导致调控偏离政策的目标。以2016年以来房地产去库存为例，中央强调的是一城一策、因城施策，而在实践中，一些原本库存不高的二线城市，出于刺激本地经济增长的目的，也采取降低首付比例、下调利率、提高公积金贷款额度等做法，表面上看与上级政策相一致，但实际上违背了上级政策，在活跃当地房地产市场的同时，无形中推高了房价。

3. 市场方面

（1）城镇化拉动住房刚性需求。近年来全国城镇化进程不断加快，大量人口向城市集聚，成为住房需求的最大动因。"十二五"期间，全国城镇化率年均提高1.23个百分点，每年城镇人口增加2000万人，尤其是北京、上海和深圳等大城市集聚人口能力强，五年来累计分别增加208.6万人、112.6万人和102.1万人。进城就意味着要有房住，人们宁愿为买房当房奴，也不愿意过长期租居的日子，这也是拉动购房需求、推动房价上涨的重要因素。尤其是在前两年在全国楼市下行的大环境下，不少刚需购房者期望房价大降而持币观望，一旦房价并未出现明显下降，反而出现了上涨，在买涨不买跌的心理作用下，需求大量释放，在一定程度上造成2016年一些城市房价快速上涨。

（2）收入增加支撑改善性需求。社会整体收入水平的提升是改善性购房需求增加的内在动因。近年来全国居民收入稳步增长，2015年全国城镇居民人均可支配收入达到31195元，比2010年增加12086元，名义增速达10.3%。随着居民支付能力提高，不少家庭为改善住房条件，将中小户型换成大户型。

（3）投资投机性需求推动房价上涨。过去十几年全国房地产价格只涨不跌，买房就升值的"财富效应"助长了人们的投机心理，尤其是当前实体经济持续低迷、股市风险较大、银行利息式微、汇率走低的情况下，人们普遍认为投资房地产能实现保值增值，加之房地产税尚未实施，持有商品住宅的成本较低，逐利性驱使投资投机者对房地产市场趋之若鹜。前述全国31个省会城市（直辖市）的房价租金比数据，以及限购令出台前各地掀起的抢购狂潮看，都反映出推高房价掺杂着大量的投资投机性需求。

（4）资金避实就虚成为房价上涨的助推剂。以往经济增速较快时，货币和信贷资源能够配置到不同产业，并不存在大规模资金集中涌向房地产市场的问题。而当前由于经济持续下行，市场需求萎缩，大量资金和信贷不愿投资实体经济，避实向虚转向房地产市场，使得部分城市的房地产市场成为资金配置最集中的领域。尤其是个人住房按揭贷款，因其风险大大低于企业贷款，成为银行资金竞相投放的领域。2016年前三季度，全国个人住房贷款增加3.63万亿元，占各项贷款增量的35.7%，同比提高17.2个百分点。大量的个人房贷提高了居民的支付能力，加剧了购房行为，扭曲了市场，推高了房价。

（5）房地产开发商和中介机构推波助澜抬高房价。频出的"地王"误导了市场预期，引发了一些城市的抢购行为，造成越涨越买、越买越涨的"集体恐慌"。在楼市看涨的情势下，为了房子卖出高价钱，一些开发商借势炒作、频频调价、捂盘惜售；一些房产中介机构违规推出首付贷、签约独家房源等种种招数，甚至以假离婚、假社保等手段突破限购、限贷政策，在一定程度上推高了房价。

（二）个性原因

1. 需求集中释放

随着城市化步伐加快，自2006年起郑州市启动了大规模的城中村改造和合村并城，至2016年已拆迁344个城中村，波及101万名城中村原居民和约200万名租住者。城中村拆迁减少了租赁房源，使得300多万人都要重新找房居住，加剧了房源紧张，抬升了房租价格。目前，郑州市80平方米左右的两居室住宅租金普遍在2500元以上。而按照现行房贷政策，一套80平方米的房子，按总价80万元，首付30%，30年期按揭计算，全部商业贷款月供为2800元，全部公积金贷款月供为2400多元，按月还贷水平与房租价格相差无几，"租房不如买房"，不少人从租房转向购房，推高了房价。

2. 供应明显减少

主要是土地供应。原因在于郑州城中村土地潜在供应量虽大，但由于拆迁进度慢，实际入市少。而且城市快速发展，郑州市区三环以内地块已开发殆尽，几乎没有整块的"净地"可供出让，用地潜力主要来自城中村改造。从郑州市区经营性用地供应情况看，来自城中村的土地占比呈逐年上升趋势，2014年和2015年分别达到68.7%和73.8%。但由于城改涉及环节多、拆迁难度大、投入成本高，土地真正入市存在一定的滞后性。郑州市国土局提供的数据显示，自城中村改造以来，郑州市区（市内五区和高新区）累计招、拍、挂出让城中村土地444宗1456.6公顷，占规划安置房和商品房用地面积的比重不足20%。在实际工作中，城中村改造土地从报批到征收大致需要1年左右时间，从拆迁到出让大致需要2年左右的时间，建设需要2~3年的时间。

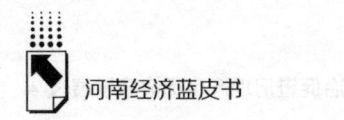

尤其是拆迁环节，一些当地居民因不满拆迁补偿采取不配合态度，拖延了改造进度；同时，也有基层政府或村集体因财政资金匮乏，导致开发难以推进。市场新增供地少，造成新上市商品房预期减少，这在一定程度上助推了房价上涨。

3. 保障房覆盖面小

保障性住房建设是重要的民生工程，也是调节房地产市场供需的"稳定器"。自2008年以来，郑州市共开工建设公共租赁住房（含廉租房）9.18万套，仅占全市常住人口家庭户数（290.85万户）的3.2%。公租房建设实行按商品住房面积10%进行配建的方式，受建设周期、审核周期等影响，从建设到分配实际需要3~4年的时间，滞后于市场需求，目前已取得公租房居住资格但尚未实物分配的还有2.1万户，占全部申请户数的42.6%。

三　高房价带来的危害

房价的高低，通常应与一个城市的综合实力、产业结构和居民的收入水平相适应。房价过高既不利于经济健康运行，更不利于社会和谐稳定。

（一）短期问题

1. 提高居民生活成本

高房价是一座城市物价持续上涨的标杆，房价高容易抬升整个社会的物价水平，进而提高生活成本。英国经济学人智库发布的《全球生活成本调查》显示，上海、北京和深圳等城市近年来迅速迈入全球昂贵城市行列，这与其过高的房价息息相关。国际货币基金组织发布的全球房价观察报告显示，2016年上半年在全球各大城市房价收入比排名中，深圳居第1位，北京、上海分别居第5位和第6位，高于伦敦、东京等国际城市。同时，房价过高也会抑制其他消费需求。从近年来全国城镇居民家庭消费支出结构看，居住类消费占总消费支出的比重快速提高，2015年约为23%，比2011年提高了近14个百分点，同期全国房价上涨了26.3%。尤其是房价较高的北京和上海等地城镇居民家庭居住类消费占总消费支出的比重明显高于全国。

2. 提高产业发展成本

高房价意味着高昂的土地和办公租金成本，增加实体经济运行的商务成本。华为董事长任正非在接受新华社专访时表示，"深圳房地产太多了，没有大块的工业用地了。生活设施太贵了，企业就承担不起；生产成本太高了，工业就发展不起来"。中国产业新区研究院发布的《2015年全国工业用地报告》显示，2015年第四季度，北京、上海、广州和深圳这4个一线城市工业用地成交土地地面价格每平方米为1558元，而天津和沈阳等17个二线城市为407元，哈尔滨和石家庄等21个三、四线城市仅为308元。高力国际的数据显示，2016年第一季度房价较高的北京、上海和深圳三地甲级写字楼每平方米月均租金分别达到330.8元、315元和213.8元，而房价相对较低的广州和成都月均租金仅161元和92元。

3. 提高人才引进成本

"安居才能乐业。"不少地方反映，在当前人才引进中，反映最集中、最强烈的就是住房及家属就业、子女入学问题，房价过高直接提高了人才引进成本。比如，深圳市2015年1月正式实施《深圳市人才安居办法》，对申请了深圳市户籍的新引进人才提供一次性租房补贴，补贴标准为本科学历6000元/人，硕士学历9000元/人，博士学历12000元/人。2016年，这一标准提高至本科学历1.5万元/人，硕士学历2.5万元/人，博士学历3万元/人。

（二）长期问题

1. 造成产业空心化

在房价快速上涨带来"财富效应"的情况下，没有人愿意勤勤恳恳去投资实业，短期炒房成风。这样的社会预期极易形成扭曲的价值导向，促使大量社会资金和资源脱实入虚，对实体经济产生"挤出效应"，直接影响实体经济的转型升级。如果企业长期偏离实体经济，则有可能丢失最为核心的竞争力，最终动摇全国经济持续发展的动力基础。

2. 加速人口老龄化

一方面，高房价将不少打拼创业的年轻人拒之城外。BOSS直聘发布的《2016应届生互联网公司与职位吸引力报告》数据显示，2013年有51%的应届生希望到北、上、广、深工作，到2016年这一比例下降至36%，降低了15

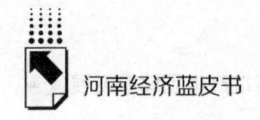

个百分点，而同期北京和上海的房价则分别上涨了30%和40%多。另一方面，高房价也使不少年轻人因难以承受高昂的生活成本弃城而去。

3. 带来资产泡沫化

大量资金集中涌入房地产市场，迅速推高了房价，使价格背离真实需求，并带动上下游产品的价格上涨，造成经济"虚假繁荣"，使经济泡沫化程度加剧。当泡沫积累到一定程度必然会破裂，众多行业将会像"多米诺骨牌"一样应声倒下，带来金融和经济的系统性风险。比如，银行的不良资产规模和比例将急剧增长，危及整个金融系统的安全，并进而对实体经济带来重创，甚至引发整个经济的衰退。

4. 阻碍新型城镇化

2015年全国城镇化率为56.1%，户籍人口城镇化率仅为39.9%，两者存在16.2个百分点的差距。通常认为是户籍制度阻碍了城镇化，而更深层次的原因是农民难以承受转化为市民的较高经济成本，进而形成"人住分离""人地分离"。国家统计局数据显示，当前农村外出务工劳动力月均收入为3232元，如果按在务工城市的生活费用平均占月收入的30%~40%计算，再扣除春节返乡的路费等花销，全年净收入也就2万元左右。以这样的收入想在一、二线城市买房根本不现实，即使在原籍的县城购买一套面积为100平方米的住房，按每平方米3000元计算，也需要15年时间。这带来了两种后果：一方面造成多数农民工都是"去城市挣钱、回老家盖房"，不得不继续保留农村的宅基地和承包地；另一方面又难以使农村的宅基地集约利用和承包地流转，进而影响土地利用的城乡统筹、总量控制、空间置换和占补平衡，阻碍了新型城镇化的推进。

5. 加剧贫富两极分化

居民财富差距的表现形式主要集中在动产和不动产两方面，即金融资产和房产。高收入阶层在商品住宅价格较低时，凭借其经济实力购买多套房产，在房价大幅上涨时高价卖出，出现一边是财富的积累，成为富豪；另一边是大批无房户或房奴。尤其是"一夜暴富"的拆迁户有的坐拥千万元房产，可以"躺在富贵窝里睡觉"，割断了收入与劳动创造财富的联系，不但加剧了"贫者愈贫、富者愈富"，而且由此产生的社会冲突和矛盾风险也在上升。2015年9月银率网发布的《中国居民金融能力报告》显示，全国有52.1%的家庭房产价值占家庭总资产一半以上，更有 16.2% 的家庭这一比例在八成以上。北京师范大学住户收入调查数据和北京大学"中国家庭追踪调查"数据显示，2002~2012 年，全国居民财产差距的基尼系数由 0.54 上升到 0.73，短短十年内居民财产差距显著扩大，从一种较为平均的分配状态演变为一种高度不平等的状态。

四 住房调控的政策建议

促进房地产市场健康发展是保障改善民生的客观要求，是对各级政府治理能力的重要考验。在今后的城镇化进程中，各级政府应树立新发展理念，加快供给侧结构性改革，因城制宜，综合施策，保持房价合理增长水平，促进房地产市场平稳健康发展。

（一）创新城市发展理念

习近平总书记指出，城市的核心是人，关键是 12 个字：衣食住行、生老病死、安居乐业。住房关系广大群众的"城市梦、安居梦、宜居梦"，各级政府要创新城市发展理念，摒弃土地财政的"显绩"，回归实体经济的"潜绩"，加快从经营城市向服务城市转变，着力构建以居住为主、以市民消费为主、以普通商品住房为主的住房市场体系。尤其要善于算大账、看长远，那种依靠土地出让金增加财政收入的方式不能长久，会给未来的发展带来许多不确定性，应早日走出土地财政依赖症，通过创新驱动发展壮大实体经济，拓展财政收入来源，提振城市经济的整体活力，积蓄更大的发展后劲。

（二）转变城市发展方式

保持房价合理水平，必须促进城市均衡发展。应统筹推进城市空间拓展、布局优化，加快城乡一体化进程，形成新区与老区协调一致的城市格局，既带动房地产业的发展，又拓展购房选择的空间。统筹推进城市设施建设、功能提升，加大基础设施投入、完善配套服务功能，协调发展社会事业、均衡布局公共资源，同步规划建设居民小区与学校、医院、商场及水、电、气、暖等公共设施，让人民群众居住更舒适、生活更便捷。统筹推进污染治理、环境改善，

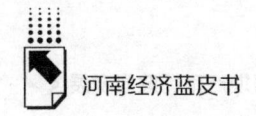

加大棚户区改造、城中村整治和背街小巷提质改造力度，打造生态化人居环境，建设现代化宜居城市，提升住宅产品的价值。通过城市布局的优化和人居环境的美化，达到既均衡住房价格，又改善住房条件的目的，有效防止一些区域住房需求过冷、价格过低，一些区域住房需求过大、价格过高，真正提高城市居民的幸福感。

（三）落实城市主体责任

2016年国庆节前后，全国20多个城市陆续出台调控政策，体现了国家关于房地产市场"因城施策"的要求，这说明促进房地产市场健康发展，政府责无旁贷、大有可为。调控目的不是挤爆泡沫，而是在尽量不产生新泡沫的同时，逐步释放已积累的泡沫，防止房地产市场大起大落给经济和社会带来巨大冲击。在调控上应进一步落实政府的主体责任，坚持长短结合、标本兼治，既发挥市场在资源配置中的决定性作用，又要更好地发挥政府作用，做到行政调控与市场调节相结合，综合运用土地、财政、税收、金融等经济手段和必要的行政手段，切实加强房地产市场有效调控。

1. 合理保障用地供应

应把握土地供需平衡规律，以不同城市的房价收入比和商品住房供销比为参照，结合当期已供应的土地规模和投资完成情况，合理确定土地供应总量、结构、区域和时序，合理控制地价。供需矛盾突出的城市，重点加大商品住宅用地供应力度；库存较大的城市，继续落实去库存政策；创新土地出让方式，提高透明度，给市场和投资者以稳定的预期。同时，优化用地结构，合理配置商品住房、保障性住房和人才住房用地，实现住房产品供应端的"精准补存"。

2. 优化住房供给结构

针对人民群众住房需求不均衡、差异化和多样性的特点，应以满足基本住房需求为导向，合理配置高、中、低档商品房，增加中小户型、中低价位住宅的有效供给。加快棚户区改造，推进商业用房改为租赁住房，打通保障性安居工程与存量商品房通道，促进商品房和商品住宅、保障性住房和房地产市场协调发展，有效平抑商品房价格过快上涨。

3. 因需分类施策

通过区分贷款次数、所购住房是否为普通商品住房等不同情形，甄别不同目的的购房主体，执行不同的购房政策。在房价较高的一、二线城市，对于刚性需求和改善性需求，通过落实降低首付比例、下调贷款利率、扩大信贷额度等信贷政策予以支持。对于投资性需求，可通过区域性限购、限贷、限外等措施予以合理控制。对于投机性需求，要坚决打击。同时，支持三、四线城市提高住房品质，增强吸引力，加大去库存力度，减轻一、二线城市房价压力。

4. 加强房地产市场监管

要坚决打击房企违规预售、捂盘惜售、炒作房价以及房地产中介机构发布虚假房源及价格信息等违法违规行为，规范房地产市场秩序。加强信用体系建设，实施"黑名单"管理，建立失信惩罚机制。加强房地产市场信息公开，增强透明度，稳定市场预期。新闻媒体要加强舆论导向，正确引导居民树立适度、合理、节约的住房消费观念。

（四）完善政策顶层设计

从根本上解决房价过高、过快上涨问题，需要加强政策的顶层设计和制度安排。一是调整房地产相关税收中央和地方收益分成，适当增加中央份额，减少地方的利益驱动。二是改革现行土地出让制度，开展土地出让金70年分年交纳试点，在不动产统一登记基础上适时推出房地产税，形成长效机制，有效抑制房地产投机行为。

B.26 当前河南商品房库存分析及区域楼市均衡发展的思考

俞肖云　司曼珈　顾俊龙　秦洪娟　朱丽玲*

摘　要： 2015年底，中央经济工作会议提出要推进供给侧结构性改革，"去库存"是五大任务之一，去库存成为楼市的主基调和各方日益关注的焦点。本文以商品房开发进程为节点，将商品房库存划分为待售库存、可售库存、预期库存三大类，分析当前河南房地产市场面临的短、中、长期库存压力；并从供应、需求、经济贡献三方面入手，对河南省18个省辖市的房地产市场供需关系的合理性、发展水平的均衡性进行了分析与思考。

关键词： 河南　商品房　库存

改革开放以来，特别是1998年城镇住房市场化改革后，河南房地产业快速发展，人均住房面积迅速增长、居民旺盛的住房需求与有限的住房供给之间的矛盾得到极大缓解。2015年，河南城镇人均建筑房屋面积达38.35平方米，比2002年增加近11平方米，房地产市场经过长足发展已经跨越绝对短缺的阶段。与此同时，房地产市场区域分化不断加剧，部分三、四线城市受过度开发和人口变动等因素影响，销售市场低迷，库存居高不下。在2015年底中央经

---

* 俞肖云，硕士，高级统计师，河南省统计局副局长；司曼珈，高级统计师，河南省统计局监测评价考核处处长；顾俊龙，博士，河南省统计局固定资产投资处处长；秦洪娟，河南省统计局固定资产投资处，正处级调研员；朱丽玲，硕士，河南省统计局固定资产投资处主任科员。

济工作会议将去库存作为 2016 年经济工作和供给侧结构性改革的重点任务之后，去库存成为楼市的主基调和各方日益关注的焦点。但当前，社会上对于商品房库存量的定义并无统一标准，对于如何判定库存量是否过剩，也有很多说法。本文拟对河南省尤其是分地区商品房库存情况进行梳理，并对全省 18 个省辖市的房地产市场供需关系的合理性、发展水平的均衡性进行分析与思考。

一　河南商品房库存基本情况

事实上，房地产市场作为一个动态变化的过程，商品房库存量也是一个相对动态的结构性概念。为了系统反映房地产开发企业库存的动态变化，本文以商品房开发进程为节点，利用房地产开发统计和住建部门数据，将商品房库存划分为待售库存、可售库存、预期库存三大类，来反映房地产市场面临的短、中、长期库存压力（见图1）。

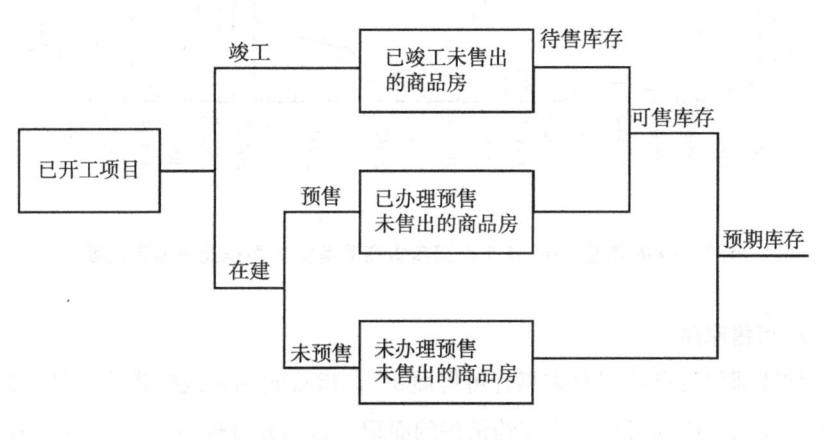

图1　商品房库存划分

（一）全省商品房库存情况

1. 待售库存

房地产开发统计中"商品房待售面积"，指已竣工商品房中尚未销售的面积。对于房地产开发企业而言，这部分是实实在在的现货库存，对于市场而言，这部分是当前可直接满足居民居住需求的住房。截至 2016 年 9 月末，全省商品房待售面积3503.07万平方米，同比下降1.8%，其中住宅2629.56万平方米，办公楼91.29万平方米，商业营业用房583.41万平方米。1996~2007年，全省商品房待售面积小幅波动，这一时期房地产市场规模由小变大、销售日渐火爆。从2008年开始，开发投资快速增长形成大量商品房供给，待售面积持续增加。2010年以后，待售面积增长明显加快，库存压力随时间推移越来越大；2014年待售面积达到最高水平，随后小幅减少，意味着当前库存已见顶（见图2）。

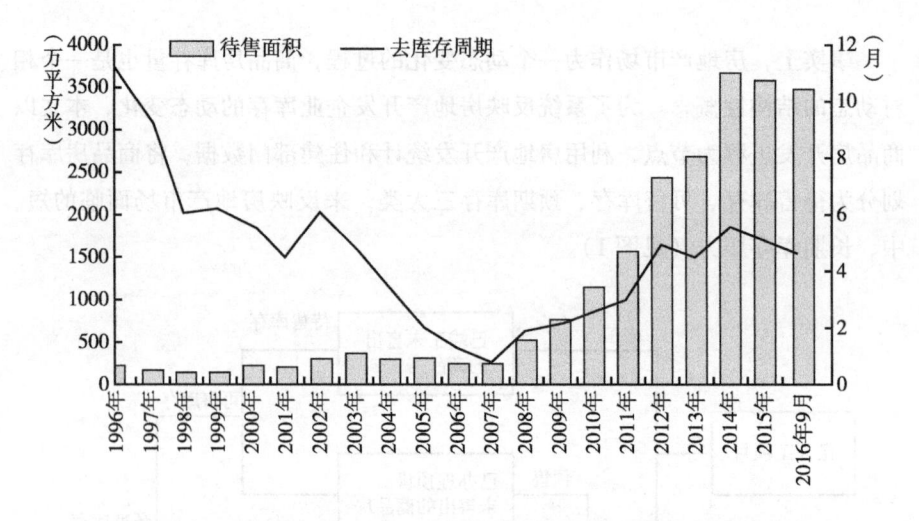

图2 1996年至2016年9月河南省商品房待售面积及去库存周期

2. 可售库存

住建部门发布的"月末累计可售面积"，指获颁预售或销售许可证但尚未销售的面积，作为可以正式签约销售的面积，这部分可视为未来一年间的市场库存，称为"可售库存"。从理论上说，"月末累计可售面积"定义更为宽泛，包括统计部门发布的"商品房待售面积"在内，即可售库存包含待售库存。住建部门统计显示，截至2016年9月末，全省商品房可售面积12155.97万平方米，同比增长1.8%，其中住宅可售7244.65万平方米，同比下降11.8%。2015年上半年以来，针对商品房销量下滑、库存增加的现状，河南省政府制定实施了促进房地产市场健康发展16条、促进农民进城购房扩大住房消费9条等政策措施，商品住宅销售加快，住宅可售面积减少。

3. 预期库存

当前开工在建的商品房，在未来2~3年将形成市场有效供给。在房地产开发统计中的"房屋施工面积"，如果扣除已经预售的面积，再加上已竣工未销售的面积，可被认为是未来2~3年房地产市场库存。2016年前三季度，全省房地产开发企业房屋施工面积42820.83万平方米，同比增长16.2%，其中住宅施工面积32103.47万平方米，同比增长14.2%。考虑到项目开工建设后会进行预售，简单估计过去一年的期房销售面积为在建面积中已售出部分，则截至2016年9月末，全省已竣工和在建未售出的预期库存达36124.52万平方米，其中住宅22904.93万平方米。

商品房库存的多或少，不是一个孤立的数字，而是相对于市场环境和容量而言的。因此对库存的分析，更为直观的指标是以库存除以月均销售面积得到的去化周期。在当前研究分析中月均销售面积有三种，即上年全年月均销售面积、过去12个月月均销售面积和当年的月均销售面积，出于对数据的稳定性考虑本文采用过去12个月的月均销售面积计算去化周期。从全省数据看，由于2016年销售形势持续好转，仅考虑已竣工未出售的待售库存并不高，去化周期仅4.05个月，低于全国平均水平（5.53个月）。但是如果考虑到体量巨大的在建项目，可售库存和预期库存则处于较高水平，去化周期分别为14.07个月和41.80个月。

（二）分地区库存情况

河南省18个省辖市房地产市场区域分化明显，库存问题在不同地区表现差异很大。根据待售库存和预期库存的去化周期与全省平均水平的对比[①]，18个省辖市可分为四类（见表1）。

第一类是待售库存和预期库存去化周期较长的地区。当前，平顶山、焦作、三门峡、南阳、济源5个市待售库存压力较大，表示市场需求不足，而未来预期库存也较大，可以预见库存将进一步增加。其中，平顶山、济源预期库存去化周期在6年左右，居全省之首。

---

① 由于未能精确掌握住建部门分地区可售数据，此处仅使用待售库存和预期库存数据。

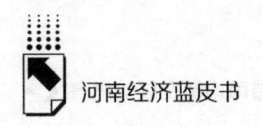

表1 河南省18个省辖商品房待售库存分类

单位：万平方米，月

类型	省辖市	库存面积		去化周期	
		待售库存	预期库存	待售库存	预期库存
待售库存和预期库存去化周期较长的地区	河南省	3503.07	36124.52	4.1	41.8
	平顶山市	154.93	1641.44	7.1	75.1
	焦作市	104.95	846.33	5.8	46.6
	三门峡市	88.69	747.1	5.3	45.0
	南阳市	233.75	2148.15	4.9	44.6
	济源市	34.28	305.97	7.3	65.2
待售库存去化周期较长但预期库存去化周期较短的地区	新乡市	272.43	2166.64	5.1	40.5
	商丘市	451.72	2252.15	6.5	32.5
	信阳市	397.54	1848.75	7.0	32.6
	周口市	236.25	974.76	6.4	26.3
	驻马店市	438.52	1780.72	6.2	25.2
待售库存去化周期较短但预期库存去化周期较长的地区	郑州市	351.17	10804.73	1.5	46.9
	开封市	88.57	1351.83	2.8	42.4
	洛阳市	251.97	4152.30	4.0	65.2
	鹤壁市	44.28	680.13	2.7	42.0
	漯河市	35.41	759.3	3.2	69.2
待售库存和预期库存去化周期均较短的地区	安阳市	138.24	1577.47	2.7	30.4
	濮阳市	98.05	857.28	3.5	30.6
	许昌市	82.34	1229.49	2.4	36.0

第二类是待售库存去化周期较长但预期库存去化周期较短的地区，有新乡、商丘、信阳、周口、驻马店5个市。这5个市除新乡外其余4个市均属于人口劳务输出大市，人口的流出造成当地有效住房需求不足，适当缩减未来房地产开发规模有助于避免库存进一步增加。

第三类是待售库存去化周期较短但预期库存去化周期较长的地区，有郑州、开封、洛阳、鹤壁、漯河5个市。这种类型待售库存过少，会影响消费者对楼市的预期判断，造成市场恐慌，房价攀升。对待售库存去化周期较短但预期库存周期较长的地区，应密切关注预期库存对市场的影响和冲击，有计划地逐步投放市场，避免集中释放影响市场的平稳发展。

第四类是待售库存和预期库存去化周期均较短的地区，有安阳、濮阳、许昌3个市。

二 影响楼市均衡发展指标分析

房地产业作为支柱性产业，与一个地区的经济发展水平息息相关。一方面房地产行业可支撑经济增长，改善城镇居民居住条件，提高生活水平；另一方面过度投机会引发泡沫，扭曲资源配置，损害实业发展和创新动力，为经济长期发展埋下隐患。因此，一个平稳健康可持续发展的房地产市场，应以房价与消费能力基本适应、供应和需求的总量基本平衡、结构基本合理、适度带动经济发展为目标。

（一）房地产市场需求指标分析

1. 城市人口数量和结构

人口增长是住房需求的最基本动力。地区的城镇化进程、城市人口的数量和增长速度，在客观上决定了房地产市场对房屋需求的规模和增长速度。本文采用以2015年城镇人口代表各地区人口数量、以常住人口中65岁以下人口比重代表有效购买力人群结构进行分析。

2. 收入房价比

居民的收入，尤其是可支配收入，是决定家庭消费需求的最重要因素。本文以2015年城镇居民人均收入与当前商品房混合单价之比得到收入房价比。收入房价比的高低反映一个地区居民对商品房的购买力，进而决定市场的需求量。目前，河南省平均收入房价比为5.0，最高的济源市为7.4。郑州虽然城镇居民人均收入居全省榜首，但房价收入比为3.9，表明相对居民收入郑州的房价偏高。

（二）房地产市场供给指标分析

1. 当前和未来库存情况

一个地区房地产市场快速发展，开发投资快速增长，施工面积、竣工面积

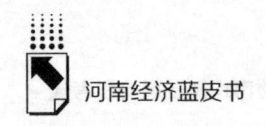

同步扩大，都是反映房地产市场当前和未来供给的重要指标。但这些反映规模的"硬"指标受区域大小影响。因此本文采用待售库存去化周期和预期库存去化周期来反映当前和未来的库存供给情况。

2. 房地产开发收益

在项目开发过程中，开发企业投入大量的资金与人力资源，当房地产行业利润率低于社会平均利润率与行业风险报酬率之和时，企业开发热情降低，商品房供给量将呈现减少的趋势。因此，我们利用商品房销售额与开发投资的比较，粗略反映房地产开发行业的投入产出效果和收益率高低。当前，河南省商品房销售额与开发投资的比值为0.84，低于全国1.1的平均水平，各省辖市之间差距也很大。部分地区商品房销售不畅、库存积压，投资未能迅速回笼转化为利润，投入产出存在失衡现象。

（三）反映房地产市场经济效益的指标分析

1. 对GDP的贡献

国内生产总值（GDP）是核算体系中重要的综合性统计指标，常被公认为衡量国家或地区经济状况的最佳指标，反映了当前国家或地区的经济实力和市场规模。以房地产开发业为主体，包括物业管理、房地产中介服务、自由房地产经营活动和其他房地产业在内的房地产业增加值占GDP的比重反映了当地房地产市场的直接经济贡献。2016年，房地产开发市场交易活跃，投资迅速增长，对河南省GDP的贡献率由2015年的2.1%提高至2016年前三季度的5.3%。

2. 对固定资产投资的贡献

在拉动经济发展的"三驾马车"中，固定资产投资是稳增长的驾辕之马，是供给侧和需求侧两端发力的重要引擎和最佳结合点。2016年前三季度，河南房地产开发投资增速高于全省固定资产投资10.3个百分点，是全省固定资产投资稳定增长的中坚力量。为此采用房地产开发投资占固定资产投资的比重，反映一个地区房地产开发对固定资产投资的贡献。

3. 对财政收入的贡献

财政收入是实现政府职能、促进基础设施建设、完善社会公共体系的财力保证。省财政厅和地税局数据显示，2016年前三季度全省土地出让收入占一般公共预算收入的38.3%,1~8月房地产业税收收入占全省税收收入的35.1%①,是全省财政收入的重要支撑。本文采用房地产业税收占税收收入比重和土地出让收入占地方一般公共预算收入比重的简单加权平均,来反映房地产业对财政收入的贡献。

三 楼市均衡水平区域划分

在当前的区域划分研究中,一般采用计量经济学中的聚类分析建立模型进行研究。聚类分析是研究样品或指标分类问题的一种统计方法。其基本原理是根据样本自身属性,用科学方法按照某种相似性或差异性指标,定量确定样本之间的亲疏关系,并按照这种亲疏关系程度对样本进行聚类。聚类分析的结果并不具有优劣判别。

(一)指标选取

根据第二部分分析,本文选取与房地产市场需求、供给和经济贡献有关的三类共9个指标,对当前河南省18个省辖市的房地产市场发展情况进行研究和区域划分。

1. 需求指标3个

采用城镇常住人口、常住人口中65岁以下比例、城镇居民收入与房价比3个指标,反映当地房地产市场的需求总量。

2. 供给指标3个

采用待售库存去化周期、预期库存去化周期、房地产收益率3个指标,反映当地房地产市场的现阶段及未来供给。

3. 经济贡献指标3个

采用房地产业占GDP比重、房地产开发投资占固定资产投资比重、土地出让金占一般公共预算收入比重和房地产业税收占税收收入比重的平均值3个指标,反映当地房地产市场对GDP、固定资产投资和财政收入的贡献。

---

① 由于数据获取问题,房地产业税收使用河南省地税局2016年1~8月的数据。

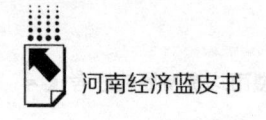

（二）数据标准化

由于不同的经济指标之间存在不同量纲和数量级差别，为了使各个指标更具有可比性，采用标准化变换对全省 18 个地市的 9 个指标数据进行处理，再进行聚类分析（处理过程略）。经过处理后，每个指标的平均值为 0，方差为 1。

（三）聚类分析

采用 SPSS 软件中的系统聚类法对上述变换后的数据进行聚类分析。此处采用组间距离法，样本间的距离采用平方欧氏距离。聚类分析结果以谱系树状图显示（见图3）。

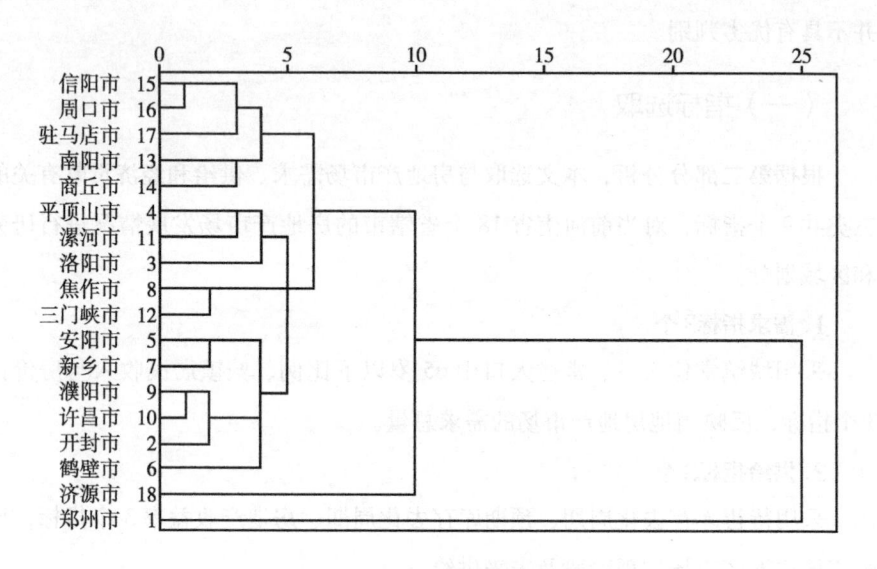

图 3　区域聚类分析结果

根据分析结果的树状图，将河南省 18 个省辖市划分为 5 类较为合适。划分结果为第一类只有郑州 1 个市，第二类有洛阳、平顶山、焦作、漯河和三门峡 5 个市，第三类有开封、安阳、鹤壁、新乡、濮阳和许昌 6 个市，第四类有南阳、商丘、信阳、周口和驻马店 5 个市，第五类只有济源 1 个市。

（四）结果分析

从河南省 18 个省辖市楼市均衡水平的分类看，可以粗略地以地域方位命名。

1. 中心城市郑州

郑州作为河南省的省会城市，省内经济、金融、商贸、科技文化中心的地位毋庸置疑，经济总量与房地产市场规模都远超其他省辖市。2016 年前三季度，郑州房地产开发投资额占全省的 43.9%，商品房销售面积占全省的 30.8%。2015 年底，郑州常住人口比户籍人口多 225 万人，人口吸附能力强、人口结构年轻化，庞大的市场供给不能满足旺盛的需求，库存少、房价高是郑州区别于其他省辖市的显著特点。目前郑州待售去化周期仅 1.5 个月，收入房价比仅为 3.9，均远低于全省平均水平。供需两旺的房地产业是郑州经济增长的重要支撑，前三季度房地产业占 GDP 比重为 6.5%，高出全省 2.1 个百分点；房地产开发投资占固定资产投资比重达 36.9%，高出全省 22.1 个百分点；房地产业相关税收在地方财政收入中占据"半壁江山"，土地出让金收入占一般公共预算收入的 66.6%，房地产业税收占税收总收入的 52.4%。从未来供给看，郑州预期库存达 46.9 个月，可以预见未来房地产业仍将是郑州经济增长的支柱产业，随着预期库存的逐步投放，当前供小于求的状况将逐步缓解。

2. 豫西部城市

处于该类的 5 个城市中，洛阳是全省的副中心城市，是重要的现代装备制造业基地和文化旅游城市。平顶山、焦作、三门峡是有丰富自然资源支撑的资源型城市，漯河则有较为发达的食品制造业。房地产业的经济贡献较低，在五个分类中房地产业占 GDP 的比重、房地产开发投资占固定资产投资的比重及财政收入贡献仅高于济源。由于产业和人口都较为平稳，房地产市场供需关系相对适中，当前待售库存去化周期处于全省平均水平。但未来去库存周期明显偏长和开发收益率低是该类城市需要关注的问题，平顶山、漯河、洛阳未来库存都超过 60 个月，焦作和漯河超过 40 个月；开发收益率仅为 60.6%，其中最低的焦作仅为 49.1%。企业利润率低，资金回流不畅，必将影响未来项目的施工进度，甚至形成"烂尾楼"等诸多问题，而过大的未来库存将进一步影响市场预期和销售。因此，扩大住房消费、培育新的持续性的购房需求成为当务之急，为此要加强进度监督，把握未来库存上市进度，应采取措施多管齐

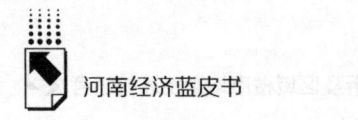

下，防止房地产市场出现风险。

3. 豫中北部城市和郑州周边城市

安阳、鹤壁、新乡和濮阳4个市是地理意义上的豫北城市，通常认为是河南省重要的工业基地。开封、许昌地处郑州周边，在郑州的辐射带动下产业基础较好。从收入房价比看，最高的安阳为7.2，最低的开封为5.9，基本处于较为合理的水平；从供给看，当前待售库存偏低，除新乡外待售库存去化周期普遍低于3个月，预期库存也处于较低水平。

4. 豫东部和南部城市

南阳、商丘、信阳、周口、驻马店5个市长期以来农业占比重大，被视为需提质增效型城市，其房地产市场发展水平也有相近之处：5个市均为人口输出大市，人口结构偏老龄化，65岁及以下人口占比均在90%以下。该类城市虽然人口众多，但住房有效需求不足，当前待售库存偏大，除南阳外均超过6个月。房地产业经济贡献处于全省较高水平，房地产业占GDP的比重为4.0%，房地产开发投资占固定资产投资比重达12.9%，财政收入贡献更是超过1/3。5个市未来预期库存较少，依靠市场对当前库存压力进行自动调节，但未来房地产市场发展放缓，寻求新的经济增长点，降低其对经济增长的影响，是当地需要关注的新问题。

5. 济源

济源虽为直辖市，但城镇常住人口仅42.3万人，下级行政单位为乡级，与其他省辖市有较大差异，单独成类。济源收入房价比为7.4，居民住房购买力为全省最高，但待售库存去化周期为7.3个月、预期库存去化周期65.2个月，都处于较长水平。同时，房地产业经济贡献也较低，房地产业占GDP比重仅为2.8%，房地产开发投资占固定资产投资比重低于全省近12个百分点，财政收入贡献也仅1/6。济源作为一个人口小市，前期的过度开发透支了市场需求，而未来预期库存不断增加必将带来新的库存压力。

四 政策建议

（一）科学制定地区房地产市场发展规划

根据当地经济发展状况、人口构成和资源分布等，结合本地城镇化进程，统筹考虑城市发展和产业布局、住房总需求、商品住房库存以及供求关系等因素，科学制定地区房地产市场发展规划，保持合理的房地产开发投资规模和速度，努力使各类房屋建设总量、速度及空间布局与城镇化发展水平相适应，实现地区经济和房地产市场的有序健康和协调发展。在考虑地区经济增长的同时，要关注和满足中低收入居民的住房需求，既要考虑短期经济效益，更要注重长远发展，使房地产市场发展做到规模适度、结构合理，循序渐进、协调发展。

（二）注重分类指导，实行差别化调控政策

房地产市场调控必须根据不同地区房地产市场的发展情况和市场走势进行分类指导，进一步强化地方政府稳定市场的责任，实行"一城一策"的差别化调控政策。对于收入房价比过低、当前供求关系紧张的中心城市，要实行适度从严的调控政策、限制投机需求，促开发和调结构并行，缓和供需矛盾，稳定市场预期，满足广大居民住房需求；对于供求关系相对缓和的二、三线城市，要控制开发投资规模，合理有序开发，根据市场走势适时调整调控政策，努力消化存量，保持市场平稳健康发展。

（三）推动顶层设计，加速构建房地产市场长效调控机制

应加快构建以财政、税收、金融和法律等市场手段为主的长效调控机制，利用市场经济本身内在调节机制发挥作用，减少频繁出台短期调控政策对市场的影响，实现房地产市场平稳健康发展。加快不动产登记进程，完善市场机制建设；加快出台房地产税，增加住房空置成本；推动财税制度改革，减少地方政府对土地财政的依赖；完善金融市场建设，拓宽居民投资渠道。

B.27
发挥电商引领作用，农村消费品市场迎来新发展

赵杨 赵清贤 董军 张高峰*

摘　要： 通过对河南省开展农村消费品市场运行状况的专题调研，发现当前河南农村消费品市场发展势头良好、电商火热、潜力巨大等三大特点。在准确把握农村消费品市场特点的基础上，运用河南贸易企业大数据，分析研判农村消费品市场发展趋势，进而提出应对农村消费品市场未来发展的对策建议。

关键词： 农村消费品市场　电商　"三农"

自党的十八大以来，随着国家新型城镇化进程的加快，河南省城镇化率从2012年的42.4%上升到2015年的46.9%，年均提高1.5个百分点。但河南农村常住人口仍有5039万人，超过常住人口的半数，是一个非常庞大的消费群体，而且这其中还有430万名农村贫困人口。在推进新型城镇化建设进程中，农村居民的生产、生活中有不少需要改善的地方，而这也正是农村消费品市场的发展潜力所在。通过在全省范围内开展关于农村消费品市场运行状况的专题调研剖析，同时运用统计联网直报平台上河南贸易企业大数据，分析研判农村消费品市场发展趋势，进而提出应对农村消费品市场未来发展的对策建议。

---

* 赵杨，高级统计师，河南省统计局贸易外经处处长；赵清贤，河南省统计局贸易外经处副处长；董军，河南省统计局贸易外经处副处长；张高峰，河南省统计局贸易外经处主任科员。

一 河南农村消费品市场三大特点——势头良好、电商火热、潜力巨大

（一）农村消费品市场保持良好发展势头

近年来，随着国家一系列农村政策的实施和城乡一体化进程的加快，农民收入增速加快，农村居民消费格局悄然发生变化，主要表现在乡村零售额增速快于城镇，与城镇消费品市场的差距有所缩小，对社会消费品零售总额的贡献有所提高，农村消费品市场正保持良好发展势头。

1. 农村消费品市场增速放缓，但持续高于城镇

2012~2016年上半年，受宏观经济影响，全省消费品市场由高速增长（15.7%）向中高速增长（11.5%）转变，而农村消费品市场增速虽然也有所降低，由2012年的16.1%降到2016年上半年的12.7%，期间持续高于全省消费品市场总体增速和城镇消费品市场增速（见图1）。

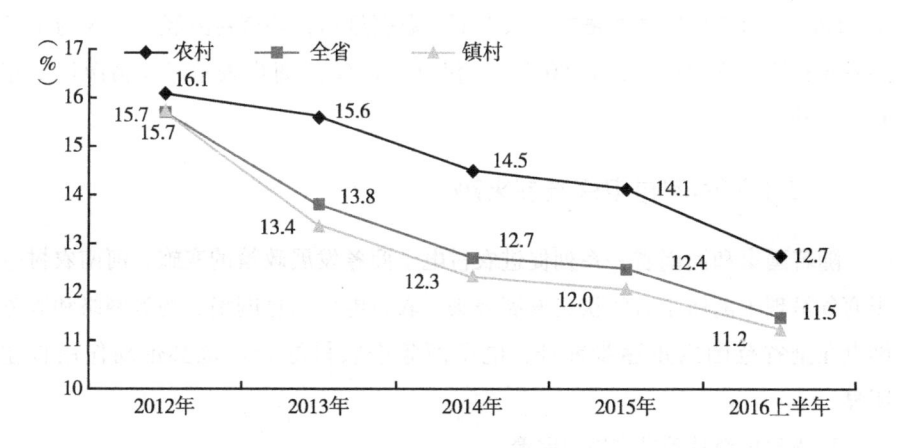

图1 河南消费品市场运行势态

2. 农村消费品市场比重稳步提高

河南农村消费品市场在全省消费品市场中的比重从2012年的17.6%增加到2016年上半年的19.9%。与全国农村消费品市场相比，河南省农村消费品市场的比重持续高于全国，这主要是由于河南城镇化水平多年低于全国，农村

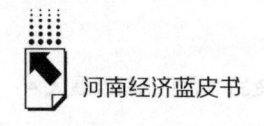

人口比重较高造成。

3. 农村限额以上贸易企业与城镇发展差距逐步缩小

根据联网直报平台数据，河南农村限额以上贸易企业2014年和2015年零售额增速分别为26.1%和23.0%，均高于同期城镇限额以上贸易企业增速16.6个和13.5个百分点。2014年，河南农村限额以上贸易企业平均零售额为2098.2万元，城镇限额以上贸易企业平均零售额为3804.1万元，农村限额以上贸易企业零售额规模为城镇的55.2%；2015年，河南农村限额以上贸易企业平均零售额为2362.0万元，城镇限额以上贸易企业平均零售额为3916.2万元，农村限额以上贸易企业零售额规模为城镇的60.3%，比2014年提高5.1个百分点。

4. 受市场整体增速放缓影响，微观层面经营状况多数与上年持平或下降

为客观反映河南省农村商贸流通业的微观状况，随机抽取河南省853家农村商户，就经营情况进行了问卷调查。这853家农村商户全部位于镇或村，绝大多数属于限额以下商户，但也具有一定经营规模和经营年限。其中，有43.2%的商户经营面积在30~100平方米，44.0%的商户经营年限在3~10年，52.4%的商户雇员数量在2人以下。数据显示，调查对象经营情况与上年持平或有所下降的比例达到80.3%，仅有19.7%的商户表示经营情况比上年有所上升。

（二）河南农村电商发展火热

随着国家和河南省一系列促进农村电子商务发展政策的实施，河南农村电子商务呈现了前所未有的快速发展势头。农村电商信息网络、物流网络和服务网点在全省范围内正逐步铺开，电子商务进农村综合示范县带动作用日益明显。

1. 农村电商基础设施逐步完善

一是网络基础设施加快发展。截至2015年，河南省互联网用户总数达5600多万户，位居全国第5位。网民规模突破6100万人，其中农村网民达2500多万人，占全省网民四成多。二是农村物流配送体系基本达到覆盖各乡（镇）。"万村千乡市场工程"配送范围覆盖全省农村，且基本实现了信息化管理。省邮政系统形成了以郑州为中心，覆盖全省118个县（市）的物流配送网络，尤其是农资商品的配送在农村占据较大份额。省供销社系统通过广泛对接"供销e家"，持续完善"丰合网"的功能，加快对全系统基层经营服务网点和物流配送体系进行信息化改造。截至2016年6月底，全系统实现电子商务和在线商品交易总额75.71亿元，同比增长25%。社会物流配送发展迅猛，多数设在城市的物流公司开始在乡（镇）设点，顺达、中通、汇通等快递品牌乡（镇）网点覆盖率均达50%以上。

2. 农村电商企业多点开花

一是各类知名电商平台广泛布局。截至2015年底，阿里"村淘"在河南共开通25个县（市），覆盖1600多个行政村，其中孟州市桑坡村、镇平县石佛寺村、许昌县霍庄村和长葛市尚庄村4村已成为"淘宝村"（即电子商务年交易额1000万元以上，淘宝店100个以上）。京东"千县燎原计划"已在河南33个县（市）落地，2016年计划达到78个。二是本土电商发展模式灵活多样。博爱县采取"电商内生型"发展模式，采用"外引做大、自建深化"的发展路径，培育本土电商群体，注重电商协会建设，着力引进电商平台、金融平台和物流平台，实现借力发展，成功打造"博爱人家""山药哥""丑脸猫"等知名品牌。

3. 电子商务进农村综合示范县带动作用明显

河南作为全国电子商务进农村综合示范省，自2014年国家开展电子商务进农村综合示范工作以来，河南国家级电子商务进农村综合示范县已达21个。2014年和2015年，中央和省级财政共拨付给前两批15个国家级示范县（市）和2个省级示范县资金3.18亿元。目前，前两批的15个国家级和2个省级电子商务进农村示范县（市）已建成各类县级电子商务运营服务中心21个（不含企业自建中心）、乡（镇）级服务站216个、村级服务点3087个，新增网店15600多个。

（三）河南农村居民网购需求潜力巨大

电商的发展在根本上离不开用户，特别是在"工业品下行"占据农村电商主流的背景下，消费者的需求及行为特点是农村电商发展需要关注的重要问题。通过在河南省范围内开展农村居民网购行为调查，对10个省直管县（市）的2000户农村居民发放问卷，得到了网购在农村居民中的普及率及网购特点等相关信息。

总体而言，河南农村居民网购渗透率达60.5%，网购用户中有87.5%的

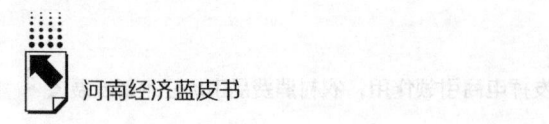

人认为电商有利于促进农村居民消费,未来对电商的需求潜力巨大。在网购用户中以年轻人居多,49.8%为35岁以下,但网购频率较低,48.1%的居民网购频率低于平均每月一次,且63.5%的农村居民网购支出在1000元以下。

1. 网购用户以35岁以下者居多

网购用户按年龄划分为三组,即35岁及以下、36~55岁、56岁及以上,这种分法正好区分了"80后"、"60~70后"以及"50后"。调查对象中35岁及以下者占49.8%,36~55岁者占39.9%,56岁及以上者占10.2%。

2. 网购用户中87.5%的人认为有利于促进农村居民消费

本项调查在三个不同的年龄段有着两极化的形态,其中在35岁及以下者和36~55岁者大部分认为有利于促进农村居民消费,占到了这两个年龄段的90.4%,而56岁及以上的农村居民中,有61.2%的居民认为不利于促进农村居民消费。

3. 网购频率较低

调查结果显示,农村居民整体网络购物的频率比较低,有48.1%的居民网购频率低于平均每月一次。一方面随着农村商贸体系的发展,日常衣食住行的需求可以比较方便地就近购买,另一方面部分地区快递物流难以送达农村,使农村居民无法选择网购。

4. 2015年网购支出多数在1000元以下

鉴于河南农村居民收入水平相对较低,加上相当地区的农村物流不便等原因,使得农村居民网购支出相对较少,有63.5%的农村居民网购支出在1000元及以下,尚不足2015年河南省农村可支配收入的10%(见图2)。

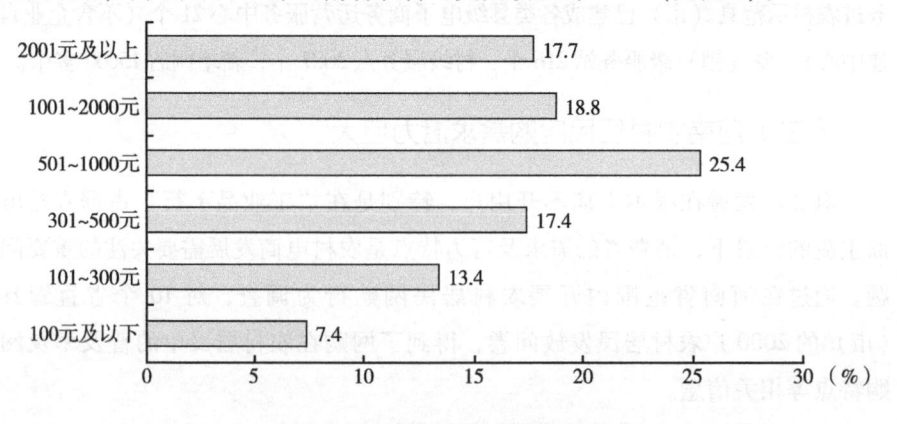

支出区间	百分比(%)
2001元及以上	17.7
1001~2000元	18.8
501~1000元	25.4
301~500元	17.4
101~300元	13.4
100元及以下	7.4

图2 2015年农村居民网购支出

二 河南农村消费品市场发展趋势——更小、更好

2012～2016年,河南农村社会消费品零售额增速快于城镇,对全社会消费品零售额的贡献有所提高,但从长期发展趋势来看,农村市场比重不断提高的趋势不可持续,未来会逐步降低到一定水平,进而趋于稳定。随着城镇化进程的推进,将不断有发展水平高的农村地区演变成为城镇地区,而城镇化率越高,农村居民人口越少,农村地区的范围将不断缩小,农村消费品市场的比重自然就会降低。总而言之,因为农村地区发展得更好,所以农村地区变得更小。

（一）更小——农村消费品市场比重将有所降低

限额以上贸易企业的发展是反映一个地区消费品市场发展的一个重要标志,最具代表性的衡量指标就是限额以上企业的数量及规模。在贸易专业四个行业中,由于零售行业对零售额的贡献占大多数,且零售企业的主营业务就是针对居民个人的消费品销售,因此零售企业对地区消费品市场的发展反映最为直接。本文以联网直报平台上限额以上零售法人企业和大个体为研究对象,通过计算其零售额等指标来反映农村消费品市场的发展状况。

首先,计算2016年6月河南省18个省辖市和10个省直管县（市）农村限额以上零售企业的单位数占比和零售额占比。数据表明,各地区农村限额以上零售企业的发展水平差异较大。零售额占比最高的滑县达到33.9%,而最低的济源市仅为0.2%,两者相差33.7个百分点。同时,由于单位数占比和零售额占比高度正相关,相关系数为0.85,单位数占比的差异也较大。单位数占比最高的滑县达到37.0%,而最低的济源市仅为1.9%,两者相差35.1个百分点。

其次,分析各地区差异的原因。消费品市场的发展离不开人口集聚,各地区农村限额以上零售企业的巨大差异应该与农村人口的规模和收入水平有关,即在收入水平相同的条件下,农村人口越多,农村限额以上零售企业单位数和零售额占比应当越高;在农村人口规模相同的条件下,收入水平越高,农村限额以上零售企业单位数和零售额占比应当越高。

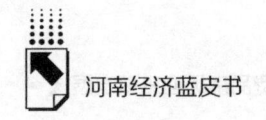

如果用城镇化率来衡量农村人口的规模，用城乡可支配收入比来衡量收入水平，零售额占比与城镇化率呈现明显的负相关，相关系数为 -0.74，而零售额占比与城乡可支配收入比并无明显的相关关系，相关系数仅为 0.2。事实上，河南各地区城乡可支配收入比大部分在 1.5~2.5 倍之间，收入水平的差异并不大，因此造成各地区限额以上零售企业的发展差异的主要因素是城镇化率。

因此，河南农村消费品市场的发展与当地城镇化率高度相关，农村消费品市场份额将随着城镇化率的提高而变小。这样，就不难理解各地区农村限额以上零售企业的发展水平的差异。例如，城镇化水平低的地区，如滑县、兰考、固始、周口和驻马店等城镇化率在 40% 以下的地区，相应的农村限额以上零售额占比均超过 10%；而城镇化水平高的地区，如济源、鹤壁、巩义、郑州和洛阳等城镇化率在 50% 以上的地区，相应的农村限额以上零售额占比均低于 3.5%。

2015 年，河南城镇化率仅为 46.9%，与全国平均水平 56.1% 还有 9.2 个百分点的差距。河南城镇化率的趋势是逐年稳步提高，可以预见，全省农村消费品市场的零售额在全社会消费品零售额中的比重将趋于降低。

（二）更好——农村电商助力农村消费品市场层次提升

在全球范围内，农村电子商务已经成为大趋势，农村电商在大部分人的眼里就是让农村居民网上购物，实际上并不是单单如此。在国家政策红利的支持下和电商巨头积极布局等因素的支撑下，农村电商将带来农村生产和消费的良性互动，以生产和消费"双轮驱动"农村经济，对发展现代农业、繁荣农村经济、改善城乡居民生活和提升农村消费品市场发展层次都将大有裨益。

1. 农村电商正成为农村经济的新"风口"

2015 年被称为"农村电商元年"，国家密集出台了一系列支持农村电商发展的政策。2015 年 10 月 31 日，《国务院办公厅关于促进农村电子商务加快发展的指导意见》出台，标志着农村电商战略升至国家层面，对农村电商进行全面部署指导。与此相配套，国务院先后印发的《国务院办公厅关于大力发展电子商务加快培育经济新动力的指导意见》《国务院关于积极推进"互联网+"行动的指导意见》《国务院办公厅关于加快转变农业发展方式的意见》

《国务院办公厅关于推进线上线下互动加快商贸流通创新发展转型升级的意见》均对农村电子商务工作进行了重点部署。

2016年，在注重前期政策落地的同时，国家对农村电商发展的政策支持力度进一步加强，让农村电商这股热潮风头更盛。2016年，中央1号文件《关于落实发展新理念加快农业现代化实现全面小康目标的若干意见》4处提及农村电商的发展，这是有史以来涉及农村电商篇幅最多的一次。2016年4月15日，国务院办公厅印发《国务院办公厅关于深入实施"互联网+流通"行动计划的意见》，就农村电子商务的物流问题进行专门部署。未来，随着农村电商政策"红利"的逐步释放，农村电商对消费品市场的积极带动作用将更加凸显。

2. 电商巨头"群雄逐鹿"

跟随国家政策导向，深耕于农村市场的传统流通业国企（如供销系统和邮政系统）和国内电商巨头等纷纷把握机遇，积极布局农村市场，势必在未来几年内为农村消费品市场带来新的发展和变化。

（1）供销合作社和中国邮政积极转型，争做农村电商的"国家队"。自2015年4月2日《中共中央国务院关于深化供销合作社综合改革的决定》出台后，中华全国供销总社按照国务院副总理汪洋的要求，加快组建全国性的电子商务平台，要在农村电商领域成为能够抓在手上的"国家队"。截至2016年上半年，全国供销社系统已经发展省级电商平台80个、县级电商平台973个；2015年电子商务交易和在线商品销售总额为3960亿元，同比增长292.5%。中国邮政作为农村电商的重要推动者和实践者，从2013年开始，线上依托"邮乐网"开发推广"邮掌柜"农村电商系统，线下依托邮政营业网点、便民服务站、村邮站、小商超店等，推广"邮乐购"农村电商服务点，完善县到乡、乡到村的农村电商物流配送体系。截至2015年末，"邮乐购"站点已遍布全国31个省份，站点数量超过11万个，交易额达131亿元。而且在财政部、商务部推出的256个电子商务进农村综合示范县中，近一半交由中国邮政系统承接县乡村物流体系建设。

（2）阿里巴巴、京东、苏宁易购等电商巨头纷纷将竞争重心放在农村。2014年10月，阿里农村淘宝战略正式启动，并被马云列为阿里三大核心战略之一，目前全国已有16000多名村淘合伙人。京东农村电商围绕"3F战略"

（即工业品进农村战略、农村金融战略和生鲜电商战略），采取县级服务中心和京东帮服务店两大模式。截至2015年，京东乡村推广员达到20万人，服务20万个行政村；京东县级服务中心1400多家，京东帮服务店布局1400多家，地方特产馆特产店已达到700多家；京东农资电商的合作涉农企业已达到200多家，已授权的京东农资服务中心达到65家；乡村白条推广员累计授信人数达5.7万余人，乡村白条农户累计授信1.2万人。苏宁云商则通过整合线上线下资源，已经在农村市场建立了1000多个苏宁易购服务站。

三 背靠"三农"，电商引领，农村消费品市场将迎新发展

综合分析现状与趋势，发现农村电商是农村经济的亮点，是未来发展的着力点。但也应该认识到，电子商务在本质上是一种新的商业模式，并非是颠覆了商业本身。不可否认的是，传统商业由于电子商务的崛起而失去部分市场份额。但是，电子商务并不会完全替代传统商业，在电子商务增长乏力之时，传统商业线下的优势将会重新凸显。在未来，正如马云所说，"纯电商时代很快会结束，未来的十年、二十年，没有电子商务这一说"。因此，农村电商的发展不能"为电商而电商"，农村消费品市场需要的是深度融合互联网的商贸流通业，需要的是背靠"三农"，能够提升农村经济竞争力的复合型、服务型的市场主体。

（一）背靠"三农"是农村电商赖以发展的根本

2016年11月2日，国务院办公厅印发《关于推动实体零售创新转型的意见》，提出要促进实体零售跨界融合，"引导实体零售企业逐步提高信息化水平，将线下物流、服务、体验等优势与线上商流、资金流、信息流融合，拓展智能化、网络化的全渠道布局"。实体商贸流通业要想更好更快地实现"互联网+"，就必须先学习借鉴国内电商的成功经验，如"淘宝、京东"等全国性电商模式和"浙江遂昌、浙江临安、江苏沙集、浙江桐庐、河北清河、山东博兴、浙江海宁、甘肃成县"等地方性电商模式。

认真总结这些电商发展模式特别是"浙江遂昌、浙江临安、江苏沙集、

浙江桐庐、河北清河、山东博兴、浙江海宁、甘肃成县"等地方性电商企业的发展可以发现，它们能够在农村发展起来，都是有效挖掘了农村的优势，或是农产品，或是农业产业，抑或者是农村的特殊交通地理区位。因此，农村或农业的独特竞争力是农村电商发展的"硬"基础。同时，农村居民作为电商的使用者，其对电商的认识、技术的掌握和思维的转变是电商在农村得到蓬勃发展的"软"基础。在互联网条件下，机遇与挑战都是全国乃至全球的，如果商贸流通业能深入发掘当地"三农"独特优势，开拓国内外市场的前景将十分广阔。例如，河南省最大的图书发行销售企业新华书店积极转型，2015年上线的电商服务平台"云书网"专门为全省各地开辟"精彩河南"特色馆，挖掘河南各地特色产品，向全国、全世界推介河南特色。又如，河南第一个"淘宝村"孟州市南庄镇桑坡村，全村家家户户做毛皮生意，有"中国毛皮之都"的美誉。互联网让桑坡村的毛皮生意迎来新发展，桑坡村现有皮毛加工企业130多家，销售店铺300多家，旺季时日销售额超过300万元，2016年全年销售额有望突破5亿元，其中80%都是通过互联网实现的。

（二）政府着力建设完善农村电子商务公共服务体系

发展农村电子商务，在充分发挥市场机制决定性作用的同时，政府也要通过完善政策、创新机制、提供服务、加强监管等，为电子商务在农村的发展创造良好环境。

做好电子商务进农村综合示范工作，是政府建设完善农村电子商务公共服务体系的政策探索、具体抓手。虽然河南省已经有23个综合示范县（市），但对河南而言还不够，下一步商务主管部门将在抓好23个综合示范县（市）建设同时，逐步扩大覆盖面，力争再用两年时间使国家和省级示范县（市）数量达到全省的1/3。电子商务进农村综合示范县（市）发展农村电子商务要坚持"企业为主、政府推动、市场运作、合作共赢"的原则，搭建综合性的县域农村电子商务公共服务体系，包括县级农村电子商务公共服务中心（以下简称公共服务中心）、农村电子商务培训体系、农村电子商务物流体系、农产品电子商务供应链管理体系、农村电子商务营销体系和农村电子商务服务站体系。同时，边实践边总结，做好经验推广。要及时梳理总结示范过程中出现

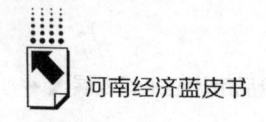

的典型案例,将农村青年创业创新、农产品网销、农村物流解决方案、电商扶贫脱贫等方面成功的案例及时总结归纳,组织全省各县(市)加强交流借鉴,加大宣传推广力度,营造发展农村电子商务的良好氛围。

(三)市场主体要积极向复合型、服务型转变

1. 有机整合线上线下物流资源,构建复合型企业

打通线上线下整合物流正在成为一种趋势。在国家贸经部门组织的湖南省农村电商调研中有这样一家企业,原来是一家县级批发代理商,发挥自身农村物流优势,利用电商平台"中国城乡超市供应链平台",将全县2000多家农村超市整合起来,实现快递到村,同时承接了"四通一达"村级物流,既解决了电商物流"最后一公里"问题,也实现了企业利益最大化。这种利用互联网有效整合传统商业网点、电商物流的模式可以为农村商贸流通业的转型升级提供一个典范。事实上,河南省的邮政、供销及新华书店系统都有完备的农村流通渠道,合理发挥这些渠道资源优势,相信农村电商物流问题将迎刃而解。另外,中国农村居民居住相对分散,订单密度小于城镇居民,应鼓励部分村民加盟电商,成为物流的终端,负责本村的送件、货到付款收款、在线支付和售后服务问题。

2. 将传统商业网点转变成综合服务站,构建服务型企业

传统商业网点提供除商品出售外的其他综合服务是商业模式创新的必要,如日本的"7-11便利店"和中国台湾的诚品书店等。更重要的是,农村消费者由于缺乏相关网购知识和网购设备,担心购买商品存在描述不实和售后问题,不敢轻易尝试网购,迫切需要相关的知识培训和服务机构。农村传统商业网点的分布经过长期的发展,对附近居民具有天然的便利,合理利用传统商业网点,增加更多服务职能,将传统商业网点升级为互联网综合服务站点,如村淘服务站、京东帮服务站等,可以为农民传授网购知识,为不具备网络条件的农民提供代下单、代收件、代支付和退换货服务,解决农民网购的后顾之忧,有助于全面推动农村商贸流通业向服务型转变。

B.28 河南省农村电子商务发展现状研究

朱怀安　赵祖亮　刘文太　李　玉[*]

摘　要： 农村电子商务是河南转变农业发展方式的重要手段，是精准扶贫的重要载体。伴随着政府政策的大力推动，河南农村电商发展基础环境不断优化，电商主体交易活跃，发展效益初步显现，助力农村转型发展。但河南农村电商整体发展仍显落后，买多卖少、农产品上行受阻，人才支撑、运营服务不足等问题比较突出，本文在充分剖析发展中存在问题的基础上，有针对性地提出今后河南农村电子商务的发展方向和对策。

关键词： 河南省　农村电子商务

自2015年11月《国务院办公厅关于促进农村电子商务加快发展的指导意见》出台以来，农村电子商务在全国蓬勃发展。推进"互联网+农业"，加快农村电子商务发展，有利于促消费、扩内需，推动农业升级、农村发展、农民增收，对河南转变农业发展方式、有效解决"三农"问题影响深远。

一　河南发展农村电子商务的重大意义

（一）发展农村电子商务是河南促进工业品下行、扩大农村消费的重要手段

农村市场是消费市场的最末端，是尚待开发的经济"新蓝海"。在经济

---

[*] 朱怀安，河南省地方经济社会调查队副队长；赵祖亮，河南省地方经济社会调查队专项调查处处长；刘文太，河南省地方经济社会调查队专项调查处副调研员；李玉，河南省地方经济社会调查队专项调查处。

发展进入新常态的背景下，大力发展农村电子商务，不仅方便农民购买到物美价廉、种类繁多的商品，而且有利于促消费、扩内需、化解工业品过剩产能，推动农村消费升级。商务部的统计数据显示，2016年上半年农村网络零售额超过3100亿元，保持持续快速增长态势。河南是全国第一农业大省，2015年底农村人口为5699万人，占全省总人口的53.2%，农村消费市场容量巨大，大力推进农民网络购物，促进工业品下行，对于河南经济发展的作用不容小觑。

（二）发展农村电子商务是河南推动农产品上行、破解农产品流通难题的重要途径

河南是全国重要的优质农产品生产基地，农产品种类繁多。截至2015年6月，河南累计认证登记"三品一标"（无公害农产品、绿色食品、有机农产品和农产品地理标志）产品2500多个。由于缺乏与外界沟通的渠道和平台，河南省特色农产品知名度不高，农民市场信息不对称，导致产品滞销、果贱伤农的现象频频发生。以电子商务为途径推进农产品上行则可以有效解决这一问题，商务部的统计数据显示，2016年上半年全国农产品网络零售额达到560多亿元。发展"互联网+农产品"，推动农产品产销直接对接，不仅可以提高河南特色产品的知名度、推动农产品上行，而且有利于整合农业产业链中的上下游环节，化解卖难，解决传统农业商品流通中的主要问题。

（三）发展农村电子商务是河南实现大众创业、推进三产融合发展的需要

2015年，河南农村劳动力转移就业总量达到2814万人，是全国劳动力输出大省。"农村空心化"现象严重，"打工候鸟""留守儿童"等社会问题突出。农村电商作为创业新载体，可以为成千上万的年轻人搭建低成本返乡创业的平台，推动外出务工人员返乡创业，实现大众创业、万众创新，不仅可以解决诸多社会问题，而且可以改变农村经济发展模式，助推农村产业结构升级。农村电商发展的集聚效应带动生产、加工、储藏、物流和电商服务业等电商配套产业的协同发展，有利于增加就业、农民增收，推进三产融合发展和新型城镇化建设。

（四）发展农村电子商务是河南精准扶贫、全面建设小康社会的需要

河南农民整体收入水平偏低，2016年前三季度农民可支配收入仅为全国平均水平的89.4%，贫困人口众多，扶贫压力巨大。通过推动贫困群众对接电子商务，可以改变传统产业扶贫方式，增加创收途径，实现精准扶贫。以阿里巴巴为例，2015年有832个国家级贫困县在阿里巴巴零售平台上完成销售额超过215亿元，同比增长80.7%，其中超过亿元的有35个，河南的信阳光山县成为2015年全国电商消贫十佳县之一。发展农村电子商务成为促进农民增收的新渠道，通过发展贫困人口成为"农民网商"，可以加快农民致富，助推国家农民脱贫攻坚战略，实现全面同步小康。

二 河南农村电子商务发展现状

为了解河南农村电子商务发展现状，河南省地方经济社会调查队于2016年9月按照全省行政村5%的样本比例，随机抽取了2323个行政村进行专项调查，调查对象涉及村干部、驻村企业负责人和村民网店店主。调查结果显示，随着政府政策的大力推动，河南省农村电商发展基础环境不断优化，电商主体交易活跃，发展效益初步显现。

（一）国家政策积极引领，发展基础环境不断优化

近年来，各级政府关于发展农村电商的文件密集出台，《国务院办公厅关于促进农村电子商务加快发展的指导意见》《河南省人民政府关于大力发展电子商务加快培育经济新动力的若干意见》等都为河南发展农村电子商务指明了方向。河南得到国家积极扶持，2014年被确定为电子商务进农村综合示范首批试点省份，截至2016年共有3批21个县被确定为全国电子商务进农村示范县，每个示范县获得国家财政2000万元的资金支持。伴随着"宽带中原"战略，河南农村通信基础设施不断完善，实现全省行政村TD-LTE网络全覆盖，2015年底行政村光纤进村率达到96.4%，农民家庭平均每百户拥有计算机26.6台，其中接入互联网19.9台，移动电话接入互联网67.7部，这为农村电商发展提供了基本网络和设施条件。阿里巴巴、京东、苏宁易购、邮乐网、云书网等大型电子商务平台均提供各种优惠政策在河南农村布局,实施电商扶贫,助推河南农村电子商务发展,其中阿里巴巴在7.7%的被调查行政村中设立服务站,覆盖率高居榜首。申通、圆通、韵达、邮政EMS等快递在农村市场积极安营扎寨,在被调查的行政村中,快递进村的覆盖率达到43.2%,有效地缓解了农村电商快递"最后一公里"问题。

(二)农村电商渗透广泛,各类电商主体交易活跃

在被调查的2323个样本村中,共有1654个村发生网络购物、网络销售等电子商务交易活动,农村电商渗透率达到71.2%,交易主体多元,形式多样且覆盖广泛,呈现星火燎原之势。其中,电商平台设立电商服务站协助村民买、卖的有238个村,覆盖率为10.2%;村民自主开设网店的有225个村,覆盖率为9.7%;注册地在行政村的企业开展电子商务活动的有90个村,因仅有742个样本村注册有企业,覆盖率为12.1%。从交易品种结构来看,以村民网上购买家庭日用消费品为主,占比为86.8%,购买农用生产资料占比较小,仅为8.0%。村民网店以销售外地的商品为主,占比为55.6%;销售本地特色农产品和加工制作的商品占比分别为36.9%和20.0%;企业电商销售则以本地商品为主,销售本地加工制作的商品和特色农产品占比分别为47.8%和45.6%,销售外地商品仅占15.6%。

(三)农村电商效果初显,助力农村转型发展

经过近两年的发展,河南农村电商成效初显。例如,许昌市官亭镇上庄村全年电子销售额超过3亿元,60%左右的村民开设有网店,销售额最大的网店年交易额超过1000万元,交易额最大的企业电子商务年销售额超过5000万元。调查显示,69.1%的村干部认为以互联网交易为依托的农村电子商务能促进本村经济的发展,40.6%的村民网店店主对从事电子商务后的收益状况感到满意,从事电子商务活动的驻村企业满意度稍高一些,达到49.4%。农村电商拓宽了农产品的销售渠道,有27.2%的行政村通过网络实现了本地农产品的对外销售,22.5%的行政村认为本地农产品的滞销情况得到了不同程度的缓解。

三 河南农村电子商务发展存在的问题

(一)农村电商发展仍显落后,呈现"冰火两重天"

河南农村电子商务发展目前尚处于起步阶段,较浙江、广东等电子商务发达地区仍显落后。以淘宝村数量为例,截至 2016 年 8 月,全国淘宝村①数量为 1311 个,河南仅有 13 个,占比仅为 1.0%(见图 1)。农村电子商务交易活跃的浙江淘宝村有 506 个,为河南的 38.92 倍。目前,河南仍有 28.8% 的行政村没有电子商务交易活动,发展两极分化严重,呈现"冰火两重天"。调查显示,驻马店、南阳、信阳 3 个市农村电子商务发展相对靠前,村民网店的覆盖率分别达到 31.9%、19.8% 和 19.0%。

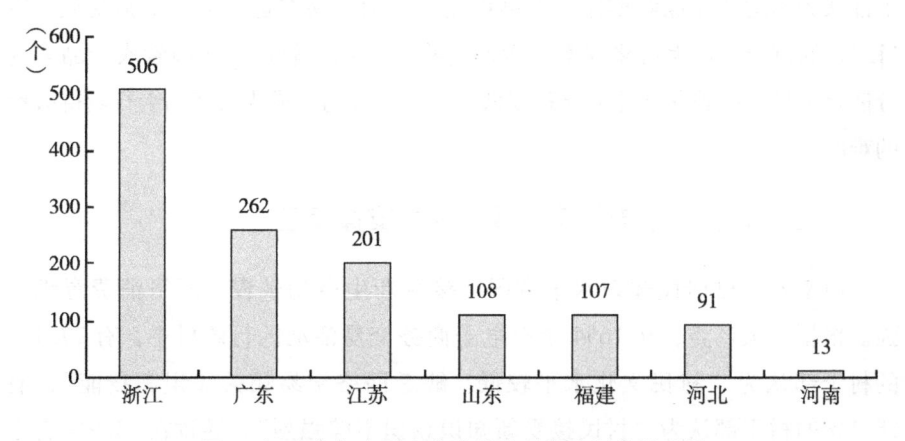

图 1 河南省与农村电商发达省份淘宝村数量比较

(二)买多卖少,农产品上行受阻

专项调查显示,在河南调查样本行政村中涵盖网络购物、网络销售的农村

---

① 淘宝村的认定标准主要有 3 条原则:经营场所在农村地区,以行政村为单元;电子商务年销售额达到 1000 万元以上;本村活跃网店数量达到 100 家以上或活跃网店数量达到当地家庭户数的 10% 以上。

电商渗透率达到71.2%，但其中仅有9.7%的行政村有农民网店，12.1%的行政村有驻村企业开展电子商务活动，整体以网络购物为主，呈现买多卖少的典型特征。以安阳为例，在103个样本行政村中，有101个行政村有网购商品现象，但个人开网店的没有1家；有注册企业59家，均无网上销售产品行为。虽然网络购物能改善农民"买难"的问题，提高农民生活便利程度，但从促进农民增收、发展农村经济的角度而言，"卖"的重要性不言而喻。发展农民网商，可以由一人就业带动一方就业，阿里巴巴在淘宝村的数据分析显示，平均新增一个活跃网店，可创造约2.8个直接就业机会。河南农产品资源丰富，但目前依托农村电子商务推动农产品销售存在瓶颈，导致"卖"的较少。一是在有电子商务活动的样本行政村中，有50.1%的村干部认为本地产品缺乏产品规格、质量标准，不适合网上销售。二是有38.8%的村干部认为本地产品知名度低，影响力小，导致网上销量较低。三是物流掣肘，有19.3%的村干部认为本地产品保鲜期短，冷链物流未开通，易在运输途中受损变质，有11.3%的村干部认为运输成本（含冷链物流费用）较高。河南省农产品多为分散化种植，品牌化和标准化程度低，竞争力较弱，成为农产品上行亟待破解的难题。

（三）村民"触电"意识弱，人才支撑匮乏

河南省农村居民知识水平有限，接触新生事物较慢，网络消费意识不强。根据专项调查，在1654个有电子商务交易活动的行政村中，有77.1%的村干部认为"村民文化水平较低，缺乏网络交易相关知识和技能"，有68.1%的村干部认为"村民接受新知识意识不够强烈"，导致在83.9%有电子商务活动的行政村中，虽然有村民家庭使用网络购物，可是普及面较窄，仅有20%以下的村民家庭使用。在网络购物迅速普及的今天，村民的"触电"意识较弱，制约了农村电商的发展。在有农村网店和有电商活动的驻村企业中，从事电子商务活动的员工有90%以上的年龄都在40岁以下，对懂电子商务交易知识的年轻人需求较大；而目前有73.1%的行政村，年龄在18~40岁未外出打工的年轻人占比在30%以下，从数量上讲对发展农村电商的支撑不足。此外，懂电子商务运营的人才更是匮乏，农村电商做大做强显得后继乏力。

（四）网络、运营服务等配套设施不足

河南省农村电子商务在发展过程中，除受到物流、人才因素制约外，还受到网络、运营服务等多重配套因素掣肘。一是网络速度仍需进一步提升。虽然河南行政村实现了 TD-LTE 网络全覆盖，但仍存在高速光纤覆盖较低、网络信号不稳定的问题，仅有 21.8% 的被调查农村网店和 17.1% 的驻村电商企业认为"网速很快，从来不卡"，其他调查对象的电商经营活动均或多或少受到网速的影响。二是电子商务运营服务企业相对较少，服务费用较高，超过半数的村民网店和企业都没聘请专业电子商务服务企业提供网站设计、美工、运营等方面的专业化指导，致使网络销售规模做大受限，有 40% 左右的村民网店和企业认为在电子商务经营活动中遇到的主要问题是网络营销，需要专业化的指导和培训。三是资金缺乏，有 34.7% 的村民店主和 31.1% 的企业都认为有资金紧张的问题。四是网络诚信环境需要改善，有 20.4% 的行政村村干部提出网络购物出现纠纷维权困难。

四 对加快河南省农村电子商务发展的建议

（一）做好顶层设计，加强扶持引导

在河南农村电子商务的发展过程中，要坚持发挥"小政府、大市场"作用。要因地制宜，合理推进，依托农村特色产品和主导产业，制定农村电商具体发展模式，有针对性地实施税收、资金等优惠措施。要注意投入产出比，切忌一哄而上，盲目扶持，引导农村电商健康有序发展。

（二）引导多方发力，优化发展环境

建立农村电商行业协会，发挥行业服务和行业自律作用，规范市场竞争秩序，促进交流发展。积极引导淘宝、京东、苏宁易购等大型电商平台入驻，借其争夺农村市场的东风，带动电商发展。推动现有物流企业整合，完善物流节点，打造冷链物流。鼓励高校及各种形式的社会力量，提供电商运营相关的专项培训，培养职业农民，为农村电商发展提供人才支撑。优化农村交通和网络基础设施建设，建立网络诚信环境。

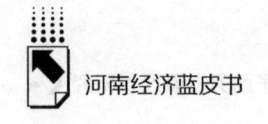

(三)推动农业标准化生产,打造农产品品牌

加快完善河南省农产品标准体系,建立农产品质量可追溯制度。依靠标准化手段,调整农业结构,加速提高河南省农产品的质量和档次,促进区域化布局、规模化种植、产业化经营和科学化管理。打造名优特色农产品品牌,提高产品附加值,提升市场竞争力。

(四)搭建农村电商服务平台,积极宣传推广

利用大众创业、万众创新的政策氛围,搭建农村电商公共服务平台,营造良好的创新创业生态环境。以电商创业服务平台为抓手,扶持村级电商典型,引导外出农民工、大学毕业生积极返乡创业。鼓励和扶持农业产业化龙头企业和当地农民专业合作社拓宽现有业务,延伸产业链条,发挥创业主体作用。举办河南农村名优特色产品推广专项活动,引导各创业主体积极参与,多途径拓宽宣传渠道,促进河南特色走向全国,卖向世界。

B.29
河南科技研发在中部六省中的地位

赵德友 李贵峰 王梦轩 王习涛[*]

摘　要： 科技研发是转型升级、实现创新驱动引领经济发展的关键手段。科技研发投入水平低是河南长期存在的突出问题。"十二五"期间河南研发投入保持稳步增长，2015年河南省R&D投入总量为435.04亿元，比2014年增加35.03亿元，同比增长8.76%，总量在中部六省中居第2位，投入强度为1.18%，比上年提高0.04个百分点。本文根据2015年全国研发统计结果，将河南科技研发情况与中部各省进行比较，分析存在的优势，查找不足，以便更好地组织实施科技创新发展战略，加快创新型省份建设步伐。

关键词： 河南　科技研发　中部六省

科技研发是转型升级、实现创新驱动引领经济发展的关键手段。"十二五"期间河南研发投入保持稳步增长，2015年全省R&D投入总量为435.04亿元，比2014年增加35.03亿元，同比增长8.76%，总量在中部六省中居第2位，投入强度为1.18%，比上年提高0.04个百分点。分机构类型看，政府属研究机构（以下简称科研机构）2015年R&D支出33.14亿元，同比增长5.41%；高等院校2015年R&D支出18.71亿元，同比增长10.05%；企业2015年R&D支出380.48亿元，同比增长9.03%。2015年在全省R&D经费中

---

[*] 赵德友，博士，高级统计师，河南省统计局党组成员、副局长；李贵峰，河南省统计局社科处处长；王梦轩，高级统计师，河南省统计局社科处副处长；王习涛，统计师，河南省统计局社科处。

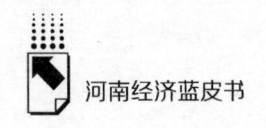

政府资金48.33亿元,占比为11.1%,比上年增长6.2%。本文根据2015年全国研发统计结果,将河南省科技研发情况与中部各省进行比较,分析存在的优势,查找不足,以便更好地组织开展河南省科技研发工作。

一 河南科技研发在中部六省中的地位

(一)中部六省总量对比

1. 河南省有研发活动单位占比明显偏低

2015年,河南省纳入研发统计单位25863家,其中有研发活动单位2850家,占比11.0%(见表1)。

表1 中部六省有研发活动单位占比情况

单位:个,%

省份	研发统计单位数	有研发活动单位	有研发活动单位占比
山西	5261	486	9.2
安徽	24923	3748	15.0
江西	11954	1531	12.8
河南	25863	2850	11.0
湖北	19679	2874	14.6
湖南	16948	3193	18.8

在中部六省中,河南省纳入研发统计的单位数居第1位,但在有研发活动的单位中居第4位,而有研发活动单位占比居第5位,有研发活动的单位占比明显偏低。

2. 河南省研发经费支出居中部六省第2位

在中部六省中湖北研发投入最多,达到561.7亿元,河南居第2位,比湖北少126.7亿元,仅比第3位的安徽多3.2亿元,比第4位的湖南多22.3亿元。

3. 河南研发活动层次较低

从研发经费支出途径对比看,在基础研究支出中占比最高的是安徽,达到

5.6%；山西次之，为5.5%；河南最低，仅有1.9%。在应用研究支出中占比最高的是湖北，有12.6%的经费投入应用研究；山西次之，为11.0%；河南投入依然最低，仅有5.0%。在试验发展研发中支出占比最高的是河南，达到93.1%，说明河南研发更注重于实际应用，研发活动层次较低（见表2）。

表2 中部六省研发经费支出途径对比情况

单位：亿元，%

省份	研发经费支出	研发分类占比		
		基础研究	应用研究	试验发展
山西	132.5	5.5	11.0	83.6
安徽	431.8	5.6	7.8	86.6
江西	173.2	2.9	6.8	90.3
河南	435.0	1.9	5.0	93.1
湖北	561.7	4.1	12.6	83.3
湖南	412.7	3.3	9.7	87.0

4. 河南政府研发投入占比最低

从研发经费来源对比可以看出，在安徽省研发经费中政府资金投入比重最高，达到20.0%；其次是山西，为18.3%；河南政府资金投入占比最低，仅有11.1%，排在第6位。境外资金占比各省普遍较低，但河南依然是最低，仅有2123.8万元，占全部研发经费的0.05%。河南企业研发投入占比最高，达到85.5%，因此河南要进一步加大政府研发投入比重，需要加大对外开放力度。

5. 河南研发基础实力比较弱

从研发机构的建设情况看，安徽省研发机构数量最多，达到4817家，其他省均低于3000家，河南居第3位，拥有2543家研发机构。研发人员河南省最多，达到11.1万人，但博士、硕士占比最低，仅有3.5%、13.0%，均排在第6位，反映河南研发机构层次较低，高层次人才明显不足，研发队伍和研发能力难以适应经济发展的要求。研发经费投入虽然排在第2位，但研发用仪器设备投入排在第4位，这说明河南研发基础条件比较差、后劲不足的问题也比较突出（见表3）。

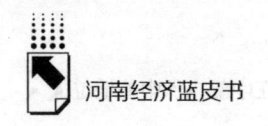

表3 中部六省研发基础实力情况

省份	研发机构数（个）	研发人员（人）	人才学历（%）		研发经费支出（亿元）	研发用仪器设备投入（万元）
			博士占比	硕士占比		
山西	651	21121	8.7	20.2	39.8	87.2
安徽	4817	94739	6.5	13.8	232.9	368.3
江西	1376	28806	6.4	16.0	71.9	96.8
河南	2543	111339	3.5	13.0	217.4	222.7
湖北	2245	75338	11.7	21.2	211.9	263.5
湖南	2758	67331	9.5	19.7	171.0	278.7

6. 河南研发产出偏低

从研发产出情况看，安徽省专利申请数、发明专利申请、有效发明专利数都居中部首位，湖北均居第2位，河南均居第4位。从发明专利占比可以看出，河南仅占申请专利数的36.9%，高于江西，排在第5位（见表4），上述情况与河南单位数排第一、研发人员总数排第一、研发经费支出排第二相比，研发产出效率明显偏低。

表4 中部六省研发产出情况

单位：件，%

省份	专利申请数	发明专利		有效发明专利数
		数量	占比	
山西	5976	2937	49.1	7680
安徽	55553	24315	43.8	35764
江西	13319	4002	30.0	7935
河南	23762	8771	36.9	17408
湖北	30929	15099	48.8	30313
湖南	26754	12096	45.2	25422

7. 河南研发投入强度偏低

从研发经费投入强度来看，河南只有1.18%（见表5），明显低于安徽、湖北和湖南省，在中部六省中排第4位，研发投入强度明显不足。

从"十二五"规划目标完成情况看，"十二五"期间中部六省均未完成规划目标，主要是各省规划目标制定得较高所致。目前，湖北和安徽规划目标的实现情况最好，河南与规划目标相差 0.42 个百分点，差距排第 4 位。

表5 中部六省研发投入强度情况比较

单位：%，个百分点

省份	研发经费投入强度	"十二五"目标	与目标差距
山西	1.04	2.2	-1.16
安徽	1.96	2.2	-0.24
江西	1.04	1.5	-0.46
河南	1.18	1.6	-0.42
湖北	1.90	2.0	-0.10
湖南	1.43	2.0	-0.57

（二）中部六省结构对比

1. 河南科研机构、高等院校和工业企业有研发活动单位占比均较低

研发活动主要集中在科研机构、高等院校和工业企业。从各类型单位中有研发活动单位的占比情况可以看出，河南省总体占比较低，在中部六省中居第5位，科研机构、高等院校、工业企业中有研发活动单位占比均居第5位。特别是有47.1%的科研机构无研发活动，有8.8%的高校无研发活动，有89.3%的工业企业没有研发活动（见表6）。

表6 中部六省各类型单位中有研发活动单位比重情况

单位：%

省份	总计	科研机构	高等院校	企业	工业企业
山西	9.2	39.8	100.0	7.0	7.7
安徽	15.0	74.5	86.1	13.9	17.1
江西	12.8	62.7	100.0	11.5	12.9
河南	11.0	52.9	91.2	10.1	10.7
湖北	14.6	59.0	98.4	13.4	14.8
湖南	18.8	81.8	96.6	17.5	19.5

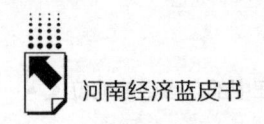

2. 河南省科研机构和高等院校有研发单位的数量偏少

从各种类型机构有研发单位的数量看,在科研机构中有研究单位数量最多的是山西,安徽最少,河南居第4位,但各省差别不大。在高等院校中有研发单位数量最多的是安徽,超过200家,河南有148家,居第3位。在规模以上企业中有研发单位数量最多的是河南,其次是安徽,其他省份都少于2万家,在工业企业中只有河南超过了2万家(见表7)。

表7 中部六省各种类型机构有研发单位的情况

单位:家

省份	总计	科研机构	高等院校	企业	其中工业企业
山西	5261	166	43	4883	3850
安徽	24923	102	202	24453	19072
江西	11954	118	60	11561	9954
河南	25863	119	148	25287	22893
湖北	19679	134	129	19118	16413
湖南	16948	132	149	16184	13992

3. 河南科研机构及高等院校研发经费支出处中等水平

从研发经费支出途径看,科研机构研发经费支出最多的是湖北,河南居第3位,只占湖北的51.4%,安徽的68.8%。高等院校研发经费支出最多的是湖北,河南居第4位,仅占湖北省的34.3%。规模以上企业及工业企业研发经费支出最多的是湖北,河南居第2位,与第3位湖南和第4位安徽的差距不大(见表8)。

表8 中部六省各种类型机构研发经费支出情况

单位:亿元

省份	总计	科研机构	高等院校	企业	其中工业企业
山西	132.5	15.5	11.4	105.1	100.9
安徽	431.8	48.1	27.3	349.6	322.1
江西	173.2	12.2	10.4	148.5	147.5
河南	435.0	33.1	18.7	380.5	368.8
湖北	561.7	64.4	54.5	439.3	407.3
湖南	412.7	19.6	26.1	364.6	352.5

4. 河南科研机构和高等院校的基础研究投入较少

在基础研究投入中，安徽和湖北均超过20亿元，河南居第4位，仅占安徽省的32.9%。安徽科研机构的基础研究投入超过10亿元，远高于其他省份，河南仅投入2.1亿元，只有安徽的20.8%，湖北的30.4%。湖北、安徽、湖南高等院校的基础研究投入均超过10亿元，远远高于其他省份，河南省仅投入5.7亿元，只有湖北省的35.8%，安徽的42.2%和湖南的50.9%（见表9）。

表9 中部六省各种类型机构基础研究经费支出情况

单位：亿元

省份	总计	科研机构	高等院校	企业	其中工业企业
山西	7.2	1.6	5.6	0.0	0.0
安徽	24.3	10.1	13.5	0.1	0.0
江西	5.0	0.4	4.6	0.0	0.0
河南	8.0	2.1	5.7	0.1	0.0
湖北	23.1	6.9	15.9	0.1	0.1
湖南	13.6	0.8	11.2	1.6	1.6

在应用研究投入中，湖北最高，共投入70.6亿元，主要由研究机构和高校承担，河南应用研究投入21.8亿元，居第4位，远低于湖北、湖南、安徽。河南科研机构投入8.7亿元，居第3位，明显低于湖北和安徽。河南高等院校投入9.4亿元，居第4位，明显低于湖北、湖南和安徽（见表10）。

表10 中部六省各类型机构应用研究经费支出情况

单位：亿元

省份	总计	科研机构	高等院校	企业	其中工业企业
山西	14.5	4.1	4.9	5.1	4.8
安徽	33.5	12.4	10.2	6.5	0.2
江西	11.8	2.9	4.5	3.9	3.9
河南	21.8	8.7	9.4	3.2	2.8
湖北	70.6	30.9	30.2	8.7	2.9
湖南	40.0	5.3	12.5	21.5	19.5

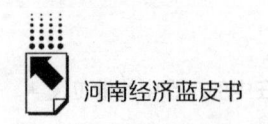

5. 河南省政府在各种类型机构中的研发投入均偏少

从政府资金投入研发的情况可以看出,湖北省政府资金投入最多,超过100亿元,主要投入到科研机构中,科研机构和高等院校获取政府资金在中部六省中均居第1位。河南省政府资金投入48.3亿元,居第4位,仅占湖北省的47.2%。河南省政府资金在研究机构中投入23亿元,明显少于湖北和安徽,居第3位;在高校投入仅11.9亿元,低于湖北、安徽和湖南,居第4位。河南企业拥有研发单位的数量虽然在中部六省中居第1位,但政府资金在企业投入仅为11.9亿元,只有安徽省的51.7%,湖南省的60.4%,湖北省的78.8%,仅居第4位(见表11)。

表11 中部六省各种类型机构中政府资金投入研发情况

单位:亿元

省份	总计	科研机构	高等院校	企业	其中工业企业
山西	24.3	12.9	7.3	3.7	3.4
安徽	86.4	39.2	19.8	23.0	20.3
江西	26.0	11.1	7.1	6.1	6.0
河南	48.3	23.0	11.9	11.9	11.6
湖北	102.4	49.2	35.8	15.1	14.2
湖南	50.9	13.2	16.9	19.7	18.7

6. 河南各种类型机构专利申请偏少

从专利申请对比情况看,安徽专利申请最多,达到55553项,远高于其他省份,尤其是工业企业。河南专利申请为23762项,少于安徽、湖北和湖南,居中部第4位;科研机构专利申请为1069项,少于湖北和安徽,居第3位;高等院校专利申请为5787项,少于湖北、安徽和湖南,居第4位;工业企业专利申请16518项,少于安徽、湖南和湖北,居第4位(见表12)。

表12 中部六省专利申请情况

单位:项

省份	总计	科研机构	高等院校	企业	其中工业企业
山西	5976	689	1428	3841	3569
安徽	55553	1450	8520	44653	42763
江西	13319	357	4252	8694	8561

续表

省份	总计	科研机构	高等院校	企业	其中工业企业
河南	23762	1069	5787	16859	16518
湖北	30929	1651	9920	19246	17315
湖南	26754	504	7423	18553	18175

二 存在的问题

（一）河南有研发活动的单位比重偏低

河南纳入研发统计的单位数居中部六省第1位，研发投入居中部六省第2位，有研发活动的单位所占比重居第5位，其中有47.1%的科研机构、8.8%的高校、89.3%的工业企业无研发活动，说明河南企事业单位研发活动普及率不高。

（二）河南省研发基础薄弱

河南研发人员数居中部六省第1位，但博士和硕士学历的研究人员占比均居第6位，高层次研发力量明显不足；河南研发机构研发用仪器设备投入222.7万元，明显少于安徽、湖南和湖北，研发机构研发基础较差。

（三）河南政府研发投入偏少

2015年，河南研发费用支出中，政府资金投入48.3亿元，仅相当于湖北省的47.2%，安徽省的55.9%，在中部六省中居第4位；政府资金投入仅占11.1%，比安徽低8.9个百分点，在中部六省居第6位；政府资金在科研机构中投入排第3位，在高校投入中居第4位，在企业投入中居第4位，河南研发投入强度居第4位，与河南经济大省、工业大省的地位不相称。

（四）河南研发活动层次偏低

河南基础研究、应用研究投入占比均居中部六省份末位，大量研发投入集

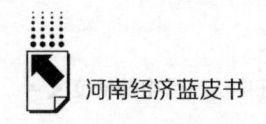

中在知识含量较低、与生产直接相关的试验发展活动中，研发投入层次明显偏低，这导致河南研发活动知识储备不足，受生产形势影响较大。

（五）河南研发产出效率偏低

在中部六省中，虽然河南研发单位数和研发人员居第1位，研发经费支出居第2位，但专利申请数、发明专利申请数、有效发明专利数均居第4位，发明专利占专利申请数的比例居第6位，表明研发产出效率明显偏低。

三 对策建议

（一）组织学习安徽、湖北、湖南等省份科技创新的先进经验

要组织省直有关主管部门，郑洛新国家自主创新示范区及经济发展强市，学习安徽、湖北、湖南科技创新的先进经验，特别是学习合芜蚌、长株潭、武汉东湖科技创新的先进做法，查找差距，查找不足，理清思路，抓好落实，力争尽快赶上中部科技创新先进省份科技创新水平，提高河南在全国科技创新中的地位。

（二）抓好河南科技创新各项政策措施的贯彻落实

近年来，河南省委、省政府高度重视科技创新工作，出台了一系列科技创新驱动发展的政策措施，方向明确，重点突出，措施有力，各部门、各地区要按照省委、省政府的战略部署，分部门、分地区抓好贯彻落实，切实把省委、省政府要求落到实处，把政策措施落到实处，切实增强河南科技创新能力和综合竞争力。

（三）化整为零，认真解决河南省科技创新工作中存在的问题

认真分析河南科技创新在全国，特别是在中部六省中的地位，明确优势，查找不足，分门别类，化整为零，认真解决河南省科研机构、高等院校研发活动开展不足的问题，企业研发活动普及率偏低的问题，大中型企业研发机构建设不足的问题，高层次研发人员比例偏低的问题，研发机构研发条件较差的问

题，基础研究和应用研究投入占比偏低的问题，研发活动层次偏低的问题，研发投入强度偏低的问题，研发投入效率偏低等突出问题，弥补不足，迎头赶上中部科技创新先进省份，提高河南科技创新在全国及中部六省中的地位。

（四）切实加强统计监测和评价考核工作

统计监测是党委和政府工作的重要基础，评价考核是促进工作的重要抓手，而全省各级政府综合科技创新统计和部门科技创新统计力量十分薄弱，领导重视不够，不能发挥应有的作用。因此要高度重视科技创新统计监测和评价考核工作，按照省委、省政府《关于贯彻落实〈国家创新驱动发展战略纲要〉的实施意见》中"建立健全科技创新统计调查机构，完善创新调查和统计制度""建立健全科学分类的创新评价制度体系"等要求，建立健全各级政府综合统计和部门统计中的科技创新统计机构，充实统计力量，加强部门协作。一是切实把科技机构、高等院校、企业等单位研发活动和研发情况统计上来；二是定期通报各行业、各地区科技创新情况，有针对性地查找不足，制定措施，努力赶超；三是组织开展好各地区、各行业科技创新评价考核工作，激励先进，鞭策后进，形成比、学、赶、帮、超的良好局面，全面提升河南科技创新水平和竞争能力。

B.30 供给侧结构性改革背景下的河南服务业发展研究

俞肖云 罗勤礼 张喜峥 徐 良 雷茜茜 胡昶昶 赵国顺 张宏举*

摘　要： 当前，河南服务业发展正处于转型升级新阶段，其带动能力不断增强，层次结构不断优化，节奏步伐不断加快。在供给侧结构性改革背景下，河南服务业发展恰逢其时，生产性服务业发展面临转型升级，生活性服务业发展面临拓展升级。同时，从国民经济核算角度出发，通过对当前河南服务业各行业发展趋势的分析和判断，"十三五"时期河南服务业增速在9%以上属于大概率事件。

关键词： 河南　供给侧结构性改革　服务业

近年来，河南服务业发展呈现良好态势，服务业成为支撑全省经济增长的重要力量、地方税收的重要来源、扩大就业的重要渠道。服务业的快速发展，对全省经济运行和结构调整产生了深远影响。当前，在推动供给侧结构性改革的这一重要时间节点上，如何加快服务业发展是河南经济发展进程中需要重点关注和亟待研究的问题。

---

* 俞肖云，高级统计师，河南省统计局副局长；罗勤礼，高级统计师，河南省统计局国民经济核算处处长；张喜峥，高级统计师，河南省统计局国民经济核算处副处长；徐良，河南省统计局国民经济核算处副处长；雷茜茜，河南省统计局国民经济核算处；胡昶昶，河南省统计局国民经济核算处；赵国顺，河南省统计局国民经济核算处；张宏举，河南省统计局国民经济核算处。

一 河南服务业发展进入新阶段

改革开放以来,河南服务业发展历程总体上可以划分为三个阶段。第一阶段(1978~1991年),河南服务业处于平稳上升期。这一时期河南经济发展处在改革开放初期,服务业处于补缺式增长期。第二阶段(1991~2003年),河南服务业处于调整适应期。市场对经济发展的主导作用逐渐增强,服务业占比呈现先下降后上升的趋势。第三阶段(2003年至今),河南服务业处于转型升级期(见图1)。

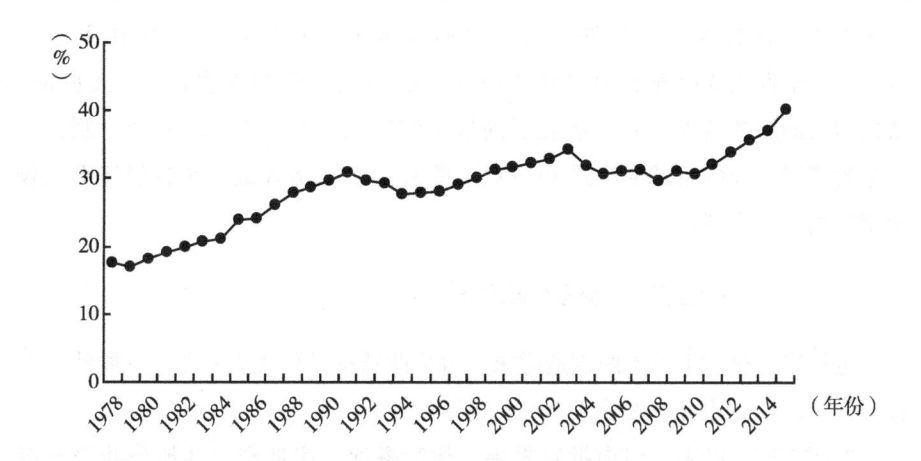

图1 1978年以来河南服务业占GDP比重情况

2001年12月11日中国正式加入WTO,国内经济开始进入新一轮快速发展期。伴随着河南工业化进程的不断加快,全省经济发展呈现工业主导的特征,服务业发展在波动中前进,占GDP比重维持在31.0%左右。2008年国际金融危机爆发,受国际国内影响,全省经济增长整体上开始进入新一轮收缩调整期,尤其是从2011年开始,河南经济增长重回下降通道,河南经济发展开始进入"增速换挡、结构优化、动力转换"的新常态阶段,在这一背景下,河南服务业发展开始呈现"快速发展、稳步上升"的特点,河南经济增长也开始由工业主导向工业、服务业协同推进转变,服务业逐渐成为支撑全

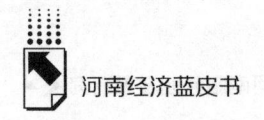

省经济平稳较快增长的又一主导力量,河南服务业发展也开始进入新的历史阶段。

（一）发展带动能力不断增强

长期以来,河南服务业发展存在"两个偏低"的问题,即增速偏低和占比偏低。问题背后的深层原因是河南服务业结构不优、竞争力不强、发展环境不佳等。近年来,全省上下按照省委、省政府工作部署,坚决把加快发展服务业作为转变经济增长方式、促进产业结构优化升级的战略重点,加强产业联动、产城互动,加大融合创新、载体建设力度,全省服务业发展开始进入快车道。尤其是2011年以来,全省服务业增加值年均增长10.8%,高于全省GDP增速1.2个百分点,截至2016年,全省服务业增加值占GDP的比重达到41.9%,全省服务业发展中"两个偏低"的问题得到初步改善。与此同时,快速增长的服务业对全省经济发展的带动作用也逐渐增强,2016年,服务业对全省经济增长的贡献率达到49.3%（见表2）,服务业成为全省经济平稳较快增长的重要支撑。

（二）发展层次、结构不断优化

近年来,全省上下不断创造需求,着力改造提升传统服务业、发展壮大现代服务业,全省服务业发展层次结构不断优化。

"十二五"以来,河南批发零售、住宿餐饮、房地产、其他公共服务等传统服务业增加值占服务业增加值的比重逐年下降,以2013年作为分水岭,传统服务业占比跌破50%,与此同时,现代物流、信息服务、金融、旅游、文化、科技和教育等现代服务业占比却逐年上升,从2011年的48.6%提高到2015年的56.1%,现代服务业呈现快速发展态势（见表1）。在此消彼长的过程中,服务业内部结构也发生了积极变化。传统服务业通过不断引入现代管理理念、信息技术和新型业态模式,使得商贸流通、房地产等传统支柱服务业得到进一步改造提升,传统服务业的竞争新优势不断凸显;现代服务业通过优化要素资源配置,强化龙头企业和项目带动,使得现代服务业继续扩量提质发展,逐渐成为带动全省服务业发展的主导力量和战略支撑。

表1 "十二五"以来河南服务业增加值内部结构情况

单位：%

类型	2011年	2012年	2013年	2014年	2015年
传统服务业	51.4	50.6	47.4	45.8	43.9
现代服务业	48.6	49.4	52.6	54.2	56.1

（三）发展节奏步伐不断加快

根据罗斯托（1960）经济成长阶段理论和钱纳里（1986）工业化阶段理论，可以判定当前河南正处于工业化中期、并加速向工业化后期迈进阶段。在这一过程中，根据一般规律，劳动力将逐渐由农业同时向工业和服务业转移，继而由工业向服务业转移；经济发展的主导力量也开始由工业向工业与服务业协同推进转变。

首先，服务业从业人员比例增加，自2011年以来，河南第二、第三产业合计从业人员占比从56.9%提高到61.0%，且第三产业提高幅度快于第二产业，第三产业从业人员占比逐渐接近第二产业从业人员占比。其次，服务业增加值占GDP的比重逐年提高，对经济增长的贡献率不断攀升。在最终体现生产效率的全员劳动生产率指标上，全省第三产业劳动生产率年均增速达到9.6%，高于同期第一产业和第二产业年均增速（见表2）。

表2 2011~2016年以来河南第二、第三产业发展变化情况

年份	从业人员占比(%)		占GDP比重(%)		贡献率(%)		劳动生产率(元/人,年)	
	二产	三产	二产	三产	二产	三产	二产	三产
2011	29.9	27.0	55.1	32.1	61.4	34.4	82291	53220
2012	30.5	27.7	53.7	33.8	63.4	31.0	84296	58615
2013	31.9	28.0	52.0	35.7	62.3	32.3	84688	65037
2014	30.6	28.7	51.0	37.1	62.4	32.3	88407	70796
2015	30.8	30.2	48.4	40.2	56.3	37.9	88744	76687
2016	—	—	47.4	41.9	44.8	49.3	—	—

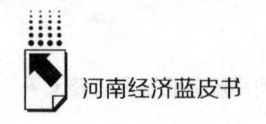

二 河南服务业发展面临新格局

河南供给结构滞后的一个重要表现，就是与工业升级和消费升级相关的服务业发展不足。在供给侧结构性改革的要求下，河南也将迎来把加快发展服务业作为转变经济发展方式、调整经济结构、提高经济发展质量的重要内容。

（一）服务业供给侧结构性改革恰逢其时

从总量上看，河南服务业供给侧结构性改革是支撑全省产业结构调整的现实需要。2016年河南GDP总量突破4万亿元，三次产业结构比重为11∶47∶42，全省经济发展呈现由工业主导向工业化、服务型经济转变的特征。

从结构上看，河南服务业供给侧结构性改革是优化全省服务业资源配置的迫切需要。当前一个时期，河南服务业发展存在的结构性问题主要表现为供给结构与需求结构不匹配，具体表现在两个方面：一是随着工业化进程的加快和社会分工的日益深化，生产性服务需求不断衍生，但全省生产性服务业发展长期滞后、水平偏低、结构不合理。二是随着居民生活水平的提高，生活性服务需求急剧膨胀，需求结构和需求质量出现明显变化，但全省生活性服务业发展有效供给不足、质量不高、消费环境不佳等问题突出。河南服务业供给侧结构性改革十分迫切而必要。

从效益上看，河南服务业供给侧结构性改革是提升全省服务业总体效益的重要一环。受制于经济发展阶段和农业大省、人口大省、城镇化低等因素制约，全省服务业发展效益欠佳，省内缺少规模较大、影响力较强的领军企业，赢利能力较强的企业主要分布在交通运输、仓储和邮政业，信息、传输软件和信息技术服务业当中的传统国有大中型企业，电子商务、研发设计、商务咨询、服务外包、健康养老、教育培训等其他新兴服务业行业缺乏领头羊，企业"小、散、弱"等现象突出。因此，通过供给侧结构性改革提升全省服务业总体效益，是当前及今后一个时期全省经济发展的重要任务。

（二）生产性服务业发展面临转型升级

生产性服务业是指为保持生产过程的连续性、提高生产效率和行业发展提供保障服务的行业。它是从产业内部产生并独立发展起来的新兴行业，是与农业、工业等产业直接相关的配套服务业，其本身并不向消费者提供直接的、独立的服务产品，它是服务业中具有生产企业性质的行业。生产性服务业贯穿于企业生产的上中下游诸多环节，具有专业性强、创新活跃、产业融合度高、带动作用显著等特点，是区域产业竞争的制高点和经济发展的新引擎。

1. 规模不断壮大，结构有待优化

自2011年以来，河南生产性服务业年均增速快于整体服务业增速，2015年河南生产性服务业增加值达到5338.61亿元，占服务业增加值的比重为36.4%，比2011年提高4.0个百分点，其中金融业增加值为1991.11亿元，是生产性服务业中占比最高的行业，占比为37.3%。

生产性服务业在规模不断壮大的同时，内部各行业也呈现分化调整态势。金融业快速发展，占比最高；交通运输、仓储和邮政业增速仅次于金融业；信息、传输软件和信息技术服务业，租赁和商务服务业，以及科学研究和技术服务业等新兴高成长行业增速较快，但占比偏低，2015年三项合计仅占生产性服务业增加值比重的28.1%。在全省生产性服务业中，内部结构不优、层次不高的问题相对突出。

2. 产业融合发展加深，良性互动有待加强

生产性服务业贯穿于产业生产的多个环节中，是加速产业互动融合的关键环节。加快生产性服务业发展，有利于促进各产业向价值链高端延伸，有利于各产业从生产制造型向生产服务型转变，这对于工业企业来说尤为重要。

运用计量分析方法定量分析近年来河南生产性服务业与工业之间的相关关系，结果表明：河南生产性服务业与工业发展之间长期具有一定的稳态关系，生产性服务业发展是河南工业发展的显著原因；但工业发展对河南生产性服务业的发展作用并不明显，河南生产性服务业和工业发展之间只存在单向的因果关系。这说明河南以往的工业发展在较长时间内未能有效带动生产性服务业的发展。

根据河南省投入产出表、比较产业间的中间投入率和中间需求率等指标，分析河南生产性服务业和工业的需求关系，结果表明：河南生产性服务业对工业的中间投入率不断提高，但相对其他行业仍然较低。生产性服务业被工业部门需求最多的是交通、运输、仓储业和邮政业等传统型生产性服务业，而对金

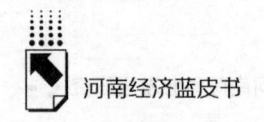

融、综合技术服务等知识技术型生产性服务业需求不高。

以上分析表明,在快速工业化进程中发展的河南经济,生产性服务业和工业的融合互动发展逐渐加深,但长期以来河南工业生产的粗放式发展,使得工业企业内部生产经营的社会化分工、专业化程度不高,从而对市场化的生产性服务业需求不大;其需求主要集中在一些低端传统服务行业,生产性服务业的发展被抑制,没有获得足够的发展机会和发展空间,结果反过来生产性服务业对工业发展的供给能力也受到制约,生产性服务业与工业的良性互动格局还未形成。

(三)生活性服务业发展面临拓展升级

生活性服务业是服务业的重要组成部分,直接向居民提供物质和精神生活消费产品及服务,也称消费性服务业。当前,河南正处于全面建成小康社会的决胜阶段,经济社会发展呈现更多地依靠消费、服务引领驱动的新特征,加快发展生活性服务业,对全省建设高成长服务业大省、全面建成小康社会,具有重大而深远的意义。

1. 总量稳步扩大,领域亟须拓展

河南省消费性服务业近年来发展呈现稳步扩大态势。2011年全省批发零售、住宿餐饮、房地产、居民服务、教育、卫生、文化等生活性服务业增加值总量为4669.06亿元(见表3),随后基本上按照"一年一个千亿元"的台阶不断扩大,到2015年全省生活性服务业增加值达到8191.42亿元,占服务业增加值的比重持续保持在56.0%上下。

表3 "十二五"期间河南生活性服务业内部结构占比情况

单位:%

行业	2011年	2012年	2013年	2014年	2015年
批发零售	34.0	35.3	31.3	31.0	31.9
住宿餐饮	17.1	16.9	13.6	13.6	12.6
房地产	21.1	19.6	21.0	21.0	20.2
居民服务	4.7	5.1	7.1	7.5	8.2
教育	15.8	15.3	16.3	16.5	16.3
卫生	5.7	6.0	6.9	7.4	7.6
文化	1.6	1.9	2.8	3.0	3.2

在全省生活性服务业规模稳步扩大的同时，其内部各行业发展并不均衡。批发零售业、房地产业是河南生活性服务业发展的传统支柱行业，2015年两者合计占生活性服务业的比重为52.1%；教育和住宿餐饮业，2015年两者合计占28.9%，而与人民群众生活需求相贴近、潜在需求巨大的居民服务、卫生、文化等行业，占比却长期偏低，供需缺口较大。全省生活性服务业发展亟须拓宽发展领域，增加有效供给。

2. 新兴行业发展较快，提质升级尚需发力

快速发展的河南经济，使得河南生活性服务业发展面临难得的机遇。国民收入水平的提升扩大了生活性服务的消费需求，信息网络技术的突破拓展了生活性服务的消费渠道，新型城镇化的实施扩展了生活性服务的消费空间，人民群众对生活性服务的需求日益增长。在这一背景下，近年来河南在传统生活性服务业保持稳定增长的同时，居民服务、教育培训、健康、养老、文化、体育等新兴生活性服务业发展开始逐年加快，整体年均增速高于同期服务业和生活性服务业年均增速，占生活性服务业比重也由2011年的27.8%提高到2015年的35.3%。

在生活性服务业稳步发展的同时，人民群众对生活性服务业的便利化、精细化、品质化要求也开始不断提高。但与快速增长的生活消费需求相比，河南生活性服务业的品质层次却相对落后，不仅缺乏规模较大、集聚度较高、辐射带动作用较强的生活性服务业园区，而且也缺乏具有核心竞争力的龙头企业和知名品牌，人民群众生活消费方式由生存型、传统型、物质型向发展型、现代型、服务型转变还需要走较长道路，全省生活性服务业提质升级发展还需要继续不断发力。

三 河南服务业发展趋势判断与预测

当前及今后一个时期，随着加快河南服务业发展一系列政策措施的贯彻落实，以及供给侧结构性改革为服务业发展提供的有利机遇，全省服务业发展的有利因素将不断累积，与此同时，受河南经济发展所处阶段的制约，以及城镇化发展滞后、居民收入偏低等不利因素影响，河南服务业发展也面临诸多问题，可谓挑战与机遇并存。

这里从国民经济核算角度出发，采用季度核算服务业增加值的六大行业数据，通过分析各个行业发展现状，从而判断各行业未来走势，进而对整个"十三五"时期河南服务业的整体发展趋势做出初步展望。

（一）批发和零售业增速整体趋缓，预计将呈现缓中趋稳的态势

"十二五"以来，全省批发和零售业增加值增速呈现较大回落并逐步趋缓的态势，由最高年份2011年增长16.1%回落至2016年的7.0%（见表4）。"十三五"时期，河南批发和零售业将面临转型升级的挑战，但受经济改革不断深入、人口总量和结构变化，以及城镇化快速推进的影响，河南批发零售业仍具有稳定增长的基础条件，初步判断将呈现增长趋稳的态势。

表4 "十二五"以来河南服务业各行业增加值增长情况

单位：%

行业	2011年	2012年	2013年	2014年	2015年	2016年
服务业	13.4	10.1	9.9	9.6	10.9	9.9
批发和零售业	16.1	15.7	8.3	8.8	8.9	7.0
交通运输、仓储和邮政业	7.7	6.1	7.6	7.1	3.0	4.0
住宿和餐饮业	16.6	6.4	-4.2	6.0	0.9	6.8
金融业	16.8	14.7	24.5	15.6	27.5	11.8
房地产业	9.9	1.9	11.3	0.8	7.1	10.1
其他服务业	13.7	11.0	10.9	12.4	14.4	13.0

（二）交通运输、仓储和邮政业增速降中趋缓，预计将呈现持续低速增长态势

"十二五"以来，全省交通运输、仓储和邮政业增加值增速整体上快速回落，由2011年的增长7.7%回落至2016年的4.0%。展望"十三五"时期，一方面受占行业增加值比重较大的工业物流低位运行影响，仍将面临较大的下行压力；另一方面受近年来河南依托综合交通枢纽和铁路、公路、航空网络优势，强力推进大枢纽促大物流、大物流带大产业发展的影响，仍将保持强劲发展势头。因此，初步判断该行业发展将维持目前的发展趋势，呈现低速增长态势。

（三）住宿和餐饮业增速相对平稳，预计仍将保持稳定增长

"十二五"以来，河南住宿和餐饮业增速波动剧烈，最高增幅为16.6%，最低增幅为-4.2%，波动幅度达20.8个百分点，只有3年维持在6.0%~6.8%，随着住宿和餐饮业个性化、特色化地发展，以及多种业态的住宿和餐饮业融合发展，初步判断"十三五"时期，河南住宿和餐饮业将继续保持平稳健康发展。

（四）金融业持续快速增长，预计短期内增长趋势不改

从2012年开始，河南金融业发展开始进入快速增长期，"十二五"时期，全省金融业增加值年均增长19.7%，在服务业发展中一枝独秀。"十三五"时期，随着河南金融业发展体系的不断完善、服务能力的持续增强，以及产业转型升级对金融业创新发展需求的增加，初步判断，全省金融业仍将继续保持快速增长势头，对服务业发展支撑带动作用会继续得到加强。

（五）房地产业增速起伏较大，预计进入平稳运行、提质增效的新阶段

由于房地产业自身发展的特点，以及易受政策措施和舆论导向的影响，近年来河南房地产业发展波动较为剧烈。2014年全省房地产业增加值增速只有0.8%，2016年达到10.1%。当前及今后一个时期，河南房地产业将处在速度和结构深度调整的关键时期，全省经济发展稳中有进、城镇化建设加速推进，以及供给侧结构性改革等发展新机遇，都将推动河南房地产业发展趋向平稳运行。

（六）其他服务业增速不断加快，预计将有力支撑服务业平稳较快发展

2011年以来，全省其他服务业增加值增速始终在较高位置上运行，2016年全省其他服务业占服务业增加值比重达到38.9%，是服务业中第一大支柱行业。"十三五"时期，随着河南信息服务、科技服务、商务服务等生产性服务业和旅游、文化、健康等生活性服务业的快速发展，初步判断，全省其他服

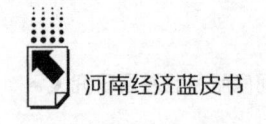

务业仍将保持快速发展。

综合以上分析，可以得出以下结论：随着供给侧结构性改革的逐步深入，加快服务业发展各项政策效果将逐步显现，全省服务业将继续保持平稳较快增长，并随着市场化和制度条件的逐步完善，后劲更为强劲，河南服务业将呈现稳中有升的态势，"十三五"时期增加值年均增速高于9%属于大概率事件。

四 以供给侧结构性改革为契机，增强服务业发展新动能

"十三五"时期，是河南全面建成小康社会、加快现代化建设的关键时期，坚持较快发展仍是解决所有问题的关键，全省加快服务业发展、增强服务业对经济增长的带动和支撑作用就是其中的重要一环。

（一）深化服务业改革开放，优化服务业发展环境

以重点领域改革破除内在障碍，以全方位开放形成倒逼机制，建立完善政府引导、企业主导、市场推动的体制机制，全面推进服务业对内对外开放，进一步增强服务业发展的内生动力和活力。一要创新服务业发展体制机制，二要拓展服务业开放领域，三要积极发展服务贸易。

同时，应进一步强化组织领导，营造良好发展氛围。要增强服务意识，创新服务手段，提高服务效率，营造高效廉洁的政务环境，整顿和规范服务业市场秩序，加大知名服务业企业和品牌保护力度，营造公平有序的市场环境。加大服务业宣传力度，激发调动各方面的积极性、主动性和创造性，发现和培育一大批服务业发展先进典型，总结经验做法，强化示范引领，营造创先争优的舆论环境。

（二）坚持重点突破，做大做强生产性服务业

要突出发展现代物流、现代金融，加快壮大电子商务、信息服务、商务服务、专业生产服务、服务外包等生产性服务业规模，打造中西部生产性服务业高地。要建设国际物流中心，大力发展航空物流、快递物流、保税物流，支持第三方物流发展，打造辐射东中西、连接境内外的物流通道枢纽。要建设区域

性金融中心，壮大以银行、证券、保险为主体的金融业，扩大"金融豫军"规模，规范和支持非银行金融机构发展。要提升商务服务水平，大力发展总部经济和会展经济，促进广告、咨询、商务中介、人力资源服务等行业向"专、精、特、优"方向发展。要深化专业化分工，创新服务产品和模式，加快发展与制造业联系紧密的研发设计、检验检测、节能环保服务、售后服务等服务业，引导生产企业加快服务环节的专业化分离和外包。

（三）坚持改造提升，拓展升级生活性服务业

要提升旅游、文化产业内涵和附加值，创新发展商贸流通业，增加健康养老、居民和家庭等服务供给，促进大众化消费，普及社区便民消费，发展智慧生活消费，开拓个性化品质消费，着力完善重要商品追溯体系和市场调控机制，提升安全消费水平，建设中西部地区特色消费中心。要实施旅游服务质量提升工程，建设国际知名旅游目的地和全国重要的旅游集散中心。要适应新业态发展趋势，强化线上线下融合互动，推动传统商圈向体验式智慧化转型，发展"会商旅"文体联动新模式，培育高品牌价值企业。要引导社会资本积极投入健康、养老、家庭服务等领域，健全服务网络，发展大健康产业。要适应大众消费新需求、新趋势，创新住宿餐饮营销管理模式，推广优质服务承诺标识制度，实施生活性服务业放心行动等计划。

B.31 "双创"背景下河南小微企业融资问题研究

宗方 范璐*

摘 要: 当前,我国大力推进"大众创业、万众创新",这为小微企业发展提供了难得的历史机遇。本文在理清小微企业相关概念与内涵的基础上,根据调研和走访获得的材料,重点分析影响河南省小微企业发展的瓶颈——融资问题。通过分析发现,目前河南省小微企业融资困境包括自有资金匮乏、留存收益数量有限、外部融资过度依赖银行贷款、几乎没有直接融资方式以及民间借贷成本较高等诸多问题。根据存在的问题,从河南省小微企业自身和外部环境等多方面解决融资难题提出相应的对策建议。

关键词: 河南 小微企业 融资

小微企业往往是大中型企业发展的初级阶段,是经济社会发展的活力所在,也是经济发展转型不可忽视的萌芽状态,同时小微企业的发展,解决了众多就业问题,是经济和社会发展重要的稳定力量和支撑力量。然而大多数小微企业的发展并非一帆风顺,融资难、贷款难是一个伴随这些企业发展一直存在的普遍性的难题。

当前,河南省经济发展进入新常态,传统发展方式越来越受到资源、社会和环境的制约,需要新的经济增长方式来替代。新的增长方式则需要新的载

---

* 宗方,高级统计师,河南省统计科学研究所;范璐,讲师,河南交通职业技术学院。

体,而小微企业的发展提供了新载体的可能。2015年6月,国务院出台了《关于大力推进大众创业万众创新若干政策措施的意见》,2015年11月,河南省政府专门出台了《关于扶持小微企业发展的意见》,这些政策出台为"双创"背景下河南小微企业发展提供了难得的历史机遇,有助于破解小微企业融资难题,提升小微企业发展空间,也为河南转变经济增长方式提供了更多的渠道。

一 小微企业概述及其发展现状

(一)小微企业的概念和分类

小微企业是小型企业、微型企业、家庭作坊式企业和个体工商户的统称,最早由知名经济学家郎咸平提出。当前,国际上对小微企业的划分认定尚未实现一致的界定标准,中国官方对小微企业的界定标准主要是"四部委"标准和银监会标准。其中,"四部委"是根据2011年《关于印发中小企业划型标准规定的通知》产生,银监会标准是依据2007年银监会下发的《银行开展小企业授信工作指导意见》产生的。2011年7月,国家发改委、财政部、国家统计局和工信部四部委联合发布了最新版本的《中小企业划型标准规定》,该规定根据各个行业的发展状况,对原划型标准做了修正,并增添了微型企业类别。这次将小微企业独立出来是一次重大的突破,此次企业划分为小微企业的研究提供了良好的基础。新的标准规定将16个不同种类行业中的企业从业人员、总资产量、年销售收入等作为参考指标严格划分为大型企业、中型企业、小型企业和微型企业,自此完成了我国的企业划分标准。

总体来说,小微企业是指营业收入低,雇员人数少,独立所有,自主经营并且常以家族式的管理为主,市场份额较小,在同行业中没有垄断地位等的企业。

(二)河南省小微企业发展现状

1. 从总量上看,小微企业占比超九成

河南省工商局统计显示,截至2015年6月底,河南省企业实有数量75.6万户,其中小微企业有68.5万户,占90.6%,同比增长30.4%,增速高于河

南省企业平均增速 2.6 个百分点，所占比重提升 1.8 个百分点。在全部小微企业中，微型企业占 85.2%，小型企业占 14.8%。从类型来看，私营是小微企业的主体，占全部小微企业的 85.2%，内资（非私营）和外商投资的小微企业占比分别为 13.3% 和 1.5%。

2. 从产业结构上看，第三产业小微企业份额最大

河南省实有小微企业在三个产业中的数量比例为 4.4∶19.5∶76.1，第三产业占主导地位。就第三产业来看，小微企业主要分布在传统行业中，多集中在批发零售业、制造业以及租赁和商务服务业，三大行业小微企业数量合计占小微企业总量的 68.4%，占全部企业总量的 62.0%。

3. 轻资本行业的小微企业增长较快

在小微企业数量占比前十的行业中，科研服务业小微企业数量增长最快，农林牧渔业、租赁和商务服务业分别位居第 2 位和第 3 位（见表1）。

表1 2015年河南小微企业前十大行业

单位：万户，%

行业	企业数量	同比增长	占比	占比增长
批发和零售业	30.17	32	44.10	0.6
制造业	8.65	9.5	12.60	-2.4
租赁和商务服务业	8.03	43.9	11.70	1.1
建筑业	4.19	41.9	6.10	0.5
信息传输、软件和信息技术服务业	3.49	28.0	5.10	-0.1
农、林、牧、渔业	3.31	56.5	4.80	0.8
房地产业	2.97	25.0	4.30	-0.2
交通运输、仓储和邮政业	2.27	13.3	3.30	-0.5
居民服务、修理和其他服务业	1.65	28.2	2.40	0
科学研究和技术服务业	1.60	61.5	2.30	0.5

二 河南小微企业融资现状和特点

（一）河南小微企业融资现状

当前，制约河南小微企业发展的问题很多，总结起来有以下几个方面。

1. 总体经营成本上升

近年来人工、土地、房租、物流等各方面成本增长迅速，这是所有小微企业的共性问题，但对于众多利润较低的小微企业来说，多项成本过快上涨减少了小微企业利润空间。

2. 经济增长面临下行压力

虽然省委、省政府出台多项政策措施，确保河南经济稳定增长，但是从外部环境和经济自身发展趋势来看，当前经济下行压力仍然较大，小微企业生存空间也会受到挤压。

3. 河南小微企业税费负担仍然较重，企业办事仍然较难

近年来，政府出台了多项税费减免优惠政策，减少了行政干预，但受惠面还比较窄，力度还不够大，企业负担依然较重。

4. 融资难、融资贵

在经济不景气的背景下，银行对小微企业的贷款将会不断收缩，部分无法获得银行贷款的小微企业转向民间借款，增加了财务成本。这些问题中最为难解决的就是小微企业的融资问题，在市场经济条件下，资金相当于一个企业的血液，得不到资金的维持，好多小微企业的生存仅是昙花一现。

（二）河南小微企业融资特点

近年来，河南省银行业金融机构对小微企业的贷款规模一直保持着快速增长。截至 2014 年，河南银行业金融机构小微企业贷款余额为 7755.74 亿元，较年初增加 1599.97 亿元，占全省各种贷款的 28.1%。全省小微企业贷款持续 6 年实现了"增速高于各项贷款平均增速""增量高于上年同期"两个高于目标，有效缓解了小微企业的融资需求。目前，小微企业在筹集资金过程中呈现出以下几个特点。

1. 主要依赖自筹资金

河南省银监局调查结果显示，全省有超过 70% 的小微企业有融资需求，2014 年全省小微企业经营资金主要以自筹资金为主，占比为 80%，银行贷款占比为 12%，以其他形式为来源的资金为 8%。

2. 银行贷款等债务融资为小微企业提供的融资比例较小

随着"大众创业、万众创新"和一些政策措施的出台加大了对小微企业

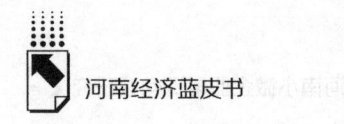

的扶持力度，各银行机构陆续将小微企业定位为细化目标，建立小微企业信贷服务中心，并开发小微企业信贷产品等来改进小微企业金融服务。但是总体来看，力度还不够。河南省银监局统计的贷款额度显示，2014年河南省银行业金融机构小微企业贷款余额占企业贷款余额的比例仍低于同期全国30.4%的水平，小微企业银行贷款资金缺口仍然较大。

3. 依靠创投等私募股权的融资方式不断增加

河南省银监局积极组织开展中小企业私募债券，鼓励河南省金融机构发行小微企业金融专项债，用于小微企业贷款发放，进一步破解小微企业融资难题。2014年，郑州银行在全省率先发行50亿元小微企业金融债，有21家小微企业成功登陆"新三板"、17家小微企业成功引入1.56亿元私募基金，小微企业融资模式正在由单一的间接融资（银行授信）向直接融资和间接融资并重，向多元化、特色化转变。

目前，河南省股票市场建设基本完成，上海证券交易所、深圳证券交易所以及中关村代办系统股份报价转让市场，都为小微企业融资提供了渠道。省工信厅中小企业服务局相关数据显示"2014年，河南企业通过新三板融资约5200万元。来自北京、上海等地的投资机构负责人经常到相关园区考察企业，有些'小巨人'企业，获得多家投资机构的青睐。挂牌后，银行大多会主动找企业放贷。"

4. 金融担保体系初步形成，但作用还没有充分发挥

河南省金融办的数据显示，2014年全省融资担保行业整体实力不断增强，初步形成了政府性担保、商业性担保和再担保"三位一体"的融资担保体系。2015年上半年，全省担保行业新增担保额393.79亿元，新增受保企业9579户；在保余额949.34亿元，在保户数23324户。担保机构的单体规模、担保余额、服务客户数量稳步攀升，为防范信贷风险，融资担保也开始介入征信系统。但从总量上看，担保额度有限，能够获得担保的小微企业门槛较高，对于众多小微企业来说，无疑是杯水车薪，金融担保体系作用还没有充分发挥，小微企业需要更多的政策性安排和支持。

5. 民间借贷融资总量不断扩张

小微企业由于存在信息相对封闭、固定资产少、资产抵押能力弱等方面的因素，难以满足银行等正规金融机构的贷款条件。而民间借贷门槛低、快捷等特点成为小微企业融资的又一渠道。但是，民间借贷利率畸高，同时由于缺乏合法与有效的约束机制,使民间借贷积累了巨大的风险。民间借贷是部分小微企业初期发展的重要资金来源,随着小微企业的不断增多,民间借贷的总量也在不断扩张,河南省工信厅的调查数据显示,河南民间借贷占小微企业借贷资金来源总量的5%。

三 河南小微企业融资存在的突出问题

造成小微企业融资难的原因是多方面的,本文基于掌握的数据和调研结果总结出影响小微企业融资的一些突出问题。

(一)自有资金匮乏,留存收益较高

小微企业很大一部分是由单个或几个股东出资创办起来的,生命周期较短,河南省的小微企业平均生存年限不超过4年。可以说短短的4年,企业的经营规模很小,产品产业链不成熟,公司经营风险较大,造成了外源融资困难,注册资本金、商业信用资金、民间亲朋好友的资金都是自筹资金的有效方式。

从总体上看,河南省小微企业普遍存在自有资金匮乏的现状。以私营企业为例,2015年河南省工商总局的年报显示,截至2014年,河南省共有私营企业657.42万户,平均注册资本仅为11.74万元。自有资金的缺乏,严重制约了企业的资金需求,极大地制约了企业快速发展和做强做大。

调研结果显示,大部分小微企业很难从银行获得贷款,有79.1%的企业表示流动资金短缺。从资金来源来看,河南省小微企业的发展资金绝大部分来自内源融资业主资本和内部留存收益,为80%,较高的留存收益降低了企业的利润空间,同时也反映了小微企业外部筹资困难的现状。

(二)小微企业从银行取得贷款难度仍然较大

1. 小微企业自身管理和经营制度不健全

银行业形象地将小微企业信贷业务形容为"劳动密集型贷款"。对小微企业放贷除营销、贷前调查、上报材料、签订合同外,贷款发放后还有贷后检查,小微企业贷款占用的人力资源、执行的金融流程一点不比大企业少。而且,大多数小微企业财务制度不健全,没有完整报表,因此也无法进行贷款评

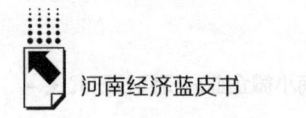

估。因此，较大的金融风险也使银行对小微企业放贷更加谨慎。

2. 商业信用融资困难

在经济危机的背景下，企业经营风险不断加大，概不赊欠成为大多数企业无奈的选择，即使赊销，也是针对国企大客户、老客户，对经营期限短、没有交易记录的小微企业来说，取得商业信用是比较困难的。而且，商业信用是反映在资产负债表中的，只能作为短期流动资金的一个补充来源，它只能解决企业的暂时性的资金需求，而不可能解决小微企业长期资本的来源，因此商业信用融资对小微企业来说不是有效的融资方式。

（三）过度依赖银行，新兴投融资方式比重较低

目前，小微企业外部融资渠道单一，过度依赖银行贷款。虽然银行贷款占小微企业融资比重的12%，但从目前情况来看，银行贷款仍然是小微企业自筹资金以外的首选渠道。也就是说，河南省小微企业近60%的外部资金来源需要依靠银行借款。虽然股票上市融资和风险投资融资对企业来说是解决长期资金的最好方式，但受各种条件限制，在小微企业中能上市的企业不多，能成功利用风险投资的也很少。目前，河南省股票市场建立时间较短，支持小微企业融资功能有限，而绝大部分小微企业在申报条件方面并不能达到上市条件。因此，上市融资对小微企业来说，效果十分有限。由于当前国际国内资本环境不佳，创投资金在河南省发展较慢，这种新型的融资模式还没有被众多小微企业了解和采用，其对小微企业融资帮助还有待于提升。除此之外，许多小微企业没有长远的经营目标、完善的管理体系、透明的财务制度等现代化的生产和经营模式，也影响了小微企业取得直接融资。

（四）民间借贷大大增加了小微企业运营成本

民间借贷利息高昂，企业难以承受。小微企业从银行贷款手续多、门槛高、时间长，企业急需用钱的时候还得选择民间借贷。有调查显示，63%的小微企业选择民间贷款，民间贷款平均利率为18.1%，高出银行贷款利率的3倍。[①] 河南

---

① 王俊峰、王岩：《小微不微——解读中国小微企业发展报告》，《中国金融家》2014年第9期。

省民间积累了大量的资金，在证券业、房地产业、煤矿业等投资领域都可以看到民间资本的身影，高昂的资金利息成本是一般小微企业不能承受的。近年来，河南多次发生非法集资案件，反映了河南在民间借贷方面存在着许多问题。

（五）政策出台和政策落实之间还存在距离

在当前"双创"背景下，无论是中央还是地方，都出台了金融财税政策力挺小微企业，进一步加强对小微企业的支持。然而，根据笔者问卷调查结果的显示，有近四成小微企业主对《国务院关于大力推进大众创业万众创新若干政策措施的意见》和《河南省人民政府关于扶持小微企业发展的意见》不知情或不甚了解。部分小微企业主表示，增值税起征点调整对企业经营影响不大。① 这一方面表明在落实小微企业扶持政策方面存在宣传途径少、覆盖面不足、落实力度低三大问题，另一方面也反映了小微企业主对此问题长期不关注，也没有获得相关政策支持的期望和信心。

四 河南小微企业解决融资问题的建议

（一）政府要加强顶层制度设计，优化融资的外部环境

要将小微企业的发展放在促进整个经济良性循环的战略意义前提下，通过科学的制度安排，特别是金融制度的制定，为小微企业营造良好发展空间。

1. 逐步建立专门针对小微企业的政策性银行或融资机构

通过设立专门金融机构和小微企业进行对接，使小微企业能够有的放矢地选择融资渠道。通过政策的发布和业务的开展，使金融机构和小微企业贷款主体信息充分交流。

2. 根据金融机构的特点设置小微企业的贷款比例

由于大中型企业自身天然的优势，使得其获得贷款的难度相对较小，而小

---

① 有37.4%的小微企业主不了解任何的相关扶持政策，有39.0%的企业主认为政府政策对企业发展帮助很小或帮助较小，对现有政策落实情况不满的企业主占比达到29.7%。

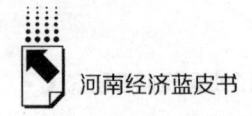

微企业贷款则不然。因此,央行或地方政府应该对所管辖的金融机构根据其自身特点和实际调研结果,设置一定的贷款比例,并逐步增加小微企业贷款额度,不断满足小微企业外部融资需求。

3. 要大力发展各类小微企业信用担保机构

要逐步建立和完善融资担保体系。政府要充分发挥宏观调控功能,运用政策手段、法律手段和经济杠杆,促进更多的信用担保机构建立。

4. 将信用环境建设作为改善融资环境的重要内容加以推进

通过不断改进经济欠发达地区(特别是针对河南农业大省特点)信用环境、企业信用等级的评定和管理办法,建立有效的约束机制和动态管理机构,完善征信系统建设,健全对失信企业的联合惩处机制等,培育良好的信用环境。

5. 着力建立健全小微企业融资服务体系

通过组建小微企业服务中心,依法设立商会、行业组织及社会中介服务组织,积极发展小微企业综合性辅助体系,形成一个汇集信息、人力、设施、技术、财务的协作体系,充分发挥它们在小微企业融资中的促进作用,全面提高小微企业的融资能力。

6. 营造公平的市场竞争

自党的十八大以来开展的商事制度改革等一系列改革举措,就是要对过去以政府为主导的社会治理结构进行全面调整。这种改革不仅需要政府不断创新体制机制,实现治理能力现代化,同时也需要市场主体特别是小微企业逐步转变"政府万能"的旧思维模式,主动适应新的营商环境。各地政府要逐步适应经济社会变化,转变管理方式。

(二)加强小微企业自身管理,规范小微企业的治理结构

1. 小微企业规范自身治理结构

小微企业要做到内部管理制度健全、管理制度规范与经营运作规范,要更新管理理念,提高经营管理水平,使企业更容易赢得金融机构对其经营与管理水平、可持续发展能力的认可。小微企业要建立完善的财务管理制度,通过规范企业财务制度来强化企业的财务管理水平。在增强财务信息真实性与财务管理满意度的同时,加强对企业真实信息的披露工作。

2. 增强社会认可度，提高公信力

树立诚信意识，弘扬诚信理念，培育诚信企业品牌，严格履行承诺，信守合同，做到业务让客户满意，让社会放心，创建企业的诚信文化。诚信作为企业文化的重要组成部分，对企业的影响巨大。长期积累的企业信誉、企业信用度、企业忠诚度等文化积淀，是促进企业发展的驱动力。

3. 逐步适应市场变化，积极尝试多样的融资途径

当前，政府和市场都在积极创造条件培育多层次的、专门化的地方中小资本市场体系，以拓展直接融资渠道。小微企业可以尝试以股权融资、项目融资等多种形式面向市场直接筹集资金。

参考文献

卢卓：《小微企业融资现状、国际借鉴与路径选择》，《经济研究》2012年第6期。

范大路、武安华：《河南小微企业金融现状分析与研究》，《经济纵横》2015年第5期。

王俊峰、王岩：《小微不微——解读中国小微企业发展报告》，《中国金融家》2014年第9期。

任配莘：《小微企业融资困境与对策》，《企业改革与管理》2016年第4期。

B.32
河南商务中心区和特色商业区引领带动全省服务业发展

冯文元 司曼珈 刘秋香*

摘　要： 长期以来，河南服务业发展存在增速偏低、占比偏低"两个偏低"现象。2012年，为推动服务业集聚发展，培育新的经济增长点，促进"四化同步"发展，实现经济转型升级，河南省委、省政府做出了规划建设商务中心区和特色商务区的重要战略举措。本文旨在通过定性和定量分析，全面客观反映全省服务业商务中心区和特色商业区两区发展进程和现状，总结四年来服务业"两区"建设发展的生动实践，研究分析"两区"对服务业发展的影响带动作用。同时，分析当前"两区"发展存在的突出问题，为在供给侧改革的大环境下，如何加快"两区"发展，增强商务中心区和特色商业区集聚带动效应，提升支撑承载能力和服务经济转型功能，带动全省服务业加快发展，提出对策建议。

关键词： 商务中心区　特色商业区　服务业

商务中心区和特色商业区（以下简称"两区"），是河南省委、省政府遵循产业发展规律、顺应经济发展要求，为加快服务业发展、优化经济结构而规划建设的重要科学发展载体。

---

* 冯文元，高级统计师，河南省统计局副局长；司曼珈，高级统计师，河南省统计局监测评价考核处处长；刘秋香，河南省统计局监测评价考核处副处长。

河南商务中心区和特色商业区引领带动全省服务业发展

商务中心区是指在省辖市市区和未纳入中心城市组团的县城、县级市市区内，集聚金融、信息、研发、企业总部、中介服务及商业贸易等机构，拥有商务办公、会展、酒店、公寓、文化、娱乐等配套设施，能够为区域经济活动提供综合商务服务的城市功能区。特色商业区是在省辖市市辖区和纳入中心城市组团的县城、县级市市区内，集聚相关服务业企业，形成特色鲜明、具有一定规模和较强辐射带动作用，为一定区域提供特色商贸服务和相关商务服务的服务业集聚区。

近年来，河南各地持续加大建设力度，"两区"基础设施显著改善，入驻项目和企业快速增加，新兴服务业蓬勃发展，传统服务业改造提升。但目前仍存在部分"两区"建设进展缓慢、服务业企业规模偏小、传统产业占比较大等突出问题。各地应按照省十次党代会、省委经济工作会议对全省服务业发展及"两区"建设提出的明确要求，完善提升科学发展载体，推动商务中心区和特色商业区提速增效发展，加快产业集聚、特色培育和功能提升，形成服务区域产业发展和民生消费的综合平台。

一 "两区"建设不断推进

近年来，全省"两区"投资力度不断加大，建设步伐不断加快。2013～2015年，"两区"完成固定资产投资分别为635.29亿元、981.78亿元和1610.01亿元，年均增速高达59.2%。2016年1～11月，"两区"完成投资达1921.76亿元，同比增长39.3%。其中，2014年和2015年"两区"亿元以上项目分别完成投资额475.44亿元和819.11亿元，分别比上年增长85.8%和72.3%；2016年1～11月"两区"亿元以上项目完成投资1037.17亿元，同比增长54.7%。2013～2015年"两区"施工项目个数分别为398个、569个和818个，2016年1～11月为988个。2014年，全省"两区"实际利用省外资金1239.02亿元，比2013年增长62.3%。2015年，全省"两区"实际利用境外资金64.7亿元，同比增长81.7%。

截至2016年第三季度，全省176个商务中心区和特色商业区建成区面积达161.74平方公里，占规划面积的48.1%。"两区"区内道路、市政管网、公共服务等配套基础设施逐步完善，道路长度、自来水供水管道长度、公共绿

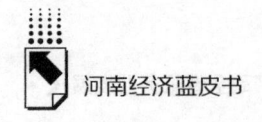

地面积同比增长均超过20%。

截至2016年三季度，全省"两区"入驻服务业企业1.43万家，其中规模以上服务业企业（限额以上批零住餐企业、全部房地产开发企业、规模以上服务业企业）达到3338家，比上年同期增加1244家；"两区"服务业企业从业人员达到42.38万人；实现营业收入1459.13亿元，同比增长15.6%。"两区"金融机构存贷款余额和企业税收收入同比增长均为15%左右。

二 "两区"引领带动服务业发展

（一）"两区"引领全省服务业发展

"两区"成为全省第三产业投资和全部固定资产投资增长的新亮点。2016年1~11月，"两区"完成固定资产投资同比增长39.3%，高出全省第三产业投资增速（18.2%）21.1个百分点，高出全省固定资产投资增速（13.4%）25.9个百分点。"两区"以仅336.5平方公里的规划面积，完成全省第三产业投资的11.0%，占全省投资的比重为5.4%。"两区"拉动全省第三产业投资增长3.7个百分点，对全省第三产业投资增长的贡献率为20.1%；拉动全省投资增长1.7个百分点，对全省投资增长的贡献率为12.9%。

2015年，全省"两区"实际利用境外资金比上年增长81.7%，增速比全省平均水平（7.8%）高73.9个百分点。截至2016年三季度，"两区"内规模以上服务业企业达3340家，同比增长59.4%，比全省"四上"单位入库增速（17.7%）高41.7个百分点。2015年"两区"服务业企业从业人员增长23.9%，比全省从业人员增速（1.8%）高22.1个百分点；"两区"实现服务业增加值、税收收入均高于全省第三产业平均水平。

在"两区"发展的带动下，全省服务业"两个偏低"现象显著改善，国民经济产业结构逐步优化。2013~2015年，全省第三产业生产总值分别比上年增长9.9%、9.6%和10.9%，分别比全省GDP增速快0.9个、0.7个和2.6个百分点。全省服务业生产总值占GDP比重由2012年的33.8%提高到2015年的40.2%。2016年前三季度，全省第三产业名义生产总值同比增长10.1%，高出全国平均水平2.5个百分点；比GDP增速8.1%高2.0个百分点，服务业生产总值占经济总量的比重上升到41.4%。2016年1~11月，全省第三产业税收收入同比增长7.5%，增速高于全部税收收入增速3.7个百分点；第三产业税收占全部税收的比重为60.4%，比上年同期提高2.1个百分点。

（二）"两区"对区域服务业带动作用明显

河南省委、省政府对2015年全省176个"两区"考核评价结果显示，在绝对量指数排名前20位中，郑州市有6个，商丘市有4个，安阳市有2个，这三个省辖市2015年服务业生产总值分别为3556.45亿元、677.96亿元和740.82亿元，分别居18个省辖市的第1位、第8位和第5位；三市合计占全省服务业生产总值的33.4%。按发展指数排序的前20位"两区"中，商丘市有5个，鹤壁市、许昌市、南阳市和信阳市各有2个；在这5个市中，商丘市、南阳市2015年服务业生产总值同比增速均为12.7%，并列18个省辖市的第一位；许昌市、鹤壁市和信阳市服务业生产总值同比增速分别为12.3%、12.0%和11.8%，分别居18个省辖市的第4位、第6位和第7位。

（三）"两区"服务业集聚效应显现

各地围绕主导产业，优化规划布局，增强"两区"承载能力和吸纳能力，突出招强引优，积极开发本地特色资源，引导服务业集群发展。新郑市特色商业区华南城项目已有小商品、建材、五金机电、汽摩配件以及副食商铺1.2万余家开业，并与2.7万余家商户、30家商会或行业协会以及专业市场签订了入驻协议。安阳市殷都区特色商业区依托安阳钢铁新建总部大厦，引进成规模的商贸物流企业总部30多家入驻，打造总部经济。鄢陵县特色商业区着力打造中国北方最大的花木综合服务中心和特色生态休闲养生基地，中原花木博览园、中原花木物流园、金雨玫瑰生态产业园等一批龙头型、基地型项目投入运营，辐射带动作用明显。漯河市源汇区特色商业区加大文化品牌企业的招商力度，自2016年以来已引进企业、商户60家。睢县时代广场、中原鞋博城城市综合体项目建设进展顺利。

（四）新业态、新模式不断涌现，引领新兴服务业蓬勃发展

2016年前三季度，全省"两区"规模以下单位中，互联网和相关服务业、

租赁和商务服务业从业人员同比分别增长37.4%和32.4%；两个行业实现营业收入同比增速分别为40.2%和26.7%。郑州市惠济区特色商业区以河南省规划设计研究院、麦普软件园、郑州动漫产业基地为代表的现代服务业，集聚各类人才2000多人，郑州动漫产业基地在央视播出动画作品7部。长葛市特色商业区全力打造新兴服务业核心集聚区，投资12亿元的"空港电子商务产业园"电子商务运营中心，为本土企业提供创意、培训、广告策划、网络技术、金融、物流等一站式服务。焦作市山阳区特色商业区，以龙头电商为依托，建立了省级电子商务示范基地，入驻电子商务企业31家，涵盖电商平台、支付平台、软件制作、跨境贸易等多种业态，实现实体经济与电商平台的联动融合。

三 当前"两区"发展存在的突出问题

（一）"两区"基础设施尚需继续完善

目前，全省176个"两区"建成区面积占规划面积的比重不到一半，个别"两区"建设起步较慢，"空白"较多。"两区"区内道路、市政管网、公共服务等配套基础设施尚需进一步完善。

（二）"两区"入驻服务业企业数量不多，规模偏小，结构层次不高

多数"两区"正值拆迁建设阶段，承载企业入驻能力不足。个别"两区"规划地址距离主城区较远，人口集聚度不强，影响服务业企业入驻的积极性。在入驻"两区"的企业中，大型龙头企业、特色品牌较少，带动能力不足。

截至2016年三季度，176个"两区"入驻服务业法人企业个数平均仅为76家，有114个"两区"服务业法人企业个数不足50家；在"两区"1.43万家服务业企业中，规模以上服务业企业个数仅占23.3%。2016年前三季度，"两区"平均营业收入8.29亿元，有111个"两区"营业收入不足5亿元。

在全省"两区"入驻企业中，仍以批发零售、住宿餐饮等传统服务业为主，两个行业合计单位数占"两区"全部企业总数的54.9%。"两区"规模以

上服务业单位数中,批发和零售业、房地产业、住宿和餐饮业分别占39.3%、29.4%和12.0%,这三个行业合计占比80.7%,知识密集型、高附加值的租赁和商务服务业仅占5.3%,信息、传输软件和信息技术服务业、科学研究和技术服务业、文化体育和娱乐业占比均不到2%。信息服务、法律服务、咨询与调查、研究和试验发展、文化艺术、休闲健身等新兴行业数量少、规模小,"两区"产业层次较低,品牌优势不足。

(三)主导产业不突出,集聚发展不够,特色尚不明显

全省"两区"多数仍为传统商业简单堆积之地,集聚、集群发展不够。有60个商务中心区商务服务机构集聚能力不足,科技研发、信息咨询、电子商务、金融、现代物流等生产性服务业发展滞后,为区域经济活动提供综合商务服务的城市功能尚未充分发挥;有116个特色商业区"特"字不突出,主导产业不明显,多数处于粗放管理、自主经营状态,真正意义上的特色商业街、现代专业市场仍然较少,为一定区域提供特色商贸服务和相关商务服务的功能有待进一步挖掘。

(四)发展水平不均衡,"两区"之间差距较大

部分"两区"建设进展缓慢,"两区"之间发展水平不均衡。截至2016年前三季度,服务业法人企业个数最多的郑东新区中央商务区有949家,有6个"两区"服务业法人企业个数在500~800家,有80个"两区"服务业法人企业个数不足20家,还有20个"两区"服务业法人企业数量为零。2016年1~11月,商丘市商务中心区完成固定资产投资最多,为53.58亿元,有14个"两区"固定资产投资完成额为零。

四 加快"两区"发展的对策建议

目前,发达国家服务业占GDP比重的平均水平为60%;我国服务业占GDP的比重尽管由1978年的23.9%上升至2015年的50.2%,但仍与发达国家存在较大差距。中央提出的供给侧结构性改革意味着服务业发展的黄金时代已经到来。河南工业化、城镇化和农业现代化进程不断加快,为服务业发展奠

定了坚实基础、拓展了广阔空间。地处中原，铁路、公路、飞机现代综合交通枢纽成为河南发展服务业强有力的支撑。随着国内外服务经济加速转移，制造业服务化、服务业科技化趋势日益明显，河南服务业发展面临新的难得机遇。

河南省第十次党代会、省委经济工作会议对全省服务业发展及"两区"建设提出了明确要求，各地应尽快完善"两区"管理体制机制；扩大投资力度，进一步完善基础设施，为企业、项目入驻和产业集群发展创造良好环境，提升"两区"承载能力和吸引力；围绕商务中心区和特色商业区功能定位，强化招商，精准招商，着力引进一批投资规模大、科技含量高、带动能力强的项目；结合当地产业发展基础、人口消费能力、区位交通资源禀赋、历史文化因素等，发挥优势，突出特色，明确定位主导产业，加快服务业集聚步伐；增强"两区"综合实力，实现"两区"量的扩张与质的提升，推动商务中心区和特色商业区提速增效发展，推动全省服务业提速发展和经济结构优化升级。

B.33
文化产业提质增效 创新推动振兴发展
——河南省文化及相关产业发展情况分析

李贵峰 孔令惠 徐委乔*

摘　要： 文化产业是指为提升人类生活尤其是精神生活品质而提供的一切可以进行商品交易的生产和服务。近年来，河南省把文化产业作为推动经济转型升级、打造支柱产业，实现绿色发展的重要任务来抓，强力推进文化强省建设。在省委、省政府的重视和支持下，文化产业保持良好的发展态势，产业结构进一步优化，文化特色更加鲜明，文化新业态逐步发展，区域特色更加明显，在全国和中部六省的位次不断前移。2015年文化及相关产业增加值实现"两个突破"，首次突破千亿元大关，占GDP的比重突破3.0%。本文从全省文化产业的发展概况、存在问题及加快文化产业发展对策建议三个方面阐述了全省文化产业为促进经济增长、发展方式转变所做出的积极贡献。

关键词： 河南　文化产业

近年来，全省文化及相关产业保持良好的发展态势，产业结构更加优化，文化特色更加鲜明，文化新业态发展强劲，区域优势更加明显。随着文化产业单位数量的稳步增加，吸纳就业能力进一步增强，产业规模不断扩大，社会效益和经济效益全面提升，为促进经济增长、发展方式转变做出了积极贡献。

---

* 李贵峰，河南省统计局社会科技统计处处长；孔令惠，河南省统计局社会科技统计处副处长；徐委乔，河南省统计局社会科技统计处主任科员。

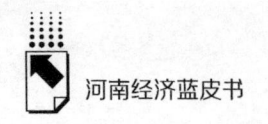

一 河南文化产业运营情况

(一)全省文化产业发展概况

1. 全省文化产业增加值首次实现两个突破

2015年,河南省全社会文化及相关产业实现增加值1111.85亿元,比2014年增长12.9%。其中,法人单位实现增加值1005.51亿元,首次突破千亿元大关,比2014年增长12.8%,增速明显高于GDP增速和第二、第三产业增加值增长速度,占GDP的比重首次突破3.0%,比2014年提高0.18个百分点,居全国第9位,中部六省第2位。其中规模以上文化产业企业的核心支撑作用不断增强,全年实现增加值为737.62亿元,比上年增长12.9%,占全部文化产业企业增加值的66.3%,极大地促进了文化产业的繁荣和发展(见图1)。

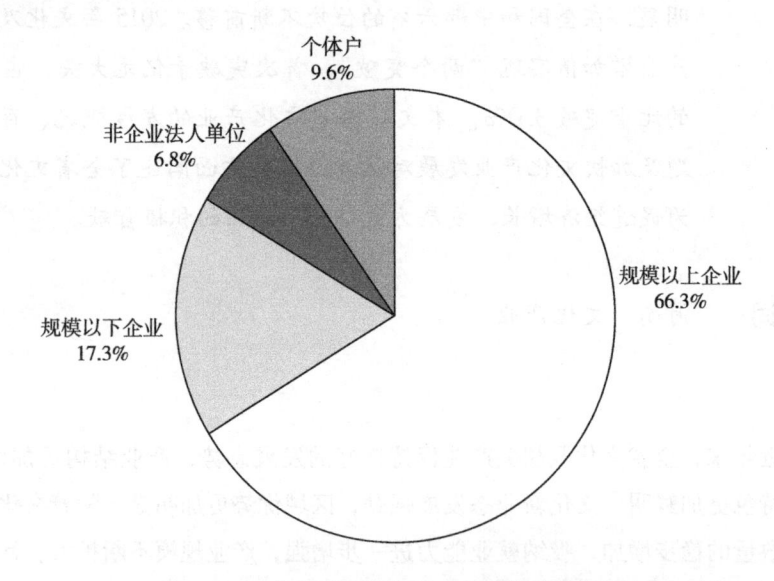

图1 2015年河南省文化产业增加值分布情况

2015年,文化产业中的文化制造业、文化批发零售业和文化服务业增加值分别为588.47亿元、128.71亿元和394.70亿元,分别比上年增长11.4%、

9.2%和16.5%，占文化产业的比重分别为52.9%、11.6%和35.5%。文化服务业增加值增速最快，高出全国文化服务业增速2.4个百分点，高出全省平均水平3.6个百分点。

从文化产业十大类来看，实现增加值超过百亿元的有四大类，文化用品的生产、工艺美术品生产、文化产品生产的辅助生产和文化休闲娱乐服务合计实现增加值821.98亿元，占全省文化产业的73.9%。低于百亿元的有六个大类，文化创意和设计服务、文化艺术服务、文化信息传输服务、新闻出版发行服务、广播电视电影服务及文化专用设备的生产合计实现增加值289.87亿元，占全省文化产业的26.1%。按照增长速度看，超过全省平均水平的有六个大类，低于全省平均水平的有四个大类（见表1）。

表1 2014年和2015年河南省文化产业十大类增加值

单位：亿元，%

类别	2015年	2014年	同比增长
总　计	1111.85	984.66	12.9
新闻出版发行服务	37.26	37.97	-1.9
广播电视电影服务	32.82	21.14	55.3
文化艺术服务	68.36	63.43	7.8
文化信息传输服务	38.53	29.63	30.0
文化创意和设计服务	94.82	83.64	13.4
文化休闲娱乐服务	130.26	109.99	18.4
工艺美术品生产	238.70	204.09	17.0
文化产品生产的辅助生产	144.19	128.78	12.0
文化用品的生产	308.83	296.02	4.3
文化专用设备的生产	18.08	9.97	81.3

从省辖市来看，全省18个省辖市文化产业增加值在100亿~300亿元之间的有郑州和许昌，分别为280亿元和120亿元；南阳、洛阳和开封均为90多亿元；其余13个省辖市均低于70亿元，其中有3个省辖市低于10亿元。全省有11个省辖市增速在10%以上，7个省辖市低于10%。各省辖市占GDP的比重超过全省平均水平的有许昌、开封、濮阳、郑州、焦作、南阳、漯河7个地区，最高的许昌市占比为5.7%，其余11个省辖市低于全省平均水平。

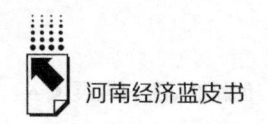

2. 全省文化产业法人单位数居全国第6位

2015年,全省文化产业法人单位共有5.2万家,比上年增长35.7%,占全国的比重为4.6%,同比提高了0.7个百分点,居全国第6位,分别比2014年和2013年前移了2位和3位。其中,文化制造业7410家,文化批发零售业8853家,文化服务业35840家,分别比上年增长34.0%、66.7%、30.1%,三者占比分别为14.2%、17.0%、68.8%。年末从业人员108.58万人,比上年增长9.8%;资产达到4995.82亿元,实现营业收入4017.45亿元,分别比上年增长21.1%和17.2%。

(二)全省规模以上文化及相关产业企业规模效益不断提高

1. 单位数量不断递增,文化创意和设计服务增加最多

2015年,全省规模以上文化产业企业2718家,比上年增加542家,增长24.9%,单位数居全国第6位,居中部六省第1位,居全国的位次比2014年提升了2位,比2013年提升了3位,居中部六省的位次也前移到第1位。其中,文化制造业企业1006家,文化批发零售业企业640家,文化服务业企业1072家,三者分别比上年增长7.2%、15.3%和57.4%,单位数分别居全国第7位、第4位和第7位,居中部六省的第2位、第1位和第1位(见表2)。

表2 2015年中部六省规模以上文化产业企业单位数对比情况

单位:个

省份	法人单位个数	文化制造业	文化批发零售业	文化服务业
河 南	2718	1006	640	1072
山 西	339	60	128	151
安 徽	1907	996	343	568
江 西	1033	621	64	348
湖 北	1652	540	445	667
湖 南	2502	1417	349	736
河南在全国位次	6	7	4	7
河南在中部六省位次	1	2	1	1

在全省规模以上文化产业企业中,单位数最多的是文化用品的生产,为589家;单位数增长最快的是广播电视电影服务,比上年增长75.6%;单位数增加最多的是文化创意和设计服务,比上年增加158家(见表3)。

表3 2015年河南省规模以上文化及相关产业发展情况

类别	企业单位数		从业人员数		资产		营业收入	
	总量(个)	增速(%)	总量(人)	增速(%)	总量(亿元)	增速(%)	总量(亿元)	增速(%)
新闻出版发行服务	188	5.6	23861	-5.6	309.3	21.0	119.6	2.8
广播电视电影服务	79	75.6	4523	36.9	19.9	26.0	15.4	41.7
文化艺术服务	89	67.9	11997	30.1	33.0	51.6	15.5	50.8
文化信息传输服务	62	24.0	11481	14.4	105.3	16.3	45.8	34.4
文化创意和设计服务	419	60.5	34867	22.1	215.1	52.7	172.2	35.0
文化休闲娱乐服务	330	54.2	38621	18.7	422.3	34.9	65.8	39.0
工艺美术品的生产	563	18.3	116252	5.1	608.2	20.6	956.0	21.6
文化产品生产的辅助生产	360	19.6	78526	15.0	352.9	15.8	528.6	19.2
文化用品的生产	589	5.2	131978	-3.5	764.7	2.0	1178.3	7.5
文化专用设备的生产	39	8.3	6507	9.0	36.8	4.6	82.5	18.9

2. 容纳就业能力提升，广播电影电视增幅最高

2015年全省规模以上文化产业企业从业人员45.86万人，比上年增长6.5%，从业人员数居全国第7位，居中部六省第2位。其中，文化制造业企业从业人员31.36万人，文化批发零售业企业2.96万人，文化服务业企业11.54万人，三者分别比上年增长3.2%、1.7%和18.4%，从业人员数分别居全国第7位、第6位和第7位，居中部六省的第2位、第1位和第2位。其中以文化制造业吸纳就业人员最多，占比达68.4%。

在全省规模以上文化产业企业中，从业人员最多的是文化用品的生产，为13.2万人；从业人员增速最快的是广播电视电影服务，比上年增长36.9%；从业人员数增加最多的是文化产品生产的辅助生产，比上年增加1.0万人。

3. 产业规模壮大，企业资产不断增加

2015年，全省规模以上文化产业企业拥有资产2867.5亿元，比上年增长17.9%，居全国第7位，居中部六省第1位。其中文化制造业企业资产为1600.8亿元，文化批发零售业企业220.6亿元，文化服务业企业1046.1亿元，分别比上年增长11.2%、3.0%和34.5%，分别居全国第5位、第12位和第10位，居中部六省第2位、第3位和第3位。

在全省规模以上文化产业企业中，资产总计最多的是文化用品的生产，为

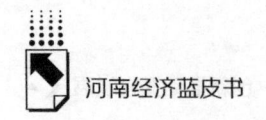

764.7亿元；企业资产增速最快的是文化创意和设计服务，比上年增长52.7%；资产增加最多的是文化休闲娱乐服务，比上年增加109.3亿元。2015年文化创意和设计服务企业资产增幅最高，说明全省加快了以文化软件服务、建筑设计服务、专业设计服务和广告服务等为主要内容的发展规模和水平，推进了与相关产业的融合发展，促进经济提质转型增效，全面提升文化软实力和经济竞争力。

4. 营业收入增长，融合打造文化新业态

2015年，全省规模以上文化产业企业实现营业收入3179.7亿元，比上年增长16.0%，营业收入居全国第8位，在中部六省仍居第2位。其中文化制造业企业营业收入2431.1亿元，文化批发零售业企业397.2亿元，文化服务业企业351.4亿元，营业收入分别比上年增长14.2%、14.3%和32.0%，文化批发零售业和文化服务业两者合计占比为23.5%，比上年提高了1.1个百分点。

在全省规模以上文化产业企业中，营业收入最多的是文化用品的生产，达到1178.3亿元；营业收入增速最快的是文化艺术服务，比上年增长50.8%；营业收入增长最多的是工艺美术品的生产，比上年增加169.7亿元。以"互联网+"为主要形式的文化信息传输服务企业营业收入同比增幅达到了34.4%，占全部文化产业营业收入的比例为1.4%，比上年提高了0.2个百分点。

5. 盈利能力增强，经济效益持续向好

2015年，全省规模以上文化产业企业实现利润252.66亿元，比上年增长8.9%，居全国第7位，居中部六省第1位。其中文化制造业企业实现利润193.61亿元，文化批发零售业企业20.31亿元，文化服务业企业38.73亿元，三者分别比上年增长5.7%、22.6%和20.6%。

全省规模以上文化产业企业按照营业收入计算的利润率是7.9%，高出全国0.8个百分点，经济效益良好。其中文化制造业、文化批发零售业、文化服务业企业营业收入利润率分别是8.0%、5.1%和11.0%。文化服务业企业利润率最高，文化制造业次之，文化批发零售业最低，说明文化服务业的投入产出效益相对较高。

在全省规模以上文化产业企业中，实现利润最多的是文化用品的生产，为85.2亿元；实现利润增速最快的是文化专用设备的生产，比上年增长45.7%；

全年实现利润增加最多的是工艺美术品的生产，比上年增加8.4亿元；营业收入利润率最高的是文化艺术服务，为16.8%，文化产业各行业均取得了较好的经济效益。

6. 发挥区位优势，趋向均衡发展

河南文化资源十分丰富，充分利用区位优势，大力发展文化产业，对促进经济社会的全面发展，提升文化产业的层次和竞争力，具有十分重要的作用。

2015年，在河南省18个省辖市中规模以上文化产业企业个数在100家以上的有9个，其中郑州、许昌、南阳、洛阳和开封5个地区的文化产业企业数均超过200家，分别为538家、303家、292家、285家和221家，占全省规模以上文化产业企业数的60.3%，比2014年提高2.3个百分点；另有信阳、驻马店、平顶山和商丘4个地区企业个数在百家以上，占比为21.1%，这些地区在一定程度上代表了河南文化产业发展的规模和导向。在10个省直管县（市）中，规模以上文化产业企业数最多的是兰考县57家，占全部省直管县（市）的24.4%，比上年回落8.7个百分点，汝州市、新蔡县、巩义市和固始县企业个数均在20家以上，这4个县（市）占全部省直管县（市）的50.0%。说明全省各地文化产业正积极推进，发展正逐步趋于均衡，布局正逐步趋于合理。

2015年，在全省各省辖市中规模以上文化产业企业从业人员超过3万人的省辖市有郑州、许昌、洛阳和南阳4个地区，分别为9.23万人、6.90万人、4.95万人和3.65万人，占全省规模以上文化产业企业从业人员的53.9%，比上年提高了1.5个百分点；另有焦作、信阳、开封、驻马店、商丘、新乡、漯河、平顶山和濮阳9个地区规模以上文化产业的从业人员超过万人，占全省的41.5%，比上年回落了1.3个百分点。在省直管县（市）中，固始、兰考、巩义规模以上文化产业企业从业人员均超过5千人，合计占全部省直管县（市）的63.8%，比上年回落6.7个百分点。

2015年，在全省各省辖市中规模以上文化产业企业资产超过200亿元的有郑州、许昌、洛阳和南阳4个地区，分别为847.66亿元、329.23亿元、243.60亿元和236.08亿元，合计占全省规模以上文化产业企业资产的57.8%，比上年提高了3.5个百分点；另有焦作、平顶山、新乡、濮阳、漯河、开封和驻马店7个地区的资产在100亿元之上，合计占全省规模以上文化

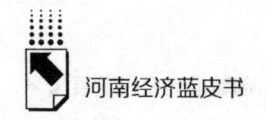

产业资产的33.0%，比上年回落3.8个百分点。在省直管县（市）中，规模以上文化产业企业资产最多的是兰考县和巩义市，合计占全部省直管县（市）的56.1%，比上年提高3.9个百分点。

2015年，在全省各省辖市中规模以上文化产业企业营业收入超过200亿元的有郑州、许昌、焦作、南阳、濮阳和洛阳6个地区，分别为738.67亿元、513.99亿元、266.58亿元和244.50亿元、228.86亿元和202.15亿元，共占全省规模以上文化产业企业营业收入的69.0%，比上年提高2.9个百分点；另有营业收入超过100亿元的是开封、新乡、漯河、信阳和驻马店5个地区，合计占全部规模以上文化产业营业收入的22.3%，比上年提高1.1个百分点。在省直管县（市）中，规模以上文化产业企业营业收入超过10亿元的有巩义、兰考、固始和邓州4个县（市），占全部直管县（市）的80.8%，比上年回落3.1个百分点。

2015年，在全省各省辖市规模以上文化产业企业实现利润超过20亿元的有郑州、许昌、开封和濮阳4个地区，分别为73.10亿元、35.68亿元、21.88亿元和21.55亿元，共占全省规模以上文化产业企业实现利润的60.2%，比上年回落0.5个百分点；另有实现利润超过10亿元的是南阳、漯河和洛阳3个地区，合计占全部规模以上文化产业利润的15.3%，比上年提高4.1个百分点。在省直管县（市）中，规模以上文化产业企业实现利润超过亿元的有巩义、兰考和固始，占全部直管县规模以上文化产业利润的77.5%，比上年回落1.1个百分点。

二 河南文化产业发展中存在的问题

（一）文化产业核心产业地位不够突出

全省现有文化产业企业规模较大的单位大多集中在造纸、陶瓷、发制品、工艺品等文化用品制造领域，体量相对较大，但是核心产业规模不够突出，如文化产品的生产实现营业收入占全省规模以上文化产业企业的43.7%，虽然比上年提高了2.4个百分点，但仍低于全国平均水平（45.1%），且低了1.4个百分点，特别是文化创意和设计服务营业收入占比仅为5.4%，远低于全国12.6%的水平，显示出文化产业的核心产业主体地位不够突出。

（二）文化产业规模集约化程度不高

2015年，营业收入超过亿元的文化产业企业有627家，占全省规模以上文化产业企业的23.1%；平均实现营业收入1.17亿元，低于全国平均水平0.4亿元，产业集约化程度不高。

（三）文化及相关产业各地发展差异明显

2015年，全省规模以上文化产业企业个数同比增长24.9%，但各地发展差异较大，在18个省辖市中有15个市实现增长，2个市与2014年持平，1个市出现下降；在10个省直管县（市）中也有1个市出现下降。虽然文化产业企业的从业人员增长6.5%，但其中有6个省辖市、3个省直管县（市）出现负增长。全省虽然文化产业企业的资产总计同比增长17.9%，但是有2个省辖市出现下降。2015年，全省文化产业企业实现营业收入同比增长16.0%，但其中有2个省辖市和1个直管县（市）出现负增长。按照《中华人民共和国国民经济和社会发展第十三个五年规划纲要》（简称"十三五"规划纲要）提出的要把文化产业打造成支柱产业的目标和要求，全省的文化产业发展仍面临着极大的压力与挑战。

说明：

1. 文中2015年法人单位个数为单位名录库数据，从业人员、资产总计、营业收入全口径数据为推算数据。

2. 规模以上文化产业法人单位包括规模以上文化制造业企业、限额以上文化批发零售业企业、规模以上文化服务业企业，分别指《文化及相关产业分类（2012）》所规定行业范围内，年主营业务收入在2000万元及以上的工业企业；年主营业务收入在2000万元及以上的批发企业或年主营业务收入在500万元及以上的零售企业；从业人数在50人及以上或年营业收入在1000万元及以上的服务业企业。

B.34
供给侧改革对河南省就业结构的影响及对策
——对河南省就业情况的监测分析

孙斌育 王玉珍*

摘 要: 自改革开放以来,河南省就业市场的主要矛盾表现为劳动力供需不匹配的结构性失衡。"十三五"时期,随着供给侧改革的不断深入推进,必将对就业结构产生较大的差异化影响。为此,应从短期优化劳动力需求和长期改善劳动力供给两方面精准发力,同时进一步完善政府社会保障和公共就业服务体系,以确保全省就业工作的持续平稳、有序发展。

关键词: 河南 供给侧改革 就业结构

作为新常态下我国社会经济发展转型的一项重大创新举措,供给侧改革已经成为全社会关注的一个重点。相对于需求侧改革,供给侧改革不仅仅是指狭义的具体产品供给,而是更加侧重于广义、更适宜国家社会经济发展的制度供给来鼓励企业创新驱动和产业结构升级,进而提升经济增长的效率和层次。供给侧改革将创造更多有效供给,来满足消费需要和扩大就业,促进经济实现更高质量的增长,从而实现就业质量优化,这势必成为进一步扩大就业的一个动力。

---

* 孙斌育,高级统计师,河南省统计局人口和就业处处长;王玉珍,高级统计师,河南省统计局人口和就业处副处长。

一 目前河南省就业市场供需特征分析

劳动力供给和需求是决定就业市场运行和发展的主要影响因素。近年来，河南省劳动力的供求状况发生了一些显著变化。

（一）劳动力供应数量呈减少态势，供给成本持续增加

从劳动力供给数量看，多年来河南省劳动力供给远远超过劳动力需求，甚至存在某种程度上的无限供应特征。劳动力供大于求也使劳动力价格较低，成为多年来全省低成本优势中的一个重要因素。但随着国家计划生育政策效应日益显现，全省劳动力供应增速有所减缓。自2009年15~64岁劳动适龄年龄人口达到峰值后，劳动力供给进入"拐点期"，呈逐年下降走势，由缓慢增加转变为高位缓慢下降趋势，劳动力成本也持续增加。"十二五"末全省城镇非私营单位就业人员年平均工资为45403元，比"十一五"末增加1.52倍。总体来看，全省劳动力供给呈现"一减一增"特征，即劳动力供应数量开始减少，劳动力供给成本持续增加。

（二）劳动力需求质量持续提高，需求数量逐渐减少

从劳动力需求数量看，随着产业结构调整升级，全省就业弹性系数（就业人数增长率与GDP增长率的比值）由"九五"期间的0.4647下降到"十二五"期间的0.1793。2001~2015年全省GDP年均增长11.3%，同期就业人员年均仅增长1.3%。无就业增长的背后突出地表现为吸纳就业的能力和就业需求量"双下降"。与此同时，一方面随着劳动力人力成本的逐步上升，"机器换人"势头显现，将引发对低端劳动力需求降低的连锁反应；另一方面由于河南省劳务输出主要是农民工，劳动力数量虽多但素质低，多数从事的是属于传统产业链低端行业劳动密集型产业。此外，全省产业转型升级和科技进步对生产要素中劳动力，特别是高素质劳动力需求显著上升。总体看，全省劳动力需求呈现"一增一减"特征，即对高素质劳动力的需求持续增加，对劳动力数量需求逐渐减少。

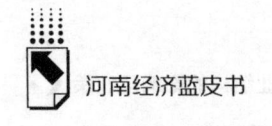

（三）关注人口新变化

1. 人口结构出现"两降一升"

调查显示，"十二五"末全省15~64周岁劳动适龄人口为6555万人，比"十二五"初减少近百万人。在劳动人口总量下降的同时，少儿化比重下滑和老龄化趋势加快。一方面0~14岁人口占总人口比重由2000年的25.9%降至2015年的21.2%，回落4.7个百分点；另一方面65岁及以上人口占总人口比重由2000年的6.9%增至2015年的9.6%，增加了2.7个百分点。

2. 人口红利有望得到延续

表面来看，人口红利在减少，但并不意味着劳动力不够。15~64周岁劳动适龄人口占总人口比重由2010年的70.6%下降至2015年的69.2%，减少1.4个百分点。如果经济转型成功，劳动人口减少不会对经济增长造成过大影响。通过转方式、调结构，加强教育培训，可挖掘第二次人口"红利"。同时随着全省城镇化建设步伐的加快，有序推动农民工市民化进程，将进一步转移更多的农业富余劳动力。

劳动适龄人口比重由2008年达到最高点72.3%出现逐年回落的现象，劳动适龄人口总量也由2009年达到最多的6821万人后出现逐年减少的现象，目前已下降到6555万人以下。"十二五"时期，劳动适龄人口年平均减少18万人，而非劳动适龄人口年平均增加33万人。目前，全省69.2%的劳动适龄人口比重仍处在高位平台，而44.6%总抚养比还没到50%人口红利消失红线，全省尚存在10年左右人口红利期，如果考虑到外出务工人口回流影响因素，人口红利期还有望进一步顺延。

2014年李克强总理在《政府工作报告》中具体形象地讲到了"三个一亿人"，即促进一亿农业转移人口落户城镇，改造约一亿人居住的城镇棚户区和城中村，引导约一亿人在中西部地区就近城镇化。河南省在2016年全省推进新型城镇化工作中，着力围绕推动农业人口向城镇转移落户、推进中原城市群建设、加快中小城市和特色镇发展等六个方面开展工作，确保实现"十三五"良好开局。提出每年户籍人口城镇化率要提高1.4个百分点左右，全省将完成转移人口约157万人，实现转移人口陆续就业。

二 供给侧改革对全省就业结构的影响

（一）目前全省就业工作中存在的主要问题和矛盾

1. 就业结构性矛盾依旧突出

（1）就业总量压力面仍然较大

河南是人力资源大省，劳动力资源接近6600余万人。据有关部门测算，当前全省经济容纳劳动力约4600万人，扣除约1160万名省外就业农村转移劳动力和350万名左右在校生，仍约有近500万人需要就业，短期内就业供需矛盾难以得到缓解。同时，随着近几年省外就业农村转移劳动力回流返乡增多，将进一步加剧省内就业岗位竞争程度。

（2）就业结构性矛盾依然突出

目前，"就业难"和"招工难"现象并存，劳动力供需状况不"匹配"，表现为高技能和高层次"双高"人才短缺。从全省18个省辖市人力资源市场的情况看，登记招聘企业和进场求职者就业达成率一直在30%以下，供需匹配度较低，高技能人才求人倍率一直处在3以上。随着市场对配置劳动力资源的决定性作用进一步增强，就业结构性问题会越来越突出，这也是当前影响整体就业形势的一个主要矛盾。

2. 规模性失业风险加大

（1）"隐性失业"显性化逐步显现。经济发展下行压力加大，依附于资源型、粗放型的传统行业企业经营困难依然存在。随着国企改革深化及市场化进程加快，企业破产、停产使之减员增加或隐性失业显性化问题逐步显现。供给侧改革、强力推动"去产能"和处置"僵尸企业"，职工隐性失业风险加大。

（2）"去产能"过程中职工安置压力大。根据河南省煤炭、钢铁行业化解过剩产能实现脱困发展总体实施方案的要求，未来三年全省将退出煤炭产能6254万吨、安置职工13.63万人；退出钢铁产能340万吨、安置职工2517人。推进实施这项工作，主要有"一广、两难、三集中"特点，应积极做好各个方面的协调处理工作。

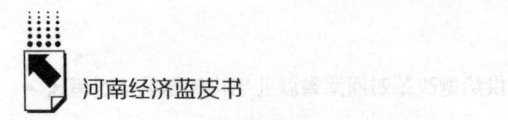

3. "重点群体"就业难度增加

（1）高校毕业生就业压力大。高校毕业生就业存在的主要矛盾表现为：一是总量较大。近年来，全省每年应届高校毕业生总量大多在50万人以上，加上往年未就业高校毕业生、就业累计总量近60万人，约为每年城镇新增就业人数的一半左右。二是"匹配"度差。高校毕业生所学"专业结构"与企业用工岗位不匹配，与高校毕业生就业"吻合"的岗位供给有限，使高校毕业生求职择业受到制约。三是预期较"高"。受传统择业观念影响，高校毕业生的家庭及个人普遍存在追求大城市、大企业、高薪酬就业现象，影响高校毕业生实际就业率。

（2）农村劳动力转移就业难度大。一方面随着沿海地区就业渠道收窄，农村劳动力向省外转移就业难度增大；另一方面农村劳动力省内转移就业趋势明显，省内就业岗位竞争压力加大。同时，全省还有近400万年龄大、女性多、技能低的农村劳动力需转移，转移就业面临"向外转移难、内部消化难"的双重压力。

（3）就业困难人员"托底"安置压力大。目前，全省有公益性岗位11.7万个，安置了就业困难人员14.6万人，公益岗位已处于饱和状态。同时，就业困难人员年龄大、技能差、竞争弱，政府托底安置载体有限，使就业困难人员群体再就业压力大。

（二）供给侧改革对全省就业结构的影响

从劳动力总量看，全省劳动力供应呈减少趋势。劳动力严重供过于求局面已得到较大程度的改善，劳动力市场供求状况相对平稳。但从劳动力内部结构看，劳动力供需不匹配的结构性失衡已成为全省就业市场的主要矛盾和突出表现。伴随着供给侧改革深入推进，势必将对全省不同的就业结构产生差异化影响。

1. 对就业产业结构的影响

自国家将"去产能"列入供给侧改革任务以来，按照《河南省推进供给侧结构性改革去产能专项行动方案》要求，经过3年努力，全省产能严重过剩行业转型升级已取得明显成效，产能严重过剩行业的产能利用率趋于合理。目前钢铁和煤炭两行业需分流人员13.88万人；电解铝、水泥、平板玻璃等少量过剩产能企业，影响就业人数有限。

在供给侧改革中，"去产能"虽会对一些传统过剩行业就业产生影响，但对全省总体就业影响并不明显。一方面省财政支出安排部分资金用于"去产能"员工就业安置；另一方面省内各级政府更多地采取兼并重组而并非大面积直接破产方式来化解产能过剩。此外，一些包括"互联网＋"等在内的新兴业态及小微企业的蓬勃发展，将对消化和吸纳过剩行业职工安置发挥就业的"稳定器"作用。例如，个体及私营经济增速较快，促进就业成效显著。省工商部门统计显示，2016年全省实有个体工商户达到307.37万户，同比增长17.4%；其中，2016年新登记个体工商户达到72.13万户，同比增长18.4%。实有私营企业达到90.93万户，同比增长28.9%；其中，新登记私营企业户达到22.80万户，同比增长28.5%。全省个体、私营企业共吸纳就业人员1174.80万人，同比增长18.2%。全省新设个体工商户和私营企业从业人员和雇工总数达到247.09万人，同比增长19.3%。

2. 对就业地区结构的影响

从供给侧来看，全省经济发展既存在供应过剩，同时也存在有效供给不足的问题，主要表现为高品质产品和新兴服务业供给不足。因此，供给侧改革对具有不同产业结构及区域影响将会存在较大差异。

在一些民营经济和新兴经济发展较好的区域，供给侧改革对其就业结构影响不大，"去产能"可在本区域内逐步得到解决。例如，鹤煤公司积极开展对外劳务输出工作，近年来多批次向富士康、思念集团输出劳务800余人，有677名职工通过自谋职业实现自我创业或再就业，有200余名女工参加月嫂培训获得从业资格。再如平煤神马集团自2016年2月以来实现全集团转岗分流2万人"瘦身目标"；永城市在"双创"方面，通过薪酬分配优化、内部转岗、岗位分流各类用工8000余人。

对一些主要以煤炭、钢铁等大宗产品产业为主的地区，供给侧改革有可能对其就业结构产生较大压力。在"去产能"过程中下岗职工多，而且许多大龄就业员工都是具有所在地城镇户籍的人口，通常无法像民营企业和小微企业那样灵活安排就业人员。因此，对受供给侧改革影响较大且自身无法有效内部调剂的地区，不宜实行严格的"一刀切"政策，而应实行差别化政策甚至是"一业一区一策"。

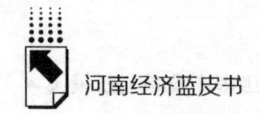

3. 对就业供应结构的影响

从就业供应结构来看，全省第一产业劳动力供应主要为农民，第二、第三产业劳动力的供给主要来源于第一产业转移出来的农民工、职业院校毕业生和高等院校大学毕业生等渠道。调查显示，农民工就业方式为受雇就业，主要集中于采掘业、建筑业等第二产业部门，就业规模主要依赖用人单位生产经营状况。在新常态下以制造业为代表的实体经济发展面临严峻挑战，民间投资下滑、采掘业疲软的发展态势，将对农民工就业产生不利影响。此外，作为吸纳农民工较多的房地产业，国家出台"去库存"政策后更多地表现为三、四线城市压力大，也会对农民工就业带来影响。

随着全省城镇化发展，自2003年以来全省农民工实现了有序转移就业，"十二五"时期以来增长步伐趋缓（见表1）。当前，受经济发展增速下降、结构调整、创新驱动和"去产能"影响，有些吸纳农民工就业的新业态将会产生，农民工在就业、技能提升等方面将面临新要求、新挑战，主要表现在4个方面，一是就业与招工"两难"的结构性矛盾成为常态，二是产业结构优化升级呼唤农民工技能提升，三是农民工劳动保障方面的突出问题依然存在，四是农民工融入城市还存在许多体制机制性障碍。未来，还应在进一步加大对劳务输出地区资金支持力度、加快制定建立农民工综合服务中心的政策措施等方面给予完善，以大力促进农民工有序稳定就业。

表1 2003~2015年河南省农民工转移就业情况

单位：万人

年份	转移就业人数	比上年增加	省内转移	省外输出
2003	1310	—	—	—
2004	1411	101	569	842
2005	1557	146	460	1097
2006	1746	189	590	1156
2007	1940	194	736	1204
2008	2155	215	946	1209
2009	2258	103	1020	1238
2010	2363	105	1142	1221
2011	2465	102	1268	1197
2012	2570	105	1451	1119
2013	2660	90	1523	1137
2014	2742	82	1590	1152
2015	2814	72	1653	1161

对于农民工和普通大学生来说，职业院校毕业生就业在劳动力价格方面具有优势，其就业状况优于农民工和普通大学生。近年来，全省中等职业学校毕业生就业率保持在98%左右。随着工业化进程的加快以及《中国制造2025》战略的深入实施，职业院校学生就业率依然前景看好。相对于农民工的低工资要求和职业院校毕业生的较高性价比来说，普通大学生虽然具有较好的素质和能力，但其供应量增长较快，近年来全省高校毕业生每年大约有50余万人，普通高校毕业生就业形势依然严峻。

B.35
农民工返乡创业：热潮初起　难题待解
——关于河南省农民工返乡创业的调查

韩联伟　陈占永　冯超锋*

摘　要： 推进农民工返乡创业，河南有需要、有机遇、有条件、有经验。虽然近年来全省农民工返乡创业态势良好，呈现许多积极变化，但仍面临初创起步"六忧"、持续发展"六难"等诸多困难和问题，迫切需要加大政策落实力度，打好经济、亲情、优势"三张牌"，下好产业项目引导、降低创业门槛、加强创业培训"三手棋"，织好融资保障、产业配套、公共服务"三张网"，让农民工返乡创业"回得来""创得成""发展好"。

关键词： 农民工　返乡创业　公共服务

为深入了解河南省农民工返乡创业情况，2016年8月，省人民政府研究室组织调研组赴信阳、焦作、汝州、郑州等地开展了实地调研，与省人社厅相关处室负责人以及河南省川渝商会、河南省外地驻豫经贸机构协会负责人进行了座谈。总体感到，农民工返乡创业意愿正在增强，创业热潮悄然兴起，但也面临不少困难，一些难题亟待破解。现将有关情况报告如下。

一　农民工返乡创业大有可为

当前，农民工已经成为创业创新群体中的一支新生力量，返乡创业有着广阔的空间和前景。

---

* 韩联伟，河南省人民政府研究室副主任；陈占永，河南省人民政府研究室生态建设研究处处长；冯超锋，河南省人民政府研究室社会处主任科员。

（一）有需要

1. 推进农民工返乡创业，能够为新常态下稳定经济增长培育新动能、打造新引擎

实践证明，创业是发展之源，越是创业活跃的地方，经济增长的动力就越强，发展的基础就越扎实。当前世界经济持续低迷、我国经济下行压力加大、民间投资不振，河南省有2800多万名农民工，他们经历了市场思维和城市文明的洗礼，一旦活跃起来，投身于创业的社会大潮中，必将汇聚起发展的巨大动能，成为稳定经济增长的生力军。河南省人社部门统计显示，自2008年以来，全省返乡创业农民工达到60.69万人，创办企业30.97万个，带动就业210.16万人，实现年销售收入705.37亿元。

2. 推进农民工返乡创业，能够为激活农村经济、促进城乡统筹增添强劲动力

农民工返乡创业，把在城市和发达地区获得的资金资源带回家乡，把先进技术和生产方式、现代经营理念和产业发展模式引入乡村，不仅能够壮大新型职业农民队伍，创新农业生产经营，加快农村产业升级，促进农村三次产业融合，培育形成农村经济新的增长点和动力源，繁荣农村经济，还能够增加农村投入，助力新农村建设，推进城乡公共服务一体化、缩减城乡二元差距。在调研中我们了解到，有些回乡创业成功人士无偿捐款、捐物，帮助家乡修路、建学校，改善农村基础设施和公共事业，比如信阳市浉河区返乡创业农民工李某某投资120多万元，为茶叶基地周边茶农修水泥路；投资40万元，为村民改造饮水设施，还改造了通村电线，解决了周边470多户茶农的出行、饮水、用电问题。

3. 推进农民工返乡创业，能够为农民就近就业、促进脱贫攻坚提供有效支撑

一人创业、带富一方。多年的劳务经济发展实践证明，转移就业是农村脱贫致富的有效途径，而推进农民工返乡创业是扩大转移就业规模、促进农民增收、实现脱贫致富最直接、最有效的举措。有人社部门数据显示，"十二五"期间全省有210万名农村贫困人口是通过农民工返乡创业带动就业来实现稳定脱贫的，占全部稳定脱贫人口的40%。可以说，推进农民工返乡创业是打赢脱贫攻坚战的"重要战术"。

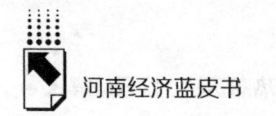

4. 推进农民工返乡创业，为改善农民结构素质、解决农村社会问题提供源头活水

改革开放以来，特别是进入21世纪以来，大量农村剩余劳动力进城、进厂务工，农村中有能力、有素养、有技能的基本都转移出去了，留在农村的多数是老、幼、妇、残，即通常说的"386199"部队，整体素质与现代农业发展的要求很不适宜。农民工群体与乡村有天然的联系，经过外出打工，思想观念、视野眼光都发生了质的变化，具备现代农业、现代农村发展最基本的思维理念和生产生活方式，引导他们返乡创业就业，是现阶段改善农民结构素质的一条有效途径。比如，一些外出人员返乡成立专业合作社，带动村里闲散人员共同发展，实实在在地改变了农民的组织形式、生产方式和收入来源。农民工长期离乡背井、抛家别子，也不利于农村的和谐稳定。截至2016年8月，河南农村留守儿童约有655万人、留守妇女约有470万人、留守老人约有160万人。通过让所有农民工全家迁入务工所在地转为市民来解决这些社会问题是不现实的，这不仅因为城市生活成本高难以承受，而且因为农民工就业本身不稳定，最好也是最可能的方式还是让他们返乡创业就业。比如，汝州市通过规划建设机绣产业园，第一期建设就成功吸引汝州籍企业家返乡建设近1000条机绣生产线，第二期正在建设。到2018年，力争实现园区入驻各类轻纺及配套企业200余家，各种机器设备5000余台，创造就业岗位1万个。这一举措意味着可以让1万个家庭的孩子有父母疼爱、老人有儿女照顾、夫妻不再两地分居。

（二）有机遇

1. 政策带来的机遇

近年来，国家大力倡导大众创业、万众创新，出台了《关于大力推进大众创业万众创新若干政策措施的意见》《关于支持农民工等人员返乡创业的意见》等一系列支持农民工等群体创业的政策措施。2015年，河南省政府出台了《关于进一步做好为农民工服务工作的实施意见》，2016年8月省政府办公厅又印发《关于支持农民工返乡创业的实施意见》，省内一些地方积极支持农民工返乡创业。比如，信阳市大力实施回归工程，出台《关于加强劳务输出、实施回归工程的意见》等政策文件；汝州市大力实施能人回归工程，出台了《结合新型城镇化开展支持农民工等人员返乡创业试点工作实施方案》《支持大众创业万众创新暨"互联网+"电子商务扶持政策的通知》等文件。从中央到地方出台的这些政策，针对性强、含金量高，为推动农民工返乡创业营造了良好的政策环境。

2. 产业转移带来的机遇

近年来，东部沿海地区企业经营和要素成本持续上升，一些产业特别是劳动密集型产业加速向中西部地区转移，客观上有利于通过承接产业转移，带动农民工返乡创业，实现由"孔雀东南飞"到"凤还巢"的转变。

3. 新技术、新业态、新模式带来的机遇

互联网的广泛应用和电子商务的快速发展，催生了很多新业态、新模式，丰富了农民工返乡创业的渠道选择，为农民工创业者在原料采购、市场分析、产品销售等方面提供了很多便利，带来了很多商机。

（三）有条件

1. 农民工群体规模很大

河南是一个人口大省、外出务工大省，农村劳动力转移就业累计达2867万人，其中省内转移1700万人，省外输出1167万人，常年在外6个月以上的外出务工总量为1602万人。外出务工人数多，若省外输出中有1/10返乡就有100多万人，返乡创业的人力资源丰富。

2. 农民工素质不断提高

截至2016年8月，全省农民工高中及以上文化程度者占到了39%，比10年前提高16个百分点；累计有1436万人参加过技能培训，占转移就业总量的51.2%，比10年前提高36个百分点。而且，经过多年在外打拼和市场经济历练，这些农民工积累了一定的资本、技术、人脉等资源，有的成为大中型企业的中坚力量，有的自办企业已粗具规模。可以说，他们中有相当一部分人挣了票子，换了脑子，有了点子，闯了路子，具备了回乡创业的能力。

3. 农民工返乡意愿日益增强

树高千丈、落叶归根。大部分农民工虽然已是发达地区产业工人的重要组成部分和城市常住人口，但仍然难以融入和落户当地城市，在许多方面难以享受到同样的公共服务，加之家乡亲情牵挂，不愿子女成为留守儿童，不愿父母成为空巢老人，不愿夫妻长期分离感情疏远。这些因素的叠加，促使更多的农民工渴望踏上返乡创业就业之路。

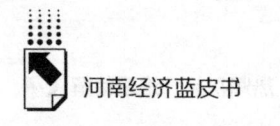

（四）有经验

近年来，河南省各地通过政策激励、平台搭建、技能培训、产业带动、环境优化等多种措施，积极引导农民工返乡创业，涌现出一大批返乡创业先行者和带头人，起到了示范带动作用，为全省农民工返乡创业工作全面开展提供了经验、探索了路子。河南省多个地方的发展实践也验证了这一点。比如，信阳市近年来先后有3.6万多名农民工返乡创业，累计创办各类实体1.9万个，带动近30万人就业；汝州市近两年有2万名农民工返乡，其中有8070人创业，创办企业1337个，带动就业4万人。

归结起来，推进农民工返乡创业，既是经济问题，又是社会问题；既是发展所需，又是民生之要；既是当务之急，又是长远之策。需要从战略和全局的高度，把握趋势、抢抓机遇，加快推进农民工返乡创业，为促进经济社会持续平稳较快发展增添新的动力源泉。

二 农民工返乡创业态势积极

从调研情况看，各地农民工返乡创业呈现许多积极变化。

（一）从发展趋势看，返乡创业人数逐年增多，农村劳动力呈现双向流动新局面

省人社部门数据显示，2011年农民工返乡创业7.54万人，2012年7.86万人，2013年8.48万人，2014年8.68万人，2015年9.03万人，正从"输出一人、致富一家"的打工效应向"一人创业、致富一方"的创业效应转变，打破了农村劳动力长期向城市和发达地区单向转移的旧格局，返乡创业带动就业、城乡双向自由流动的新局面加快形成。

（二）从创业意愿看，豫籍企业家返乡创业动力比较强，影响力和带动力也比较大

通过与河南省川渝商会、河南省外地驻豫经贸机构协会负责人座谈了解到，全国有140多家河南商会，各地商会中副会长以上会员单位（少则20家、

多则50家）大多数有回乡投资意愿，希望通过返乡创业得到更大发展、赢得乡邻尊重、获得社会地位。他们投资规模一般比较大，还能带动周围生意伙伴或配套企业一同来豫投资发展。

（三）从创业主体看，中青年男性农民工居多，80后新生代农民工开始崭露头角

在返乡创业的农民工中，有70%以上是60后、70后的中青年男性，有一定的工作经历和人生阅历，有一定的资金积累和管理经验，有一定的人脉资源和市场渠道，对家乡有着深厚的感情，属于经验式、能人型创业，涌现出了一批农民工企业家。80后新生代农民工开始走上创业道路，由于他们文化素质较高，创业层次明显高于上一代农民工。

（四）从组织模式看，以个体和小微企业为主，也涌现出了一批有实力的企业

从农民工创业的组织形式看，一是以小型商业、作坊式加工业、生活性服务业等领域的个体经营居多，约占70%；二是以劳动密集型和手工操作为主的小微型企业；三是以农民合作社、家庭农场为载体，主要集中在种植、养殖业领域。这些经营主体规模普遍较小，乡土色彩浓厚，但也成长起来了一批实力较强的企业。截至2016年8月，全省有200多家农民工企业的年销售收入已超过亿元。

（五）从创业领域看，多数属于涉农等传统产业领域，电商等新领域创业热潮开始兴起

有一半以上返乡农民工创业都选择种植、养殖和农副产品加工等涉农产业，另有一些以生产辅助性产品和配件产品为主的小加工业，品种较为单一，档次也较低；还有一些农民工开展零售、餐饮、娱乐、家居、乡村旅游等生活性服务业，或跑物流运输。但是，"互联网+"、电子商务等新技术、新模式正在改变着农民工的返乡创业方式，新产业新兴领域的创业开始风生水起。2015年，河南农村网店已突破3万家，农产品全面"触网"，有21个区（县、市）被列入全国电子商务进农村示范县（市），并与阿里、京东、移联网信等互联网企业开展了合作，发展势头迅猛，其中阿里"村淘"开通了25个县

（市），覆盖1600多个行政村；京东"千县燎原计划"在全省33个县（市）落地、2016年计划达到78个；移联网信也在河南80多个区（县、市）开设了农村门店，这些网店多数为返乡农民工创办。比如，光山县有加工羽绒服的传统，规模也很大，80后小伙向某某看准这一优势产业与电子商务融合蕴藏的巨大商机，2013年率先返乡发展羽绒服电商，2014年销售5万余件，实现销售额600多万元，在当地引起很大反响，带动近千名青年农民工返乡创办电商。此外，生物科技、电子信息等新兴产业领域也开始有农民工企业家涉足，比如从事煤炭运销十几年的汝州人王某某，2013年8月投资1亿多元，注册成立了生物科技有限公司，自任董事长，主要从事生物产品、植物提取、生物酶制剂产品的研发、生产和销售，成功实现了从商贸运输到高科技实体企业的转型。再如，做五金生意的信阳人冯某某，2013年在广州创立首弘科技公司，同两家世界500强企业联合研发出了独一无二的投影手机，并于2016年6月在郑州航空港建厂，日前"独影天幕"手机第二代正式发布，在"微投影"行业独占鳌头。

（六）从创业区域看，主要集中在农民工家乡，层次较高的企业多选择在县城以上城市

有70%的返乡农民工首选在老家县城或所在乡（镇）和村创业，其中又以乡（镇）、村为主。这既有农民工创业进入产业集聚区、工业园区门槛较高的原因，也有本乡人头熟、关系好协调的因素。比如，博爱县农民工黄某某，2014年从上海回到乡里创办了一家企业专订生产懒人沙发，企业距离博爱汽车站2公里，交通物流条件比较好，2015年实现销售收入400多万元，带动当地近百名农民就业。资金、技术实力相对雄厚的发展型返乡农民工更愿意选择基础设施和公用设施配套完善的省辖市或者产业集聚区进行创业，比如新野县农民工王某，1989年作为改革开放后的第一代打工妹赴广东东莞打工，2008年返乡投资9000万元，在新野县产业集聚区创办了电子精工科技有限公司，年均产值超过5亿元，创造就业岗位近千个，上缴利税上千万元，其产品PCB微钻针的生产规模在全球行业排名居前五位。2012年漯河市返乡农民工李某某，与中美合资机构合作，在漯河市召陵区兴建超市，有数百个知名品牌加盟，年销售收入突破600万元。

（七）从投资来源看，启动资金多以自有积累为主，多元化融资开始试水

农民工返乡创业遵循量力而行原则，初始阶段主要依靠他们外出务工积累的自有资金，加上从亲朋好友转借来的一部分资金，还有些是小额贷款，一般是先小规模启动，有多少钱办多大事，赚到钱后再滚动发展。但随着简政放权、"双创"等普惠性政策不断落实，以及新三板、信用社改制农商行、村镇银行等金融平台不断完善，利用资本市场、创业基金、股权、林权质押等多元化融资方式解决资金来源创办企业的人也在逐渐增多。

（八）从创业起点看，初创起步标准不断走高，对农民工创业有了更高要求

由于环境标准、市场要求、安全规范等越来越严，农民工创业的起点也越来越高，比如在涉农产业领域，生态农业、绿色农业、有机农业、有机食品等概念逐渐被市场广泛接受，对食品安全和产品质量的要求提高，倒逼对农民工创业的要求也水涨船高。创业起点走高，既要求农民工必须提高自身创业素质，也要求政府为农民工提供更高层次的创业服务。

（九）从创业结果看，初次投资成功率比较高，但平均存活时间不长

农民工创业往往比较谨慎，较大学生创业更为务实，不会一味地追求"高大上"，一般选择有专长或对资源熟悉的领域，创业前期反复权衡、比较，心里有数才会行动，较少冒失激进，所以创业成功率比较高。这从小额贷款到期还款率上就能反映出来，农民工小额贷款到期还款率一般都在99%以上，有些地方达到了100%。值得注意的是，虽然农民工返乡创业的初次成功率比较高，但创办的经营实体普遍存活时间不长，据调查了解，超过3年的企业占比仅为1/3左右。

三 农民工返乡创业需要关怀

创业是一项有风险的事情。当前，农民工创业初创起步有"六忧"、持续发展有"六难"，应当给予特别关注。

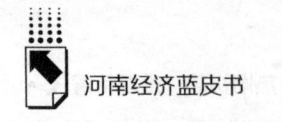

（一）初创起步有"六忧"

1. 忧项目选不准

这是困扰农民工返乡创业的第一只"拦路虎"。调查发现，一些返乡农民工虽有创业的意愿和冲动，但苦于找不到合适的项目，不知道干什么好。他们靠打工挣钱不容易，害怕选不好项目赔钱，攒的积蓄打了水漂，所以不熟悉的领域不敢进，而熟悉的领域，像种植、养殖等涉农产业和餐饮、家居装修、物流运输等，干的人又比较多，贸然加入竞争会很激烈，担心赚钱没有打工多，费力操心白忙活。

2. 忧市场有风险

担心市场前景是农民工创业的又一大顾虑。除了打工时就有销售渠道、客户资源的以外，多数农民工觉得，创业规模小了不赚钱，规模大了又怕本地市场［主要是所在县（市）及周边］容纳不下，对市场行情把握不准，缺乏销售渠道，产品销售不了。

3. 忧政府不重视

一些地方认为农民工回乡创业是"小打小闹"，交税少，发展慢，对县域发展、财政增收作用不大，偏重劳务经济，忽视创业经济，偏重大项目、新业态，忽视农民工小个体、小经营，农民工"草根创业"被冷落。比如，全省有230多家创业孵化园，农民工返乡创业项目多数没有入驻；有的县（市）让招商引进的企业进工业园区，而农民工回乡创业被拒之门外，更无相应的优惠政策和服务。

4. 忧政策不稳定

一些农民工创业者反映，投资创业最怕政策多变。一怕政府承诺的优惠政策不兑现。一些基层政府为吸引豫籍企业家回乡投资，不负责任乱承诺、乱许愿、乱表态，当企业落地后却推三阻四，不予兑现。二怕政府出台的优惠政策有变化。比如，2013年农民工创业所需的小额贷款被排除政府贴息范围，一些跨年度的贷款没有得到政府贴息支持。三怕当地基层主要领导有变化，新官不理旧事，导致投资项目搁浅或推进缓慢。封丘籍农民企业家李某某，2013年初经招商引资到宝丰县投资建设中原不锈钢产业园，由于地方主要领导变更，原本两年的建设周期延长了一年半。

5. 忧办事不容易

一些农民工创业者反映，基层创业环境不尽如人意，初创阶段审批、办证环节多，办事慢，几乎环环收费，有些基层工作人员"管、卡、压"，落后地区这种现象更为严重，加之农民工本来与政府打交道就有点"怯"，对政府工作流程又不了解，有时不找人打招呼很难办成事；有些政策宣传不到位，回乡创业者因为不了解而没有申请，或者不争取、不付出代价就很难得到；部分农村地区法治环境堪忧，时常遇到强买强卖、强装强卸，存在村干部吃、拿、卡、要等情况。

6. 忧社保难接续

沿海地区养老保险、失业保险等社保体系比较健全，执行得也比较好，由于尚未实现全国统筹，农民工回来之后，担心原来交的社保资金得不到落实。

（二）持续发展有"六难"

1. 融资贷款难

信阳市对农民企业负责人的调查显示，企业普遍反映流动资金严重短缺，流动资金满足率平均不到50%。银行等金融机构扶持农民工创业的金融产品少，贷款渠道单一，而且融资利率较高，作为农民工融资主渠道的农村信用社实际年息已经超过12%。另外，农民工返乡创办的多是小微企业或涉农企业，大部分是租用场地或者流转的土地，有效抵押物不足，缺乏信用贷款条件，进而影响到从金融机构贷款。比如，信阳市某茶叶公司，投资七八千万元建成了4000多亩有机茶种植示范园，但是受限于土地性质，不能作为抵押凭证，无法向银行申请抵押贷款。

2. 政策落实难

尽管国家和省级层面出台了很多支持农民工回乡创业的政策，但是有些政策没有出台具体细则，针对性、操作性也不强。调查显示，有超过1/3的农民工创业者认为没有享受到优惠政策。比如，农民工回乡创业用了不少城镇待业人员、失地农民和"40、50"农民，同样是解决困难群众就业的创业，在城市能得到税费减免、小额信贷等优惠政策，农民工创业者却得不到。还有，补贴操作步骤复杂，时间跨度长；职能部门工作人员权力寻租、吃、拿、卡、要或套取、挪用补贴。

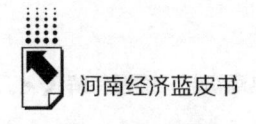

3. 获取信息难

市场信息瞬息万变，受自身文化素养、专业能力和从业经历的限制，农民工在获得市场信息、项目信息、技术信息、政策信息等方面，存在先天不足，返乡之后信息通道不畅，难以经常、及时、有效地获得有用的信息，直接制约了企业的发展壮大。

4. 引进人才难

县乡生活环境差，服务业不发达，文化娱乐场所不多，农民工创办的企业既没有财力像沿海地区那样花钱请人才，也没有舒适、便利的环境留住人才，导致多数农民工返乡创办的企业形不成核心竞争力，只能在狭小的市场空间内参与低水平、同质化的过度竞争。

5. 产业配套难

农民工返乡创业往往是单打独斗，产业链条不完备，生产性服务业不配套，直接导致创业成本大幅增加。比如，信阳市新县某玩具厂总经理陈某某反映，当地没有玩具配套产业，像螺丝帽等零部件还要跑到广东佛山采购，加之新县物流滞后，限制了企业发展。汝州籍某机绣企业家在准备回乡办厂时，也提出了产业配套问题，最后汝州市引进整链条的机绣产业，才打消了他的顾虑。

6. 管理企业难

调查显示，有2/3的农民工创业者没有接受过创业培训。很多创业者早年外出打工，文化水平较低。在打工过程中，从最基层的操作员工做起，基本上是懂技术不懂管理。一些企业办不好，经营管理不善是重要原因。

上述这些因素，使一些农民工返乡创业顾虑重重、裹足不前。截至2016年8月，全省返乡创业农民工仅占农民工总数的2.12%，比例比较低。

四 农民工返乡创业呼唤行动

鉴于河南省政府办公厅已经印发《关于支持农民工返乡创业的实施意见》，有关部门应当加大落实力度，让政策真正落地，并坚持问题导向，根据农民工返乡创业新的需求进一步细化和充实，为返乡农民工创造宽松的创业环境。

（一）打好"三张牌"，让农民工返乡创业"回得来"

农民工返乡创业，前提是愿意回来，能够回得来。为了让农民工增强回乡创业的信心，下定回乡创业的决心，打消回乡创业的顾虑，需要打好"三张牌"。

1. 打好"经济牌"

从企业生产经营成本看，近年来沿海企业生产经营成本在不断上升，在浙江办机绣厂的某汝州籍企业家反映，那里厂房租金高、电费高、人工费高，当地政府对这些传统产业也不再支持，回汝州办厂，运营成本可以降低1/3左右。从农民工外出务工收入看，当前沿海地区企业用工出现结构性调整，就业风险不断增加，工资增长缓慢，同时这些地方房租高、物价高、生活成本高，能拿到手、带回家的打工钱不断被"蚕食"，而河南省随着产业转型升级、城镇化建设以及居民消费能力的增强，催生的有效需求和创业空间巨大，即使在种植、养殖业等利润比较薄的涉农产业创业，收入与外出务工收入的差距也在逐步缩小，有的甚至超过了外出务工收入。当年外出务工是因为经济因素，现在回乡创业，经济上仍然是主因。所以，应当引导农民工算算这一增一减"两本账"，让有创业条件的农民工衡量、比较一下得与失，看一看是继续在外打工合算，还是回乡创业合算，从而吸引农民工返乡创业。

2. 打好"亲情牌"

亲情、乡情是最能牵动农民工的纽带，也是农民工心中最柔软的心弦。多数农民工虽然在外打拼多年，但对家乡的感情依然深厚，他们经过多年的漂泊和历练，更加看重家庭的价值和社会声誉，返乡创业的希望、回报家乡的愿望、家人团聚的渴望也越来越强烈，很想回来为家乡做些事情，为乡亲做些事情，为家人做些事情，也更不愿再让妇女留乡、孩子留守、老人空巢。这样的心理，这样的情怀，在多数回乡创业的农民工身上存在。这就启示我们，吸引农民工返乡创业特别是在外创业成功人士回乡投资，必须在"情"字上下功夫，在"情"字上做文章，在"情"字上见效果。应当抓住中秋、春节这些中国人最看重的传统节日，用好当地重要节会、重要活动等载体平台，通过走访慰问、上门拜会、家乡推介、项目推广等方式，多联络、多见面、多沟通，放大家乡亲情"磁场效应"，使农民工在政治上获尊重，在精神上有荣誉，在

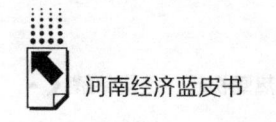

社会上有地位，从而形成人才回归、技术回乡、资金回流的良性循环。

3. 打好"优势牌"

经过多年发展，河南省经济社会发展水平显著提升，产业体系比较完善，交通、电力、信息等基础支撑能力不断增强，区位、市场、土地、人力资源等优势进一步凸显。特别是随着"四大"国家战略深入实施，河南与沿海发达地区在环境、体制之间的差距不断缩小，综合竞争优势明显上升，河南已经成为全国最具增长潜力的区域之一。应当进一步加大力度，把河南当前的发展态势、发展优势、发展条件积极宣传推介出去，促使河南外出务工人员特别是豫籍企业家重新认识家乡、深入了解家乡、投资创业家乡。

（二）下好"三手棋"，让农民工返乡创业"创得成"

农民工创业具有很强的模仿性，一人成功就能带动更多的人返乡创业。所以，应当抓住创业的关键要素，帮助有意创业的返乡农民工尽可能遂其所愿。

1. 产业项目引导

创什么业，是困扰农民工返乡创业的首要"拦路虎"。不少农民工虽有创业意愿和冲动，但不知道干什么好，不熟悉的领域不敢进，熟悉的领域又怕市场过剩。这就要求各地和相关部门主动了解农民工创业需求，把握市场变化，顺应当地产业发展趋势，坚持"承接产业转移、推动本地产业升级、鼓励本地资源嫁接外部市场、引导一二三产业融合发展、培育新型农业经营主体和发展电子商务"六策并举，因地制宜地绘制农民工返乡创业产业图谱、项目索引，建立项目储备库，并通过行业协会、商会和报纸、互联网、微信、微博推送等渠道定期对外发布，帮助有创业意愿的返乡农民工找到适合的投资项目。

2. 降低创业门槛

门槛高、收费多、效率低是制约创业的最大绊脚石，降门槛是促进农民工返乡创业的当务之急。2016年已经部署的行政改革事项要尽快落实到位，还要针对农民工返乡创业需要，继续深化"放、管、服"改革，把束缚农民工返乡创业的制度障碍坚决破除掉，把该降的税费坚决降下来，把不该收的费用坚决免除掉。认真落实创业场地扶持政策，依托各级产业集聚区、工业园区、商务中心区、特色商业区、创业孵化园，建设一批创业中心、创业社区和中小企业孵化基地，允许为农民工创新创业提供孵化服务，降低农民工返乡创业用地门槛。特别是在对待农民工返乡创业与招商引进企业上,应当做到"四个一":一是地位待遇要一视同仁,真正把老乡当老外,把民资当外资,让农民工与外商站在同等地位、享有同等待遇、受到同等对待。二是优惠政策要一律平等,外商享受什么政策,农民工返乡创业也能享受到什么政策。三是落实政策要一以贯之,保持政策的连续性、稳定性,不能朝令夕改,也不能因为当地主要领导的改变而使政策生变。四是兑现承诺要一诺千金,当初怎么承诺的就怎么兑现,承诺了几分就兑现几分,决不能承诺说得天花乱坠,履约时却推三阻四。

3. 加强创业培训

创业培训是提升农民工创业能力、提高创业成功率的有效手段。近年来,河南省大力实施全民技能振兴工程,取得了显著成效。在做好技能培训的同时,应当利用现有的培训资源,针对农民工创业意愿和特点,开展多层次、多类别的创业培训,扩大创业培训规模,力争使有创业培训愿望的返乡农民工都能参加一次创业培训。

(三)织好"三张网",让农民工返乡创业"发展好"

紧紧围绕农民工创业发展需求,提供"量身定做"式精准服务,帮助农民工降低经营风险,拓展成长空间,实现持续发展。

1. 织好融资保障网

从调查看,农民工创业启动资金多数不是问题,但在初创阶段"原始积累"基本花光用净,再想进一步发展,资金就成了首要制约因素,部分企业产品虽有市场,却因融资难、融资贵而无力扩规模。为此,需要把解决融资问题作为支持农民工创业持续发展的重点,着力打通"四个通道":一是统筹使用政策资金,把"双创"、扶贫、电商、小城镇建设等涉及扶持农民工返乡创业的政策资金集合起来,握紧拳头集中支持,发挥政策资金"四两拨千斤"作用。二是大力撬动社会资本,充分发挥农民工返乡创业投资基金的引导作用,吸引社会资本参与,对农民工返乡创业项目择优扶持。三是用足、用好信贷支持,鼓励更多金融机构进入农村市场,支持其开发符合农民工创业需求特点的金融产品和金融服务,推动信贷投放向农民工倾斜。比如,将向小微企业(含农民工创办)放贷额纳入对银行的考核指标,作为年终评先奖励的依据,以此激励和引导各银行向小微企业增加放贷;加快农村土地承包经营权、农村宅基地和集体建设用地确权登记发证进度,尽快形成贷款可抵押物,并拓宽抵押物范围;建立农民工创办小微企业信贷担保扶持机制,降低对贷款担保和贴息的门槛,拿出一定数额的财政资金,扩大返乡农民工创业贷款贴息范围和金额;政府出面对农民工创办小微企业资产(含厂房、设备、专利及涉农企业生产基地地上附着物等)组织评估和授信担保,对信用担保机构给予相应的风险补助;依法规范农民工返乡创业民间借贷行为,降低融资经营风险;等等。四是探索利用资本市场,鼓励返乡创业示范县(市)探索开展股权众筹融资、公司债券、中小微企业集合债券等直接融资方式,满足农民工返乡创业多渠道、多元化的融资需求。

2. 织好产业配套网

产业链条不完备,生产性服务业不配套,直接导致农民工创业成本大幅增加,影响其持续发展。在规划产业布局、招商引资以及农民工创业新上项目时,要注意引导多上一些相互配套、互为依托、抱团发展的项目。要加大交通物流和信息等基础设施投入,支持县级电子商务和仓储物流两个综合服务平台建设,健全县(市)、乡(镇)、村三级农村物流配送网络,畅通农产品进城与工业品下乡的双向流通渠道,努力构建支撑产业发展较为完善的协作配套网络。

3. 织好公共服务网

本着"政府提供平台、平台集聚资源、资源服务创业"的思路,由省人社部门牵头搭建省、市、县三级农民工返乡创业服务网,成立创业辅导团队,培育专业化市场中介服务机构,发挥行业协会、地区商会、创业服务企业、创业孵化平台等各方作用,形成专业化、社会化的公共服务网络,为回乡创业者提供政策信息、项目创意、创业培训、市场分析、管理咨询、技术指导、产品开发、企业诊断、维权保障等各项创业服务,帮助返乡创业农民工解决信息不足、能力不足、经验不足、资源不足等难题。

参考文献

《国务院关于大力推进大众创业万众创新若干政策措施的意见》(国发〔2015〕32号)。

《国务院办公厅关于支持农民工等人员返乡创业的意见》(国办发〔2015〕47号)。

《河南省人民政府关于进一步做好为农民工服务工作的实施意见》(豫政〔2015〕50号)。

《河南省人民政府办公厅关于支持农民工返乡创业的实施意见》(豫政办〔2016〕135号)。

B.36
关于河南省贫困劳动力转移就业脱贫的调查与思考

黄东升　何建新　张治胜　赵华　宁志轩*

摘　要： 近年来，河南省坚持把促进农村贫困劳动力转移就业作为精准扶贫、精准脱贫的重要措施，转移就业脱贫取得积极成效，但剩下的贫困人口贫困程度更深、转移就业难度更大。本调研报告采取实地调查、召开座谈会、数据分析等方法，认真剖析了贫困劳动力转移就业难主要原因是病残劳力、文化程度和技能水平较低、缺乏创业扶持资金、思想观念和生活方式落后等，并在此基础上收集梳理了外省和河南省出台的关于农村贫困家庭劳动力转移就业脱贫政策措施，提出了开发岗位拓宽就业渠道、狠抓培训强化职业技能、加强扶持鼓励创业就业、加强思想教育引导转移就业等对策建议，对解决全省农村劳动力转移就业具有一定的参考价值。

关键词： 劳动力　就业　脱贫

近年来，河南省坚持把促进农村贫困劳动力转移就业作为精准扶贫、精准脱贫的重要措施，坚持以技能培训和就业服务为抓手，扩大转移就业规模，增加贫困农户务工收入，加快贫困地区经济社会发展和新型城镇化进程。"十二

---

* 黄东升，河南省人民政府研究室副主任；何建新，河南省人民政府研究室公共管理研究处处长；张治胜，河南省人民政府研究室综合研究处调研员；赵华，河南省人民政府研究室综合研究处副处长；宁志轩，河南省人民政府研究室公共管理研究处副处长。

五"期间,全省扶贫部门累计投入雨露计划培训资金7.8亿元,完成培训转移贫困农民103万人,约占同期全省脱贫人口的1/5,贫困劳动力转移创收270多亿元,辐射带动近580多万名农民增收,贫困农民劳务技能和创业致富能力明显提高。

尽管转移就业脱贫取得积极成效,但剩下的贫困人口贫困程度更深、转移就业难度更大。从调研情况看,现有建档立卡贫困户中,法定劳动年龄内有劳动能力和就业创业培训愿望的农村贫困劳动力,大部分已经转移到第二、第三产业,剩下来的基本上是存在因病因残劳力"转不了",生活羁绊缠身或者高不成、低不就"转不出",缺资金、缺技术、缺心气"转不好",靠混日子吃救济"转不成"等问题难以转移就业的。

一 河南省贫困劳动力转移就业难的原因

(一)因病、因残、年龄大等身体原因

贫困家庭人口转移就业的前提和基础是有一个健康体魄作保障。河南省2014年建档立卡数据库资料显示,全省贫困人口中长期慢性病人占10.7%、残疾人占2.3%、患有大病的占2.7%,50岁以上的人占近三成。2015年,全省有100多万贫困人口实现脱贫,在余下的贫困人口中因病、因残、年龄大的比例会进一步提高。这次调研所到的几个县(市)中,沈丘县贫困人口58003人,其中因病、因残致贫占近50%;淮阳县贫困人口17396户,其中因病、因残致贫占22.45%;商水县贫困人口14431户,其中因病、因残致贫占11.05%;项城市贫困人口8681人,其中老弱病残占79.94%。窥一斑而知全豹。因病、因残、年龄大等身体原因造成就业难是当前农村致贫的一个突出特点。这些贫困人口大多数已部分或完全丧失劳动能力,不但自己无法稳定就业,也拖累其家人。

(二)文化程度、技能水平较低

从2014年建档立卡数据库资料看,全省仅有6.9%的贫困人口文化程度是高中学历,真正属于技能型贫困劳动力仅占0.6%,超过半数的贫困人口文

化程度是初中，有的甚至是文盲，培训听不懂、技能学不会，不能胜任第二、第三产业诸多工种需要，转移就业受限制；还有一些人对劳动负荷量高、工资收入低的"苦、脏、累、险"工作不愿干，但有技术含量的岗位又干不了。这部分人在劳动力市场上处于边缘化状态，很难获得相关的信息和机会。从沈丘、淮阳和商水3个县情况看，农户因缺技术致贫的分别占15.87%、18.56%和66.99%。

（三）缺乏创业扶持资金

近年来，尽管财政支持和金融扶持政策力度不断加大，但市县普遍反映，针对贫困户的创业贷款仍存在规模小、利息高、时间短、范围窄、门槛高、续贷难等问题。比如，妇女小额担保贷款财政贴息担保政策，在执行过程中遇到贷款额度规模小，各地担保公司设定的反担保门槛高，越是贫困，贷款获得性就越小。

（四）思想观念和生活方式落后

一小部分农村贫困家庭劳动力个人思想上过好日子的动力不足，宁贫不干，坐等享受国家救助，"等、靠、要"依赖思想严重。比如，沈丘县自身发展动力不足的占1.04%，商水县贫困户中自身发展动力不足的占0.37%。也有一部分贫困人口长期生活在农村，对现代思想观念、生产方式和生活方式接触较少，胆小怕出远门打工，依然停留在自给自足的自然经济时期，宁愿贫困也要守在家里。还有一部分是以前外出打工时工资被拖欠、进城务工遭歧视、正当权利受损害，怕再出去上当受骗，在家挣钱少也不愿意外出打工。

二 加快河南省农村贫困家庭劳动力转移就业的对策研究

从以上贫困劳动力转移就业调查分析看，当前有劳动能力却难以稳定转移就业的贫困人口，基本上都存在主观上或客观上的因素，期望通过市场调节、让他们主动外出自主择业是很困难的，必须对这部分贫困人口加大就业援助力度，积极、精准地"一对一"进行帮扶，多渠道创造就业岗位，提高技能水平，鼓励自主创业，加强教育引导，确保每个贫困家庭至少有一人就业，努力实现"就业一人、脱贫一户"。在调研过程中，研究者收集梳理了外省和河南省出台的关于农村贫困家庭劳动力转移就业脱贫的政策措施。总体上看，各省围绕加快农民工就近就地转移就业和返乡创业出台的文件比较多，但专门针对农村贫困家庭劳动力转移就业的政策比较少，目前有青海和广西出台了农村贫困人口转移就业脱贫行动计划。河南省人力资源和社会保障厅2016年4月制定出台《关于转移就业支持脱贫攻坚实施意见》。通过认真学习上述文件，并结合调研中发现的问题，对加快河南省农村贫困家庭劳动力转移就业提出如下建议。

（一）开发岗位拓宽就业渠道

将"输血式"脱贫改为"造血式"扶助，从根本上帮助贫困户实现脱贫，关键是向农村贫困家庭提供可供转移就业的工作岗位。

1. 发展产业创造岗位

针对现有贫困劳动力实际情况，建议全省贫困县做大做强1~2个本地有基础、多年形成的优势特色产业，壮大经济总量，吸纳当地更多的劳动力就业；重点扶持一批能够发挥当地资源优势、增收效益好、适宜贫困户发展的高效种植业、养殖业，比如大棚蔬菜、核桃、石榴、果园等特色农业基地，引领当地贫困户持续增收；引导支持服装、玩具、包装等劳动密集型、技术要求相对不高、无污染的加工行业或生产环节，在乡（镇）、村设立分厂或车间，让贫困群众在家门口实现就业，获得稳定收入。

2. 适度开发公益性岗位

建议在贫困县（市）、乡（镇）、村开发保洁、保绿、保安、交通协管、市场协管、劳动保障协管、民政协管、环境卫生协管等基层社会管理和公共服务岗位，专门聘用农村零转移家庭中的特殊困难劳动力。比如，每个乡（镇）可安排5~6个人到乡（镇）中小学、卫生院等机关事业单位当门卫。

3. 创新模式提供岗位

比如，推广"公司+合作社+基地+贫困户"模式，通过项目扶持，使贫困户牵手农业产业化龙头企业或者专业合作社等经济组织，企业委托农户在基地内种植养殖加工，按照协议价收购产品，实现龙头企业或专业合作社和贫困农户联动发展。河南省羚锐制药公司就是立足信阳当地资源，采取这种模式

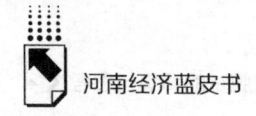

发展中药材种植、山茶油加工等，带动周边近5000农户增收。再如，在贫困村开展电子商务扶贫，促进贫困地区农产品销售和农民增收；光山县鼓励和支持电商发展，推动羽绒产业辉煌"井喷"，带动5000多人再不用背井离乡做生意。这次调研的淮阳县充分利用"互联网+"拓展致富门路，与京东集团紧密合作，提升农村市场体系，让本地农副产品、土特产品走出了家门、远销省内外。

4. 开辟适合残疾人和妇女的就业岗位

家电修配、手工制作和工艺美术等行业对劳动者体力要求较低，而且有一定技术含量且不需外出就可上岗，建议贫困县（市）积极谋划发展一批适合病残人员就业的特殊岗位，开展免费技能培训，促进这部分贫困人员在家就业脱贫。家政、养老等家庭服务业社会需求量大，又适合留守妇女做，建议贫困县（市）帮助留守妇女加强技能培训、搭建就业平台、建立家政服务点，助推农村妇女就业创业。比如，项城市帮扶返乡创业妇女盛某某成立温馨家政服务公司，现已安排上岗人员560人，为260户家庭用户和86家单位提供优质服务，客户满意率达95%以上。

5. 支持鼓励企业增加岗位

在调研中发现，个别用人单位宁可交纳残疾人保障金也不愿安排残疾人就业，或以没有适合残疾人就业的岗位为借口，拒绝安排残疾人就业，建议对用人单位按比例安排残疾人就业的，加大社保补贴优惠力度；对超比例安排残疾人就业的单位或个人给予奖励，使更多农村贫困残疾人能转移就业。同时，参照广西和青海的做法，指导、督促各地建立完善企业与贫困户之间的利益联系机制，对贫困地区企业吸纳符合条件的建档立卡贫困劳动力就业，并签订1年以上劳动合同的给予补贴；对各类企业新增就业岗位吸纳贫困家庭劳动力，签订1年以上劳动合同并缴纳社会保险费的，在劳动合同期内给予企业不超过5年社保补贴和每人1000元的一次性奖励，提高企业接受贫困户劳动力的积极性。

6. 社保兜底解放劳动力促进就业

调研掌握的数据显示，有一部分贫困家庭劳动力因家有病残人员需要照料，难以出来就业，建议贫困县（市）把转移就业扶贫与社会保障兜底相结合，对智障残疾生活不能自理、年老体弱丧失劳动能力、大病大灾造成生活困难无力翻身的纳入低保、农村五保供养范围，并逐步提高低保保障标准和补助水平，扩大农村敬老院集中供养能力，卸下贫困家庭因病因残带来的沉重负担，努力使这部分有劳动能力的农民解放出来转移就业。

（二）狠抓培训强化职业技能

贫困劳动力只有掌握有效的职业技能才能实现稳定就业。根据调研中发现的农村劳动力和培训机构双方积极性都不高等问题，建议抓好三个方面。

1. 整合培训资源

近年来，河南省建立并实行了培训项目"六路并进"工作机制，但在实践中相互之间缺乏协调配合、项目资金使用分散、多头重复培训等现象比较普遍，没有真正形成培训合力。对此，应研究制定"六路并进"项目资源整合使用指导意见，由人社或扶贫部门牵头建立项目资金整合机制，以县（市、区）为实施主体，按照"用途不变、渠道不乱、各负其责、各记其功、形成合力"的原则，统筹安排使用资金，统筹监督管理，由"大水漫灌湿地皮"转为"精准滴灌真解渴"，不断提高资金整体效益。

2. 创新培训方式

针对各类培训层次比较单一、培训时间缺乏弹性的情况，建议对各类就业群体进行多层次、多类别培训，既有时间较长的技能培训，又有时间较短的素质培训、引导性培训。同时，积极开展"订单式""田间课堂""培训下乡""授课入户"等实用技术培训，让培训内容易学、易用，让受训人速学、速成，提高培育的针对性和精准度，坚决避免大而化之，真正使技能培训在就业中发挥作用。

3. 改革补贴办法

调研中发现，有的农民认为政府开展的免费培训政策是好的，但接受培训需要耽误十天半月或更长时间，且培训期间不仅没钱挣还要花钱，认可培训但不接受；培训机构由于补贴标准偏低、补贴申领手续烦琐、补贴兑现周期长、补贴政策户籍受限等原因，培训积极性不高。建议适当调整完善培训政策，改革培训补贴办法，进一步提高技能培训的实效性。一方面减轻贫困家庭参加技能培训负担，把农民潜在学习愿望变为现实培训需要，建议参照青海政策，培训期间每人每天给予20元生活费补贴，异地参加培训，按市外省内300元给

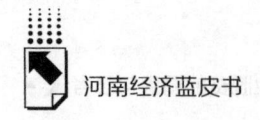

予每人一次性交通、住宿费补贴；另一方面规范全省各类培训补贴标准，按照培训类别和层次（如引导性培训、职业素养培训、专业技能培训等）建立多层次、差异化的补贴标准，对成本消耗高、技术含量高且投入较大的专业提高培训标准，对不同部门开展的相同类别培训实行相同的补贴标准；简化补贴申领程序，缩短补贴兑付周期，取消补贴地域户籍限制，实行贫困劳动力在输入地享受与输出地同等补贴政策，调动培训机构积极性。

（三）加强扶持鼓励创业就业

综合运用财政支持、创业投资引导和创业培训、小额担保贷款和贴息等扶持政策，拓宽种养殖业、村级零售、电商微商等创业渠道，实现返乡农民工或农村贫困家庭劳动力"创业一人，带动一拨"的雁阵效应。

1. 鼓励贫困劳动力自主创业

充分发挥创业促就业扶持资金作用，建议参照青海做法，对自主创业、取得营业执照并正常经营三个月以上的贫困家庭创业者，给予一次性创业补贴和奖励。其中，对自主创业的给予2000元补贴，对两人及以上合伙创业的给予3000元补贴；对在省内从事个体经营、创办小微企业或网络商户，依法登记注册，领取营业执照并正常经营1年以上的贫困家庭创业者，给予5000元一次性创业奖励，同时给予免费创业培训和指导。对初次创业、兴办实体、从事个体经营的，落实农民工创业有关税收优惠政策。对开办"网店"的，可认定为灵活就业人员，享受灵活就业人员扶持政策。

2. 推动返乡农民工大众创业

积极动员"五有"（有点技术、有点资金、有点营销渠道、有点办厂能力、有点对农村的感情）农民工返乡创业。围绕农民工返乡创业面临的场地短缺、基础设施不完善、公共服务不配套等问题，建议参照广西做法，有条件的贫困县（市）利用现有场地或产业集聚区建立农民工创业园区，对吸收贫困农民就业达到35%或500名以上的工业园区、农民工创业园，省里在新增用地计划指标上给予奖励扶持。依托农民工创业园建设一批标准化劳务外包车间，承接发达地区生产车间或生产线劳务外包并免收各类管理费用，增加农民工季节性收入。开展创业型乡（镇）村创建活动，建议在河南省原有支持政策上加大力度，对乡（镇）、村创办的实体吸纳贫困人口就业达到20%以上，发生的物管、卫生、房租、水电等费用,3年内给予当月实际费用50%的补贴,年补贴最高限额2万元。

3. 加大创业担保贷款扶持力度

农村贫困家庭劳动力创业对资金需求比较强烈,建议将目前针对贫困劳动力自主创业的财政贴息担保贷款额度在10万元的基础上适当提高,同时推行"政策性+商业性"贷款组合模式,对无抵押、无担保贫困人员创办的确有市场发展前景的项目,提供反担保绿色通道,缓解初创期间融资难问题。

(四)加强思想教育引导转移就业

人穷志不能短,扶贫必先扶志。针对有的贫困户人穷志短现象,建议加大思想教育力度,发挥村规民约、乡风乡俗的约束激励作用,引导贫困地区干部群众树立"宁愿苦干、不能苦熬"的思想理念,激发自力更生、艰苦奋斗的热情激情,靠辛勤劳动改变落后面貌,靠自己双手摆脱贫困。大力宣传转移就业的重要意义、政策法规和就业渠道,让广大农民真正了解各项优惠政策和自身权利,特别是要引导广大农村留守妇女解放思想、转变观念,克服害怕失败、畏难情绪,增强就业创业的信心和决心。强化政府维权职责,切实维护农村贫困家庭劳动力合法权益,加强对转移就业人员跟踪服务,严厉查处用工单位不缴纳各类保险、拖欠工资、克扣工资、歧视农民工等现象,为贫困人口转移就业创造良好就业环境。

B.37
河南省酒业发展调研报告

夏峰 陈立喜 刘博 刘小攀*

摘 要： 河南是全国重要的酒生产大省、酒消费大省和酒文化大省。虽然河南酒业发展处于低谷，但发展前景广阔，振兴豫酒具有良好的产业人才基础、天然的市场优势和强劲的发展动力，如能顺应新的消费趋势、加大供给侧结构性改革，完全可以实现"弯道超车"。在此基础上，本文做出加快豫酒复兴尤为紧迫、促进河南酒业发展恰逢其时的判断，并在酒业的组织领导、行业政策、政府支持、酒企转型、品牌建设等方面提出了对策。

关键词： 河南 酒业

为深入了解全省酒业发展情况，河南省人民政府研究室组成调研组先后召开工信、商务、食药监、工商等省直部门座谈会，部分白酒、啤酒、葡萄酒、黄酒企业座谈会，省食品协会、省酒业协会、南阳黄酒协会座谈会，并赴部分酒业公司实地调研，分别与企业负责人和当地有关部门座谈。现将有关情况报告如下。

一 河南酒业发展现状

河南是全国重要的酒生产大省、酒消费大省和酒文化大省，曾先后培育出

---

* 夏峰，河南省人民政府研究室省政府决策专家咨询工作办公室主任；陈立喜，河南省人民政府研究室省政府决策专家咨询工作办公室副处长；刘博，河南省人民政府研究室省政府决策专家咨询工作办公室主任科员；刘小攀，河南省人民政府研究室省政府决策专家咨询工作办公室主任科员。

宋河、宝丰、民权白葡萄酒3款中国名酒,汝阳杜康、伊川杜康、张弓、林河、民权红葡萄酒5款中国优质酒。20世纪八九十年代河南酒业曾经一度辉煌,1998年全省酿酒工业生产企业实现产品销售收入占全省国有及限额以上企业销售收入的3.11%(目前约占1%),一些品牌酒的知名度和市场占有率在全国都居前列,对全省的税收贡献也比较大。2003~2012年是全国酒行业快速发展的十年,然而在这期间,受多种因素影响,河南酒业发展缓慢,一些龙头企业出现徘徊甚至进入低潮,河南在全国酒类生产格局中的地位明显下降。目前,尽管河南酒类产量、消费额仍居全国前列,但酒的总产量与销售收入、利润总额和应有的税收贡献不成比例,呈现"量大、价低、贡献小"的状况。2015年,全省规模以上酿酒企业234家,占全国同行业比重的8.7%;酿酒总产量740.24万千升,占全国同行业比重的10.0%;实现产品销售收入715.49亿元,占全国同行业比重的7.7%;实现利润总额38.19亿元,占全国同行业比重的3.7%;实现税金31.69亿元,占全国同行业比重的3.1%。

(一)白酒产业发展情况

2015年,全省规模以上白酒企业共有135家,实现产量110.19万千升,居全国第3位;实现产品销售收入296.38亿元,居全国第5位;实现利润26.22亿元,居全国第7位;实现税金16.44亿元,居全国第8位。从总体上看,河南虽仍保持白酒大省的地位,但仅占全国产量的8.4%、全国销售收入的5.3%、全国利润的3.6%,上缴税金占全国的3.0%。河南白酒产业具有以下特点。

1. 企业规模小

河南酒企普遍"个头小、实力弱",目前还没有一家企业上市,仰韶、宋河、杜康、宝丰、张弓、赊店河南"六朵金花",单个企业年销售额多年徘徊在10亿元左右,至今没有年销售额达到20亿元的企业。豫酒与外省知名酒企比拼时,明显底气不足,市场日益萎缩,甚至在酒企所在市县也没有竞争优势。比如,与宋河酒业同属浓香型白酒的江苏洋河和安徽古井贡均是上市企业,在宋河酒业所在地鹿邑县也占有较大的市场份额,这两家企业在鹿邑当地广告铺天盖地,而宋河酒业只能做一些相对简单的展示。宋河酒业负责人反映,主要是"资金投入跟不上,想投入也是蜻蜓点水,拼实力拼不过"。

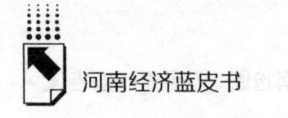

2. 市场份额低

据河南酒业协会介绍，河南白酒消费市场有 300 亿元的规模，而豫酒在本土销售额不超过 80 亿元，在外省市场占有率更是少之又少。在全国白酒产能过剩的大环境下，开放包容空间巨大的河南白酒市场，成为茅台、五粮液、洋河、泸州老窖等众多中国中高档名酒竞相争夺的第一大市场，东北老村长、黑土地等低档酒也大举抢占河南低端市场，竞争空前激烈。在这种形势下，河南白酒在本土市场表现为"高端市场没份、中端市场竞争、低端市场赔钱"。赊店老酒负责人反映，"外省市场开拓不了，本省市场也保不住""人家种大田，我们只能种菜园"。豫酒竞争力不足的问题一览无遗。

3. 发展速度慢

20 世纪 80 年代初，杜康与五粮液销售收入基本持平，而 2008 年五粮液实现销售收入 300.56 亿元，当时的汝阳杜康、伊川杜康两家酒厂的销售收入只有 2 亿多元。近年来，在当地政府的扶持引导下，茅台、五粮液、洋河、郎酒、泸州老窖、汾酒等多家超大规模的白酒企业规模优势愈发明显，连湖北的劲酒从名不见经传的地方品牌，用 20 年时间也形成了 100 多亿元的销售收入，河南酒企被远远甩在后面。

（二）啤酒产业发展情况

河南啤酒年消费量 250 万吨左右，是仅次于广东的第二消费大省。2015 年全省 41 家规模以上啤酒企业实现产量 390.38 万千升，居全国第 3 位；实现产品销售收入 170.23 亿元，居全国第 3 位；实现利润 10 亿元，居全国第 5 位；实现税金 8.6 亿元，居全国第 9 位。但这些企业主要是外地品牌企业在河南生产，河南本土的啤酒品牌要么被收购，要么处于停产半停产状态。2010 年以来，河南大量本土啤酒企业陆续被域外啤酒巨头收购兼并，目前占据全省市场的主要是雪花、青岛、燕京、金星四大品牌。金星啤酒是唯一留存下来的本土品牌，但其市场份额甚至在郑州的市场上也不断萎缩。

（三）葡萄酒产业发展情况

河南民权长城葡萄酒在 20 世纪 80 年代曾名噪一时，1994 年痛失"长城"商标成为走下坡路的转折点，其后 2007 年又受央视"河南民权县部分葡萄酒生产企业制售假冒伪劣产品问题"曝光影响，行业跌至冰点。近年来，河南葡萄酒生产有所回升。2015年全省共有22家规模以上葡萄酒企业，实现产量15.46万千升，居全国第3位；实现产品销售收入27.67亿元，居全国第3位；实现利润3.39亿元，居全国第3位；实现税金1.58亿元，居全国第5位。从数据看，市场对河南葡萄酒的信任度有了较大提高，但从长远看，河南葡萄酒行业仍缺少具有影响力的龙头企业和龙头产品，优质葡萄基地建设滞后也制约了行业发展。

（四）黄酒产业发展情况

目前，河南黄酒企业主要分布在南阳，其他零星分布在豫北和豫西，企业规模较小，技术力量薄弱，销售模式单一，主要在酒企所在市、县销售，市场占有率低。近年来该行业在产量、经济效益和利税等方面都有所上升。2015年全省6家规模以上黄酒企业实现产品销售收入10.88亿元，居全国第5位；实现利润0.96亿元，居全国第7位；实现税金0.36亿元，居全国第9位。

二 河南酒业发展走入低谷的原因分析

河南酒业发展由辉煌走入低谷，原因是多方面的，从与有关方面的人员座谈和深入企业了解的情况看，可以归纳为以下三个方面。

（一）产品方面的原因

1. 中低端产品多，高端产品少

多年来，河南酒业产品档次总体不高，即使在20世纪90年代的全盛时期，也以中低端产品为主，长期处于价值链的中低端。2015年，河南规模以上白酒企业利润率不到全国平均水平的一半。

2. 产品质量不稳，豫酒风格弱化

生产优质原酒本来是河南酒企的优势，豫酒风格也占据行业重要位置，但在市场形势好的酒业扩张时期，一些豫酒经营者急功近利，直接到四川、贵州等地购买价格较低的原浆勾兑，甚至直接用酒精勾兑，造成外地的原酒与本地

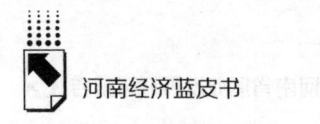

的水不合,不仅丢掉了豫酒风格,还让消费者逐渐习惯了贵州和四川的风格与口味,客观上造成河南人不爱喝河南酒的情况。

3. 产品定位不准,缺少强势品牌

豫酒企业缺少能够主导市场的强势品牌,处于各自为战、单打独斗的局面,一些酒企盲目追求短平快,产品开发随意、品牌眼花缭乱,河南"六朵金花"企业每家都有300个以上的单品,宋河更是5年换过4次品牌定位,陷入"推出新品—快速贬值—退出市场—再推出新品"的恶性循环当中。而安徽古井贡的年份原浆系列占其总体销量的70%,湖北稻花香珍品系列占60%、白云边的一、二、三星占60%以上、枝江酒业的枝江王也占50%。

(二)企业方面的原因

1. 主业不突出

目前,河南一些骨干白酒企业已经被其他领域的公司收购,成为大集团的非主流的业务板块,比如宋河之于辅仁集团、杜康之于思念集团、宝丰之于洁石集团等,这就造成有些集团借助白酒企业吸引众多经销商和业外资本,然后再将钱腾挪到其他产业,严重影响白酒企业的发展。

2. 营销不力

多数豫酒企业缺少前瞻性的营销规划和可持续性投入,短期行为严重,导致整个营销体系对促销形成依赖,市场基础不牢固,影响了企业和品牌形象。

3. 改制不到位

在白酒发展的"黄金十年",外省酒企大肆扩张、上市融资之时,河南酒企改制进度缓慢。战线拉得最长的张弓酒业至今还没有完成改制。一些地方采取租赁经营方式,租赁方不愿加大酒窖、原酒等占用资金量大的基础投入,政府只考虑职工安置,企业发展无长远规划。以张弓酒为例,南北两个厂区分别租给不同的经营者,形成一个集团有张弓酒业和张弓老酒两个牌子,不仅难以形成合力,还经常发生恶性竞争。

(三)政策方面的原因

1. 国家政策调整对河南白酒产业影响巨大

20世纪90年代到21世纪初,国家通过多种税收政策对白酒产业发展进行限制和调整，其中对河南白酒生产销售影响最大的是2001年实施的消费税从价从量双重计征的政策调整。从2001年5月1日起，国家对白酒行业在从价计税的基础上，又对每斤白酒征收0.5元从量税，并且取消以外购基酒勾兑酒的企业可以抵扣其外购酒已纳消费税的政策，这直接造成当时以生产中低档白酒为主的河南酒企利润空间大幅缩小、市场迅速萎缩。企业反映，这对河南白酒业的打击是致命的。

2. **地方支持酒业发展政策力度不够**

由于地方政府支持酒业发展的政策力度不够，使河南白酒在竞争中处于劣势。

（1）在发展政策上支持相对不足。贵州、四川、湖北等省都出台专门政策、提出明确目标，大力支持白酒业发展。贵州把白酒产业发展定位为实施工业强省战略的一项重大任务；四川2015年出台促进白酒产业转型升级健康发展的指导意见，要求重点产区制定相应财政扶持政策；湖北提出每年安排一定额度的省级工业转型专项资金支持白酒产业发展，把白酒业的重点项目纳入全省重点项目盘子，加强项目建设的调度协调和跟踪服务。然而近年来，河南没有促进酒业发展的专项政策，白酒企业得到的政策支持较少，难以与出台支持政策省份的白酒企业在一个政策平台上公平竞争。

（2）在立法保障上严重滞后。目前，已有20多个省份制定了酒类管理的法律法规，河北、上海等地实行酒类产销统管。河南至今还没有出台酒类管理法规。酒业市场秩序比较混乱，优质品牌形象受到伤害。

（3）在行业管理上仍有缺失。湖北、上海等省份设置酒类专卖管理局，贵州省政府成立了省白酒产业发展领导小组，而河南省酒业生产归口省工信委的省食品办管理，酒类管理办公室设在商务厅，而具体业务实际上由省酒业协会负责。

三 河南酒业振兴可行性分析

河南酒业发展虽然处于低谷，但振兴豫酒仍具有一定的条件和优势，如能顺应新的消费趋势、加大供给侧结构性改革，完全可以实现"弯道超车"。

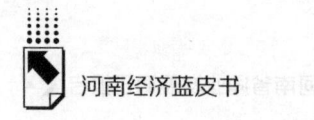

（一）河南酒业振兴有良好的产业和人才基础

河南是中国酒的发源地，历史上在杜康、宋河、张弓等名酒所在地酿酒作坊林立，享有"有风香十里，无风三里香"的美誉。在河南酒业繁荣时期，曾县县有酒厂，流传着"当好县长，办好酒厂"的说法。目前全省规模以上酿酒企业数量仍排在四川、山东之后，名列全国第3位。河南酒业在国际国内享有较高声誉，百泉春和贵州茅台酒同获2015布鲁塞尔国际烈性酒大赛金奖，河南"六朵金花"有较高的行业知名度和社会认知度，拥有一大批忠实消费者。经过多年的发展和积淀，河南酒业发展培养和造就了一支优秀的涵盖生产、研发、销售各个环节的人才队伍，尤其是拥有白酒国家级评酒委员34人，占全国的1/10以上，居全国第4位。各骨干酒企更是拥有了一批专业人才，比如宋河酒业拥有高、中级酿酒专业人才300多名；仰韶酒业于2015年建成了全省首个"白酒博士后研发基地"，有国家级白酒评委8人，中高级职称200余人；赊店酒业与南阳理工大学加强校企合作，举办"赊店商学院"，建立博士后工作站；冷谷红葡萄酒股份有限公司则是由商丘市非物质文化遗产冷谷红葡萄酒传统酿造技艺传承人创办。

（二）河南酒业振兴有天然的市场优势

河南素来有"无酒不成席"的传统，在鹿邑等一些县（市）甚至有"麻雀都能喝二两"的说法，全省酒业市场消费高达700多亿元。据测算，在河南一家酒企只要占领一个县城的市场，一年销售额就能达到0.5亿~1亿元，如果进一步开发周边乡（镇）市场，形势会更喜人。河南这个拥有157个县（市、区）、人口过亿的大市场，是豫酒企业独有的优势。只要这些企业能够发挥熟悉本土消费者、品牌知名度高、销售半径短、物流成本低等优势，在家门口打造一个进可攻、退可守的稳固根据地，进而开拓外地市场，完全可以实现迅速扩张。

（三）河南酒业振兴有强劲的发展动力

从昔日的辉煌到今天的没落，一些骨干酒企的负责人和越来越多的有识之士痛定思痛，危机意识和抱团意识进一步增强，人心思进、复兴豫酒的氛围正在形成。仰韶、赊店等优势企业认识到河南白酒发展式微的原因"不是我们基础不行，也不是我们技术落后，而是观念滞后"，已经意识到品牌建设的重要性，提出要"做百年老店""耐得住寂寞，守得住底线"。各骨干酒企也找到了突破的重点和方向，确立了自己的核心产品，比如宋河酒业的国字系列、仰韶酒业的彩陶坊系列、洛阳杜康控股的酒祖杜康系列、宝丰酒业的国色清香系列、赊店老酒的青花系列，已经得到市场的认可；这些酒企还加大互联网营销和推介力度。目前，豫酒抱团的探索正稳步推进，一个骨干酒企联合、投资机构参股、协会大力支持的股份制酒类企业联合平台——豫酒行正在筹备运行，谋划通过线上线下一体化传播和推介，打造全国第一个以区域板块厂商一体化为主题的酒水供应链平台，力推豫酒复兴。同时，面对持续加大的经济下行压力和酒类企业集中度进一步提高的发展态势，各骨干酒企所在地政府已日益认识到酒业这个常青行业的地位和作用，支持本地酒企做大做强的主动性也日益增强，一些地方在企业项目、用地、用工、打假维权等方面都已经给予了积极支持。

四 多方施策重振豫酒

综合来看，尽管区域和行业竞争日益激烈，但河南酒业发展前景广阔，促进酒业发展恰逢其时，加快豫酒复兴尤为紧迫，既需要更好地发挥企业主体作用，也需要政府适时支持和指导，还需要社会各方面的理解和关注。

（一）加强组织领导，理顺管理体制

一是省政府适时召开促进全省酒业发展会议，统一各方面的认识，明确相关部门和市县的责任，促进各类酒业形成协同发展的良性机制。二是由省工信委整合相关酒业管理职能，负责协调指导整个酒业发展，协调解决各大酒企改制遗留问题，牵头组织专项维护河南酒企权益的行动。

（二）加快立法进程，出台支持政策

一是重启《河南省酒类管理条例》立法工作，尽快出台符合河南实际情况的酒类管理条例，为保证消费者饮酒安全、规范酒类市场秩序、推动行业健康发展提供法律保障，为增加财政收入做出新贡献。二是由省工信委牵头，加快出台酒业发展的指导意见，省直各相关部门制定有关酒业工作措施和方案，

各有关地方政府制定本地区酒业发展规划和相关政策措施，及时指导、帮助企业解决发展中出现的问题，推进本地酒业加快发展。

（三）加大财政支持，着力扶优扶强

一是省财政每年适当安排专项资金重点支持骨干酒企进行技术改造、品牌建设和市场开拓，支持酒类流通企业与骨干酒企合作开拓省外市场。二是鼓励宋河、仰韶、杜康、赊店、宝丰、金星等企业集团以资产、品牌为纽带，实施跨地区兼并、收购和重组，拓展发展空间。三是由省政府金融办牵头，协调金融机构扩大酒企动产、不动产（窖池）、股权和知识产权等抵（质）押融资业务范围，支持符合条件的酒企发行企业债券、短期融资券、中期票据，支持和引导酒企资本结构调整，推动其上市融资。

（四）加快转型升级，实现提质增效

一是加大对评定为国家级、省级的重点白酒技术研发中心、企业技术中心、质量检测中心和获得中国驰名商标、中国名牌产品、中华老字号及河南省著名商标、河南名牌产品、原产地域保护产品酒类企业的奖励力度。二是由省发改委、省农业厅负责制定建立酿酒工业原料基地、加强产业区域带环境保护的鼓励政策，引导酒企建设集酿酒、科研、商贸、旅游、文化于一体的酒产业园区和特色风情小镇。三是指导酒主产区的市县借鉴泸州、宿迁等地经验，引导酒企产品升级、品牌建设和集群发展。

（五）创新推介方式，促进品牌联动

一是由省工信委、商务厅牵头，组织行业研讨、品牌推广活动，把宣传河南酒业品牌与宣传河南、宣传河南人有机结合，重点对豫酒抱团发展进行系统设计包装，在主流媒体和新媒体上进行经常性集中宣传推介。二是由商务厅、旅游局牵头，引导"豫酒"与"豫菜""豫茶""豫旅"相结合，重点在餐饮服务业推介省内酒类品牌。三是由省工信委、商务厅牵头，鼓励企业建立多元化的营销体系，对销售额达到一定规模的酒类企业给予营销资金支持，重点支持企业搭建豫酒（电商）营销平台，建立网上产品质量追溯体系，为提高豫酒省外市场占有率创造条件。

后 记

2016年，对河南来说注定是不平凡的一年，随着"郑洛新国家自主创新示范区""河南自贸区"等国家战略相继落地，河南在国家发展战略中将会扮演越来越重要的角色，河南经济也迎来了崭新的历史发展机遇。《河南经济蓝皮书》作为真实记录和客观反映河南经济发展变化的经济类专业书籍，是河南省统计局长期以来充分发挥数据优势、不断提高统计咨询服务的体现，为每年年初参加全国"两会"的河南代表以及关心和关注河南经济发展的社会各界人士提供了重要的决策参考依据。

2017年《河南经济蓝皮书》一如既往地在紧张有序的氛围中顺利出版，由于时间仓促和编者水平所限，难免有纰漏不妥之处，希望社会各界人士提出宝贵的意见和建议；同时也衷心期望各界专家学者不吝赐稿，不断丰富本书内容，提高本书编撰质量，更好地服务于河南经济社会的发展。

本书在主编和副主编的领导下制订工作方案，编辑部具体组织实施，参与2017年《河南经济蓝皮书》编辑工作的人员有叶皓瑜、庄涛、胡新生、唐建国、秦洪涛、宗方、曹雷、崔岚、张小科。

本书编辑部

2017年1月23日

社会科学文献出版社

皮书系列

✤ 皮书起源 ✤

"皮书"起源于十七、十八世纪的英国,主要指官方或社会组织正式发表的重要文件或报告,多以"白皮书"命名。在中国,"皮书"这一概念被社会广泛接受,并被成功运作、发展成为一种全新的出版形态,则源于中国社会科学院社会科学文献出版社。

✤ 皮书定义 ✤

皮书是对中国与世界发展状况和热点问题进行年度监测,以专业的角度、专家的视野和实证研究方法,针对某一领域或区域现状与发展态势展开分析和预测,具备原创性、实证性、专业性、连续性、前沿性、时效性等特点的公开出版物,由一系列权威研究报告组成。

✤ 皮书作者 ✤

皮书系列的作者以中国社会科学院、著名高校、地方社会科学院的研究人员为主,多为国内一流研究机构的权威专家学者,他们的看法和观点代表了学界对中国与世界的现实和未来最高水平的解读与分析。

✤ 皮书荣誉 ✤

皮书系列已成为社会科学文献出版社的著名图书品牌和中国社会科学院的知名学术品牌。2016年,皮书系列正式列入"十三五"国家重点出版规划项目;2012~2016年,重点皮书列入中国社会科学院承担的国家哲学社会科学创新工程项目;2017年,55种院外皮书使用"中国社会科学院创新工程学术出版项目"标识。

中国皮书网

发布皮书研创资讯,传播皮书精彩内容
引领皮书出版潮流,打造皮书服务平台

栏目设置

关于皮书:何谓皮书、皮书分类、皮书大事记、皮书荣誉、
皮书出版第一人、皮书编辑部

最新资讯:通知公告、新闻动态、媒体聚焦、网站专题、视频直播、下载专区

皮书研创:皮书规范、皮书选题、皮书出版、皮书研究、研创团队

皮书评奖评价:指标体系、皮书评价、皮书评奖

互动专区:皮书说、皮书智库、皮书微博、数据库微博

所获荣誉

2008年、2011年,中国皮书网均在全国新闻出版业网站荣誉评选中获得"最具商业价值网站"称号;

2012年,获得"出版业网站百强"称号。

网库合一

2014年,中国皮书网与皮书数据库端口合一,实现资源共享。更多详情请登录www.pishu.cn。

权威报告·热点资讯·特色资源

皮书数据库
ANNUAL REPORT(YEARBOOK) DATABASE

当代中国与世界发展高端智库平台

所获荣誉

- 2016年,入选"国家'十三五'电子出版物出版规划骨干工程"
- 2015年,荣获"搜索中国正能量 点赞2015""创新中国科技创新奖"
- 2013年,荣获"中国出版政府奖·网络出版物奖"提名奖
- 连续多年荣获中国数字出版博览会"数字出版·优秀品牌"奖

成为会员

通过网址www.pishu.com.cn或使用手机扫描二维码进入皮书数据库网站,进行手机号验证或邮箱验证即可成为皮书数据库会员(建议通过手机号码快速验证注册)。

会员福利

- 使用手机号码首次注册会员可直接获得100元体验金,不需充值即可购买和查看数据库内容(仅限使用手机号码快速注册)。
- 已注册用户购书后可免费获赠100元皮书数据库充值卡。刮开充值卡涂层获取充值密码,登录并进入"会员中心"—"在线充值"—"充值卡充值",充值成功后即可购买和查看数据库内容。

卡号:833682251236
密码:

数据库服务热线:400-008-6695
数据库服务QQ:2475522410
数据库服务邮箱:database@ssap.cn
图书销售热线:010-59367070/7028
图书服务QQ:1265056568
图书服务邮箱:duzhe@ssap.cn

社会科学文献出版社　　　　　　　　　**皮书系列**

❖ 皮书起源 ❖

"皮书"起源于十七、十八世纪的英国，主要指官方或社会组织正式发表的重要文件或报告，多以"白皮书"命名。在中国，"皮书"这一概念被社会广泛接受，并被成功运作、发展成为一种全新的出版形态，则源于中国社会科学院社会科学文献出版社。

❖ 皮书定义 ❖

皮书是对中国与世界发展状况和热点问题进行年度监测，以专业的角度、专家的视野和实证研究方法，针对某一领域或区域现状与发展态势展开分析和预测，具备原创性、实证性、专业性、连续性、前沿性、时效性等特点的公开出版物，由一系列权威研究报告组成。

❖ 皮书作者 ❖

皮书系列的作者以中国社会科学院、著名高校、地方社会科学院的研究人员为主，多为国内一流研究机构的权威专家学者，他们的看法和观点代表了学界对中国与世界的现实和未来最高水平的解读与分析。

❖ 皮书荣誉 ❖

皮书系列已成为社会科学文献出版社的著名图书品牌和中国社会科学院的知名学术品牌。2016年，皮书系列正式列入"十三五"国家重点出版规划项目；2012~2016年，重点皮书列入中国社会科学院承担的国家哲学社会科学创新工程项目；2017年，55种院外皮书使用"中国社会科学院创新工程学术出版项目"标识。

法律声明

"皮书系列"(含蓝皮书、绿皮书、黄皮书)之品牌由社会科学文献出版社最早使用并持续至今,现已被中国图书市场所熟知。"皮书系列"的LOGO( )与"经济蓝皮书""社会蓝皮书"均已在中华人民共和国国家工商行政管理总局商标局登记注册。"皮书系列"图书的注册商标专用权及封面设计、版式设计的著作权均为社会科学文献出版社所有。未经社会科学文献出版社书面授权许可,任何使用与"皮书系列"图书注册商标、封面设计、版式设计相同或者近似的文字、图形或其组合的行为均系侵权行为。

经作者授权,本书的专有出版权及信息网络传播权为社会科学文献出版社享有。未经社会科学文献出版社书面授权许可,任何就本书内容的复制、发行或以数字形式进行网络传播的行为均系侵权行为。

社会科学文献出版社将通过法律途径追究上述侵权行为的法律责任,维护自身合法权益。

欢迎社会各界人士对侵犯社会科学文献出版社上述权利的侵权行为进行举报。电话:010-59367121,电子邮箱:fawubu@ssap.cn。

社会科学文献出版社